문자개념
다시보기

이 저서는 2010년도 정부재원(교육과학기술부 학술연구조성사업비)으로 한국연구재단의 지원을 받아 이루어졌음(NRF-2010-361-A00018).

문자 · 사회 · 문화 총서 4

문자개념 다시보기

인문학연구원 HK문자연구사업단 편

연세대학교 대학출판문화원

문자 · 사회 · 문화 총서 4

문자개념 다시보기

편 저 자 인문학연구원 HK문자연구사업단
펴 낸 곳 연세대학교 대학출판문화원
주 소 서울특별시 서대문구 연세로 50
전 화 02) 2123-3380~2
팩 스 02) 2123-8673
E-mail ysup@yonsei.ac.kr
홈페이지 http://www.yonsei.ac.kr/press
인 쇄 (주)일흥피엔피

2013년 2월 28일 1판 1쇄
ISBN 978-89-6850-024-4 (94000)
978-89-7141-962-5 (세트)

정가 22,000원

발간사

문자·사회·문화 총서 권 4

문자개념 다시 보기를 발간하며

연세대학교 인문학연구원 HK문자연구사업단에서 발간하는 〈문자·사회·문화〉 총서는 문자 연구에 대한 관심을 높이고 학문적 발전을 이루는 계기가 되기를 바라는 의도로 기획되었다. 2011년 7월에 발간한 〈호모 리테라투스〉에서는 문자에 대한 기본적인 연구와 함께 문자연구의 방향에 관하여 모색하는 동서양의 연구를 소개하였다. 이번에 발간하는 〈문자개념 다시보기〉에서는 문자연구사업단 내의 연구 성과 중 문자의 기본 개념과 문자관에 대한 연구를 소개하였다. 문자란 무엇인가에 대한 역사적, 철학적, 문화적 모색들과 함께 현실적으로 문자가 어떤 의미로 사용되어 왔는가를 보이는 연구성과를 모아보았다. 동서양의 문자연구를 고르게 배분하여 문자에 대한 인간의 사색이 어떤 차이점과 공통점을 보이는지 한눈에 파악할 수 있도록 하였다. 이 총서가 문자 연구의 초석이 되기를 기대한다.

차례

제3부
문자와 그림의 대립을 넘어서

제 1 부

문자란 무엇인가?

01

訓民正音의 '與文字不相流通'에 대하여

.. 홍윤표

1 문제의 제기

훈민정음에 대한 연구결과는 괄목할 만한 것이지만, 아직도 명쾌하게 해석되지 않는 요소들이 있다. 그중 대표적인 것이 훈민정음 해례본에 보이는 '與文字不相流通'에서 '文字'의 의미이다. 그리고 이와 연관되어 제기되는 것이 훈민정음의 명칭인데, 왜 문자의 명칭이 '(訓民)正文'이나 '(訓民)正字'가 아닌 '(訓民)正音'인가 하는 것이다. 이에 비해 훈민정음의 별칭은 '諺文'이었다.

문자인 '훈민정음'에 대한 기록으로서 가장 명확하고 정밀한 것은 그 문자를 설명해 놓은 문헌인 『훈민정음』이다. 그래서 우선 그 기록에서 훈민정음의 진실을 찾으려는 노력이 선행되어야 한다고 생각한다. 그러나 아직까지도 『훈민정음』에 대한 해석이 완벽하다고 하기 어렵다. 우리가 가장 잘 알고 있다고 생각하는 '훈민정음 서문'에 보이는 '與文字不相流通'에 대한 기존의 해석에 의문을 제기하는 것으로써 논의를 시작하기로 한다.

國之語音 異乎中國 與文字 不相流通 故愚民 有所欲言而終不得

伸其情者 多矣 予 爲此憫然 新制二十八字 欲使人人易習 便於日用耳 <解例本>

나랏 말ᄊᆞ미 中國에 달아 文字와로 서르 ᄉᆞᄆᆞᆺ디 아니ᄒᆞᆯ ᄊᆡ 이런 젼ᄎᆞ로 어린 百姓이 니르고져 ᄒᆞᇙ 배 이셔도 ᄆᆞᄎᆞᆷ내 제 ᄠᅳ들 시러 펴디 몯ᄒᆞᇙ 노미 하니라 내 이ᄅᆞᆯ 爲ᄒᆞ야 어엿비 너겨 새로 스믈 여듧 字ᄅᆞᆯ ᄆᆡᇰᄀᆞ노니 사ᄅᆞᆷ마다 ᄒᆡᅇᅧ 수ᄫᅵ 니겨 날로 ᄡᅮ메 便安킈 ᄒᆞ고져 ᄒᆞᇙ ᄯᆞᄅᆞ미니라 <諺解本> (한자음 및 방점 생략)

해례본에 보이는 '與文字不相流通'(문자와로 서르 ᄉᆞᄆᆞᆺ디 아니ᄒᆞᆯ ᄊᆡ)에 대한 현대어 해석을 보기로 한다. 가장 잘 알려진 해석으로 강신항(2003)을 들 수 있다.

우리나라 말소리가 중국과 달라서 한자와는 서로 통하지 않으므로 일반 백성들은 말하고자 하는 바가 있어도 마침내 제 뜻을 펼 수 없는 사람이 많다. 그래서 내가 이를 딱하게 여기고 새로 스물 여덟 글자를 만들었는데, 이는 사람들로 하여금 쉽게 익혀 나날이 쓰기에 편토록 하고자 할 따름인 것이다. <姜信沆(2003), 增補板 訓民正音 硏究, 성균관대학교출판부>

그 이외에 다른 번역들을 함께 보이도록 한다.

나랏말이 중국(中國)과 달라, 한자(漢字)와 서로 통하지 아니하므로, 백성이 말하고자 할 바가 있어도, – 의사(意思)를 표현(表現)하려 하건만, 제 말을 표기(表記)하기에 알맞는 글자가 없기 때문에 – 제 뜻을 잘 펴지 못하는 사람이 많더라. 내 이를 딱하게 여기어, 새로 스물 여덟 글자를 만들었으니, 사람들로 하여금 쉬 익히어, 날마다 쓰는데 편하게 할 뿐이다. <김민수

(1957), 註解 訓民正音, 通文館>

우리나라의 말이 중국과 달라서 한자와는 서로 통하지 않으므로 글을 배우지 않은 일반 백성들은 말하고자 하는 바가 있어도 마침내 제 뜻을 충분히 펼 수 없는 사람이 많다. 그래서 내가 이를 딱하게 여겨 새로 스물 여덟 글자를 만들었으니 사람들로 하여금 쉽게 익혀서 나날이 쓰는 데에 편하게 하고자 할 따름이다. <李觀洙(1995), 訓民正音 新硏究, 보고사.>

우리 나라 말이 중국과 달라 한자와는 서로 잘 트이지 아니하므로, 백성이 말하고자 하는 바 있어도 마침내 제 뜻을 펴지 못하는 사람이 많은지라. 내 이를 위하여 딱하게 여겨 새로 스물 여덟 글자를 만드노니, 사람마다 하여금 쉬이 익혀서, 날로 씀에 편하게 할 따름이니라 <유열(1948), 풀이한 훈민정음>

우리 나라의 말(씀)은 중국의 말과 달라서, (우리 나라말과) 한자와는 서로 잘 통하지 아니한다. 그러므로, 어리석은 백성들이 (제 의사를) 나타내고자 하는 일이 있어도 마침내 제 생각을 (말씀으로) 얻어 내어 (글자로) 펴지 못하는 사람이 많으니라. (임금인) 나는 이들을 불쌍하게 생각하여 새로 (정음) 스물 여덟 자를 만들었는데, (이는) 모든 사람들이 쉽게 익히어, 날로 씀에 편하게 하고자 할 따름이니라. <박지홍(1988), 국역 훈민정음, 신상순 외 편(1988), 훈민정음의 이해, 한신문화사 所收>

국어가 중국어와 달라서 (중국의) 문자로 서로 통하지 않는다. 그래서 (한자를 배우지 못한) 어리석은 백성이 말하고자 하는 바가 있어도 결국 그 뜻을 펴지 못하는 이가 많다. 내가 이것을 안타깝게 여겨 새로 28자를 만들어, (이것은) 백성들이 (문자

를) 쉽게 익히게 하여 일상생활을 편하게 하고자 한다. <박창원(2005), 훈민정음, 신구문화사>

이들 번역을 보면 '與文字不相流通'을 모두 '한자와는 서로 통하지 않으므로' 또는 '중국의 문자로 서로 통하지 않으므로' 등으로 해석하여 '문자'를 한결같이 '한자'로 해석하고 있음을 볼 수 있다.

이 해석에는 두 가지의 문제가 제기된다. 하나는 왜 '漢字'를 '文字'로 표현하였는가 하는 점이다. '문자'를 '한자'로 해석하면 원래 훈민정음 서문에 '與文字不相流通'이라고 할 필요가 없을 것이다. 오히려 '與漢字不相流通'이나 '與中國之字不相流通'이라고 했어야 한다. 이 시기에 이미 '漢字'나 '中國之字'란 어휘나 문구가 쓰이고 있었기 때문이다.

> 正音은 正ᄒᆞᆫ 소리니 우리나랏 마롤 正히 반ᄃᆞ기 올히 쓰논 그릴씨 일후믈 正音이라 ᄒᆞᄂᆞ니라 就는 곧 因ᄒᆞ야 ᄒᆞᄃᆞᆺ ᄒᆞᆫ ᄠᅳ디니 漢字로 몬져 그를 ᄆᆡᆼᄀᆞ오 그를 곧 因ᄒᆞ야 正音으로 ᄆᆡᆼᄀᆞᆯ씨 곧 因ᄒᆞ다 ᄒᆞ니라 <1459월인석보,서,5b> <盖外國之語 有其聲而無其字 假中國之字以通其用 <정인지 서문>>

또 하나는 '문자'를 '한자'로 해석하면 결과적으로 '말소리'와 '글자'를 혼동했다고 해석하여야 한다는 점이다. '우리나라 말소리가 중국과 달라서 한자와는 서로 통하지 않으므로'에서 '말소리'가 '한자'와 통하지 않는다는 해석은 '소리'와 '문자'가 서로 통하지 않는다는 해석이어서 무리가 있다. 그래서 강신항(2003:89)에서는 '문자'에 대한 주석에서 '여기서는 漢字, 특히 漢字音을 뜻하며, 더 나아가 한자로 기록된 언어, 즉 한문까지 뜻하는 것으로 볼 수 있음'이라고 덧붙인 것으로 보인다. 그러니까 '우리나라 말소리가 한자음과 달라서'로 해석하여 그 문맥을 이해하려고 하였다. 그러나 '문자'를 '한자음'으로 해석하면 의미상으로 그 뒤의 문장과 연결되지 않는다. 즉 '우리나라 말소리가 한자음과 달라서 일반 백성들은 말하고자 하는 바가 있어도 마침내 제 뜻을 펼 수 없는 사람이 많다'로 해석이 되는데, 중국의 한자음과 우리나라의 한자음이 달랐기 때문에 일반 백성들이 자기의 의사를 펴지 못할 사람이 많다고 하기 어렵다. 즉 '우리나라 말소리가 한자음과는 서로 통하지 아니하는 것'은 분명한 사실이지만, 이 사실이 '어리석은 백성들이 제 뜻을 펴지 못하는 사람이 많다'는 이유에 직접적으로 관련되기 어려운 것이다. 이 문장을 논리가 통하도록 해석한다면, '國之語音'(우리나라 말씀)을 '우리나라 한자음'으로 해석하여야 할 것이다. 그래야 '우리나라 한자음이 (중국의) 한자음과 달라'로 해석되어 무리가 없게 될 것이다. 그러나 '國之語音'을 우리나라 한자음으로 해석할 수도 없다.

이러한 내용은 훈민정음 창제와 동국정운 편찬과를 연관시켜 설명한 데에 기인한다. 동국정운 편찬과 훈민정음 창제는 연관이 있지만, 동국정운식 한자음 제정 자체가 훈민정음 창제의 근본목적이라고 할 수는 없다.

이러한 문제로 인하여 박창원(2005; 28)에서는 '문자'를 '중국의 문자'로 해석하였다. 기존의 '문자'를 '한자음'으로 해독하였을 때의 문제를 해결하기 위해서 이러한 새로운 해석을 한 것으로 보인다. 기존에 '언어생활'의 문제로 해결하려던 것을 '문자생활'로 인식하여 해석한 것이다. 박창원(2005)에서 '문자'에 대한 주석을 살펴보도록 한다.

與文字 不相流通에서 '文字'란 중국의 한자를 지칭하는 것이다. (당시의 조선에는 이두와 구결이 사용되고 있었지만, 이들은 모두 한자와 한문을 알고 있는 사람만이 사용할 수 있는 것이었기에 이들도 서로 통하기 어려운 문자이기는 마찬가지이다)중국어의 실정에 맞게 만들어진 한자는 중국인의 의사소통에는 유익한 것이겠지만, 한국인의 언어에는 맞지 않기 때문에 한국인끼리의 의사소통에는 문제가 많았다는 것을 의미하는 것이다. 여기서 의사소통의 주체는 한국인이라는 것은 주의할 필요가 있다. 한국인과 중국인과의 의사소통에 문제가 있어서 훈민정음을 창제한 것은 아니다.

이 해석은 진일보한 해석이다. 훈민정음 창제가 한국인과 중국인이 의사소통에 문제가 있어서 이루어진 것이 아니라고 지적하였다. 즉 '서르 ᄉᆞᄆᆞᆺ디 아니홀 쎠'의 '서르'가 한국인과 중국인이 아니라는 것이다. 당연한 일이다.

그러나 '문자'를 '한자'나 '중국의 문자'로 해석한다면 '훈민정음 서문'은 논리가 맞지 않는 문장이 될 것이다. 이것을 면밀히 검토해 보기 위해서 언해본의 서문의 문장 구조를 살펴 보도록 한다.

㉠ 나랏 말ᄊᆞ미 中國에 달아 ─┐
㉡ (그래서 나랏 말ᄊᆞ미) 文字와로 서르 ᄉᆞᄆᆞᆺ디 아니홀 쎠 ─┘ 이런 젼ᄎᆞ로

㉢ 어린 百姓이 니르고져 홇 배 이셔도 ᄆᆞᄎᆞᆷ내 제 ᄠᅳ들 시러 펴디 몯홇 노미 하니라

이들은 ㉠이 ㉡의 원인이 되고 ㉠과 ㉡이 ㉢의 원인이 되는 문장구조로 되어 있다. 이것을 해례본의 번역문을 중심으로 고찰하여 보아도 마찬가지이다.

㉠ 우리나라 말소리가 중국과 다르다 ─┐
㉡ (우리나라 말소리가) 한자와는 서로 통하지 않는다 ─┘ 이런 까닭으로

㉢ 일반 백성들은 말하고자 하는 바가 있어도 마침내 제 뜻을 펼 수 없는 사람이 많다.

㉠은 우리나라 말소리(國之語音, 나랏말씀)가 중국(의 말소리)과 다른 점을 제시하고 있다. 따라서 이 문장은 그 해석에 무리가 없어 보인다.

㉡에서 주어는 ㉠의 '우리나라 말소리'(國之語音, 나랏말씀)이다. 따라서 ㉡을 해석하면 앞에서 언급한 바와 같이 '우리나라 말소리가 문자(한자)와는 서로 통하지 않으므로'란 뜻이 될 것이어서, 앞에서 제기한 해석상의 문제가 발생한다. 즉 '나랏 말ᄊᆞ미 中國에 달아 文字와로 서

르 ᄉᆞᄆᆞᆺ디 아니홀 씨'에 등장하는 '서르'의 의미를 모호하게 한다. 이 '서르'의 대상은 '나랏말씀'과 '文字'이다.

따라서 '나랏말ᄊᆞ미 (中國에 달아) 文字와(로)[1] 서르 ᄉᆞᄆᆞᆺ디 아니홀 씨'의 의미이어서 '나랏말씀'과 '文字'는 서로 대비되는 관계이다. 해례본에 의하면 '(國之)語音'과 '文字'가 서로 대립되는 관계인 것이다. 그리고 '國之語音'은 '한자'와 대립되는 개념이 아니다.

2 '文字'의 쓰임

그렇다면 '문자'란 무슨 뜻일까? 현대국어에서 '문자'는 두 가지 의미를 지닌다. 국립국어원에서 편찬한 '표준국어대사전'에는 다음과 같이 '문자'를 두 가지로 구분하고 있다.

① 문자01文字「명」예전부터 전하여 내려오는, 한자로 된 숙어나 성구(成句) 또는 문장.
② 문자02文字-짜「명」「1」『어』인간의 의사소통을 위한 시각적인 기호 체계. 한자 따위의 표의 문자와 로마자, 한글 따위의 표음 문자로 대별된다.「2」학식이나 학문을 비유적으로 이르는 말.

이러한 구분은 다른 사전에서도 예외는 아니다. 즉 '한문투의 성구'와 '시각적인 기호체계, 즉 글자'의 두 가지로 구분하였다. 그런데, 후자 속에 '학식이나 학문을 비유적으로 이르는 말'을 넣은 것은 잘못이다. 왜냐하면 전자의 의미가 확장된 것이 바로 이 뜻이기 때문이다.

그렇다면 이전에는 '문자'란 단어를 어떻게 사용하여 왔을까? 우선 '조선왕조실록'에서 '문자'란 단어가 쓰인 예들을 몇 가지 검토해 보도록 한다.

譯學之人 不解文字 只解語音者 謂之只通 (역학(譯學)을 하는

사람으로서 문자(文字)를 해독하지 못하고 다만 어음(語音)에만 통하는 자를 지통(只通)이라고 이른다.) <세종실록 권49 12년 경술8월 갑술조>[2]

'不解文字'의 '文字'란 단순히 글자란 뜻이 아니라, 문자를 해득하지 못한다는 것은 그 글 속에 들어 있는 내용을 파악하지 못함을 의미하는 것이다. 여기에 쓰인 '문자'는 특히 '語音'과 대비되어 사용되고 있는데, '只解語音者'란 단지 말로서만 의사소통을 할 뿐, 그 내용이나 의미를 파악하지 못하는 사람을 일컫는다. 여기에 비해 '문자'는 글자만을 의미하는 것이 아니라 그 글자 속에 내포되어 있는 의미와 내용을 함께 일컬을 때 쓰는 것이다. 다음의 예에서 보이는 '不解文字'의 '文字'도 동일한 의미를 가진 것이다.

> 雖或一二人僅存 不解文字 只通言語 非徒通事者難繼 譯解倭書 恐將廢絶 請從初受敎 (혹 1, 2명이 겨우 붙어 있다 하더라도 문자(文字)를 해독하지 못하고 다만 언어만 통하고 있어, 한갓 통사(通事)를 이어대기가 어려울 뿐 아니라, 왜서(倭書)를 역해(譯解)한다는 것도 장차 끊어지지 않을까 염려되오니) <세종실록 권49 12년 8월 정유조>

최만리의 상소문에도 '문자'란 단어가 여럿 보이는데, 여기에 쓰인 '文字'도 검토해 보도록 한다.

> 自古九州之內 風土雖異 未有因方言而別爲文字者 唯蒙古西夏女眞日本西蕃之類 各有其字 是皆夷狄事耳(옛부터 구주(九州)의 안에 풍토는 비록 다르오나 지방의 말에 따라 따로 문자를 만든 것이 없사옵고, 오직 몽고(蒙古)·서하(西夏)·여진(女眞)·일본(日本)과 서번(西蕃)의 종류가 각기 그 글자가 있으되, 이는 모두 이적(夷狄)의 일이므로 족히 말할 것이 없사옵니다.) <세종실록 권103 26년 2월 경자조>

이 글에 보이는 '未有因方言而別爲文字者'에서 '文字'는 '方言' 즉 중국어 이외의 말에 따라 별도로 '문자'를 만든 곳이 없다는 뜻이어서, 여기의 '문자'는 오늘날의 '글자'에 해당한다. 그러나 '文字'는 별도로 '文'이라고 지칭하기도 하였다.

新羅薛聰吏讀 雖爲鄙俚 然皆借中國通行之字 施於語助 與文字元不相離 故雖至胥吏僕隷之徒 必欲習之 先讀數書 粗知文字 然後乃用吏讀 用吏讀者 須憑文字 乃能達意 故因吏讀而知文字者頗多 亦興學之一助也 若我國元不知文字 如結繩之世 則姑借諺文 以資一時之用猶可 而執政議者 必曰與其行諺文以姑息 不若寧遲緩而習中國通行之文字 以爲久長之計也 而況吏讀行之數千年 而簿書期會等事 無有防礎者 何用改舊行無弊之文 別創鄙諺無益之字乎 若行諺文則爲吏者 專習諺文 不顧學問文字 吏員岐而爲二 苟爲吏者以諺文而宦達 則後進皆見其如此也 以爲二十七字諺文 足以立身於世 何須苦心勞思 窮性理之學哉 如此則數十年之後 知文字者必少 雖能以諺文而施於吏事 不知聖賢之文字 則不學牆面 昧於事理之是非 徒工於諺文 將何用哉
(신라 설총의 이두는 비록 야비한 이언이오나, 모두 중국에서 통행하는 글자를 빌어서 어조에 사용하였기에, 문자가 원래 서로 분리된 것이 아니므로, 비록 서리나 복예의 무리에 이르기까지라도 반드시 익히려 하면, 먼저 몇 가지 글을 읽어서 대강 문자를 알게 된 연후라야 이두를 쓰게 되옵는데, 이두를 쓰는 자는 모름지기 문자에 의거하여야 능히 의사를 통하게 되는 때문에, 이두로 인하여 문자를 알게 되는 자가 자못 많사오니, 또한 학문을 흥기시키는 데에 한 도움이 되었습니다. 만약 우리나라가 원래부터 문자를 알지 못하여 결승하는 세대라면 우선 언문을 빌어서 한때의 사용에 이바지하는 것은 오히려 가할 것입니다. 그래도 바른 의논을 고집하는 자는 반드시 말하기를, '언문을 시행하여 임시방편을 하는 것보다는 차라리 더디고 느릴지라도 중국에서 통용하는 문자를 습득하여 길고 오랜 계책을 삼는 것만 같지 못하다.'고 할 것입니다. 하물

> 며 이두는 시행한 지 수천 년이나 되어 부서나 기회 등의 일에 방애됨이 없사온데, 어찌 예로부터 시행하던 폐단 없는 글을 고쳐서 따로 야비하고 상스러운 무익한 글자를 창조하시나이까. 만약에 언문을 시행하오면 관리된 자가 오로지 언문만을 습득하고 학문하는 문자를 돌보지 않아서 이원(吏員)이 둘로 나뉘어질 것이옵니다. 진실로 관리 된 자가 언문을 배워 통달한다면, 후진(後進)이 모두 이러한 것을 보고 생각하기를, 27자의 언문으로도 족히 세상에 입신(立身)할 수 있다고 할 것이오니, 무엇 때문에 고심 노사하여 성리의 학문을 궁리하려 하겠습니까. 이렇게 되오면 수십 년 후에는 문자를 아는 자가 반드시 적어져서, 비록 언문으로써 능히 이사(吏事)를 집행한다 할지라도, 성현의 문자를 알지 못하고 배우지 않아서 담을 대하는 것처럼 사리의 옳고 그름에 어두울 것이오니, 언문에만 능숙한들 장차 무엇에 쓸 것이옵니까.) <세종실록 권 103 26년 2월 경자조>

여기에 든 상소문의 예문에는 '문자'란 단어가 모두 9번이나 사용되고 있다. 이 9개의 예문에 쓰인 '文字'는 오늘날과 마찬가지로 두 가지 의미를 가지고 있다. 그러나 오늘날의 '글자'란 뜻으로 사용된 것보다 한자로 쓰인 문구들을 의미하는 것이 훨씬 더 많다. '글자'란 뜻을 정확히 지니고 있는 경우에는 주로 '문자'보다는 '字'를 쓰고, 그러한 글자로 구성되어 중요한 내용을 담고 있는 한문 문구는 '문자'라고 하고 있다. 따라서 위의 최만리의 상소문에서 '문자'를 '한자'로 번역하면 그 의미가 통하지 않는 곳이 여러 군데 보인다. 가장 대표적인 것이 '聖賢之文字'이다. '不知聖賢之文字'를 '성현의 한자를 알지 못하고'로 번역하면 이해하기 어렵다. '聖賢之文字'는 성현들의 글을 담은 '한문 문구'를 의미하는 것이다.

	한자	한자로 쓰인 문장의 내용
與文字元不相離	○	
粗知文字		○
須憑文字		○
故因吏讀而知文字者頗多		○
若我國元不知文字	○	
不若寧遲緩而習中國通行之文字		○
文字吏員岐而爲二	○	
知文字者必少		○
不知聖賢之文字		○

古文獻名에도 '文字'가 흔히 사용되기도 한다. 고문헌인 '文字類輯, 文字類聚, 詩學文字類聚' 등에 나타나는 '문자'는 '글자'란 뜻이 아니라, 한자로 된 성구 등을 말하는 것이다. 이러한 사실은 '문자'란 이름을 포함하고 있는 다음 문헌의 내용을 살펴보면 쉽게 알 수 있다.

(1) **諺文註解 普通文字集** : 1920년에 신식활자본으로 간행한 이 책은 두 자로 된 문자에서 아홉 자로 된 한문구 1,311개를 제시하고 이것을 한글로 주석을 달아 놓은 것이다. 그래서 그 한문구를 '문자'라고 하였다. 책의 앞에 '두 ᄌᆞ 문ᄌᆞ로 아홉 ᄌᆞ 문ᄌᆞ시지(二字文字至九字文字)'라고 하여 놓고 다음 예들과 같은 것들을 가나다순으로 나열하여 놓았다.

<보기>

- 근뎌(根柢); 쳐음 일 시작된 쑤리.
- 규각(圭角); 쓧이 어근버근ᄒᆞ고 쏙 화합지 못ᄒᆞᄂᆞᆫ 것.

• 갈등(葛藤); 원슈ᄀᆺ치 보고 서로 얽어 ᄡᅳ을며 다토ᄂᆞᆫ 것.

<중략>

• 기기소단취기소장(棄其所短取其所長); 사ᄅᆞᆷ을 ᄡᅳᄂᆞᆫᄃᆡ 그 범졀이 좀 부죡ᄒᆞᆫ 편이 잇드ᄅᆡ도 그 나은 편만 죠차 ᄡᅳᄂᆞᆫ 것.

• 근쟈득지태쟈실지(勤者得之怠者失之); 부지런ᄒᆞᆫ 이라야 엇ᄂᆞᆫ 거시 잇고 게으른 이ᄂᆞᆫ 엇음이 업ᄂᆞᆫ 것.

• 긔소불욕물시어인(己所不欲勿施於人); 내가 됴하 아니 ᄒᆞᄂᆞᆫ 거슬 남의게 다 ᄒᆞ지 말 것.

(2) **문ᄌᆞ칙** : 필사본으로서 그 내용은 역시 한문구, 즉 '문자'를 우리말로 풀이해 놓은 책이다. 한글로만 되어 있다. 그 예를 몇 개 보이면 다음과 같다.

<보기>

• 인지위덕이라 : 참으면 덕이 된단 말

• 노오노ᄒᆞ야 이급인지노로 : ᄂᆡ 집 늘근이을 셤기면 남의 집 늘근이을 셤긴단 말

• 유오유ᄒᆞ야 이급인지유 : ᄂᆡ 집 아의을 사랑하면 남의 집 아의들을 사랑한단 말

• 츙언니녁니나 이어힝이라 : 올른 말리 귀에는 거슬이나 힝실에난 일읍단 말

• 이장지덕이라 : 사람은 어런 덕을 본단 말

• 목장지픽라 : 나무는 큰 나무 ᄒᆡ을 본단 말

• 언즉시야라 : 말인즉 올탄 말

(3) **문ᄌᆞ연습즁** : '문ᄌᆞ칙'과 마찬가지로 필사본으로서 그 내용 또한 한문구를 우리말로 풀이하여 놓은 책이다. '문ᄌᆞ칙'과 유사한 내용인 것으로 보아, 어느 시기에 이러한 책들이 널리 퍼져 있었음을 짐작하게 한다. 역시 한글로만 되어 있는데, 그 예를

몇 개 보이도록 한다.

<보기>

- 인지위덕 : 참으면 덕이 된단 말
- 이오지심으로 타타인지심 : ᄂᆡ 마음을 졉어 남의 마암을 안단 말
- 츙언니역니나 이어힝이라 : 올른 말리 귀에 거슬이나 힝실에ᄂᆞᆫ 일읍단 말
- 노오노하야 의급인지노로 : ᄂᆡ 집 늘근이을 셤기면 남의 집 늘근이을 셤긴단 말
- 뉴오뉴하야 의급인지뉴 : ᄂᆡ 집 아희들을 사랑ᄒᆞ면 남의 집 아의들을 사랑한단 말
- 언필찰하고 : 말은 반다시 살펴 하고
- 힝필신하라 : 힝실은 반다시 삼가셔 ᄒᆞ라

(4) **文字收合** : 1947년에 전북 남원의 원흥당에서 석판으로 간행한 책이다. 표제는 '簡牘要覽'이지만, 내제는 '文字收合'이다. 역시 한문구를 나열해 놓았는데, 곳곳에 우리말로 풀이해 놓은 부분이 있는 책이다. 몇 예를 보이도록 한다.

<보기>

- 花燭洞房 : ᄭᅩᆺ 솝고 촉불 신방
- 三生佳緣 : 뎐생 금갱 후생 인연
- 人至察則無徒 : 사람이 지극히 살피면 동무가 업서
- 喪歌僧舞老人歎 : 상쥬은 로내하고 듕은 춤추고 로인은 탄식하여

이들 문헌명에 보이는 '문자'는 거의 예외없이 '한자로 된 성구'를 말한다.

위에서 살펴 본 바와 같이 '문자'는 원래 두 가지 뜻을 가지고 쓰이어 왔다. 전술한 바와 같이 하나는 '글자'란 뜻이고, 또 하나는 '예전부터 전하여 내려오는, 한자로 된 숙어나 成句 또는 문장'이란 뜻이다. 후

자의 뜻을 가지고 있는 '문자'는 오늘날에도 '문자 쓴다'거나 '문자속 기특하다' 등으로 사용되고 있다. 필자는 훈민정음 서문에 등장하는 '문자'를 이 의미로 해석하고자 한다. 이러한 의미로 훈민정음 서문을 해석한다면 다음과 같은 뜻이 될 것이다.

> 우리나라 말이 중국과 달라서, (우리나라 말이) 한문구를 써서 말하는 것과 서로 통하지 않기 때문에, 이런 까닭으로 (한문구를 써서 말할 줄 모르는) 어리석은 백성이 말하고자 할 바가 있어도 능히 말할 수가 없다

그렇다면 이 의미는 무엇인가? 이것을 설명하기 위해서는 훈민정음 창제 당시의 언어생활을 추정할 필요가 있다. 그 당시에는 우리말을 표기하는 문자가 없어서 말은 우리말을 하였으되, 문자로 표기할 경우에는 한자로 표기한 한문을 써 왔다. 그래서 한문구를 이용하여 말하는 언어생활도 동시에 이루어지게 되었다. 곧 '문자'를 써서 말하기도 하였다. 쓰기생활은 한자를 이용하여 한문으로 썼으나 말하기에는 두 가지 방식이 있었던 것이다. 그 예를 훈민정음 서문을 들어 설명하여 보기로 한다.

'나랏 말쌋미 중국에 달아'는 쓰기 생활에서는 '國之語音 異乎中國'이었다. 그러나 이 내용을 말로써 표현할 때에는 두 가지 방법이 있었다. 이것은 '나랏 말쌋미 뒹귁에 달아'처럼 말하는 것이고 또 하나는 '國之語音이 異乎中國ᄒᆞ야'로 말하는 것이었다.[3] 일반 백성들은 '나랏 말쌋미 중국에 달아'로 말하는데, 識者層은 '國之語音이 異乎中國ᄒᆞ야'로 말하는 것이다. '나랏말쌋미 중국에 달아'가 '나랏말씀'이고, '國之語音이 異乎中國ᄒᆞ야'가 '文字'인 것이다. 따라서 '國之語音이 異乎中國ᄒᆞ야'는 우리나라 말로 보면 바른 소리가 아니고 '나랏말쌋미 뒹귁에 달아'가 바른 소리인 것이다. 그래서 '國之語音이 異乎中國ᄒᆞ야'로 말하지 말고 '나랏말쌋미 뒹귁에 달아'로 쓰도록 하여야 하는데, 그

것을 표기하는 문자가 없어서 글을 읽을 때 '나랏 말ᄊᆞ미 듕귁에 달아'로 말하지 못하는 것이다. 그래서 그 바른 소리를 '正音'이라고 하였고, 그것을 표기하는 문자 역시 '正文'이나 '正字'가 아닌 '正音'으로 한 것이다.

또 다른 예를 들어 보자. 즉 '天地之間 萬物之中에 唯人이 最貴하니 所貴乎人者는 以其有五倫也ㅣ라'로 말하는 것은 '文字'이고 '하늘과 땅 사이에 만물이 많은데, 오직 사람이 가장 귀하니 사람을 귀히 여기는 바는 써 그 다섯 가지 인륜이 있음이라'(《文世榮 編纂(1937) 『懸吐具解增補無雙 新童蒙先習』》)로 말하는 것은 '正音'인 것이다.

'國之語音이 異乎中國ᄒᆞ야'는 이미 그 표기수단이 있었다. 漢文은 물론이고, 形態部인 '-이'나 'ᄒᆞ야'를 표기하는 방법으로 口訣도 있었다. 그러나 이것을 '나랏말ᄊᆞ미 중국에 달아'로 말하는 것을 표기할 수 있는 방법은 없었던 것이다. 그래서 그 표기수단으로 '훈민정음'을 창제한 것이다. 그래서 그 이름을 '訓民正字'나 '訓民正文'으로 하지 않고 '訓民正音'으로 한 것이다.

3 이 주장에 대한 근거

그렇다면 이렇게 주장할 수 있는 근거는 무엇인가? 가장 확실한 근거로 들 수 있는 것은 『훈민정음』 언해본이다. 훈민정음 언해본은 다른 언해본들과는 전혀 다른 체재로 이루어져 있다.[4] 다른 언해본들과 비교하여 보면 이 『훈민정음』 언해본은 전혀 다른 구성을 보인다.

첫째 줄에 '책의 제목'이 있다. '世宗御製訓民正音'이 있고 각 한자 아래 오른쪽에 방점도 표기되어 있는 한자음 표기가 있다.

世·솅宗종御·엉製졩訓·훈民민正·졍音음

둘째 줄부터 셋째 줄까지 협주가 있다.

製ᄂᆞᆫ 글 지ᅀᅳᆯ 씨니 御製ᄂᆞᆫ 님금 지ᅀᆞ샨 그리라 訓은 ᄀᆞᄅᆞ칠 씨오 民ᄋᆞᆫ 百姓이오 音은 소리니 訓民正音은 百姓 ᄀᆞᄅᆞ치시논 正ᄒᆞᆫ 소리라

넷째 줄에는 위에 한문과 한글 구결이 달린 大文이 있고, 그 밑에 협주가 있다.

國·귁之징語:ᅌᅥ音흠이 (國ᄋᆞᆫ 나라히라 之ᄂᆞᆫ 입겨지라 語ᄂᆞᆫ 말ᄊᆞ미라)

다섯째 줄에는 언해문이 있는데, 위의 한 칸을 비워 두고 썼다.

나랏말ᄊᆞ미

이러한 방식은 반복되고 있다. 즉 '異乎中國ᄒᆞ야'의 大文이 있고 여기에 대한 협주 형식의 주석이 나오고 이의 언해문인 '中國에 달아'가 나온다.

다른 언해본들의 구성양식은 이와는 다르다. 한문 대문을 모두 앞에 싣고, 그 뒤에 언해문을 싣는 것이 일반적인 책의 체재이다. 다른 언해본에서 이 '훈민정음 언해본'을 싣는다면 "國之語音이 異乎中國ᄒᆞ야 與文字로 不相流通ᄒᆞᆯᄊᆡ …… 欲使人人ᄋᆞ로 易習ᄒᆞ야 便於日用이니라"를 다 싣고 이어서 언해문으로 "나랏 말ᄊᆞ미 中國에 달아 文字와로 서르 ᄉᆞᄆᆞᆺ디 아니ᄒᆞᆯ ᄊᆡ …… 사ᄅᆞᆷ마다 ᄒᆡᅇᅧ 수ᄫᅵ 니겨 날로 ᄡᅮ메 便安킈 ᄒᆞ고져 ᄒᆞᇙ ᄯᆞᄅᆞ미니라"를 다 실었을 것이다. 그러나 훈민정음 언해본에서는 다음 표와 같이 모두 8개로 분리하여 실었다.

漢文 大文(文字)	諺解文 大文(正音)
國귁之징語어音음이	나랏 말ᄊᆞ미
異잉乎홍中듕國귁ᄒᆞ야	中듕國귁에 달아
與영文문字ᄍᆞᆼ로 不붏相샹流륳通통ᄒᆞᆯᄊᆡ	文문字ᄍᆞᆼ와로 서르 ᄉᆞᄆᆞᆺ디 아니ᄒᆞᆯᄊᆡ
故공로 愚웅民민이 有웋所송欲욕言언ᄒᆞ야도	이런 젼ᄎᆞ로 어린 百ᄇᆡᆨ姓셩이 니르고져 ᄒᆞᇙ배 이셔도
而ᅀᅵᆼ終즁不붏得득伸신其끵情쪙者쟝ㅣ 多당矣읭라	ᄆᆞᄎᆞᆷ내 제 ᄠᅳ들 시러 펴디 몯ᄒᆞᇙ 노미 하니라
予영ㅣ 爲윙此ᄎᆞᆼ憫민然ᅀᅧᆫᄒᆞ야	내 이ᄅᆞᆯ 爲윙ᄒᆞ야 어엿비 너겨
新신制졩二ᅀᅵᆼ十씹八밣字ᄍᆞᆼᄒᆞ노니	새로 스믈여듧 字ᄍᆞᆼᄅᆞᆯ ᄆᆡᇰᄀᆞ노니
欲욕使ᄉᆞᆼ人ᅀᅵᆫ人ᅀᅵᆫᄋᆞ로 易잉習씹ᄒᆞ야 便뼌於ᅙᅥᆼ日ᅀᅵᇙ用용耳ᅀᅵᆼ니라	사ᄅᆞᆷ마다 ᄒᆡᅇᅧ 수ᄫᅵ 니겨 날로 ᄡᅮ메 便뼌安한킈 ᄒᆞ고져 ᄒᆞᇙ ᄯᆞᄅᆞ미니라

이 본문의 대문을 분절한 것은 어떠한 기준에 의한 것일까? 句讀點에 따라 분절한 것으로 보이지만, 실제로 검토하여 보면 그렇지 않음을 알 수 있다. 月印釋譜序에서는 句讀點(특히 句點)이 놓이는 자리에서만 본문을 분절하였지만, 훈민정음 언해본에서는 구두점에 따라 분절하고 있지 않다. 예컨대 '國之語音 異乎中國'은 讀點이 놓인 곳이지만, 이것은 '國之語音'과 '異乎中國'으로 분절하고 있는 것이다.

이러한 언해 방식은 그 이후의 문헌에서는 찾아보기 힘들다. 후대에 이루어진 대부분의 佛經 諺解本들은 분절된 대문의 길이가 매우 길어졌다. 句讀點과는 상관이 없게 길어진 것이다. 이렇게 분절의 단위가 커진 것을 단순히 언해 방식의 변화라고 해석할 수도 있다.

또 다른 변화 양상도 나타난다. 훈민정음 언해본에서는 한문 대문과 거기에 붙은 구결자를 한문대문의 크기와 동일하게 하고 있다. 그러나 月印釋譜序에서는 구결의 글자 크기를 협주에 보이는 글자 크기로 바꾸었다. 즉 구결보다는 한문 원문을 중시하여 표기한 것이다. 이 방식은 후대의 언해본들에 그대로 이어진다.

그렇다면 우리가 일컫는 '문자'는 어떠한 것일까? 구결까지도 함께 말하는 것을 '문자를 쓴다'고 할 것이다. 왜냐 하면 '문자 쓰는 것'은 글로 쓰는 것을 의미하기보다는 '말로서 낭송할' 때에 쓰는 용어이기 때문이다.

그래서 필자는 한문 원문을 언해문으로 쌍립시킨 것을 正音으로 읽게 하기 위한 것이라고 생각하는 것이다. 즉 '國之語音이'를 '나랏말쓰미'로 읽는 것이 정음이라고 제시하기 위하여 『훈민정음』 언해본의 구성이 그렇게 이루어졌다고 해석하는 것이다.

4 결론

우리의 문자생활은 상당히 많은 역사적 변천과정을 거쳐 왔다. 즉 한자를 빌어서 한문을 사용하면서, 그 어순을 우리말 어순에 따라 쓰기도 하고('壬申誓記石' 등), 한문에서 어휘부는 그대로 두고 형태부를 한자를 빌어 표기하는 방식으로('吏讀' 등), 그것이 다시 音讀口訣과 釋讀口訣로 가는 과정을 거치게 된다.

원래 문자생활의 목적은 의사를 정확히 전달하려는 것과 우리말을 표기하려는 두 가지 방법이 있었다. 의사를 정확히 전달하기 위해서는 '한문'을 사용하여 왔지만, 그 문맥을 파악하기 위해서 한문구에 토를 다는 구결을 창안하였다. 소위 순독구결이 그것이다. 그러나 이 방식은 의미전달에는 필요하지만 우리말을 표현할 수가 없었다. 이러한 우리말을 표현하기 위해 고안된 것이 곧 석독구결이었다. 그러나 이 석독구결도 우리말을 정확하게 표기하는 데에는 부족하였다. 그런데 이러한 석독구결을 완성시키는 마지막 방법이 훈민정음의 창제인 것이다.

15세기에는 순독구결을 붙여서 한문구를 읽는, 소위 문자를 쓰는 방식의 말하기도 일부 식자층에서는 일반화되어 있었다.[5] 그러나 세종은 일찍이 이러한 방식은 '바르게 말하는 소리'가 아님을 알고 있었다. 곧 '한문구' 즉 '문자'로 말하는 방식에서 벗어나 '바른 소리' 즉 '정음'으로 말하는 방식이 바른 소리임을 알고 이것을 해소하기 위해 우리말(나랏말씀)을 바른 소리(正音)로 말하도록 한 것이다. 그렇게 하기 위해서는 글로서 써야만 바른 소리를 말할 수 있는 것이기에 바른 소리를 표기하는 문자도 '정음'이라고 한 것이다.

주석

1 '與文字'를 '문자와로'로 언해한 것은 '與文字'에 붙은 구결 '-로'에 견인된 것이다.

2 이 번역은 동방미디어의 '조선왕조실록 CD'의 번역을 옮겨 놓은 것이다. 뒤의 것도 마찬가지이다.

3 물론 한자음으로 읽은 것이다. 한자로 표기된 것도 읽을 경우에는 한자음으로 읽었을 것이다.

4 이 『훈민정음』 언해본은 釋譜詳節序나 月印釋譜序와 그 諺解方式을 같이 한다. 그러나 완전히 동일하지는 않다.

5 실제로 이렇게 한문구를 쓰는 방식은 필자의 대학시절까지도 면면히 이어져 왔었다. 그래서 필자의 대학 시절이었던 1960년대만 해도 편지의 앞에 의례히 상투적으로 '기체후 일향만강하옵시며 옥체균안하옵시며 댁내제절이 다 무고하온지 궁금무지로소이다'라는 문구를 썼었다.

02

'문자' 관련 어휘의 사전 기술

.. 연규동·이전경

1 머리말

사전은 한 언어 공동체의 사상, 역사, 문화, 산업적 역량을 드러낸 결과물이며, 음운, 문법, 의미 등 모든 분야의 국어학적 연구가 집대성되어 발현되는 분야이다. 그렇기에 사전은 국어 연구의 꽃이며, 종합 예술이라 불린다. 하지만 사전은 어느 날 갑자기 솟아나온 것이 아니라, 그때까지의 언어학적 성과가 모아 이루어진 것이다. 현대적 국어 연구의 이른 시기부터 간행된 한국어 사전을 일별하면 이러한 학문의 발전 과정이 반영되어 있음을 알 수 있다. 이 글을 준비하면서, 우리는 우리말 사전을 만들려는 선각자들의 노고에 크게 빚지고 있음을 더욱 깨닫게 되었다. 게다가 사전 편찬의 역사가 고난의 역사였음을 생각할 때 앞선 이들의 발자취에 머리를 숙이지 않을 수 없다.

최근 디지털 시대의 도래에 따라 '문자'의 위상과 역할에 대하여 다시 생각해 보는 움직임이 활발하다. 시각미디어로서 문자만큼 정확한 개념을 전달하는 것은 없기 때문이다. 이 글은 '문자'의 개념이 현대에 이르기까지 어떻게 변화해 왔는지를 밝히는 연장선상에서, 지금까지 발간된 여러 한국어 사전에 등재되어 있는 문자 관련 어휘의 풀이말을 분석하고 비교하는 것을 목적으로 한다. 여러 한국어 대사전류에서 표제어 '글자, 문자, 글씨, 자' 등의 풀이말의 공통점과 차이점을 비교하는 가운데 해당 어휘들의 의미가 좀 더 명확해지고 개선 방안이 드러나게 될 것이며, 문자의 개념과 본질을 더욱 잘 파악할 수 있을 것이다.

이 글에서 참조한 사전들과 그 약칭은 다음과 같다.[1]

「문」	『조선어사전』(문세영, 1938[2], 조선어사전 간행회/박문서관)
「큰」	『조선말큰사전』(조선어학회/한글학회 지음, 1947/1949/1950, 을유문화사)
「민중」	『민중국어대사전』(이희승 편, 1961(1982), 민중서관)
「삼성」	『새우리말큰사전』(신기철, 신용철 편, 1974(1985), 삼성출판사)
「연변」	『조선어사전』(연변 사회과학원 어언연구소 편찬, 1982(1992), 연변인민출판사)
「한글」	『우리말큰사전』(한글학회, 1991, 어문각)
「금성」	『국어대사전』(김민수, 고영근, 이승재, 임홍빈 편, 1991, 금성출판사)
「조선」	『조선말대사전』(북한 사회과학원 언어연구소, 1992, 사회과학출판사)
「연세」	『연세한국어사전』(연세대학교 언어정보개발연구원 편, 1998(2006))
「표준」	『표준국어대사전』(국립국어연구원, 1999(2000), 두산동아)
「고려」	『고려대 한국어대사전』(고려대학교 민족문화연구원 국어사전편찬실, 2009, 고려대학교 민족문화연구원)

2 '문자' 관련 어휘의 풀이말

2.1 글자

「문」[3], 「조선」을 제외한, '글자'에 대한 여러 사전의 정의를 다음과 같이 표로 나타낼 수 있다[4].

[표 1]

사람의 말을	적는			부호(符號)	「큰」
사람의 말을	적는			부호	「민중」
사람의 말을	적기 위한	일정한 체계의		부호	「삼성」
말을	적기 위한	일정한 체계의		기호	「연변」
말을	적는	일정한		부호	「한글」
말을	적는			부호	「금성」
말의 소리나 뜻을	나타내는 데 쓰이는		눈으로 볼 수 있는	기호, 또는 그 기호들의 체계	「연세」
말을	적는	일정한 체계의		부호	「표준」
말을	일정한 체계로 적는			기호	「고려」

2.1.1 말인가 사람의 말인가?

먼저 논의되어야 할 것은 '글자'가 적는 대상이 무엇인가 하는 점이다. 대부분의 사전에서는 단순하게 '말'이라고 그 대상을 한정짓고 있지만, 「큰」, 「민중」, 「삼성」 등 초기 사전에서는 '사람의 말'이라고 되어 있다. 그러나 '말'의 의미에 기본적으로 '사람의 말'이라는 전제가 들어 있으므로[5], 「큰」 등의 '사람의'라는 표현은 잉여적이라 할 수 있다.

또한, 「연세」에서는 '말의 소리나 뜻'으로 정의되어 있어 구별되는데, 말소리를 적는 문자는 표음문자, 말뜻을 적는 문자는 표의문자이므로, '말의 소리나 뜻'이라는 표현은 이러한 문자의 종류를 염두에 둔 풀이말이라고 여겨진다. 하지만 인간의 언어가 소리와 뜻으로 구분되는 이원성이 있다는 사실은 부수적인 정보이므로 「연세」의 뜻풀이 역시 잉여적으로 볼 수 있다.

2.1.2 부호인가 기호인가?

'글자'에 대한 여러 사전의 정의는 크게 '부호'와 '기호'로 나누어진다.

부호 「큰」, 「민중」, 「삼성」, 「한글」, 「금성」, 「표준」
기호 「연변」, 「연세」, 「조선」, 「고려」

「표준」에 의하면 부호와 기호는 각각 다음과 같은 뜻을 가진다.

「표준」
부호 : 일정한 뜻을 나타내기 위하여 따로 정하여 쓰는 기호
기호 : 어떠한 뜻을 나타내기 위하여 쓰이는 부호, 문자, 표지 따위를 통틀어 이르는 말

이러한 정의에 의하면, '기호' 안에 '문자, 부호, 표지' 등이 포함되어 있는 개념이다. 즉, '글자'와 '부호'는 모두 기호의 하의어로서, 역시 기호로 파악되어야 할 것이다. 따라서 '글자'의 정의에 '부호'를 사용하는 것은 적절하지 않은 것으로 파악된다. 게다가 기호학의 관점에서 바라보면 언어는 기호의 일부이므로, 언어를 기록하는 글자 역시 기호라고 기술하는 것이 더 합리적일 것이다.

2.1.3 눈으로 볼 수 있는

「연세」에는 "눈으로 볼 수 있는"이라는 한정어구가 포함되어 있는데, 이는 단어의 심적 이미지를 나타내기 위해 추가된 표현이다[6]. 즉, 다음과 같은 예문에 사용되는 글자가 참고된다.

주치의는 괴테가 손을 들어 허공에 글자를 썼는데 글자 중의 하나가 'W'

라고 증언했다.(이주영 역, 2006, 『죽음을 그리다』, 아고라)
상대방의 등에 글자를 쓰고 이것을 알아맞히는 놀이를 했다.

2.1.4 글자의 수효를 세는 단위

「금성」의 경우 글자의 수효를 나타내는 단위를 '글자'의 뜻풀이에 따로 명시하고 있는데, '획'과 '자'를 들고 있다.

글자 : … 수효를 나타내는 단위는 획·자(字) 「금성」

하지만, 다음과 같이 '획'은 글씨를 쓸 때 붓 따위로 그은 줄을 나타내고 있으며, 「금성」의 '획'의 정의에도 글자의 수효를 세는 단위로 정의되어 있지 않다. 이러한 점을 고려하면 글자의 수효를 나타내는 단위에 '획'을 첨가하는 「금성」의 처리는 재고해야 한다.

「표준」
획 : ((수량을 나타내는 말 뒤에 쓰여)) 글씨나 그림에서, 붓 따위를 한 번 그은 줄이나 점을 세는 단위
「금성」
획 : 1(자립) ① 글씨나 그림에서 붓으로 그은 줄이나 점의 총칭 …
2(의존) 1 ① 을 세는 단위로 이르는 말

2.1.5 예시의 경우

사전에 따라 글자의 종류를 나열하여 뜻풀이에 도움을 주는 경우는 「연변」과 「고려」가 있다.

조선~, 라틴~. 소리~, 뜻~ 「연변」
한글, 한자, 숫자 따위를 이른다 「고려」

「연변」은 '조선글자, 라틴글자. 소리글자, 뜻글자'가 제시되고, 「고려」

는 '한글, 한자, 숫자'가 제시되어 있다. 「연변」의 경우에는 동양의 글자, 서양의 글자와 글자의 큰 분류인 소리글자, 뜻글자를 제시하여 어느 정도 체계를 갖추고 있다는 장점이 있다. 반면, 「고려」는 '한글, 한자' 등 동양의 글자만 제시하고 있지만, '숫자'를 포함시켜 숫자 역시 글자에 속한다는 사실[7]을 밝혀주는 장점이 있다. 따라서 뜻풀이에 보충하기 위하여 글자의 종류를 나열한다면, 이 두 가지 방식을 혼용하는 것이 좋을 듯하다.

2.1.6 마무리

이상의 논의를 바탕으로 '글자'에 대한 우리의 뜻풀이 시안을 제시하면 다음과 같다. 이러한 시안은 「연변」 및 「고려」와 가장 유사하다고 할 수 있다.

말을 적는 일정한 체계의 기호[8]

아울러 부가 정보가 필요하다고 한다면, "수효를 나타내는 단위는 '자(字)'"를 넣을 수도 있고, "한글, 한자, 로마자, 숫자 따위를 이른다." 정도가 포함될 수도 있다[9].

2.1.7 「조선」의 뜻풀이

'글자'의 정의로 '말을 적는 일정한 체계의 기호'라는 시안을 바탕으로 「조선」의 뜻풀이를 검토해 보자.

「조선」
음성언어가 가지는 시공간적제한성을 극복하기 위하여 그것을 적는 언어적기호. 언어교제의 한 실현형식인 글말에서 쓰이면서 말과 함께 자기 존재의 전기간에 걸쳐 사회적 진보에 이바지하여온 인류의 재보이다. 문명시대를 규정하는 기준으로 된다. 그림으로부터 발전하여온 글자는 크게 뜻글자, 소리글자로 나누이며 소리글자는 다시 소리마디글자와 자모글자로 나누인다.

"시공간적제한성을 극복하기 위하여" 또는 "언어교제의 한 실현형식인 글말에서 쓰이면서 … 소리글자는 다시 소리마디글자와 자모글자로 나누인다." 등과 같은 긴 설명구는 공시적인 의미기술이라기보다는 문자에 대한 역사적인 배경 기술에 가까우며, 따라서 국어사전의 정의라기보다는 백과사전의 기술에 더 가깝다. 「조선」의 뜻풀이는 "음성언어를 적는 언어적 기호" 정도로 요약될 수 있으며, 이는 위에 제시한 우리의 시안에서 벗어나지 않는다.

2.2 문자

조사 대상 사전에 표제어로 등재되어 있는 '문자'는 크게 두 종류가 나타난다. 「표준」으로 예를 들면 다음과 같다.

「표준」

문자[1] 예전부터 전하여 내려오는, 한자로 된 숙어나 성구(成句) 또는 문장

문자[2] [문짜] ①인간의 의사소통을 위한 시각적인 기호 체계.…

앞으로 이 둘을 구분할 때에는 그때그때 편의에 따라 '문자[1]'과 '문자[2]', 또는 [숙어]의 의미를 가지는 '문자', [글자]의 의미를 가지는 '문자'로 구분하기로 한다.

2.2.1 [숙어]의 의미를 가지는 '문자'의 뜻풀이 비교

「문」과 「큰」에서는 [숙어]의 의미를 가진 '문자' 역시 두 가지 의미로 기술하고 있다. 「문」만 제시하면 다음과 같다.

「문」

문자 : ① 예전 사람이 만들어 놓은 숙어. ② 두 가지 이상의 말을 합하여 한가지 뜻을 나타내는 말

하지만, "두 가지 이상의 말을 합하여 한가지 뜻을 나타내는 말"이라는 「문」의 '문자②'는 결과적으로는 '문자①'의 뜻풀이에 보이는 '숙어'와 같은 뜻이므로, 굳이 따로 구분할 필요가 없다[10]. 이후 사전에서 모두 합하여 하나의 뜻으로 처리하고 있는 것은 이러한 것을 반영한 것이다. 이를 제외한 나머지 설명을 비교하면 [표 2]와 같다.

[표 2]

예전 사람이 만들어 놓은	숙어		「문」
예전부터 전하여 내려오는	숙어(熟語)		「큰」
예전부터 전하여 내려오는	어려운 말귀.	한문으로 된 숙어나 속담 · 격언 등	「민중」
[예전부터 전하여 내려오는]	한자(漢字)로 된 숙어나 성구, 또는 문장		「삼성」
	「한문투의 성구나 속담」을 이르는 말		「연변」
예전부터 전하여 내려오는	숙어	주로 한자로 된 숙어나 성귀를 일컫는다	「한글」
예부터 전하여 내려오는	한자 숙어나 성구		「금성」
	「한문투의 성구나 속담」을 이르는 말		「조선」
예부터 전하여 내려오는	한자 숙어나 성구		「금성」
	어려운 한자 낱말이나 성구		「연세」
예전부터 전하여 내려오는,	한자로 된 숙어나 성구(成句) 또는 문장		「표준」
예부터 내려오는	한자 숙어나 성구		「고려」

「문」과 「큰」의 뜻풀이에는 '한자'에 관한 직접적인 언급이 빠져 있어 속담이나 격언 같은 고유어 숙어나 성구도 '문자[1]'에 포함시킬 수 있는 것으로 이해할 수 있다. 또한 「민중」과 「한글」 역시 "주로 한자로 된…" 등과 같은 부가설명이 포함되어 있기는 하지만, 기본적으로는 '한자'에 대한 제한이 빠져 있는 것으로 볼 수 있다. 이러한 점은 "한자 숙어, 한자 성구"만이 '문자[1]'인 것처럼 기술된 다른 사전들과 비교된다.

이 사전들을 제외한 대부분의 사전의 뜻풀이에서 '한자'라는 제한을 둔 이유는, '문자[1]'이 대부분의 문맥에서 한자로 된 고사성어나 어려운 개념의 한자어 단어를 쓰는 경우에 사용되었기 때문으로 보인다.

하지만, 다음 예문들을 고려하면 [숙어]라는 의미의 '문자'의 풀이에 굳이 '한자'라는 제약을 넣을 필요는 없다[11].

> 그러니까 유식한 문자로 '영성이 충만한' 또는 요즘 흔한 말로 실컷 처먹고 할 일이 없으니까 별짓들을 다 한다"고 거의 육두문자에 가까운 촌평이 먼저 나왔지만

「연세」에서는 "③어려운 한자 낱말이나 성구" 외에도 "②한때 유행하거나 특정 계층에서 잘 쓰이는 말"이라는 풀이가 더해져 있다.

「연세」

문자 : … ② 한때 유행하거나 특정 계층에서 잘 쓰이는 말. ¶ 그 시절 문자로 말하자면 백이 있는 부유층은 흥청망청 돈을 썼으며 백 없고 가진 것 없는 서민은 하루 끼니를 잇기도 어려웠다. ③ 어려운 한자 낱말이나 성구

이러한 점을 고려하면, '한자'라는 제한을 빼고 다음과 같이 「연세」의 두 뜻풀이를 하나로 합치는 것이 현대국어의 용법을 고려할 때 더 낫다고 생각된다.

문자[1] : 한때 유행하거나 특정 계층에서 잘 쓰이는 말로 주로 어려운 낱말 또는 성구

또한, 주목할 만한 점은 「삼성」, 「표준」의 뜻풀이에는 '문장'이 포함되어 있다는 점이다. 「표준」의 경우만 예로 보인다.

「표준」

문자 : 예전부터 전하여 내려오는, 한자로 된 숙어나 성구(成句) 또는 문장

이는 '문자[1]'이 한자 숙어나 한자 성구 외에도 '한자로 된 문장' 즉, 한문을 지칭한다는 기술이다. '특정 계층에서 잘 쓰이'거나 '어려운' 것이 굳이 낱말이나 성구일 필요가 없으므로 이러한 사실도 고려하여야 할 것이다.

한편, 「표준」에는 '문자[2]'에 '② 학식이나 학문을 비유적으로 이르는 말'이라는 뜻풀이가 기술되어 있는데, 이는 다른 사전들에서는 보이지 않는 기술이다.

「표준」

문자[2] … 학식이나 학문을 비유적으로 이르는 말. ¶ 입으로만 비단 짜는 놈 한세상 호강하고 사는 것 못 보았네. 그런 말은 문자깨나 배웠다는 놈들이 듣기 좋은 소리로 하는 말들이라고. 《최일남, 거룩한 응달》 …

하지만, 「표준」의 이러한 뜻풀이는 '문자[1]'의 의미와 통하는 것으로 볼 수 있다. 예를 들어 "공자 앞에서 문자 쓰는 격이다"에 사용되는 '문자 쓰다' 또한 기본적으로는 '학식을 과시하다'의 비유적 표현이라고 해석하면, 「표준」의 뜻풀이에 어울릴 수 있겠지만, '어려운 낱말이나 성구

를 써서 잘난 체하다' 정도로 이해한다면, 굳이 '문자[2]'에서 별도의 뜻풀이를 제시하는 것보다는 '문자[1]'로 처리하는 것이 일관성이 있다[12].

이상의 논의를 모두 고려하여 '문자[1]'의 정의는 다음과 같이 정리할 수 있다.

문자[1] : 한때 유행하거나 특정 계층에서 잘 쓰이는 말로 주로 어려운 낱말이나 성구 또는 문장. 학식이나 학문을 비유적으로 이르기도 한다.

2.2.2 [글자]를 의미하는 '문자'의 뜻풀이 비교

[글자]를 의미하는 '문자' 항목의 의미는 몇 가지 하위항목으로 나누어진다. 편의상 「표준」의 예만 들기로 한다.

「표준」

문자[2] ① 인간의 의사소통을 위한 시각적인 기호 체계. 한자 따위의 표의 문자와 로마자, 한글 따위의 표음 문자로 대별된다.

② 학식이나 학문을 비유적으로 이르는 말.

③ 수, 양, 도형 따위의 여러 가지 대상을 나타내기 위하여 쓰는 숫자 밖의 글자.

④ 키보드를 눌러서 화면에 나타낼 수 있는 한글, 알파벳, 한자, 숫자, 구두점 따위를 통틀어 이르는 말.

〈 문자와 글자의 공통점과 차이점 〉

'문자[2]'의 정의에서 첫 번째로 살펴보아야 할 것은 「큰」, 「연변」, 「한글」, 「조선」 등에서는 [글자]를 의미하는 '문자'의 뜻풀이를 따로 제시하지 않고 '글자'의 뜻풀이에 미루고 있다는 점이다[13]. 이러한 처리는 '문자'가 '글자'와 완전하게 동일한 의미를 가지고 있다는 생각에서 나온 것이다. 또한 「민중」, 「삼성」, 「금성」, 「고려」 등은 뜻풀이는 따로 하였지만, 그 설명 중에 '글자'와 같은 뜻임을 나타내고 있다. 지금까지 우리가 '문자[2]'를 [글자]라는 의미의 '문자'라고 기술해 온 것도 이러한 상황을 염두에 둔 것이다.

그렇다면, '문자'와 '글자'는 어떻게 같고 어떻게 다를까. 이를 살펴보기 위해서 '글자'와 '문자'를 별도로 기술한 6개 사전의 뜻풀이를 비교하여 제시하면 다음과 같다.

「민중」

<table>
<tr><td>문자</td><td>말이나 소리를</td><td>눈으로 볼 수 있도록</td><td>적어 나타낸</td><td>일정한</td><td rowspan="2">부호</td></tr>
<tr><td>글자</td><td>사람의 말을</td><td></td><td>적는</td><td></td></tr>
</table>

「삼성」

<table>
<tr><td>문자</td><td>말이나 소리를</td><td>눈으로 볼 수 있도록</td><td rowspan="2">적기 위한</td><td rowspan="2">일정한 체계의</td><td rowspan="2">부호</td></tr>
<tr><td>글자</td><td>사람의 말을</td><td></td></tr>
</table>

「금성」

<table>
<tr><td>문자</td><td>언어의</td><td>전달 수단의 하나로</td><td>사용되는</td><td rowspan="2">부호</td></tr>
<tr><td>글자</td><td>말을</td><td></td><td>적는</td></tr>
</table>

「연세」

<table>
<tr><td>문자</td><td rowspan="2">말의 소리나 뜻을</td><td></td><td>눈으로 볼 수 있도록</td><td>적기 위한</td><td>체계적인</td><td>부호</td></tr>
<tr><td>글자</td><td>나타내는 데 쓰이는</td><td>눈으로 볼 수 있는</td><td></td><td></td><td>기호, 또는 그 기호들의 체계</td></tr>
</table>

「표준」

문자		인간의 의사소통을 위한	시각적인		기호 체계
글자	말을 적는			일정한 체계의	부호

「고려」

문자	말을	눈으로 읽을 수 있게 나타낸		기호
글자			일정한 체계로 적는	

「민중」, 「삼성」, 「표준」, 「고려」는 '문자'의 뜻풀이에 '시각적인 제한'을 의미하는 한정구를 사용하고 있으며, 「금성」, 「표준」에서는 '문자'의 뜻풀이에 각각 "전달 수단의 하나로", "인간의 의사소통을 위한"이라는 한정구를 포함하고 있다. 이 두 가지 점을 고려하여 보면, 이들 사전의 편찬자들은 '문자'에는 '글자'가 가지지 않은 '시각적인 면', '전달과 소통'이라는 점이 더하여 있음을 기술하려 했음을 알 수 있다[14].

이러한 기술 태도를 통해 이들 사전의 편찬자들은 '문자'가 '글자'보다는 좀 더 폭넓고 체계적인 의미를 가지는 것으로 인식했다고 추론해 볼 수 있다. '문자[2]'와 '글자'의 차이를 '시각적인 면'과 '전달과 소통'으로 보고, 이러한 점을 가장 잘 드러낸 정의는 「표준」의 것이다. 특히 –「표준」에서 '글자'를 부호로 보는 것은 논의의 여지가 있지만[15] –「표준」은 '문자[2]'는 '기호 체계'로, '글자'는 '부호'로 서로 다르게 기술하고 있어 '문자[2]'의 체계성을 의식하여 기술한 것으로 보인다.

하지만, 「표준」은 물론, 대부분의 사전에서 '문자'와 '글자'의 공통점과 차이점은 뜻풀이만으로는 명시적으로 드러나지는 않는다. 이는 여러 사전들의 '문자'와 '글자' 항목에 나열되어 있는 예문을 보아도 잘 드러난다. 이를 더 자세히 알아보기 위해 사전에 수록된 '글자' 및 '문자[2]'의 예문들을 모두 모아 살펴보기로 하자.

다음 '문자[2]'의 예문들은 '문자'를 '글자'로 바꾸면 어색하게 느껴지는 경우가 많은 것들이다.

(1)

우리 나라 문자/?글자는 가장 과학적인 글자이다. 「삼성」

언어와 문자/?글자
문자/?글자는 문명을 일으키는 터전이 되었다.
다항식에 문자/?글자가 포함되지 않는 항을 상수항이라고 부른다. 「고려」

하지만, 다음 '문자[2]'의 예문들은 '문자'를 '글자'로 바꾸어도 어느 정도 문맥에 변화가 없다.

(2)
얼른 보아서 그 종이에는 내용을 해독할 수 없는 부호 같은 문자/글자들이 깨알같이 적혀 있었다. 「연세」
돌은 조잡한 솜씨로 여섯 모 비슷하게 다듬어졌고, 중간중간에 희미하게 지워진 문자/글자가 새겨져 있었다. 「표준」
선사 시대란 문자/글자가 없었던 역사 이전 시대를 이른다. 「고려」

또한 표제어 '글자'의 다음 예문들은 '문자'로 바꿔어도 크게 어색하지 않게 느껴질 뿐더러, 오히려 대부분 '문자'로 바꾸는 것이 더 자연스러운 것들이다.

(3)
조선글자/문자, 라틴글자/문자 「연변」
한글은 세계에서 가장 과학스러운 글자/문자이다. 「한글」
조선글자는 창제원리가 독특한 자모글자/문자로서 세계적으로 우수한 글자/문자들중의 하나이다. 「조선」
이 원시 부족은 고유의 말은 있지만 글자/문자는 없다. 「표준」
한글은 세계에서 가장 과학적인 글자/문자이다. 「고려」

반면, '글자'의 다음 예문들은 '문자[2]'로 바꾸면 자연스럽지 않다.

(4)

우리들은 신문 기사의 글자/?문자 하나하나를 놓치지 않고 읽고 또 읽었다. 「연세」

칠판에 적은 글자/?문자가 잘 안 보인다.

글씨를 흘려 써서 이 글자/?문자가 '서'인지 '저'인지 잘 모르겠다. 「표준」

선생님, 앞에 두 글자/?문자가 잘 안 보여요. 「고려」

즉, '문자2'의 예문 중에서 '글자'로 바꾸면 어색한 예문들(즉, (1))이나, '글자'의 예문 중에서 '문자'로 바꾸어도 어색하지 않거나, 자연스러운 예문들(즉, (3))은, 주로 '문자' 또는 '글자'가 체계 전체를 지시하는 것들이다. 반면, '문자'의 예문 중에서 '글자'로 바꾸어도 문맥에 큰 변화가 없는 예문들(즉, (2))이나, '글자'의 예문 중에서 '문자'로 바꾸면 어색한 예문들(즉, (4))는 주로 개별 낱글자를 지시하는 것들이다[16].

이러한 관찰을 통해, '문자'이건 '글자'이건 개별 기호 자체를 가리키면서도 때로 그 기호가 포함된 체계 전체를 나타내는데 사용될 수 있지만, '문자'는 체계 전체를 나타내는 데에, '글자'는 개별 기호를 나타내는 데에 더 많이 사용된다는 사실을 알 수 있다. 이러한 점은 다음과 같은 취지로 정리된다[17].

문자2 : ① 인간의 의사소통을 위하여 시각적으로 나타낸 기호들의 체계. =글자 ②
② 문자2 ①의 개별 기호. = 글자 ①

글자 : ① 말을 적는 일정한 체계의 기호. = 문자2 ②
② 글자 ①의 체계. = 문자2 ①

'기호 체계 전체'와 '개별 기호'를 우리의 제안처럼 다의어로 처리할지 아니면 한꺼번에 기술할지에 대해서는 다른 의견이 있을 수 있다.

하지만 '문자'와 '글자'가 가진 이러한 공통점과 차이점을 더 구체적으로 어떻게 기술하여야 할지는 사전편찬자들이 함께 풀어가야 할 문제일 것이다.

2.2.3 '문자' 표제어의 처리

2.2.3.1 동음이의어인가 다의어인가

지금까지 우리는 여러 사전에서 '문자'에 두 가지 의미로 기술되었음을 살펴보았다. 그런데, 이 같은 두 가지 의미를 가진 '문자'를 동음이의어로 처리했는가 아니면 다의어로 처리했는가에 따라 여러 한국어 사전은 두 가지 처리 방법을 보인다. 즉, 「연세」를 제외한 모든 사전에서는 모두 동음이의어로 처리하고 있는 반면, 「연세」에서는 두 종류의 문자를 다의어로 처리하고 있다.

「연세」

문자　① 말의 소리나 뜻을 눈으로 볼 수 있도록 적기 위한 체계적인 부호… ③ 어려운 한자 낱말이나 성구

즉, 「표준」과 「연세」의 풀이 방법을 비교하여 보면, 「표준」에서는 어깨번호(1, 2 등)을 붙여 별개의 표제어로 구분하고 있지만, 「연세」에서는 문자가 가지는 여러 의미를 '문자'라는 표제어 아래에 원 문자(①, ② 등)로 구분하여 풀이하고 있다. 의미상으로는 다음과 같이 대응된다.

「표준」		「연세」
문자[1]	=	문자③
문자[2]	=	문자①

이처럼 대부분의 사전에서 「표준」과 같이 별개의 표제어로 취급하여 두 종류의 '문자'를 동음이의어로 처리하고 있는 것은 이 두 종류의

'문자'의 발음에 근거한다. 즉, '문자'를 [문자]로 발음하면 [숙어]의 의미를 가지는 반면, [문짜]로 발음할 때에는 시각적 기호체계인 [글자]의 의미를 가지게 된다.

발음이 다르면 다른 단어로 처리하는 것은 원칙적으로 옳다. 하지만, 이 두 종류의 단어가 모두 '文字'라는 한자어이며, [숙어]의 의미를 가진 '문자' 역시 한자라는 '글자'와 관련이 있으므로, [글자]의 의미를 가진 '문자'와 다른 단어로 보는 것이 어색하게 느껴진다. 게다가 최근 언중들은 이 두 종류의 '문자'를 사실상 같게 발음하는 경우가 늘어나고 있다. 「고려」에서도 이 두 종류의 '문자'의 발음을 똑같이 [문짜]로 기술하고 있는 것을 보면, 발음의 문제는 더 이상 고려 대상이 아닐 수 있다. 그런 의미에서 하나의 표제어로 처리한 「연세」가 주목되며, 한편, 「고려」에서는 발음이 같다고 기술했음에도 동음이의어로 처리하고 있어 특이하다.

2.2.3.2 배열 순서의 문제

또한 두 가지 의미의 '문자'를 어떤 순서로 배열하는가 하는 것도 사전마다 다르다. 즉, 「문」, 「큰」, 「민중」, 「삼성」, 「한글」, 「조선」, 「표준」에서는 [숙어]의 의미를 가진 '문자'를 앞세우고, [글자]의 의미를 가진 '문자'를 그 다음에 기술한 반면에, 「연변」, 「금성」, 「연세」, 「고려」 등에서는 그 반대로 되어 있다.

[숙어]를 앞세운 사전 : 「문」, 「큰」, 「민중」, 「삼성」, 「한글」, 「조선」, 「표준」
[글자]를 앞세운 사전 : 「연변」, 「금성」, 「연세」, 「고려」

표제어 뜻풀이의 배열 순서를 정하는 데에는 여러 가지 방법이 있을 수 있다[18]. 또한 동일한 범주의 표제어일 경우에는 철자와 발음의 상관관계 또는 어원 등이 고려되기도 한다. 즉, [숙어]의 의미를 가진 '문자'는 그 단어의 글자 구성과 그 발음인 [문자]가 일치하고 있는 반면에, [글자]의 의미를 가진 '문자'는 그 발음이[문짜]이므로 철자와 발음이 곧바로 유추되는 것은 아니다. 따라서 발음 정보가 없는 단어를 발음정보가 있는 단어보다 앞세운 것으로 보인다.

반면, 사용빈도를 조사하여 빈도수가 높은 표제어를 앞세우는 경우도 있다. 코퍼스를 이용하여 만든 사전으로 알려져 있는 「연세」, 「고려」 등 기술(descriptive) 사전의 경우가 바로 그것이다. 「금성」도 사용빈도가 높은 것을 앞세운다고 밝히고 있으며[19], 「연변」 또한 명시적으로 밝혀져 있지는 않지만, 편찬자의 직관에 의하여 사용빈도를 고려한 것으로 유추된다.

2.2.3.3 또 다른 의미의 문자

지금까지 살펴본 '문자'의 두 가지 의미 외에도 사전마다 다른 의미를 가진 '문자'가 수록되어 있다.

「문」, 「큰」에는 [시문]의 의미를 가지는 '문자'가 수록되어 있지만, 이러한 용법은 잘 사용되지 않았기에 「삼성」 이후의 사전에는 수록되지 않았다.

> 시문과 모든 서책에 나타난 말 「문」
> 시문과 그 밖의 온갖 말로 적어 놓은 글 「큰」

「큰」, 「민중」, 「삼성」에는 [문서]의 의미를 가지는 '문자'가 동음이의어 표제어로 수록되어 있다.

> 「큰」
> 문자3(文字) ((이두)) 문장(文將), 증서(證書) 따위

이러한 의미의 '문자'는 이두(吏讀)에서 유래한 것으로서 현대에서 사용된다고 볼 수 없으므로, 이두를 표제어로 다루지 않은 대부분의

사전에서는 생략한 것은 당연한 조치다[20].

2.2.4 기타 풀이내용

2.2.4.1 부가 설명

「삼성」, 「금성」, 「표준」, 「고려」에는 뜻풀이 뒤에 문자를 분류하거나 예를 든 부가설명이 추가되어 있다. 이를 표로 나타내면 다음과 같다.

[표3]

문자의 분류	발달단계	기타	
[-쓰기] 결승문자 [+쓰기] 회화/상형/설형문자	표의문자(한자) ⇨ 표음문자 일자일음 (한글, 라틴문자 일자일음(카나)		「민중」 「삼성」
표의문자(한자) 표음문자(로마자,한글)	그림 ⇨ 상형문자 ⇨ 표의문자 ⇨ 표음문자	점, 선 등으로 조합	「금성」
표의문자(한자) 표음문자(로마자, 한글)			「표준」
회화문자 표의문자(한자) 표음문자(한글, 로마자)		점, 선의 조합, 수를 세는 단위는 획, 수임	「고려」

이 부가설명은 '글자' 항목에서 언급했던 대로 통시적이며 국어사전의 기술로는 불필요하다. 「삼성」, 「민중」이 '결승문자'까지 포함시켜 '문자'의 영역을 가장 크게 보았고 「고려」가 '회화문자'를 포함시켜 다음을 잇고 있다.

2.2.4.2 수학용어

「민중」, 「삼성」과 「표준」은 수학용어로서의 문자를 따로 정의하고 있다.

「표준」

수, 양, 도형 따위의 여러 가지 대상을 나타내기 위하여 쓰는 숫자 밖의 글자

'문자'에 대한 이러한 풀이는 모호하게 느껴진다. 만약 'x+2y=a'와 같은 식에서 x, y, a를 말하는 것이라면, 굳이 이처럼 따로 정의하지 않아도 [글자]의 의미의 '문자'에서 처리할 수 있을 것이며, 이러한 수학식의 문자는 그 분포가 특수하긴 하지만 문자의 기본 의미와 차이가 나는 것으로 느껴지지 않는다[21]. 게다가 "수자 밖의 자모, 숫자 밖의 글자"라는 표현 또한 정확하게 무엇을 지칭하는지 표현도 애매하다. 최근 사전인「금성」,「연세」,「고려」에서 이러한 의미의 뜻풀이가 빠진 것을 참고할 수 있다.

2.2.4.3 전산용어

「연변」,「금성」,「조선」,「표준」,「고려」에는 영어 'character'의 번역어로서 전산용어 '문자'를 수록하고 있다.「표준」의 예만 보인다.

「표준」

문자[2] ④ [컴] 키보드를 눌러서 화면에 나타낼 수 있는 한글, 알파벳, 한자, 숫자, 구두점 따위를 통틀어 이르는 말. = 캐릭터 ②.

이러한 정의에 따르면 전산용어로서의 '문자'의 의미는 '전산처리용 기호 및 그 기호를 표현하는 정보단위'를 나타내는 것이다. 이러한 전문용어를 국어사전에 어느 수준까지 올릴 것이냐는 문제가 되지만, 1990년대 이후의 사전에서는 '전산용어로서의 문자'의 의미를 수록하는 것이 대세인 듯하다. 우리나라에서 널리 사용되고 있는 문서 작성 소프트웨어 '훈글'의 '문자표'에 쓰이는 '문자'가 바로 이런 의미라는 것을 염두에 두면, 이해할 수 있는 처리라 할 수 있다.

게다가 최근 그 사용빈도가 급격하게 늘어난 휴대전화 문자메시지를 의미하는 '문자' 역시 전산용어 '문자'의 영향이다. 처음부터 문자메시지 – 음성메시지의 짝을 이루었던 것은 '문자메시지'가 전산용어에서 나왔기 때문이다.

2.2.5 마무리

위에서 논의한 것을 근거로 '문자' 항목의 풀이말을 정리해 보면 다음과 같다.

문자 ① 인간의 의사소통을 위하여 시각적으로 나타낸 기호들의 체계
② 문자[2] ①의 개별 기호
③ 전산용어
④ 휴대전화에서 주고받는 글로 된 짧은 소식
⑤ 한때 유행하거나 특정 계층에서 잘 쓰이는 말로 주로 어려운 낱말이나 성구 또는 문장. 학식이나 학문을 비유적으로 이르기도 한다.

2.3 글씨

여러 사전에서 '글씨'는 세 가지의 의미를 가진 다의어로 제시된다. 「표준」의 예를 들면 다음과 같다.

「표준」
① 쓴 글자의 모양.
② = 글자.
③ 글자를 쓰는 법. 또는 그런 일.

이와 같은 의미는 다른 사전들에서도 거의 비슷하게 제시된다. 다음 표에서 숫자는 해당 사전에서 의미 배열 순서를 나타낸다.

[표 4]

[모양]	[글자]	[쓰는 일, 쓰는 법]	
	1	1	「문」
	1, 2	1	「큰」
	1, 2	1	「민중」
1	3	2	「삼성」
1	3	2	「연변」
1	3	2	「한글」
1	2		「금성」
1		2	「조선」
1	3	2	「연세」
1	2	3	「표준」
2	1	3	「고려」

2.3.1 [모양]의 의미로서의 '글씨'

여러 사전에서 [모양]의 의미를 가진 '글씨'의 뜻풀이는 다음과 같다.

① 쓴 글자의 모양 「삼성」, 「금성」, 「한글」, 「표준」
① 써 놓은 글자의 모양 「고려」
① 써놓은 글자 또는 그 모양 「조선」
① 손으로 쓴 글자의 모양 「연세」
② 써 놓은 글자의 모양 「고려」

조금씩 표현은 달라지지만, 이러한 의미일 때 '글씨'는 겉으로 드러난 모습이 위주가 된다. 그러므로 '곱다, 깨알 같다, 낯익다, 멋지다, 보기 좋다, 붉다, 빛바래다, 삐뚤삐뚤하다, 삐뚤어지다, 예쁘다, 좁쌀 같다, 지저분하다, 커다랗다, 큼직하다' 등과 같이 시각적 의미가 내포되어 있는 형용사와 어울리는 경우가 많다.

한편, 「문」, 「큰」, 「민중」 등 초기 사전에서는 이러한 의미는 아예 제시되어 있지 않다. 사전의 편찬자들이 의미 파악을 놓친 것인지, 이런 의미로서의 용법이 나중에 생겨난 것인지는 더 살펴볼 필요가 있다. 또한 대부분의 사전에는 [모양]이라는 의미의 글씨를 다의어의 첫 번째 뜻풀이에 올려놓은 반면에 「고려」에서는 이런 의미일 때 두 번째로 기술하고 있어 주목된다. 「고려」의 기술에 의하면 [모양]의 의미의 '글씨'는 기본 의미이고, 다음에 살펴볼 [글자]의 의미의 '글씨'가 사용빈도가 더 높다고 본 것이다[22]. 이 점에 대해서는 2.3.3에서 다시 논하기로 한다.

2.3.2 [쓰는 법, 쓰는 일]의 의미로서의 '글씨'

[쓰는 법, 쓰는 일]의 의미를 가진 '글씨'의 뜻풀이는 다음과 같다.

② 글자를 쓰는 것 「문」
① … 그 표를 쓰는 일 「큰」, 「민중」
② 글자를 쓰는 법이나 글자로 쓰는 일 「삼성」
② 글자를 쓰는 일 또는 글자를 쓰는 법 「연변」, 「조선」, 「연세」
② 글자를 쓰는 법이나 글자를 쓰는 일 「한글」
③ 글자를 쓰는 법. 또는 그런 일 「표준」
③ 글자를 쓰는 법이나 쓰는 일 「고려」

이와 같은 의미일 때에는 주로 행위와 관련 있어서, '글씨를 배우다, 글씨를 공부하다, 글씨를 연습하다'와 같이 쓰인다. 「금성」에는 따로 제시되어 있지 않다.

2.3.3 [글자]의 의미로서의 글씨

여러 사전에서 [글자]의 의미를 가진 '글씨'의 뜻풀이는 다음과 같다.

① 말을 글로 적는 표. 글자. 文字「문」
① 말을 글로 적은 표(標). … ② =글자「큰」
① 말을 글로 적은 표(標). … ②글자「민중」
③ =문자 ①「삼성」
③ =글자「연변」
③ =글자「한글」
② =글자「금성」,「표준」
③ 글자「연세」
① 말을 시각적으로 나타낸 일정한 기호「고려」

「조선」을 제외한 모든 사전에서 '글씨'가 [글자]의 뜻으로 사용되고 있다고 기술하고 있으며, 또한 대부분 '글씨'에 대해 따로 풀이말을 달지 않고, '글자'(또는 문자)로 뜻풀이를 미루고 있다.「문」에서는 '글자'는 물론, [글자]라는 의미의 '문자'까지 별도의 기술 없이 '글씨'와 같은 뜻으로 처리하고 있고,「삼성」에서는 '문자'의 뜻풀이 뒤에 글씨와 같은 뜻임을 밝히고 있다. 또한「문」,「큰」,「민중」에서는 "말을 글로 적는 표(標)"라는 뜻풀이가 주목된다. 이는 '글자' 또는 '문자'의 의미와 같은 것이다[23]. 아울러「큰」과「민중」은 '글씨'의 첫 번째 뜻으로 이런 의미를 제시하고 다시 두 번째 뜻으로 '글자'와 같은 의미라고 처리하고 있다.

이상의 논의에서 보았듯이 거의 모든 사전에서 '글씨'에는 [글자]의 뜻이 있음을 밝히고 있으며,「문」,「큰」,「민중」 등 초기 사전에서는 첫 번째 뜻으로 배열하고 있다. 게다가 사용 빈도가 높은 단어를 앞에 배열한「고려」에서도 [글자]의 의미를 가진 '글씨'를 첫 번째로 배열한 것은 흥미롭다. 하지만, [글자]의 의미를 가진 '글씨'를 사전에 기술하는 것은 몇 가지 고려해야 할 점이 있다.

첫째, 조사 대상 여러 사전에 수록되어 있는 [글자]의 의미를 가진 '글씨'의 예문을 따로 모아서 각각 '글자'를 대입하여 비교하여 보면 여러 경우에서 자연스럽지 않게 느껴진다.

> 글씨/?글자를 바르게 쓰다 「연변」
> 글씨/?글자를 빨리 쓴다. 「한글」
> 붓글씨/?글자 「금성」
> 그녀는 수첩에 깨알 같은 글씨/?글자로 매일매일 일기를 적는다. 「고려」

우리의 직관에 의하면, "글씨를 바르게 쓴다" 등의 예문은 [글자]의 의미의 '글씨'가 아니라, [쓰는 일]으로서의 '글자'에 해당한다. 또한 "붓글씨" 역시 문맥에 따라 [모양]이나 [쓰는 법]에 적당한 예문이다. 이를테면, "붓글씨가 예쁘다/힘차다, 붓글씨를 보다"는 [모양]의 의미를, "붓글씨를 배우다/쓰다"는 [쓰는 법]의 의미를 가지는 것이다. "깨알 같은 글씨" 역시 [모양]에 어울린다.

둘째, '글씨'와 '글자'가 같은 뜻이라면, 이 예문들에 나온 '글씨'를 '글자'로 바꾸어도 의미차이가 나타나지 않아야 한다. 하지만, 다음과 같이 '글씨'와 '글자'가 둘 다 쓰일 수 있는 예문이라 할지라도 의미가 완전히 동일하지는 않다.

> 글씨/글자 한 자 한 자마다 정성을 기울인 기색이 역력히 나타나 있었고, 잘못 쓴 글씨/글자를 지우고 다시 쓴 곳은 한 군데도 없었다. 「연세」
> 간판의 글씨/글자가 알아볼 수 없을 정도로 지워져 있었다. 「고려」

이 예문들에서 "정성을 기울인 글씨, 잘못 쓴 글씨, 알아볼 수 없는 글씨"라고 하면, "글씨를 쓰는 행위의 결과로서의 모양"에 더 관심을 가진 느낌으로, 그 모양에 정성을 기울이거나 삐뚤삐뚤하거나 해서 알아 볼 수 없다는 느낌이 강하다. 반면, "정성을 기울인 글자, 잘못 쓴 글자, 알아볼 수 없는 글자"는 단순한 모양이 문제가 아니라 "글자의 형태로 인해 나타나는 의미"에 초점을 맞춘 것이다. 즉, 모양은 아니지만, 쓰인 글자가 정성을 기울인 기색이 있다거나 그 글자를 지우거나 알아볼 수 없다는 느낌이 강하게 느껴진다[24].

이러한 점에서 「조선」의 경우는 주목할 만하다. 앞서 언급했듯이 「조선」에는 [글자]의 의미는 언급되지 않은 채, 다음 두 가지 의미가 제시되어 있는데,

> 「조선」
>
> 글씨 : ① 써놓은 글자 또는 그 모양. ② 글자를 쓰는 일 또는 글자를 쓰는 법.

"① 써 놓은 글자"라는 뜻풀이는 [모양]의 의미로 풀이한 다른 사전들에서 전혀 찾아볼 수 없는 기술이다. 즉, 단순한 '글자'가 아니라, "쓰여 있는 글자"에 주목한 뜻풀이라고 볼 수 있다. 글씨의 어원에 '쓰다'가 포함되어 있음을 고려하면[25], 이러한 "글씨를 쓰는 행위의 결과"라는 의미가 '글씨'에 포함되어 있는 것이다. 그렇기에 '글씨'는 '글자'보다 시각적인 느낌이 더 강하게 되며, 또한 보편적인 특성을 보이는 '글자'와는 달리 '글씨'에는 특정한 개성이 드러나는 것이다. 결과적으로, '글씨'는 쓴 사람의 행위의 결과물인 글자이고, '글자'는 쓴 사람의 개성이 지워진 보편체이다[26].

「고려」에서는 [글자]의 의미를 가진 '글씨'에 별도로 '글자'와는 다른 뜻풀이를 달고 있는데, 여기에도 '글씨'의 시각적 특징을 강조하고 있다.

「고려」

글자 : 말을 일정한 체계로 적는 기호

글씨 : 말을 시각적으로 나타낸 일정한 기호

2.4 자(字)

수록된 모든 사전에서 기술 방식은 조금씩 다르지만, 첫 번째 의미는 '글자'의 의미를 가진 것으로, 두 번째 의미는 글자를 세는 단위명사로서 기술되어 있다. 이에 대해서는 특별히 언급할 필요를 느끼지 못하지만, 글자에 관련된 표제어라는 관점에서 여기에 「표준」의 예를 제시해 둔다[27].

「표준」

자 : ① = 글자.②((수량을 나타내는 말 뒤에 쓰여)) 글자를 세는 단위.

3 결론

우리는 이 글에서 1930년대 후반부터 최근까지 발간된 주요 사전들에서 '문자' 관련 네 어휘인 '글자, 문자, 글씨, 자' 등의 뜻풀이를 비교하여 보았다. 이를 통해 이들 어휘의 뜻풀이는 사전마다 독특한 관점을 가지고 다채롭게 이루어져 있음을 알 수 있었다. 즉, '문자'가 가진 의미영역은 점차 다양해지고 있으며, '글자'와 '문자', '글씨'의 의미 차이는 초기에 비해 상당히 벌어지고 있다. 또한 초기 사전에서 '글자, 문자, 글씨' 등 세 단어의 공통분모가 더 많이 느껴졌다면 최근의 사전으로 올수록 차이점을 세밀화하려는 시도가 많았음을 보았다.

지금까지 살펴본 내용을 정리하여 사전의 뜻풀이를 제안하면 다음과 같다.

글자 : ① 말을 적는 일정한 체계의 기호

② 글자①의 체계

문자 : ① 인간의 의사소통을 위하여 시각적으로 나타낸 기호들의 체계

② 문자①의 개별 기호

③ 전산용어

④ 휴대전화에서 주고받는 글로 된 짧은 소식

⑤ 한때 유행하거나 특정 계층에서 잘 쓰이는 말로 어려운 낱말이나 성구 또는 문장. 학식이나 학문을 비유적으로 이르기도 한다.

글씨 : ① 써놓은 글자 또는 그 모양.

② 글자를 쓰는 일 또는 글자를 쓰는 법.

국어사전의 뜻풀이를 보완하는 일은 상당히 많은 시간과 노력이 필요하다. 이글에서 우리가 한 작업은 현대 국어사전들의 뜻풀이가 어떤 과정을 거쳐 변해왔는가를 한눈에 볼 수 있도록 정리하고 현대국어와의 괴리를 드러내어, 보다 정밀한 사전기술이 이루어지는데 도움이 될 것이다. 또한 눈에 띄는 성과는 당장 보이지 않을지 모르나, 긴 안목으로 볼 때 우리의 문화 수준이 도약하는데 일조할 수 있을 것이다. 거시적인 관점에서의 사전학 연구도 필요하고, 우리의 제안 역시 앞으로 더 정밀하게 다듬어져야겠지만, 이 글과 같은 미시적인 관점의 연구들이 하나하나 쌓여갈 때 우리 사전과 사전학이 같이 풍성해질 수 있을 것이다.

부록

'문자' 관련 어휘의 뜻풀이

1. 글자

「총」

글ᄌᆞ·(字) 名「글씨」に同じ.

「문」

【글-자】 {-名}「글씨」①과 같음。

「큰」

글자 [-짜] 【이】사람의 말을 적는 부호(符號). (문자=文字①) (옛말: 글월③)

「민중」

글-자 【一字】[一짜] 명 사람의 말을 적는 부호. 글씨. 문자(文字).

「삼성」

글-자(一字) [一짜] 명 사람의 말을 적기 위한 일정한 체계의 부호. 문자(文字)①, 자(字)①. ㊜글[1]③. ⇨문자(文字)①.

「연변」

글자 [-짜] (~字) [명] 말을 적기 위한 일정한 체계의 기호. ‖조선~, 라틴~. 소리~, 뜻~. =글③. 문자[1]①. 글씨③.

「한글」

글자 [-이] 말을 적는 일정한 부호. (ㅂ)한글은 세계에서 가장 과학스러운 ~이다. 준 글[1]③. 한 글씨[1]③. 글월②. 문자[2].

「금성」

글-자 [一字] [一짜] [명] 말을 적는 부호. 수효를 나타내는 단위는 획·자(字). 글. 글씨. 문자. ¶뜻 ~ / 소리 ~.

「조선」

글자 [-짜] 2 2 [명] ((언어)) ① 음성언어가 가지는 시공간적제한성

을 극복하기 위하여 그것을 적는 언어적기호. 언어교제의 한 실현형식인 글말에서 쓰이면서 말과 함께 자기 존재의 전기간에 걸쳐 사회적 진보에 이바지하여온 인류의 재보이다. 문명시대를 규정하는 기준으로 된다. 그림으로부터 발전하여온 글자는 크게 뜻글자, 소리글자로 나누이며 소리글자는 다시 소리마디글자와 자모글자로 나누인다. | 조선글자는 창제원리가 독특한 자모글자로서 세계적으로 우수한 글자들중의 하나이다. ㊂글④. 글월②. ② 전자계산기언어에서 ≪수자, 글자, 각종 부호 등 자료를 표기하는 데 사용되는 기호≫를 통털어 이르는 말. ㊂문자[1] ③ ((수학)) 일정한 대상을 그때그때 의미하도록 지정해서 리용하는 자모. (86)

「연세」
글자(~字) [글짜] [명] ①말의 소리나 뜻을 나타내는 데 쓰이는 눈으로 볼 수 있는 기호, 또는 그 기호들의 체계. ¶우리들은 신문 기사의 글자 하나하나를 놓치지 않고 읽고 또 읽었다. ②글. ¶글자 몇 자라도 적어두었더라면 이렇게 놀라진 않았을 텐데.

「표준」
글-자(-字) [-짜][명] 말을 적는 일정한 체계의 부호. =글③•글씨② •자[14](字)①. ¶ 칠판에 적은 **글자**가 잘 안 보인다./ 이 원시 부족은 고유의 말은 있지만 **글자**는 없다./ 글씨를 흘려 써서 이 **글자**가 '서'인지 '저'인지 잘 모르겠다.

「고려」
글자[+글+字] [-짜] [명] 말을 일정한 체계로 적는 기호. 한글, 한자, 숫자 따위를 이른다. ¶**글자**를 새기다 / 한글은 세계에서 가장 과학적인 글자이다. / 선생님, 앞에 두 **글자**가 잘 안 보여요. / 김 교수가 그 비문에 적힌 **글자**를 완전히 해석해 냈다. [유의] 글③, 글씨①, 문자[1](文字)①, 자[3](字).

2. 문자

「총」

文字(문ᄌᆞ) 名 熟語. 成句.

文字(문ㅅᄌᆞ) 名 詩文ご一般書史.

「문」

문자 (文字) 名 ㊀예전 사람이 만들어 놓은 숙어。㊁두가지 이상의 말을 합하여 한가지 뜻을 나타내는 말。

문자 {–짜} (文字) 名 ㊀「글씨」㊀과 같음。㊁시문과 모든 서책에 나타난 말。

「큰」

문자1(文字) 【이】①여러 말이 모여서 귀(句)를 이루어 한 가지 뜻을 나타내는 말 ②예전부터 전하여 내려오는 숙어(熟語).

문자2[–짜](文字) 【이】 ①=글자. ②시문(詩文)과 그 밖에 온갖 말로 적어놓은 글.

문자3(文字) ((이두)) 문장(文狀), 증서(證書) 따위.

「민중」

문자1(文字) 명 예전부터 전하여 내려오는 어려운 말귀. 한문으로 된 숙어나 속담 · 격언 등. ★ —를 섞어 말하다.

문자2(文字) [—짜] 명 ① ((언)) 말이나 소리를 눈으로 볼 수 있도록 적어 나타낸 일정한 부호. 생각이나 느낌의 발표 · 전달 · 기록의 수단이 됨. 가장 원시적인 것으로는 결승 문자(結繩文字)가 있었으나 쓰는 문자가 아니었고, 쓰는 것으로는 회화 문자(繪畵文字) · 상형 문자(象形文字) · 설형 문자(楔形文字)가 오래 된 것임. 대체로 표의 문자(表意文字)에서 표음 문자(表音文字)로 발달하였는데 표의 문자로는 한자(漢字)가 대표적이고, 표음 문자로는 한글 · 라틴 문자 · 일본의 가나(カナ) 같은 것임. 표음 문자는 다시 한글이나 영어의 알파벳 등과 같이 일자 일음(一字一音)으로 된 것과 일본 가나와 같이 일자 일음절(一字一音節)로 된 것으로 구별됨. 글자. ② ((수)) 수 · 양 · 도형 등 여러 가지 대상을 나타내기 위하여 쓰이는 수자 밖의 자모.

문자[3](文字) 명 [이두] 문장(文狀)•증서(證書) 같은 것.

「삼성」

문자[1](文字) 명 [예전부터 전하여 내려오는] 한자(漢字)로 된 숙어나 성구, 또는 문장. * ~를 쓴다.

문자[2](文字) [—짜] 명 ① ((언)) 말이나 소리를 눈으로 볼 수 있도록 적기 위한 일정한 체계의 부호. 생각이나 느낌의 발표 · 전달 · 기록의 수단이 됨. 가장 원시적인 것으로는 결승 문자(結繩文字)가 있었으나 쓰는 문자가 아니었고, 쓰는 것으로는 회화 문자(繪畵文字) · 상형 문자(象形文字) · 설형 문자(楔形文字)가 오래 된 것임. 대체로 표의 문자(表意文字)에서 표음 문자(表音文字)로 발달하였는데 표의 문자로는 한자(漢字)가 대표적이고, 표음 문자로는 한글 · 라틴 문자 · 일본의 카나(カナ) 같은 것임. 표음 문자는 다시 한글이나 영어의 알파벳 등과 같이 일자 일음(一字一音)으로 된 것과 일본 카나와 같이 일자 일음절(一字一音節)로 된 것으로 구별됨. 글씨. 글자. * 우리 나라 ~는 가장 과학적인 글자이다. ② ((수)) 수 · 양 · 도형 등 여러 가지 대상을 나타내기 위하여 쓰이는 수자 밖의 자모.

문자[3](文字) 명 [이두] 문장(文狀)•증서 같은 것.

「연변」

문자[1] [—짜](文字) [명] ① = 글자, ② (수자형 전자계산기에서) 0에서 9까지의 10진수나 가, 나, 다, 라와 같은 글자 또는 ≪+≫, ≪−≫의 기호나 휴지점과 같이 기계가 기억하고 내보내고 할수 있는 기호 또는 기계안에서 2진수자를 모아서 같은 뜻을 나타내게 만든것.

문자[2](文字) [명] ≪한문투의 숙어나 성구≫를 이르는 말.

「한글」

문자[1] 이 예전부터 전하여 내려오는 숙어. 주로 한자로 된 숙어나 성귀를 일컫는다. 참고 붙은문자. [文字]

문자[2] [—짜] 이 =글자. [文字]

「금성」

문자[1][文字][—짜] 명 ①『언』 언어의 전달 수단의 하나로 사용되는 부호. 점 · 선 등으로 조합한 것임. 한자(漢字) 등의 표의 문자(表意文字), 로마자 · 한글 등의 표음문자(表音文字)로 대별됨. 문자의 기원은 사물의 모양을 본뜬 그림이며, 상형 문자(象形文字) · 표의 문자 · 표음 문자로 발전한 것으로 생각됨. 글자. ② 【character】『컴』 컴퓨터가 기억하거나 송출할 수 있는 숫자나 알파벳 또는 특수 문자를 이르는 말. 우리 나라에서는 한글 · 한자도 포함됨.

문자[2] [文字] 명 예부터 전하여 내려오는 한자 숙어나 성구. ¶ ~를 섞어 말하다.

「조선」

문자[1]〔명〕≪한문투의 성구나 속담≫을 이르는 말. | 그는 어려운 문자들은 누구나 다 알아들을 수 있게 쉬운 말로 풀어가며 큰소리로 내려읽어 갔다. (장편소설 ≪갑오농민전쟁≫ 2) / 어떻게 이 세상에서 진정한 행복을 구하려 드느냐 말이다! 그게야말로 연목구어란 문자를 두고 한 말이다. (≪현대조선문학전집≫ 3) [文字] (19)

문자[2] [−짜] [명] ((언어)) ① =글자. ② (수자형전자계산기에서) 0에서 9까지의 10진수나 가, 나, 다, 라와 같은 글자 또는 <+>, <−>의 기호나 휴지점과 같이 기계가 기억하고 내보내게 할수 있는 기호 또는 기계안에서 2진수를 모아서 같은 뜻을 나타내게 만든 것. [文字]

「연세」

문자(文字) [문짜] 명 ① 말의 소리나 뜻을 눈으로 볼 수 있도록 적기 위한 체계적인 부호. ¶얼른 보아서 그 종이에는 내용을 해독할 수 없는 부호 같은 문자들이 깨알같이 적혀 있었다. ② 한때 유행하거나 특정 계층에서 잘 쓰이는 말. ¶그 시절 문자로 말하자면 백이 있는 부유층은 흥청망청 돈을 썼으며 백 없고 가진 것 없는 서민은 하루 끼니를 잇기도 어려웠다. ③ 어려운 한자 낱말이나 성구. ¶당시 사람들은 어려운 문자를 마음대로 쓰며 기록하는 일을 맡아보는 서기를 무척

부러워하였다고 한다.

「표준」

문자[1][文字] 명 예전부터 전하여 내려오는, 한자로 된 숙어나 성구(成句) 또는 문장. ¶ 젊었을 그 당시도 추 노인은 말 중에 문자 넣기를 즐겼다.≪김원일, 노을≫

문자[2](文字) [-짜] 명 ① [어] 인간의 의사소통을 위한 시각적인 기호 체계. 한자 따위의 표의 문자와 로마자, 한글 따위의 표음 문자로 대별된다. ¶ 언어와 **문자**/ 돌은 조잡한 솜씨로 여섯 모 비슷하게 다듬어졌고, 중간중간에 희미하게 지워진 **문자**가 새겨져 있었다.≪황석영, 탑≫ ②학식이나 학문을 비유적으로 이르는 말. ¶ 입으로만 비단 짜는 놈 한세상 호강하고 사는 것 못 보았네. 그런 말은 **문자**깨나 배웠다는 놈들이 듣기 좋은 소리로 하는 말들이라고.≪최일남, 거룩한 응달≫ ③ [수[1]] 수, 양, 도형 따위의 여러 가지 대상을 나타내기 위하여 쓰는 숫자 밖의 글자. ④ [컴] 키보드를 눌러서 화면에 나타낼 수 있는 한글, 알파벳, 한자, 숫자, 구두점 따위를 통틀어 이르는 말. =캐릭터②.

「고려」

문자1[文字] [-짜] 명 ❶「언어」 말을 눈으로 읽을 수 있게 나타낸 기호. 점이나 선 따위를 조합하여 나타낸 것으로 그 수를 세는 단위는 획, 자(字)이다. 그 종류에는 회화 문자(繪畫文字), 한자(漢字)와 같은 표의 문자(表意文字), 한글이나 로마자 같은 표음 문자(表音文字) 등이 있다. ¶**문자**는 문명을 일으키는 터전이 되었다. / 선사 시대란 **문자**가 없었던 역사 이전 시대를 이른다. / 다항식에 문자가 포함되지 않는 항을 상수항이라고 부른다. 유의 글씨①, 글자(-字). ②「전산」 키보드를 눌러 화면에 나타낼 수 있는 한글, 알파벳, 한자, 숫자, 구두점 따위의 기호를 통틀어 이르는 말, 데이터를 나타내는 도형 문자(graphic character)와 데이터의 처리와 전송을 제어하기 위한 제어 문자로 나뉜다.

문자[2][文字] [–짜] 명 예부터 내려 오는 한자 숙어나 성구(成句). ¶유명한 와신상담(臥薪嘗膽)이라는 **문자**는 중국의 역사에 있었던 얘기이다. / 그는 사소한 얘기를 하면서 **문자**를 섞어 가며 유식한 체하기를 좋아한다.

3. 글씨

「심」
글시 [字(ㅈ·)[28]] 글ᄌᆞ쓰는 것。(二,一一)

「총」
글씨 文字. (글ᄌᆞ).

「문」
【글–씨】①말을 글로 적는 표。글자。文字。①[29]글자를 쓰는 것.

「큰」
글씨 【이】 ① 말을 글로 적은 표(標). 또는 그 표를 쓰는 일. ② =글자.

「민중」
글씨 명 ①말을 글로 적은 표(標). 또, 그 표를 쓰는 일. ②글자.

「삼성」
글씨 명 ①쓴 글자의 모양. * 붓을 입에 물고 쓴 ~와 손으로 쓴 ~. ②글자를 쓰는 법이나 글자로 쓰는 일. * 펜~를 배우다. ③=문자①.

「연변」
글씨 명 ①써 놓은 글자의 모양. ‖~가 곱다. ②글자를 쓰는 일 또는 글자를 쓰는 법. ‖~공부. ~를 배우다 ③=>글자. ‖~를 바르게 쓰다.

「한글」
글씨[1] 이 ①쓴 글자의 모양. (ㅂ) ~가 예쁘다. ②글자를 쓰는 법이나 글자를 쓰는 일. (ㅂ) ~ 교본. ~ 연습. ③=글자. (ㅂ) ~를 쓰다. ~를 빨리 쓴다.

「금성」
글씨 명 [√글+–씨] ①쓴 글자의 모양. ¶ 보기 좋게 쓴 ~ / ~가 삐뚤삐뚤하다. ② =글자. ¶ 붓~ / ~를 쓰다.

「조선」
글씨 2 2 [명] ① 써놓은 글자 또는 그 모양. || ~가 곱다 | 글씨를 보니 순희가 쓴것이다. | 그의 거침새없는 성품을 보여주는 활달한 글씨가 정답게 살아올랐다. ② 글자를 쓰는 일 또는 글자를 쓰는 법. || ~공부. (45)

「연세」
글씨 명 ① 손으로 쓴 글자의 모양. ¶원고의 글씨는 누가 읽어도 막히지 않고 읽을 수 있게 쓴 글씨여야 한다. ② 글자를 쓰는 일, 또는 글자를 쓰는 법. ¶사임당은 부덕이 높았을 뿐만 아니라, 그림, 글씨 등에도 뛰어나, 우리나라 어머니들의 본보기가 되는 분입니다. ③ 글자. ¶글씨 한 자 한 자마다 정성을 기울인 기색이 역력히 나타나 있었고, 잘못 쓴 글씨를 지우고 다시 쓴 곳은 한 군데도 없었다.

「표준」
글씨 명 ①쓴 글자의 모양. ¶ 예쁘게 쓴 글씨/ 글씨가 큼직하여 읽기 좋다. ②=글자. ¶ 철판에 글씨를 쓰다. ③글자를 쓰는 법. 또는 그런 일. ¶ 글씨 공부. 〖〈글시 〈내훈〉←글+스-[〈쓰다 〈석상〉]+-이〗

「고려」
글씨[+글-씨] 명 ①말을 시각적으로 나타낸 일정한 기호. ¶복도 끝에는 '정숙'이라는 글씨가 붙어 있었다. / 그녀는 수첩에 깨알 같은 글씨로 매일매일 일기를 적는다. / 간판의 글씨가 알아볼 수 없을 정도로 지워져 있었다. 유의 글자(-字), 문자[1](文字)①. ❷써 놓은 글자의 모양. ¶마음이 급해서 **글씨**가 엉망입니다. / 그의 글씨는 기품이 있으면서도 화려한 느낌을 준다. ㊟ 글씨체(--體)①. ③글자를 쓰는 법이나 쓰는 일. ¶이번 방학에 글씨 공부도 할 겸 서예 학원에 다니기로 했다. 【글시 《내훈2:60》】

4. 자

「심」

ᄌᆞ [字] ㊀글ᄌᆞ。㊁本일홈外에交際上불으기爲ᄒᆞ야만든일홈。(六,七)

「총」

字(ᄌᆞ) 名 あざな

「큰」

자(字) [절이] "글자"의 뜻.

「민중」

자(字)[5] ㊀ 명 ①글자. ¶큰 ~/작은 ~ ㊁ 양수 「글자」의 뜻으로 그 수효를 나타내는 말. ¶200 ~ 원고지.

「삼성」

자(字)[14] 불명 '글자'의 뜻으로, 그 수효를 나타내는 말. * 한 ~ 두 ~ 익혀 나가면 저절로 알게 되는 거요. 200 ~ 원고지.

「연변」

자[4] (字) [명] (불완)≪글자≫를 이르는 말. || 이것은 무슨 ~입니까? ▯단위명사로도 쓰인다. || 한~ 한 씩 또박또박 쓰다.

「한글」

자[16] 이 (매이) '글자'의 뜻. (ㅂ) 이 ~는 무슨 ~이며, 뜻이 무엇입니까? ㉠글자를 세는 단위로 쓰인다. (ㅂ) 한 ~. 넉 ~. [字]

「금성」

자[2] [字] 명 1(자립) '글자'를 이르는 말. ¶ 낫 놓고 기역~도 모른다 / 이것은 무슨 ~입니까? 2(의존) 글자의 수효를 세는 말. ¶ 200 ~ 원고지.

「조선」

자[15] [명] (불완전) ① ≪글자≫를 이르는 말. | 낫 놓고 ≪ㄱ≫자도 모른다. ② 글자를 세는 이름수의 단위로 쓰인다. || 한~씩 또박또박 쓰다. [字] (49)

「연세」

자4 (字) 의 ① (주로 중국 글의) 글자. ¶그 자가 무슨 자입니까?/그는 이마에 소 '우' 자 붙이고 사는 사람이다. ② [주로 '소식 한 자/몇 자'의 꼴로 쓰이어] 아주 짧은 글. ¶지금쯤 어디서 무얼 하는지 알고 있어도 피차간에 소식 한 자 적어 보내지 못하고 멀어진 사람들이었다. ③ 글자의 수를 세는 단위를 나타냄. ¶외국에 살면서 거추장스런 호칭 없이 내 이름 두 자만 딱 떼어 부르는 것을 들어 본 적이 몇 번 안 되는 것 같다./요즘 소설 쓰는 사람들 이야기를 들으면, 이백 자 원고지 한 장에 삼천 원 정도는 받는다고 그럽디다. ④ '날짜, 일자'의 뜻을 나타냄. ¶내일 자 신문이 나왔어요?/3월 3일 자 신문 좀 찾아 주세요.

「표준」

자14(字) 명 ① =글자. ¶ 하늘 천 **자**/ 무슨 **자**인지 모르겠다. ②((수량을 나타내는 말 뒤에 쓰여)) 글자를 세는 단위. ¶ 이름 석 **자**/ 글자를 한 **자** 두 **자** 배우다.

「고려」

자3[字] ❶말을 일정한 체계로 적는 기호. ¶ 자기 이름 석 **자**도 쓰지 못한다니 그게 말이나 되니? / 이게 무슨 자인지 잘 모르겠는데 좀 알려 주시겠습니까? 유의 글자(-字). ②수 관형사 뒤에서 의존적 용법으로 쓰여, 글자의 수효를 세는 단위를 나타내는 말. ¶ 이번 원고는 200자 원고지 50매 정로로 채워 주시면 됩니다.

주석

1 이 글에서는 주시경의 『말모이』(1914), 조선총독부 편 『조선어사전』(1920), 심의린의 『보통학교 조선어사전』(1925)에 대해서는 따로 언급하지 않는다. 가장 큰 이유로는 이들 사전에 실린 '문자' 관련 어휘는 소략하거나 빠져있어서 본격적인 논의의 대상으로 삼기에 적절하지 않기 때문이다. 또한, 이들 사전은 각각 한계가 있는데, 『말모이』는 출판되지 않은 원고본이라는 점, 『조선어사전』은 최종 출판에는 일본어 풀이만 남아서 결과적으로는 한일대역사전이 되었다는 점이 그것이다. 또한 『보통학교 조선어사전』은 한국 사람이 편찬한 최초로 인쇄된 한국어 단일어 사전이지만, 학습사전이라는 제한이 있다. 이들 사전에 대해서는 각각 이병근(1977, 1985), 박형익(2003) 참고.
다만, 참조를 위해 〈부록〉에는 이들 사전들의 풀이말을 모두 실어두었다. 각각 약칭은 『말』, 『총』, 『심』.

2 이 숫자는 초판의 발행연도이다. 이 연도와 우리가 직접 이용한 사전의 출판연도가 다른 경우, 후자는 괄호 안에 넣기로 한다.

3 「문」에서는 '글자'에 대해 따로 뜻풀이를 달지 않고 "「글씨」①과 같음"으로 처리하고 있다. 이에 대해서는 '글씨'의 2.3.3 항목에서 다루기로 한다.

4 본고에 인용되는 사전 내용은 논의의 편의를 위하여 부분 인용하며, 일일이 따로 밝히지는 않는다. 때에 따라서는 중략하였다는 의미로 '…'를 넣기로 한다. 사전에 수록된 뜻풀이 전체는 이 글 뒤에 <부록>으로 싣는다.

5 「큰」에서의 '말'의 정의는 다음과 같다.
사람의 생각을 나타내는 소리

6 이러한 한정어구는 인간이 일반적으로 글자를 인식하는 방식에 대한 강조의 의미가 있다고 생각된다. '시각적인'이라는 단서에 따르면 점자는 시각 장애인에 있어서는 문자가 아니지만 비장애인에게는 문자일 가능성이 있다. 비장애인 중 점자를 해독하는 사람들은 그것을 눈으로 읽기 때문이다. 이런 관점에 따르면 무선 신호인 모르스 부호는 문자가 아니지만 이것을 눈으로 볼 수 있도록 한 [··· — — —···](SOS)는 문자가 될 수 있다.

7 이에 대해서는 「표준」의 뜻풀이가 참고된다. 숫자 : 수를 나타내는 글자

8 이 정의는 2.2.2에서 수정 제안된다.

9 「연세」는 '글자'에 대한 기술 중 유일하게 '기호들의 체계'라는 표현을 쓰고 있다. 이는 '글자'가 하나하나의 글자는 물론 그 글자의 체계 모두를 지시하는 것으로 볼 수 있음을 반영한 것이다. 이에 대해서는 2.2.2에서 자세히 논의한다.

10 「문」에서도 '숙어'에 같은 뜻으로 풀이되어 있다.
숙어(熟語) [名] 두가지 이상의 말을 합하여 한 뜻을 나타내는 말. …

11 이 예문은 고려대학교 민족문화연구원 코퍼스(http://db.koreanstudies.re.kr/sjriks/corpusFrame.jsp)에서 검색하였다.

12 「표준」의 '문자[2] ②'에 풀이된 의미는 '글깨나 읽었다, 글이 짧다' 등의 관용적 표현에

서 볼 수 있듯이 주로 '글'이 담당하고 있다.

13 「문」은 '글자'에서처럼, '문자' 역시 '글씨'로 뜻풀이를 미루고 있다. 이에 대해서는 2.3.3 '글씨' 항목 참고.

14 반면, 「연세」는 '문자'이건 '글자'이건 모두 "눈으로 볼 수 있는"이라는 한정구가 붙어 있어, '문자'와 '글자'를 시각성에 의해 구분하지 않는다.

15 이 점에 대해서는 이미 2.1.2에서 살펴본 바 있으므로, 여기에서 다시 논하지는 않는다. 다만, 「민중」, 「삼성」, 「금성」은 '문자'와 '글자'를 모두 '부호'로 기술하고 있으며, 「고려」는 모두 '기호'로 기술하고 있음을 따로 명시해 두는 것으로 그친다. 한편, 「연세」, 「표준」은 '문자'와 '글자'를 부호 또는 기호로 서로 엇갈리게 기술하고 있어 일관성이 없는 처리를 하고 있다.

16 「고려」의 다음 두 예문은 '문자'로 바꾸어도 어색하지 않지만, 그 의미는 개별 낱글자를 가리키는 것이다. 주로 비문과 같이 일정 기간 글자의 상태가 유지되고, 눈에 보이는 경우에는 '체계성'을 가진 것으로 이해된다.

글자를 새기다

김 교수가 그 비문에 적힌 글자를 완전히 해석해 냈다.

17 이 기술은 실제로 사전에 바로 적용할 수 있는 것은 아니다. 즉, 표현을 정련한 것이 아니라, 우리의 의도를 쉽게 보이기 위한 임시적인 것이다.

18 참고로 「표준」에서의 배열 순서는 다음과 같다.

① 현대어→ 옛말
② 어휘 형태→ 문법 형태
③ 고유어→ 한자어→ 외래어
④ 표준어→ 북한어→ 방언→ 비표준어
⑤ 품사
⑥ 일반어→ 전문어

19 「금성」의 일러두기에 의하면, 자모가 같은 말의 차례는 고유어의 경우 짧은소리를 긴소리에 앞세웠으며(1.2.2), 한 어휘가 여러 가지 뜻을 가질 때에는 사용 빈도가 높은 것부터 배열하였다(2.2.2).

20 다만, 「한글」에서는 옛말과 이두를 따로 모아 한 권의 책으로 펴내고 여기에 수록하였다.

21 수학용어로서의 문자 외에 단위표시나 특수 기호(#, %, &, 〈, *) 등은 일상생활에서 문자로 인식될 가능성이 많다. 전화 다이얼을 예로 들어 보면 '*'는 아직 '별표'이지만 '#'은 간혹 '우물 정 자'라고 불리면서 문자로의 진입을 도모하고 있다.

22 「고려」의 일러두기 참조.

1) 하나의 표제어에 뜻풀이가 여러 개 있은 경우에는 사용 빈도가 높은 의미를 앞에 배열하였다. … 2) 기본 의미는 뜻풀이 번호를 검은 원문자(❶, ❷, ...)로 표시하였다.

23 이러한 점에서 『표준 조선말 사전』(이윤재 지음, 김병제 엮음, 1947(1949), 아문각)의 뜻풀이가 참고된다.

글자 : 말을 적는 표

문자 : 말을 적는 기호(記號).

글씨 : 말을 적은 표. 또는 그 표를 쓰는 일.

24 그 외에 다음 예문들에서는 '글씨'와 '글자'가 모두 통용될 수 있지만, "써 놓은 글자"라는 뜻으로도 이해할 수 있다.

글씨/글자를 쓰다「한글」,「금성」

칠판에 글씨/글자를 쓰다.「표준」

복도 끝에는 '정숙'이라는 글씨/글자가 붙어 있었다.「고려」

25 '글씨'는 다음과 같은 형태론적 구성에 어원을 두고 있다.「표준」 참고.
글+스-[「쓰다]+-이

26 이를 각각 글자에 있어서의 '빠롤'과 '랑그'로 비유할 수 있을 것이다.

27 '자(字)'의 의미 항목 중,「연세」에 기술된 "②아주 짧은 글", "④'날짜, 일자'의 뜻을 나타냄"은 지시 대상이 다르므로 동음이의어로 다루어야 할 것으로 생각된다.

28 원본에는 'ᄌᆞ'가 字위에 쓰여 있다.

29 원문대로임.

03

조선왕조실록에 나타난 '文字'의 의미

.. 김남시 · 김은희 · 연규동 · 이전경

1 머리말

학문 연구는 연구대상과 연구 방법을 확립함으로써 시작된다고 말할 수 있다. 그렇다면 문자 연구는 무엇보다 그 연구 대상인 문자의 의미를 확인하고 그에 맞는 방법론을 모색하는 것에서 출발되어야 할 것이다. 이러한 요구는 한편으로는 근래 인문학 분야에서 제기되어 광범위하게 수용되고 있는 넓은 의미의 문자 개념[1]에 의해, 다른 한편으로는 오늘날의 매체환경으로 인해 '문자' 혹은 '문자생활'의 내포와 외연이 변화함에 따라 발생하였다. 이로 인해 오늘날 '문자'가 의미하는 바가 무엇이며 그것이 이전까지와는 어떻게 구별되는지를 학문적으로 정립해야 할 필요가 있다.

본격적인 문자 연구의 대상을 분명히 하려는 시도로서, 우리는 한국어 단어 '문자'가 지칭하는 바가 무엇인지를 밝히는 데 관심을 가지고 있다. 이를 위해서는 무엇보다도 우리가 일상적으로 사용하고 있는 한국어 단어 '문자'의 의미를 확인하고 그 역사를 추적하는 작업이 선결되어야 할 것이다. 이 글은 그 첫 번째 작업으로, 조선왕조실록에 나타나는 '文字'가 가진 다양한 의미를 밝히는 것을 목적으로 한다.

한자어 '文字'는 역사가 오래 되었다. 중국에서는 일찍이 진나라 때 「琅琊刻石」(219년)에 기록된 '同書文字'에서 이 단어의 용례가 처음 보이며, 우리나라에 현존하는 最古의 문헌인 『三國史記』(1145년)에도 여러 번 나타나고 있다. 한자로 표기되어 있기 때문에, 이들 '文字'의 의미가 모두 현대국어와 같은 뜻으로 사용되었다고 여길 수도 있다. 하지만, 이 단어의 역사적인 용례를 검토하여 보면 이는 사실이 아니다.

이를 구체적으로 파악하기 위해 우리는 조선왕조실록 온라인판(http://sillok.history.go.kr)에서 한문 원문에 나타나는 '文字'를 모으고, 각각의 국문 번역을 참고하여 해당 맥락에서 '文字'가 어떤 의미로 사용되었는지 조사하였다. 실록의 원문에서 '文字'라는 단어는 총 3,291개[2]가 나타난다. 이 용례들의 국문 번역을 보면, '문자'로 번역된 것이 2,300여 개이며, '글'로 번역된 것은 560여 개로, 2/3 이상이 '文字'를 한자어 그대로 직역하고 있다. 그러나 해당 문맥을 꼼꼼하게 읽어보면, '文字'는 문자 그대로 '문자'가 아니라, 문맥에 따라 다양한 의미를 가진 것으로 해석된다. 이러한 '文字'의 다양한 의미는 당시 조선의 지식인들이 이해하고 있었던 문자의 의미가 반영되어 있는 것이며, '문자'가 현대국어와는 달리 더 폭넓은 뜻으로 사용되었음을 보여준다.

2 '文字'의 여러 의미

실록에 등장하는 '文字'는 크게 1) 글자, 2) 단어 또는 문구, 3) 문장, 4) 글, 5) 문서, 6) 책, 7) 학식의 의미를 가지며, 각 의미항목별로 더 자세한 의미로 세분된다.

2.1 글자

'文字'가 '글자'의 의미를 갖는 경우는 '글자(통칭), 문자체계, 한자'로 세분할 수 있다.

2.1.1 글자(통칭)

'文字'가 글자를 통칭하는 경우는 '文字'의 의미가 현대국어에서의 '글자'와 동일한 용법으로 사용되고 있음을 보여준다. 현대국어에서 '글자'는 크게 두 가지로 나누어 볼 수 있다. 첫 번째는 "틀린 글자를 고쳐라, 글자가 희미하게 지워져 안 보인다" 등과 같은 용례에서처럼 낱글자 하나하나를 가리키는 경우이고, 두 번째는 "요즘에는 글자를 모르는 사람은 없다"와 같이 사용되어 글자 일반을 의미하기도 한다. 실록에도 이 두 가지 용법이 다 등장한다.

다음에 제시하는 실록의 기사들은 대마도 지역에서 오는 문서 중에 위·변조된 문서가 있다는 것을 지적하는 내용과 비석에 새겨진 글자가 마모되어 알아보기 힘들다는 내용으로, 이들 기사에서 '文字'는 낱글자를 지시하고 있다[3].

> 고뢰 군수(高賴郡守) 무마(武磨)·비전주(肥前州) 소필(小弼) 원홍(源弘)·살마주(薩摩州) 성고(盛高)는 다 본래 정한 약속이 없는데 또한 사람을 보내었고, 또 서계를 받고 몇 해 지난 후에 왔는데, 연월을 고치고 ▼글자를 뭉게 버리고 변조(變造)하는 것과 같은 유(類)가 매우 많습니다.['高賴郡守武磨 肥前州小弼源弘 薩摩州盛高 皆素無定約 而亦使人; 又有受書契經年後乃來 追改年月 塗擦▼文字者 此類甚多'] –성종 1년(1470) 9월1일(5)

> 신(臣)이 지난번에 헌릉(獻陵)에 가서 옛 영릉(英陵)의 비석이 헌릉의 오른편에 있는 옛 능혈(陵穴) 앞에 쓰러져 있는 것을 보았습니다. 지세(地勢)가 파이고 물이 고여서 용머리만 겨우 나오고 물이 석면(石面)을 침식하여 그 ▼글자를 알아볼 수 없으나, 이것이 안평 대군(安平大君)의 글씨라 합니다[臣頃往獻陵 見舊英陵碑石 '仆在獻陵右邊舊陵冗前 地勢汚陷 水潦停滀 僅出龍頭 而水浸石面 不能審其▼文字 而云是安平大君之筆矣']–숙종 17년(1691) 7월 3일(1),

다음 기사에서 '文字'는 개별적인 낱글자가 아니라, 언어에 대한 상대적 개념으로서의 글자를 가리키는 것이다. '書(글)'를 '義(뜻)'과 '文字(글자)'의 둘로 나누면서 '文字'는 상대적으로 중요치 않다고 하였다. 여기에서 '文字(글자)'는 표면적인 외형을 지칭하는 의미로서 글자 일반을 의미한다.

> 과거 보일 때 강경하는 데 있어서 배강(背講)하는 것으로 규칙을 삼고 있는데, 외우는 자들이 한 자라도 잘못 외우거나 토와 해석이 현재의 인본(印本)과 틀리는 것이 있으면 모두 낙제시킵니다. 대체로 글이란 뜻이 중요한 것이고 ▼글자는 중요치 않은 것으로서, 진정 그 뜻을 환히 알고 있으면 ▼글자에 대해 기억하고 있는 것이 더러 틀리는 데가 있더라도 해로울 것이 없습니다.['科擧講經 以背講爲規 其誦者 有一字之差 與吐釋或有違於當時印本 則皆落之. 夫≪書≫ 意義爲精 ▼文字爲粗 苟通其意義 則▼文字所記 雖或有差誤 不爲害也]
> – 인조 12년(1634) 1월 23일(1)

2.1.2 문자체계

'文字'는 특정 언어의 문자체계를 가리키는 데에도 사용되는데, 주로 외교나 교역과 관련된 상황에서 나타난다.

예조에서 상정한 역관 시험의 규정에 보이는 '日本文字'라는 용례는 일본의 가나 문자 하나하나를 지칭하는 것이 아니라, 일본에서 사용하는 문자체계 전체를 의미한다.

> 역과(譯科)에 나가는 자가 일본(日本) ▼문자(文字)를 겸하여 통하면 그 분수(分數)를 더하고, 일본 ▼문자만 통하면 단지 사맹월(四孟月)에 제학(諸學)에서 취재(取才)할 때, 아울러 시험하여 서용(敍用)하게 하소서['赴譯科者 兼通日本▼文字 則加其分數 其有只通日本▼文字 則但於四孟月諸學取才之時 幷試敍用']–태종 17년(1417) 윤5월 14일(3)

여진학을 지속시키기 위한 방안을 건의하는 다음 기사에서 '女眞文字'는 여진어의 문자체계를 의미한다.

> 여진(女眞)의 ▼문자(文字)가 장차 폐절될 것을 우려하여, 일찍이 생도 6명을 설치하고 부사정(副司正) 혹은 대장(隊長)의 체아직 한 자리를 주게 하고는 오로지 이를 연습하게 하였사온데, …… 청하옵건대, 6명을 증가하여 모두 12명으로 하고, 이에 부사정·사용(司勇)의 체아직 한 자리를 더 주어서 분번(分番)을 없애고 상시 그 학업을 닦게 하옵소서. ['女眞▼文字 恐將廢絶 曾設生徒六人 給副司正或隊長遞兒一 專使肄習 …… 請加六人 合爲十二 加給副司正司勇遞兒各一 除分番 常令肄業]-'세종 20년(1438) 7월6일(3)

성종과 야인의 대화에서 나타나는 '朝鮮文字'는 몽골의 글과 대비되어 사용되고 있는데, 하나하나의 개별 글자가 아닌 조선의 말에 대응하는 조선의 문자체계라는 의미이다.

> 야인(野人) 조이시합(趙伊時哈) 등 여덟 사람이 사조(辭朝)하니, 도승지(都承旨) 이세좌(李世佐)에게 명하여 술을 내려 주게 하고, …… 또 묻기를, "우리 전하께서 이제 유서(諭書)를 너희 위(衛)에 보내려고 하는데, 글을 아는 자가 있느냐?"하니, 대답하기를, "조선▼글자는 비록 알지 못할지라도 몽고 글은 아는 자가 많이 있습니다"하였다. ['野人趙伊時哈等八人辭. 命都承旨李世佐賜酒 …… 又問: "我殿下 今送諭書于汝衛 有識字者乎?" 答曰: "朝鮮▼文字雖或不知 蒙古書 則多有知之者.']-성종 14년(1484) 10월 19일(1)

2.1.3 한자

'文字'가 '한자(漢字)' 자체를 가리키는 경우도 있다. 이를 앞에서 설명한 '(가) 글자(통칭)', '(나) 문자체계'와 구분하여 기술하는 이유는 한자가 당시 한자문화권에서 가지고 있던 특수성 때문이다. 당시에 지식인들이 사용하던 문자는 한자였으므로, '文字'가 '한자'라는 특정 문자를 지칭하게 된 것이다. 이 경우의 '文字'는 현대국어로 '한자'로 번역하는 것이 자연스럽다.[4]

최만리의 상소문에서도 '文字'가 '한자'를 지시하고 있음을 볼 수 있다. '언문, 이두' 등과 대비되어 '文字'가 가리키는 것은 '한자'라는 문자 체계이다.[5]

> 이렇게 되오면 수십 년후에는 ▼문자를 아는 자가 반드시 적어져서, 비록 언문으로써 능히 이사(吏事)를 집행한다 할지라도, 성현의 문자를 알지 못하고 배우지 않아서 담을 대하는 것처럼 사리의 옳고 그름에 어두울 것이오니, 언문에만 능숙한들 장차 무엇에 쓸 것이옵니까. 우리 나라에서 오래 쌓아 내려온 우문(右文)의 교화가 점차로 땅을 쓸어버린 듯이 없어질까 두렵습니다. 전에는 이두가 비록 ▼문자 밖의 것이 아닐지라도 유식한 사람은 오히려 야비하게 여겨 이문(吏文)으로써 바꾸려고 생각하였는데, 하물며 언문은 ▼문자와 조금도 관련됨이 없고 오로지 시골의 상말을 쓴 것이겠습니까.,[如此則數十年之後 知▼文字者必少. 雖能以諺文而施於吏事 不知聖賢之文字 則不學墻面 昧於事理之是非 徒工於諺文 將何用哉? 我國家積累右文之化 恐漸至掃地矣. 前此吏讀 雖不外於▼文字 有識者尙且鄙之 思欲以吏文易之 而況諺文與▼文字 暫不干涉 專用委巷俚語者乎?]-세종 26년(1444) 2월 20일(1)

다음 예문은 실록은 물론, ≪훈민정음≫ 해례본에도 보이는 것으로서, 원문에 나오는 "國之語音 …… 與文字不相流通"은 "우리나라 말은 한자로 적기에는 불편하다"라는 의미로 이해할 수 있다.

> 나랏말이 중국과 달라 ▼한자(漢字)와 서로 통하지 아니하므로, 우매

한 백성들이 말하고 싶은 것이 있어도 마침내 제 뜻을 잘 표현하지 못하는 사람이 많다.[國之語音 異乎中國 與▼文字不相流通 故愚民有所欲言 而終不得伸其情者多矣]-세종 28년(1446) 9월 29일(4)

연산군이 궁인을 뽑을 때 문자를 아는 사람으로 뽑으라고 명령한 내용에서도 '文字'가 '한자'를 지시하고 있다. "제목조차 알지 못하"는 것은 한자를 몰라서 서책을 찾아 가져올 수 없는 정도로 한문독해력이 낮다는 것을 말하는 것이다.

궁인(宮人)들이 ▼문자를 알지 못하므로 비록 서책을 가져오도록 하여도 제목조차 알지 못하니 자못 뜻에 맞지 않는다.[宮人不解▼文字 雖命取書冊 不曉題目 殊不稱旨]-연산 10년 11월 24일(2),

2.2 단어, 문구

실록에 등장하는 '文字'는 1)에서 살펴본 '글자'보다 더 큰 단위를 나타나는 데에도 사용된다. 즉 '文字'의 지칭범위가 확대되어, 글자의 조합으로 구성된 단어나 문구(文句)를 지칭하게 된 것이다.

다음 기사에서 "세속의 말"로 번역된 '俗間文字'는 세속에서 주로 지칭되는 단어 또는 문구를 말한다.

삼가 고인들을 보건대, 혹 능호로써 그 임금을 부르는 경우가 있으니, 현재 세속의 ▼말과 같습니다. 세종(世宗)을 영묘(英廟)로, 세조(世祖)를 광묘(光廟)로 부르는 것도 이런 경우입니다.[竊見古人或有以陵號稱其君者 如今俗間▼文字也. 世宗稱以英廟 世祖稱以光廟者 亦此意也] -인조 10년 5월 11일(1)

표문에 실린 텍스트 중 "乾淸坤夷"라는 문구 때문에 논의를 하고 있는 기사에 보이는 '文字'는 바로 해당 문구를 가리키고 있다.

어제 진주사(陳奏使)의 장본(狀本)을 보았는데, 가져간 표문(表文) 가운데 '하늘은 맑고 땅은 골라졌다(乾淸坤夷)'는 문구를 가지고 따져 물은 일이 있었다고 하니, 참으로 한심하다. 이번 진향사(進香使)의 문서 중에도 혹시 이와 같은 ▼문자가 있는지 해방(該房) 승지는 자세히 살펴 아뢰도록 하라.[昨見陳奏使狀本 以齎去表文中 乾淸坤夷之句 至有詰問之擧 誠極寒心. 今者進香使文書中 亦或有此等▼文字乎? 該房承旨詳察以啓] –효종 2년(1651) 1월 27일(2)

'文字'가 문구의 의미로 사용된 경우로 특기할 만한 사례는 "文字抉摘" 또는 "抉摘文字"라는 표현이다. 이 표현은 "문자를 집어내다"라는 뜻으로, 상소문 등에 쓰인 텍스트 중에 일부 문구를 문제 삼는 경우에 사용되었다. 다음 기사에서는 "구절을 발췌하여"라고 번역되었다.

상이 답하기를, "사람들의 마음이 착하지 못한 탓으로 터무니없이 말을 지어내면서 ▼구절을 발췌하여 누구를 지적해서 꺼낸 말이라느니 하고 있는데, 이것이야말로 간악한 소인배들이 늘 해 오는 작태이니, 개의할 것이 뭐가 있겠는가. 경은 안심하고 사직하지 말도록 하라" 하였다.[上答以人心不淑 白地造言 摘▼文字謂指某人而發也. 此乃奸細輩之常態 何用介懷. 卿宜安心勿辭] –현종 3년(1662) 3월 6일(3)

2.3 문장

일반적으로 '문장'의 용례를 자세히 검토하여 보면, 문장은 '문법적 단위'와 '한 편의 글'이라는 두 가지 의미를 나타낸다. 즉 "이 문장을 수정하시오" 등의 용례에서는 문법적 단위를 의미하며, "문장이 좋다,

시와 문장에 뛰어나다"에서 '문장'은 '한 편의 글'을 의미한다. 후자의 경우에는 일반적인 의미의 '글'과 달리, 문장력을 평가하는 의미가 내포되어 있으며, 이러한 의미는 '문장가'라는 단어에서 분명하게 드러난다. 문장의 의미에는 이와 같이 글의 형식적인 면과 내용적인 면이 함께 반영되어 있는데, 실록에서 '文字'는 '문장'이 지니는 이 두 가지 의미로 모두 쓰인다.

다음 기사에서 '文字'는 문법적 단위로서의 한 문장을 지칭한다.

> '희노애락이 발하지 않은 것을 중이라 한다(喜怒哀樂未發 謂之中)'는 이 ▼문장은 중요한 대목입니다. 항상 경외(敬畏)하는 마음을 두어 그 중(中)을 기르면 발하는 것이 모두 중절(中節)하게 되는 것이 무엇이 어렵겠습니까.["喜怒哀樂未發 謂之中" 此▼文字 當喫緊處也. 恒存敬畏之心 以養其中 則於發皆中節也 何有!] –인조 5년(1627) 11월4일(5)

'拙, 澁, 訥'등과 같이 쓰여진 글의 문장력을 평가하는 어구가 뒤따르는 아래 기사들에서 '文字'는 내용적인 면에서의 '문장'을 의미한다.

> 대의(大意)는 그러해야 할 듯하나, ▼글이 졸렬하고 뜻도 십분 분명하고 절실하지 못합니다. 이처럼 지극히 중대한 글은 신사(神思)에서 나와야 할 듯하기에 감히 품합니다.[大意似當如此 而▼文字拙澁 語意亦未十分明切 如此至金文字 恐當出自神思 敢稟]–선조 26년(1593) 윤11월 7일(7)

> 금년은 성상께서 즉위하신 원년(元年)이고 또 세신(歲新)에 해당되기 때문에 덕업(德業)을 닦아 발전시키시라는 뜻으로 하나의 문장을 지어 바쳐 권면하는 뜻을 붙이려 하였습니다. 그러나 ▼문장력이 짧고 졸렬하여 그 뜻을 이루기가 어렵겠기에 옛사람들이 자기 임금을 경계시킨 말들을 주워 모은 뒤 그 사이에 어리석은 신의 견해를 삽입하

여 몇 첩(帖)으로 썼습니다.[今年乃聖上卽位之元年 而又値歲新 欲以進德修業之意 進一文字 以寓勸勉 而▼文字短拙 有志難成. 故採取古人進戒其君之語 間附愚見 書于數帖] -현종개수 1년(1660) 2월 19일(2),

금년 봄 유상(儒相)이 작고하자 일가(一家)의 소년(少年)이 뇌문(誄文) 3본(本)을 가지고 와서 보이면서 재정(裁定)을 가해 달라고 청하였습니다. 신이 받아 자세히 보았더니, ▼문자가 지리하고 산만하였으며 말에 간혹 하자(瑕疵)가 있었습니다. 그래서 신이 뜻대로 내키는 대로 산삭(刪削)하고 이어 윤색(潤色)하였는데 자구(字句)의 첨입(添入)도 또한 많았으니, 말을 전하는 자들이 신이 대작(代作)했다고 하는 것도 괴이할 것이 없습니다. 그 글의 몇 구절은 이미 예람(睿覽)을 거쳤으니, 반소(泮疏)의 말을 얽어 만든 뜻은 성감(聖鑑)이 이미 간파(看破)하셨을 것입니다.[蓋於春間儒相之初沒 一家少年 以誄文三本來示 請加裁定. 臣取而看詳 則▼文字支蔓 語或有疵. 臣率意刪削 仍加修潤 而句字之添入亦多 傳者之謂臣代撰 無怪也. 其文數句 旣經睿覽 則泮疏之遣辭措意 天鑑想已照破] -숙종 40년(1714) 9월 11일(3)

2.4 글

'文字'가 '글'을 의미하는 것으로 사용되는 용례들이다. '글'이란 어떤 생각이나 일 따위의 내용을 문자로 나타낸 기록이므로, 글과 가장 밀접한 관계가 있는 문자를 통해서 글 자체를 표현하는 환유(換喩)적 용법이라 할 수 있다. 즉 '文字'가 지칭하는 범위는 '글자'에서부터 시작하여, 글자들의 결합인 '단어, 문구, 문장'을 거쳐, 완결된 텍스트인 '글'을 의미하게 된다.

'文字'는 지칭하는 글의 종류에 따라 '글(통칭), 한문, 고전, 학문, 글쓰기, 전례, 기록, 규정' 등의 의미를 나타낸다.

2.4.1 글(통칭)

'文字'가 글을 통칭하는 경우는 현대국어로 번역하면 '글'이 되는 예들로서, 구술적인 '말'에 상대되는 개념이다. 『조선어사전』, 『조선말큰사전』에서 '문자'에 대해 "시문과 모든 서책에 나타난 말", "시문(詩文)과 그 밖에 온갖 말로 적어놓은 글"이라고 풀이한 것을 참고할 수 있다.

다음은 어리석은 백성이 법률을 알지 못하여 처벌받는 경우가 많아 새로 법전을 간행하였으므로, 관리들을 파견하여 "문자로써, 혹은 강론으로써 대중을 깨우쳐 주게 하"자는 간언을 하고 있는 기사이다. 여기에서 "문자로써, 또는 강론으로써"라는 의미는 글(文字)을 보여주거나 뜻을 말로 해설하여 가르치도록 하자는 것이다.

> 서울과 지방의 어리석은 백성들이 율문(律文)을 알지 못하여 죄고(罪辜)에 빠지니 불쌍하게 여겨집니다. 이제 ≪대명분류율(大明分類律)≫을 간행하였으니, …… 오부의 관리(官吏)가 …… 혹은 ▼문자(文字)로써, 혹은 강론(講論)으로써 대중을 깨우쳐 주게 하고[京外愚民不知律文, 陷於罪辜, 可爲矜恤。 今刊《大明分類律》 ……五部官吏 …… 或以 ▼文字, 或以講論諭衆] –태종 15년(1415) 5월 6일(1)

죄인이 범죄 사실을 진술할 때에 '말'이 아니라 '글'로 적어 바치도록 하자는 아래 상소문에서 '文字'는 '글'의 의미를 가지고 있다.

> 죄인의 공초(供招)는 반드시 구어(口語)로 하는 것이 바로 옛 규례인데 지금은 그렇지 않고 모두 ▼문자로 적어 바치고 있습니다. 그런 때문에 다듬고 꾸며서 기교를 극도로 부려가지고 추관(推官)의 안목을 현란시킵니다. 죄인이 요행히 면케 되는 것은 대부분 이에 연유하니, 매우 가증스럽습니다. 형옥 아문(刑獄衙門)으로 하여금 지금부터는 공초를 받을 때 모두 구어로 받게 하소서.[罪人供招, 必以口語者, 乃是舊規, 今則不然, 皆以 ▼文字書納, 故磨礱修飾, 極其巧密, 以眩推

官之眼。罪人之倖免，多由於此，極爲可惡。請令刑獄衙門，自今凡捧招時，悉以口語取供。] −인조 3년(1625) 5월 21일(2)

'말'을 걸어도 '글'을 써서 보여주어도 표류해 온 이방인이 이해하지 못했다는 다음 기사에서도 '文字'는 언어와 대비되는 의미로 사용되었다.

> 삼척(三陟)에 표류해 온 이방인에 대한 문정(問情) 역관(譯官) 이용준(李用俊)의 수본(手本)을 하나하나 들어 말하기를, '실정을 물은 다음에 그 생김새와 복장을 보니 서양의 어느 나라 사람인 것 같으나 말과 ▼글이 모두 통하지 않으므로 육로로 가려는 뜻만 어렴풋하게 짐작할 수 있었습니다.'라고 하였습니다.[則枚擧三陟漂到異樣人問情譯官李用俊手本 以爲'問情後 察其容貌服著 似是西洋諸國中人物. 言語▼文字 俱無以通解 而從陸之情 依俙曉得] −고종 2년(1865) 9월 4일(4)

이처럼 실록에서 '글'을 의미하는 '文字'는 여러 가지 종류의 텍스트들을 지칭하는 데 사용된다. 이를 테면, 상소문이나 시험문제, 시험 답안지 등은 물론, '문자' 앞에 다른 수식어를 붙임으로써 비문(碑文)이나 행장, 외교문서, 나아가 신문 등에 이르기까지 거의 모든 종류의 글을 지칭하고 있다.

2.4.2 한문

'文字'가 한자로 쓰인 텍스트인 '한문(漢文)'을 직접 가리키는 경우도 있다.[6] 조선시대 통용되던 대부분의 '글'이 거의 한문이었다는 사정을 고려하면 이는 3)의 '글'의 의미와 실제적으로는 크게 구별되지 않는다. 하지만, '文字'가 언문 등 한자가 아닌 다른 문자로 이루어진 글과 대비되어 사용되거나 일반적인 글이 아닌 '한문'을 지칭하는 것이 분명한 경우들이 있어 이를 따로 분류하였다. 이 경우의 '文字'는 현대국어로는 '한문'으로 번역할 수 있으며, 1)의 (다)에서 살펴본 바와 같이, '한자'라는 특정 문자를 가리키는 용법과도 비교된다.

왕대비가 내린 한글로 된 글을 '한문'으로 번역하였다는 내용에서 '文字'는 '한문' 텍스트를 지칭한다.

> 왕대비가 언서(諺書) 두 폭을 빈청(賓廳)에 내렸는데, 하나는 평소 궁중에서의 가언(嘉言)·선행(善行)이요, 또 하나는 임종할 때의 유언이었다. 영의정 윤인경 등이 눈물을 흘리며 오열하느라 차마 읽지 못하였는데 즉시 승지 송기수(宋麒壽)와 최연(崔演)에게 부탁하여 ▼문자(文字)로 번역하게 하였다.[王大妃以(該)[諺]書二幅下于賓廳 一則平昔宮中嘉言善行也 一則臨薨時遺語也. 領議政尹仁鏡等 泣下嗚咽不忍讀 卽囑承旨宋麒壽 崔演 以▼文字飜譯焉] -명종 즉위년(1545) 7월 21일(4)

역모 혐의로 신문을 당하던 양반의 노비가 진술한 내용에서, 논의에 참가한 사람들은 말이 새어나가기를 우려하여 글을 써서 대화를 했는데, 여기서 '文字'는 한문으로 쓰인 글이다.

> 상전은 술에 취하였으며, 저들도 흩어져 갔는데, 그 당시 의논한 이야기들은 ▼문자로 묻고 답하였으며, 혹 언문(諺文)으로 보이기도 하였습니다. 저는 미천한 사람이라서 자상히 알 수 없었습니다.[上典醉酒 渠等亦散去 其時所議說話 則以▼文字問答 或以諺文相示 身以迷劣之人 不得知其詳也] -광해 즉위년(1608) 4월 15일(2)

다음은 연경에서 돌아온 사신들의 보고 내용 중 일부로서, 청나라 강희 황제를 헐뜯는 부분이다. 이 기사의 앞부분에는 황제가 주색에 빠져 있고 의복도 관리들과 같이 입는 등, 나라의 법도가 없다고 비난하고 있으며, 이어 이 부분에서는 황제가 청나라 글만 알고, '한문'을 읽을 줄 모른다고 말하고 있다.

황제는 청(淸)나라 글만 알 뿐 ▼문자(文字)를 해독하지 못했기 때문에 문서(文書)에 관계된 모든 것은 소홀히 여겨, 무슨 일인지 살피지도 않고서 일체 해당 부서의 저앙(低昂)에 맡긴다고 합니다. 이런데 어떻게 오랫동안 천하(天下)를 소유할 수 있겠습니까?[皇帝只知淸書 不解▼文字 故凡干文書 漫不省何事 一任該部之低昂云 是安能久有天下乎?] -숙종 3년(1677) 9월 16일(2)

2.4.3 고전

'文字'는 문자로 쓰인 옛 글, 즉 '古典'을 의미하기도 한다. 이러한 용례는 중국 사신과의 문답 과정에서 주로 나타난다.

이전에 중국 사신과 문답할 때에 통역관이 "德音孔昭"를 잘못 통역하여 곤란했던 일이 있었다. 일상적인 말이라면 쉽게 주고받을 수 있으나, 고전에 관한 말을 잘못 이해하거나 답을 잘못하면 나라의 격이 떨어지게 되므로 이번에는 시경의 말을 미리 의논하였다가 때맞추어 아뢰라는 내용이다. 이 대목에 나오는 "글에 관한 말(文字間言語)"은 곧 시경에 등장하는 문구를 이른다.

상(上)이 친히 중국 사신과 문답할 말(≪시경≫의 말을 끼워 넣었다)을 초잡아서 정원과 윤개에게 전교하기를, "전에 당고가 왔을 때에는 그가 말하는 것을 모두 내가 대답하였지만, 이번에는 내가 대답할 말을 도승지와 어전 통사가 미리 의논하였다가 때 맞춰 아뢰라. 일상적인 말이라면 쉽게 할 수 있겠으나, ▼글에 관한 말은 잘못 전하면 안 된다. 전에 '덕음이 매우 밝다(德音孔昭)'는 말을 통역하는 사람이 잘못 전하였는데, 이러한 폐단이 있을까 염려된다."[上親草與天使問答之語 (間以詩語) 傳于政院及尹漑曰: "前者唐皐時 凡其所言 予答之矣. 今則予之當答之言 都承旨及御前通事預議 而臨時啓之. 若恒用言

語 則可易以爲也 ▼文字間言語 至於訛傳則不可. 前者德音孔昭之言 譯者誤傳 恐有如此之弊也] –중종 31년(1536) 12월 13일(1)

다음의 두 기사 역시 '古典'의 의미로 사용되는 '文字'가 등장하는 상소들이다. 앞 기사에서는 역사책인 『통감강목』을 읽는 것도 좋지만, 마음을 닦기 위해서는 선대의 유학자들이 남긴 '古典'인 『심경』을 읽는 것이 더 좋다고 하고 있으며, 뒤의 기사 또한 명말 청초의 잡스러운 글은 읽지 말고 오로지 성현들의 '古典'만을 가까이 하라는 청이 담겨 있다.

마음의 본바탕을 보존하고 성찰하는 요긴함은 선유(先儒)가 학문을 논한 ▼문자(文字)만한 것이 없습니다. 지난번 영중추부사(領中樞府事) 송시열(宋時烈)이 건의한 것을 인해서 ≪심경(心經)≫을 진강(進講)하게 되었으니 이는 참으로 본원(本源)을 다스리는 서책입니다. [而心地上存察之要 莫如先儒論學▼文字. 頃因領府事宋時烈所達 以≪心經≫進講 此誠治本源之書也] –숙종 7년(1681) 7월 12일(1)

명(明)나라 말기와 청(淸)나라 초기 이래로 비뚤어진 인사들이 저술한 것 및 소설(小說)·패기(稗記) 등 신기한 내용을 담고 있는 것들은 일체 축출해 버리고 오직 고금(古今) 성현들의 ▼문자만 가지고 전적으로 강습(講習)하도록 하소서.[自明末淸初以來 曲士所著及小說稗記等語涉新奇者 一切黜去 只以古今聖賢▼文字 專事講習] –정조 19년(1795) 7월 25일(1)

2.4.4 학문

책은 '문자'로 기록된 것이다. 또한 문자를 통해 기록된 책을 읽고, 이해하며, 이를 다른 사람과 공유하는 소통 활동인 '학문' 역시 '문자'와 밀접한 관계가 있다. 『표준국어대사전』에서도 '문자'에 "학식이나 학문을 비유적으로 이르는 말"이라는 풀이가 있다.

다음은 공납을 면제해줄 것을 요청하는 내용의 상소문이다. 지리적, 토양적 여건 때문에 수확이 어려운데도 중앙관청에서 요구하는 공납을 채우기 위해 고성의 관리들이 백성들을 닦달할 수밖에 없는 사정을 하소연하고 있다. "사군자(士君子)의 마음을 가지고 학문을 한 사람들"조차 "혹리(酷吏)"로 만들어 버릴 만한 고성의 열악한 조건이 강조되고 있다. 그러므로 "문자간의 일에 종사한 이"라고 직역될 수 있는 "從事於文字間者"에 나오는 '文字'는 '학문'을 의미한다.

> 조금은 사군자(士君子)의 마음을 가지고 ▼학문을 한 사람들까지도 또한 혹리(酷吏)가 되는 것을 면치 못하면 어찌 관리의 죄라고만 할 수 있겠습니까.[若小有士君子之心 而從事於▼文字間者 亦不免爲酷吏之歸 則豈徒官吏之罪哉] –명종 15년(1560) 1월 16일(2)

경연에서 임금이 물어보는 질문에 거침없이 대답한 선비를 칭찬하는 대목에서 '학문'의 의미를 나타내는 '文字'가 사용되고 있다.

> 상이 경연에 나아가 의심스러운 곳 몇 군데를 하문하였는데 시독관(侍讀官)이 대답을 하지 못하는 것이 없었다. 상이 이에 이르기를, "물어봄에 모르는 것이 없으니, 참으로 기특하다. 세상에 어찌 이렇게 기특한 사람이 있단 말인가"하면서, 유희춘(柳希春)의 학문이 정심(精深)하고 해박함을 자주 칭찬하니, 좌상 박순(朴淳)이 아뢰기를, "이 사람은 다른 것은 다 버리고 ▼문자(文字)에만 전심전력하였기 때문에 이와 같이 될 수 있었던 것입니다"하였다.[上御經筵 下問以疑難數處 侍讀官不能對. 上乃言曰: "問之而無不知 奇特奇特. 世安有如此奇特?" 上亟稱柳希春學問精博. 左相朴淳曰: "此人盡捐他 專心▼文字故乃能如此"] –선조 9년(1576) 8월 25일(2)

정조가 경연에 자주 나가지 못한 것은 나름대로의 사정이 있을 뿐이지, '文字' 즉 '학문'에 뜻이 없어서가 아니라고 대신들에게 설명하는 기사에서도 동일한 의미를 나타낸다.

> 내가 즉위한 뒤로는 사실 경연에 자주 나가지 못하였다. …… 내가 사냥개나 말, 음악이나 여색을 즐기지 않으니, 어찌 ▼문자에 뜻이 없겠는가마는 근래에 이르러서는 국사가 복잡하여 자주 나가지 못한다.[予於御極後 果未能頻御經筵. …… 予無狗馬聲色之娛 豈不留意於▼文字間 而近來機務 又或煩劇 不能頻御矣] -정조 15년(1791) 8월 8일(1)

2.4.5 글쓰기

글을 쓰는 행위는 어떤 사실이나 생각을 표현하는 정신적 활동인데, 이 또한 문자를 이용하여 이루어진다는 점에서 '文字'는 '글쓰기'의 의미를 가지게 되었다.

글쓰기를 권유하는 다음 기사에서도, 날마다 '문자' 즉, 시나 문장을 짓는 일에만 몰두하라는 것도 아니며, 혹시 그렇게 한다고 하더라도 방해가 되지는 않을 것이라고 논하는 대목이다.

> 다만 수(隋)나라 양제(煬帝)가 오로지 사화(詞華)를 일삼고 나라를 다스리는 데 힘쓰지 아니하였고, 고려(高麗)의 의종(毅宗)이 한갓 시를 읊조리고 방탕(放蕩)에 빠져서 나라를 그르쳤으니, 진실로 불가(不可)한 것입니다. 지금 문치(文治)가 태평(太平)하고, 시(詩)와 문장(文章)은 주색(酒色)에 비교할 바가 아니므로 성덕(聖德)에 누(累)가 되는 것이 없을 것입니다. 또 신은 전하로 하여금 날마다 ▼문자(文字)만을 일삼도록 하고자 하는 것도 아닙니다. 비록 혹 그렇게 하신다고 하더라도 또한 방해가 될 것이 없을 것입니다'고 하였습니다. [但隋煬帝專事詞華而不務治國, 高麗毅宗徒爲吟詠而遊蕩誤國, 則固不可也。今文治太平, 詩章非酒色之比, 無累於聖德也。且臣非欲使殿下日事• •

文字而已。雖或爲之亦不妨也。]–성종 8년(1477) 10월 11일(2)

대제학은 외교문서를 포함한 국가의 공식 문서나 역서 편찬 등을 총괄하는 직책으로 높은 학문적 수준과 글쓰기 능력을 필요로 하였다. 아래 기사는 좌찬성 홍섬이 자신의 글쓰기 능력이 부족함을 들어 그 자리를 사양하면서 올린 글이다.

> 송준길이 ≪어록해(語錄解)≫의 발문(跋文)을 지어 올리는 일을 사양하기를, "비록 상의 하교가 있었으나 신이 ▼문자에 있어서 날마다 매우 거칠어져 결코 명을 받들기 어렵습니다. 남이성(南二星)에게 지어 올리게 하소서"하니, 상이 이르기를, "사양말고 지어 올려서 나의 뜻에 부응하라."[但隋煬帝專事詞華而不務治國 高麗毅宗徒爲吟詠而遊蕩誤國 則固不可也. 今文治太平 詩章非酒色之比 無累於聖德也. 且臣非欲使殿下日事▼文字而已. 雖或爲之亦不妨也] –성종 8년(1477) 10월 11일(2)

병 때문에 사직을 청하는 신하에게 '文字'를 부탁하는 내용의 다음 기사에서, '文字'는 '글쓰기'를 나타낸다.

> 병이 오랫동안 낫지 않으니 어찌 함께 걱정되는 마음을 이루다 헤아릴 수 있겠는가? 그러나 이와 같이 ▼글 짓는 일을 맡긴 것은 사체(事體)가 비교적 중하기 때문이니, 몸조리하는 여가에 충분히 지어올릴 것을 도모하여 짐(朕)의 기대에 부응하라.[愼節之久淹 曷勝奉慮? 托之以此等▼文字 爲事體較重也. 調理之暇 克圖製進 用副朕望] –고종 37년 7월 31일(2)

2.4.6 전례(前例)

'글'의 의미를 나타내는 '文字'는 '의례나 행사의 증거가 되는 전례'

를 뜻하기도 한다. 이때 文字는 기사에서 "上考" 또는 "根據" 등의 표현과 함께 출현한다.

다음 기사는 외교사절들을 접대하는 예절에 대해 '전례를 적은 글'을 찾고자 했으나 없다는 내용이다.

> 객인(客人)을 접대하는 좌차를 강정(講定)하지 않을 수 없어서 고로(古老)들에게 물어보았더니, 당상관 객인이 아니면, 부사와 첨사가 북벽(北壁)에 앉고 객인은 남쪽으로 앉으며 그 이하는 뒷줄에 앉는다고 했습니다. 그러나 상고할 만한 ▼문자가 없습니다.[客人接待坐次 不可不講定 而問諸古老 非堂上客人 則府使 僉使北壁 客人南行坐 以下後行云 而無▼文字可考] –광해 3년(1611) 10월 10일(4)

다음의 두 기사는 각각 대왕대비가 죽었을 때 중궁전이 상복을 입는가의 문제를 논의하는 내용과 종묘 제례의 법식에 몇 번 절을 해야 마땅한지에 대해 의논하는 내용인데, 여기에서도 '文字'는 '전례'의 의미로 사용되고 있다.

> 신(臣) 등이 삼가 예서(禮書)를 취하여 상세하게 고열(考閱)하니, 이황과 김장생이 인용한 이야기 외에는 달리 근거할 만한 ▼문자(文字)가 없는데, 두 신하의 논설도 또한 자연히 같지 아니하니, 해조(該曹)로 하여금 절충하여 품재(稟裁)하게 하소서.[臣等謹取禮書 詳細考閱 則先正臣李滉 金長生所引說話外 他無可據▼文字. 而兩臣論說 亦自不同 宜令該曹 折衷稟裁] –'숙종 즉위년(1674) 12월15일(4)

> 월대 위에서 양쪽 계단 사이의 자리에 대해서는 신이 이미 경연(經筵)의 자리에서 어리석은 의견을 우러러 말씀드렸으니, 다시 의논할 여지가 없습니다. 4배·8배가 마땅한지의 여부에 대해서는 아직 책에서 증거할 만한 ▼문자(文字)를 찾아서 보지 못하였으므로, 감히 억측하

여 대답하지 못하겠습니다.[月臺上兩階間之位 臣旣仰陳愚見於筵席 無容更議. 至於四拜八拜當否 未及搜閱可證▼文字 不敢臆對] –영조 20년(1744) 8월 4일(1)

2.4.7 기록

'文字'가 '역사적 사실의 기록'이라는 의미로 파악되는 경우로서, 문서 등에 남아있는 내용을 지시한다.

다음은 발이 일곱 개 달린 소의 처리를 논의하는 기사인데 이 사건을 문서 등에 적어 '기록'으로 남길 수 없다고 건의하는 내용이다.

> "이번의 발이 일곱 개 달린 소는 바로 부정(不正)한 물건인데, 부정한 물건은 천지(天地) 사이에 함께 기를 수 없으니, 신 등의 생각으로는 마땅히 땅에 묻어서 그 모양을 눈으로 보지 못하게 해야 할 것이라고 여깁니다" 하니, …… "이처럼 요괴(妖怪)한 물건은 ▼기록에 올릴 수 없으며, 또 그 모양을 친히 볼 수 없습니다. 신 등의 생각으로는, 예로부터 요물(妖物)은 오래 살지 못하니 그대로 두는 것이 좋을 듯 합니다."["今七足之牛 乃邪異之物 邪物不可竝育於天地之間 臣等謂宜令瘞之 不可目覩其形" …… "如此妖怪之物 不可謄於▼文字之上 又不可親見其形. 臣等意以爲自古妖物之生不久 置之爲便"] –성종 9년(1478) 8월 19일(4)

다음은 김종수를 면대하는 자리에서, 정조가 그가 상소한 이유를 오해했다고 설명하는 기사이다. 여기에서 '文字'는 체제공의 상소문이 수록된 일성록의 '기록'을 가리킨다.

> 나는 세초하는 일로 상소를 올린 것은 단지 그런 ▼기록을 아예 이 세상에 남겨두고 싶지 않아서였던 것으로 여겼다.[予以洗草事陳疏 只欲使此等▼文字 不留在於此世界矣] –정조 17년(1794) 8월 9일(2)

2.4.8 규정

글을 지칭하는 '文字'는 법적 효력을 지닌 '규정'을 의미하기도 한다. 어떤 행위의 근거가 되는 글이라는 점에서는 '전례'와 같지만 법률 조항으로서 실제적인 구속력을 가진다는 점에서는 차이가 있다.

다음은『대전(大典)』의 규정에 의거하여 노비에 관한 송사를 처리하는 문제에 대하여 논의하는 내용의 기사이다. 여기에서 '文字'는 '규정'을 가리킨다.

> ≪구대전(舊大典)≫ 사천조(私賤條)에는, '자녀가 없는 적모의 노비는 〈양첩 자녀에게는〉 7분의 1을 주되, 승중자(承重子)일 경우에는 3분을 더하고, 나머지는 본족(本族)에게 돌려준다.'라고 하였는데, 주(註)에, '동생이 없으면 삼촌에게, 삼촌이 없으면 사촌에게 준다.'고 하였으니, 삼전(三典)의 나누어 준다는 대의(大義)는 모두 같은데 ▾문자(文字)의 상세함과 간략함이 같지 아니할 뿐입니다. 대저 법을 세운 것은 그 대강만 들은 것이고 법을 적용하는 자가 참작하고 저울질하여 정리(情理)에 맞도록 할 뿐입니다. [≪舊大典≫私賤條: '無子女嫡母奴婢七分之一 承重子加三分 餘還本族' 註: '無同生則三寸 無三寸則四寸親' 三典分給大意皆同 而▾文字詳略不同耳. 大抵立法 擧其大槪而用法者斟酌權衡 使合於情理而已] –성종 18년(1487) 1월 23일(3)

국왕의 상복 규정에 대해 논하는 다음 기사에서도 '文字'는 여러 문서나 전례에 나온 '규정'을 의미한다.

> 신은 병든 몸으로 궁벽한 산골에 있는 만큼 무릇 예절에 관한 ▾규정이 정해져도 거의 제일 늦게야 들으므로 제때에 건백(建白)하지 못합니다.

다음 기사는 서재필 같은 역적을 처벌할 것을 주장하는 상소문으로, 여기에서 '文字'는 1894년 갑오개혁 이후의 개화기에 실시되었던 각종 '규정'을 뜻한다.

> 흉도들이 정한 신식 관제와 품계(品階) 등 제반 ▼규정으로서 갑오년 6월 21일 이후 것은 모두 시행하지 말고 빨리 선조(先朝)의 구제(舊制)를 회복하며 여러 고을과 지방에 군사를 빨리 두어 8역(域)의 소동을 안정시키며 내외의 병권(兵權)을 폐하가 총찰(總察)하소서. [臣病伏窮山 凡有儀注▼文字 率皆承聞之最晩 不能以時建白] -고종42년(1905) 1월 7일(3)

2.5 문서

'文字'는 쓰인 텍스트나 문장의 내용 외에도, 문자로 쓰여 제작된 '문서'를 나타내기도 한다. 문서는 내용적으로는 외교문서, 증명서, 편지 등 특정한 사회, 정치적 기능을 갖는 텍스트를 지칭하며, 그 특성상 '한 편' 또는 '한 통' 등의 물리적 단위로 전달된다.

실록에서 '文字'는 공문서, 사문서, 증명서, 금등(金縢) 문서 등 여러 가지 종류의 문서를 지칭하고 있다. 여기에서는 '文字'가 문서를 지칭하는 경우를 전형적인 사례인 '공문서, 증명서, 편지'를 중심으로 살펴본다.

2.5.1 공문서

조선시대에 사용된 공문서의 종류에는 상소(上疏), 소지(所志), 단자(單子), 고목(告目), 문권(文券), 통문(通文), 자문(咨文)·표문(表文)·서계(書契) 등이 있다. 실록에는 이와 같이 다양한 문서의 명칭을 직접 명기하지 않고 '文字'라는 단어로 지칭하기도 하였다.

'文字'가 문서의 의미로 사용된 용례는 고려 익조가 원나라 군대와 함께 일본 정벌에 참여하고 충렬왕을 알현하는 기록에 처음 출현한다.

"상사의 문자를 받아(蒙上司文字)"라는 문장에서 '문자'는 상급관부에서 하급관부로 내리는 '문서'를 가리킨다.

18년(1281) 신사에 세조(世祖)가 일본(日本)을 정벌하니, 천하의 병선(兵船)이 합포(合浦)에 모였다. 익조(翼祖)가 상사(上司)의 ▼문자(文字)를 받아, 본소(本所)의 인호(人戶)에 군인(軍人)을 기명하여 뽑아서 쌍성 총관부(雙城摠管府)의 삼살 천호(三撒千戶)와 몽고(蒙古)의 대탑실(大塔失) 등과 함께 정벌에 나아갔다.[十八年辛巳 世祖征日本 天下兵船 會于合浦. 翼祖蒙上司▼文字 將本所人戶 簽撥軍人 與雙城摠管府三撒千戶蒙古大塔失等赴征] -태조 1권 총서(8)

"한 통의 문서를 만들다(作一文字)"에서와 같이, '문서'의 의미인 '文字'는 주로 앞뒤에 '만들다(作), 이첩하다(行移)' 등과 같은 동사와 결합하는 예가 많이 나타난다. 이를 통해서 '文字'가 글자 또는 글이 아니라, 문서나 문건과 같이 이동 가능한 물질적인 매체의 의미로 쓰였음을 알 수 있다.

이번에 조도사(調度使)로 하여금 한 통의 ▼문서를 만들되 도착된 수효가 몇 석, 현재 남아 있는 수효가 몇 석이라고 적고 [今者令調度使作一▼文字 運到之數幾石 已放之數幾石 見在之數幾石] -선조 26년(1593) 3월 23일(3)

다음 기사는 일개 향리가 변방으로 이주시킨 사람들을 돌려보낸다는 내용의 거짓 문서를 만들어 유포시킨 죄로 참형을 당하는 내용이다. 여기에서 '文字'는 관문서를 지칭하는 것으로, 원문의 "僞造文字"는 "문서를 위조하다"로 번역되어 있다.

평안도(平安道) 자산(玆山)의 죄수(罪囚)인 가산 향리(嘉山鄕吏) 이귀

번(李貴蕃)이 계하(啓下)를 사칭(詐稱)하여, 변방(邊方)에 옮긴 사람들을 놓아 보낸다는 ▼문자(文字)를 위조(僞造)해서 김흥순(金興順)에게 주어, 돌려가며 등사해서 전파되게 하여 인심(人心)을 동요(動搖)시킴으로써 온 도(道)의 사민(徙民)을 도망하게 한 죄는, 이귀번은 율(律)이 참대시(斬待時)에 해당됩니다.[平安道慈山囚嘉山鄕吏李貴蕃詐稱啓下 僞造徙邊人放送▼文字 給與金興順 轉轉謄播 動搖人心 使一道徙民逃亡 罪貴蕃律 該斬待時] -성종 10년(1479) 5월 2일(4)

"내수사의 문자(內需司文字)"를 위조한 별좌(別坐)에게 내린 감등(減等)과 곤장의 형벌이 너무 가볍다고 왕에게 간언하는 내용의 기사에서도 '文字'는 문서를 가리킨다.

본궁(本宮)의 별좌(別坐) 석명창(石命昌)이 내수사(內需司)의 ▼문자(文字)를 위조하여 지난해 10월에 전라도로 가서 복천사(福泉寺)의 전지(田地)와 기명(器皿)을 그 절에 돌려 주려 하였으며, 보은현(報恩縣)에서 폐단을 일으켰으니 범한 것이 가볍지 않습니다. 그런데 본부(本府)가 추열하여 관문서(官文書) 사칭 죄로 의율(擬律)하여 아뢰매, 명하여 공(功)으로 1등을 감하고 장(杖)은 속(贖)하게 하였으니 이는 너무 가벼운 것 같습니다. 어떻게 악을 징계할 수 있겠습니까?[本宮別坐石命昌 僞成內需司▼文字 去年十月 往全羅道 欲以福泉寺田地器皿 還其寺 作弊于報恩縣. 所犯非輕 本府推閱以詐稱官文之罪 擬律以啓 乃命功減一等 而贖杖. 此似太輕 何以懲惡?] -중종 14년(1519) 2월 14일(1)

2.5.2 증명서

'文字'는 '증명서'를 지칭하기도 하는데, 예를 들어 역마나 양곡을 제공하거나, 매매 또는 통상의 허가를 증명하는 문서가 그것이다. 이를 앞에서 살펴보았던 (가)의 공문서와 구별하여 기술하는 이유는, 증명서는 단순한 정보의 전달에 그치지 않고, 사실의 증명이라는 의미에 더 무게를 두고 있기 때문이다. 『조선말큰사전』 등 국어사전에서도 이두(吏讀)의 용법이기는 하지만, "문장(文狀), 증서(證書) 따위"라는 의미를 가진 '문자'가 수록되어 있다.

문무관의 호패인 아패(牙牌)에 관한 법령을 제정하는 내용의 기사에서 '文字'는 아패와 함께 역마를 사용할 자격을 증명하는 문서를 지칭한다.

> 만일 외방(外方)에 있는 자를 부를 때라면, 입직(入直)한 대언(代言)이 친히 왕지(王旨)를 품(稟)하여 사송(賜送)할 왕부(王府)에 두어 둔 원아패(圓牙牌)를, 신(臣)이라 칭(稱)하여 갑(匣)에 봉(封)해 사자(使者)에게 주고, 본원(本院)의 인(印)을 찍어 말[馬]을 기용(起用)하는 ▼문서(文書)를 아울러 주고서 직접 병조(兵曹)에 내려 역마(驛馬)를 타고 달려가게 할 것[若召在外者 則入直代言親稟王旨 將其賜送王府所藏圓牙牌 稱臣封匣 以付使者; 用本院印 并給起馬▼文字 直下兵曹 馳驛以往] -태종 8년(1408) 11월 19일(3)

다음 기사는 여진족 사람들이 매매를 허락하는 직인이 찍힌 증명서를 지니고 있더라도, 황제의 성지(聖旨)가 있어야만 통상을 허가할 것을 제안하는 내용의 상소문이다. 이러한 경우, 도장이나 인장을 의미하는 '인신(印信), 도서(圖書)' 등과 함께 쓰이는데, 직인을 찍어 공식성을 확증해야 하는 것이 증명서의 중요한 조건이기 때문이다.

> 이제부터는 비록 직인이 찍힌 ▼문서가 있더라도 〈황제의〉 성지(聖旨)가 없으면 사사로이 통상할 수 없다는 것으로 사리를 좇아 설유(說諭)한 다음, 접대(接待)하지 말며, 매매하는 것도 금하고, 다만 몇 말 몇 되의 노자 양식만을 요량해 주어 돌려보내도록 하기를 청합니다.[請自今雖有印信▼文字 以無聖旨不可私通 據理開說 勿接待禁買賣

只以斗升 量給行糧送還] –세종 7년(1425) 7월 4일(2)

다음은 일본 사신들 중에 상경(上京)하지 않고 포소(浦所)에 머무르는 사람들에게 '文字' 즉 증명서를 받아오게 하여 식량을 지급한다는 내용의 기사이다.

일본국의 사송인(使送人) 이외에도 노정(路程)을 헤아려서 양료를 주었고, 만약 몸에 병이 났거나 물이 창일하기 때문에 부득이 유련(留連)하면, 소재관(所在官)에 고하여 ▼문자(文字)를 받아 오게 하고 실제대로 양료를 주었으니, 청컨대 금후로는 위 항목의 길[程途]에 한도를 세운 것을 따라서, 한도가 지나면 유포량(留浦糧)은 주지 말고, 그 중에서 만약 참으로 연고가 있어서 부득이 유련한 자는 소재관의 ▼문자(文字)를 받게 하여 사실을 증험하여 양료를 주소서.[日本國使送人外 計程給糧 若因身病及水漲 不得已留連 則告所在官 受▼文字來方 乃取實以給糧料. 請今後依上項程途立限 過限則勿給留浦糧 其中若有實故不得已留連者 令受所在官▼文字 憑驗給糧] –성종 2년(1471) 4월 9일(7)

2.5.3 편지

서로 먼 장소에 있는 사람들의 소통을 가능하게 해주는 것은 음성언어에 비해 문자가 가져다 준 장점 중 하나이다. 실록에서도 '文字'가 편지를 지칭하는 용례가 등장한다.

다음은 억울하게 유배되어 죽은 선비 정개청의 신원(伸寃)을 청하는 글로서, 역적과 같은 지역에 살면서 단지 평범한 편지 한 통을 주고받은 까닭에 모함을 받았다는 이야기이다.

정개청이 비록 역적과 같은 도에 살고 있었지만 본디 친밀하지 않았고 평범하게 서로 알고 지내면서 우연히 서신을 통한 것입니다. 옥사

(獄事)를 일으킨 당초에 사람들이 모두 말하기를 '단지 1장의 평범한 ▼서신 때문에 죄안(罪案)을 얽어 만들어 마침내 벗어나지 못하게 되었다.' 하였습니다. 만약 정개청이 문을 닫고 들어앉아 근신하고 침묵했었다면 반드시 모함을 받을 까닭이 없었을 것인데, 마음에 느낀 바가 있어 그런 글을 지었다가 마침내 화를 매개(媒介)하는 근본이 되게 하였으니[介清雖與逆賊 同在一道 而本不親厚 泛然相知 偶或通書. 起獄之初 人皆傳說 只以一紙閑▼文字之故 搆成罪案 終不得脫. 使介清杜門愼默 則必無被陷之端 而心有所激 作此文字 終爲媒禍之本] -선조 36년(1603) 4월 9일(2)

역모 혐의를 받은 심우영의 문서 중 우의정 이병모의 조부가 보낸 세 통의 편지가 발견되어 문제가 되자, 같은 마을 사람끼리 편지를 주고받는 것은 역모 혐의와 무관하다고 의금부 당상이 판부사에게 말했다는 내용이다. 이 기사에서도 '文字'는 '書札, 書' 등의 단어와 함께 '편지'를 나타낸다.

서양갑(徐羊甲)·심우영(沈友英)의 옥사가 일어났을 적에 심우영의 문서 안에 신의 할아버지의 서찰(書札) 3장이 있었는데, 그것은 곧 서책을 서로 빌린 것에 관한 일이었습니다. 그 서찰이 국청(鞫廳)에 내려지자, 의금부 당상 박이서(朴彛敍)가 판부사 박승종에게 말하기를 '저 같은 마을에 사는 사람끼리 ▼편지를 왕복한 것은 괴이할 것이 없다.' 하였는데[蓋於徐羊甲 沈友英之獄起 友英文書中 有臣祖書札三紙 卽交借書冊事也. 書下鞫廳 義禁府堂上朴彛叙 謂判府事朴承宗曰: '彼同鄕居▼文字往復 不止怪] -정조 21년(1797) 9월 25일(3)

미국 병선에서 보내온 편지를 가리킬 때, '文字'를 쓰고 있다.

이번 달 3일 이국선(異國船) 5척(隻)이 서남쪽으로부터 부평부의 앞

바다에 와서 정박하고 ▼글을 보내왔는데, 자칭 미국 군주가 흠차(欽差)한 대신과 수군 제독(水軍提督)이라고 하고, 협상할 일이 있으므로 고관(高官)을 만나볼 것을 요구하면서 결코 해칠 의도는 없으니 놀라지 말라는 등의 내용이었습니다.["本月初三日 異國船五隻 來自西南 碇住本府海面 投送▼文字. 自稱'美國欽差大臣暨水師提督爲商辦事件 救見大員, 決無害意, 勿得驚恐"等語] -고종 8년(1871) 5월 17일(4)

위 기사의 원문에는 "封函(겉봉을 봉한 편지)"이라는 단어가 나오며, "投送一封文字(편지 한 통을 보내오다)", "文字往復(편지를 주고받다)"와 같이 '文字'가 편지를 가리키고 있는 내용이 여러 곳에 출현한다.

2.6 책

'文字'가 글이나 문서 같은 텍스트를 넘어 '책'을 지시하는 경우도 나타난다.

박세당의 『사변록』을 불태우자는 논의에 대하여 반대하는 상소에서 『사변록』을 '文字'라고 지칭하고 있다. 원문에서 보듯이 "此文字"와 "此書"는 같은 대상을 지시한다.

수찬(修撰) 남취명(南就明)이 상소하여 ≪사변록(思辨錄)≫을 불태우지 말 것을 청하기를, "박세당(朴世堂)의 이 ▼문자(文字)는 그의 뜻을 자술(自述)한 것에 불과할 뿐인데, 지금 불태워 버려야 한다는 의논하는 자들은 진실로 이 책이 한 번 나오면 사람들이 모두 선유(先儒)의 주석(註釋)을 버리고 한결같이 이를 소중히 여길 것이라고 생각해서입니까?"[修撰南就明上疏 請勿焚≪思辨錄≫曰: 朴世堂之爲此▼文字不過自述其意而已 今之爲焚棄之議者 信以爲此書一出 則人皆棄先儒

註釋 而一以此爲重耶?] -숙종 30년(1704) 6월 16일(1)

연경에서 사오는 '文字'들이 기괴하므로 사오는 것을 금하자는 기사에서도 '文字'는 책을 지시한다.

근래 풍습이 특이한 것을 좋아하여 문체(文體)가 괴벽한 것이 많습니다. 연경(燕京)에서 사가지고 오는 서적이 오로지 새롭고 특이한 ▼것을 취하기 때문에 그런 서적은 처음 보는 것이라서 즐기고 좋아하여 쉽게 현혹되어 빠져듭니다. 바라건대 엄격히 금지하고 지금부터는 연경에 가는 길에 서적을 사오지 못하도록 하소서.[近來風習好奇 文體多僻. 燕市購來者 專取新奇▼文字 故創見嗜好 易致惑溺. 請嚴加申禁 自今燕行 毋得購來] -정조 17년(1793) 10월 20일(2)

무관 홍시중이 일본을 경계하고 외세의 침략에 대응하자고 상소한 내용으로, 책 이름을 거론하면서 불태워 버리자고 하는 부분이다. ≪≫안의 책들을 '文字'로 지시하고 있다.

이른바 ≪중서문견(中西聞見)≫, ≪만국공법(萬國公法)≫, ≪공사지구(公史地球)≫, ≪영환신보(瀛環申報)≫, ≪흥아회잡사시(興亞會雜事詩)≫, ≪속금일초공업육학(續今日抄工業六學)≫ 등의 책과 황준헌(黃遵憲)의 ≪조선책략(朝鮮策略)≫ 등 허다한 ▼책들을 일일이 찾아내어 종로 거리에서 불태우고 윤음을 내려서 지난날에 저지른 과오에 대한 뉘우침을 진술하게 하고 예수교를 배척하는 뜻을 널리 알려서 만백성들이 명확히 듣고 잘 따르게 함으로써 많은 사람들이 호응하여 재난을 없애며 많은 사람들이 한 마음으로 뭉쳐 성벽처럼 된다면 어찌 왜인(倭人)이나 서양 사람, 러시아 사람이 강대한 것을 걱정하겠습니까?[所謂≪中西聞見≫ ≪萬國公法≫ ≪公史地球≫ ≪瀛環申報≫ ≪興亞會雜事詩≫ ≪續今日抄工業六學≫ 等書 黃遵憲≪策略≫等許

多▼文字 請一一搜出鍾街上付火. 渙發德音 俾陳旣往之悔 用布斥邪之義 俾萬姓明聽敬服 衆和消災 衆心成城 何患乎倭 洋 俄之强哉?] -고종 18년(1881) 3월 23일(4)

2.7 학식

'文字'는 문자를 통해서 알게 된 지식, 즉 '학식'을 뜻하기도 한다.

다음 기사에는 대신들이 『시경』에 대해 논쟁하는 내용이 기록되어 있다. "문자(文字)로서 이길 것인가"라는 대목에서 문자는 아닌 고전에 대한 이해 정도, 즉 '학식'을 뜻한다.

임금이 웃으며 말하기를, "경은 대사헌과 더불어 굳이 다투는가?"하였으나, 구종직이 말을 다해 다투니, 임금이 말하기를, "경이 어찌 능히 ▼문자(文字)로써 이길 것인가?"하였다. 구종직이 지리하고 쓸데없는 말을 많이 끌어 스스로 변명하기 때문에 임금이 문자로써 말하였다.[上笑曰: "卿與大司憲固爭?" 從直極口爭之. 上曰: "卿豈能以▼文字取勝乎?" 從直多引支辭蔓語以自辨 故上以文字言之] -세조 12년(1466) 4월 15일(3)

학문을 통해서 쌓은 지식보다 "깊이 있게 생각하는 능력[智慮]"이 더 중요하게 작용하는 경우가 있다. 다음 기사는 이러한 내용을 기록하고 있으며, 여기에서 '文字'는 '학식'을 뜻한다.

이신이 또 말하기를 '▼문자를 아는 것은 내가 너에게 미치지 못할지라도, 지려(智慮)로 말하면 네가 나보다 못할 것이다' 하기에, 내가 대답하기를 '네 말이 과연 옳다' 하였습니다.

다음은 현덕을 갖춘 관리를 파악하고 인재 양성의 중요성을 강조하는 내용의 기사이다. 재덕을 갖춘 역관 장윤에게 군직(軍職)을 하사할 것을 건의하는 대목에서도 '文字'는 '학식'을 가리킨다.

> 역학 훈도(譯學訓導) 장윤(張倫)은 교육에 힘써서 그 학도가 1백여 명이나 되는 데 동자(童子)만이 아니라 관자(冠者) 또한 추종하고 있습니다. 또 효행이 있고 몸가짐이 구차하지 아니하므로 사람들이 장윤에게 본받을 만한 것은 ▼문자(文字)뿐만이 아닙니다.[信且曰: "曉解▼文字 我雖不及於汝 至智慮 則汝居吾下矣" 吾答云: "汝言果然矣'] - 중종 15년(1520) 4월 20일(5)

'문자'가 '학식'을 의미하는 것은 '문자 쓰다'와 같은 풍자적 용법에 그 흔적이 남아 있다. 현대국어에서 이러한 의미는 "글께나 한다, 글줄이나 쓴다, 글이 짧다"와 같은 숙어에서처럼, 주로 '글'이 담당하고 있다. '文字'가 가진 의미가 '글'과 '문자'로 나뉘어 전승된 결과로 보인다.

3 결론

지금까지 조선왕조실록에 출현하는 '文字'의 용법을 맥락에 따라 분석함으로써, '文字'라는 단어에 담은 다양한 의미를 살펴보았다. 결론적으로 실록에 등장하는 '文字'는 다음과 같이 크게 1) 글자(통칭으로서의 글자, 문자체계, 한자), 2) 단어 또는 문구, 3) 문장, 4) 글(통칭으로서의 글, 한문, 고전, 학문, 글쓰기, 전례, 기록, 규정), 5) 문서(공문서, 증명서, 편지), 6) 책, 7) 학식의 의미를 가진다.

1. 글자: 글자(통칭), 문자체계, 한자
2. 단어, 문구
3. 문장

4. 글: 글(통칭), 한문, 고전(古典), 학문, 글쓰기, 전례(前例), 기록, 규정
5. 문서: 공문서, 증명서, 편지
6. 책
7. 학식

우리는 이러한 작업을 통해서 조선시대의 '文字'의 의미 범주가 현대국어에서보다 더 넓다는 것을 알게 되었다. '문자'는 현대국어와 같이 '글자'의 뜻을 가질 뿐만 아니라, 글자가 모인 '단어, 문구'나 '문장'을 가리키기도 하고, 문장이 결합한 '글' 전체를 의미하기도 한다. 또한 글자의 집합체인 '문서', '책'의 의미에까지 확장되며, 추상적인 '학식'에 이르기까지 다양하고 포괄적인 의미로 사용된다.

표

조선왕조실록	OED
1. 글자	–
글자(통칭)	letter 1, writing 9
문자체계	letter 1
한자	
2. 단어, 문구	
3. 문장	
4. 글	–
글(통칭)	writing 6
한문	
고전	writing 7
학문	letter 6
글쓰기	writing 1
전례	
기록	letter 3, writing 6
규정	letter 3
5. 문서	–
공문서	letter 3, writing 8
증명서	letter 3
편지	letter 4, writing 8
6. 책	writing 7
7. 학식	letter 6

'文字'가 함축하던 이러한 다양한 의미는 현대국어에서는 '글자, 문자, 글' 등의 단어들이 나누어 가지고 있는데, 이러한 사실은 서구어의 문자 관련 어휘에서도 찾아볼 수 있다. *Oxford English Dictionary*[7]에 의하면 'letter'는 개별글자 및 문자체계를 통칭할 뿐 아니라, 편지나 증명서 등의 문서와 기록, 나아가 학문이나 학식의 의미를 함축하고 있다. 또한 'letter'와 유사한 의미범주에 속하는 단어 'writing'에도 쓰이거나 인쇄된 글자에서부터 글쓰기, 일반적인 글, 기록, 고전이나 책의 의미가 포함되어 있다. 조선왕조실록에서 '文字'가 함축하는 의미와 'letter'와 'writing'의 정의들과 갖는 상관관계는 아래 표와 같이 나타낼 수 있다.

'문자'와 'letter', 'writing' 사이에 보이는 이러한 관계는 향후 문자 연구에 있어 중요한 하나의 방향성을 제시해준다. 이는 인간이 사용해 온 '문자'의 역사가 오늘날 우리가 사용하는 일반적인 '문자'의 의미보다 훨씬 광범위한 인간 활동을 포괄한다는 사실이 동·서양을 막론한 모든 문화에 해당된다는 것을 암시하기 때문이다.

이 같은 사실은 이후 면밀한 연구와 분석을 통해 포괄적인 문자의 개념과 문자 문화에 대한 폭넓은 분석을 통해 확증되어야 할 것이다. 그런 의미에서 이 글은 오늘날 우리가 일상적으로 사용하고 있는 단어 '문자'의 개념사를 정립하는 데 있어서 중요한 첫걸음을 내딛은 것이다[8].

주석

1 I. J. Gelb, *A Study of Writing*(Revised Edition), Chicago and London: University of Chicago, 1974; Roy Harris, *Signs of Writing*, London and NewYork: Routledge, 1995; Roy Harris, R*ethinking Writing*, London and NewYork: continuum, 2000 등 참조.

2 이 숫자는 한 편의 기사에 '文字'가 2회 이상 나타나는 것을 따로 계산한 것이다. 실록에서 '文字'가 등장하는 기사의 수는 총 2,860건이며, 이를 임금별로 제시하면 다음과 같다.

태조(10), 정종(0), 태종(54), 세종(71), 문종(7), 단종(2), 세조(21), 예종(1), 성종(117), 연산군(30), 중종(181), 인종(4), 명종(67), 선조(247), 선조수정(30), 광해군일기(중초본)(142), 광해군일기(정초본)(128), 인조(112), 효종(84), 현종(98), 현종개수(115), 숙종(373), 숙종보궐정오(30), 경종(37), 경종수정(14), 영조(317), 정조(283), 순조(115), 헌종(9), 철종(9), 고종(150), 순종(1), 순종부록(1) (2012년 3월 31일 접속)

3 실록의 인용은 조선왕조실록 온라인판의 것을 그대로 가져오는 것을 원칙으로 한다. 특히 국역의 경우, 오역이라고 생각되는 부분 역시 따로 밝히지 않고 인용한다. 필요에 따라 부분 인용하는데, 생략된 부분은 '……'으로 나타낸다. 출전의 일자 뒤의 숫자는 해당 날짜의 몇 번째 기사인지 나타낸 것이다.

4 '한자'라는 문자체계를 가리킬 때 '漢字'를 사용하는 경우도 나타난다. 하지만 이러한 경우는 아주 드문데, 이미 '文字'가 '한자'를 지시하는 데 사용되어 왔기 때문으로 이해된다. 또한 '中國文字'로 표기하는 경우도 있다. 헌종 6년(1665) 3월 26일(2) 기사 참조.

5 홍윤표(2008:777)는 최만리의 상소문에 등장하는 '文字'의 의미를 크게 '한자'와 '한자로 쓰인 문장의 내용'이라는 의미로 파악하고 있지만, 우리는 전자는 '문자(체계)'로, 후자는 '한자(경우에 따라 한문 또는 고전)'으로 이해한다.

6 홍윤표(2008)도 이런 의미의 '文字'에 대하여 언급하고 있다.

7 Oxford English Dictionary에서의 letter와 writing의 뜻풀이는 각각 다음과 같다.

letter

1. a character representing one or more of the speech of a language; any of the symbols that compose an alphabet; Such characters collectively. 2. (printing) a font of type, a particular style of printed characters 3. an inscription, a document, a text, a written warrant or authority, 4. a written, typed or printed communication addressed to a person, organization 5. The precise terms of strict verbal interpretation of a statement or document; the signification that lies on the surface 6. (pl.)Literature in general, acuaintance with literature, learning, erudition

writing

1. The action, process, or practice of writing; the occupation of a person who writes, the use of written characters for the purpose of record, communication, etc. 2. The art of practice of penmanship or handwriting; the characteristic handwriting of a person.

3. Style, form, manner, or method of literary or musical composition. 4. The state or condition of having been written; written form. 5. Manner of setting down a word; orthography 6. That which is (recorded) in a written or printed state or form; written information; literary output. 7. A Written composition, a piece of literary work done, as a book, article, etc; (pl.) the work or works of an author or group of authors. 8. A written document; a letter, a legal instrument, a deed, (a document relating to) an agreement or contract. 9. Written or printed letters, characters, or symbols; lettering, an inscription.

8 이 외에도 우리는 다음과 같은 효과를 부수적으로 얻을 수 있었다. 즉, 국어사 자료로서 조선왕조실록을 재발견하게 된 것이다. 지금까지 이두, 구결 자료를 제외하고는 대부분 한글로 표기된 문헌만이 국어사 자료로서 이용되어 왔다. 그로 인해 사실상 국어 어휘의 80%를 차지하고 있는 한자어를 연구하는 자료가 절대적으로 부족한 것이 사실이었다. 하지만, 본고에서와 같이 왕조실록에 수록되어 있는 방대한 한자, 한문 자료들을 국어 한자어 자료로서 이용한다면, 지금까지 자료의 부족으로 소홀했던 한국어 어휘사를 새롭게 구성할 수 있을 것이다.

04

문자를 뜻하는 고대 중국 한자어의 변천과 그 특징

.. 고인덕

1 들어가며

중국은 문자 왕국이라고 불린다. 문자 왕국이라는 말은 다양한 각도에서 설명될 수 있겠지만 우선 문자생활의 역사가 오래되고 문자의 역할이 절대적이었다는 점을 들 수 있다. 중국에는 오랫동안 문자생활을 해오면서 문자(실제로는 한자)를 의미하는 단어들이 몇 종류 있었는데, 본고에서는 그와 같은 단어들을 고찰해보고자 한다. 즉 문자를 의미하는 글자(단어)들의 본의가 무엇이었는지 그 연원을 살펴보고, 그 역사적 변천을 고찰해봄으로써 중국인들이 문자에 대하여 어떠한 생각을 지니고 있었는지 가늠해볼 수 있을 것이다. 중국에서는 예로부터 문자를 뜻하는 말로 文, 字, 文字, 書, 名, 書契, 漢字 등을 사용하여 왔는데, 이중 상대적으로 이른 시기에 사용되었으며 중요한 비중을 차지하고 있는 文, 字, 文字, 書, 名을 중심으로 살펴보고자 한다.

고찰 방법으로는 우선 이러한 글자들이 원래 어떠한 의미를 지니고 있었는지 동한 시대 許愼의『說文解字』를 중심으로 살펴봄으로써 이러한 글자들이 문자라는 의미를 지니게 된 내력을 고찰해볼 것이다. 글자에 대한 자원 풀이는 학자들에 따라서 많이 다를 수 있으며, 물론 허신의 자원 해설 또한 절대적인 것은 아니다. 하지만 허신의 『설문해자』가 고대 중국의 언어학과 문자생활에 미친 영향은 절대적이기에 어느 정도는 대표성이 있다고 할 수 있다. 다음으로는 시대에 따라 어떠한 글자들이 문자의 의미로 사용되었는지, 특히 고대 중국에서 어떠한 글자가 가장 먼저 문자의 의미로 사용되었는지 추적해보고자 한다. 다만 어느 글자가 어느 시대에 사용되었는지 파악하기 위해서는 그 글자가 출현하는 전적이 어느 시대에 성립되었는지를 알아야하는데, 본고에서 고찰 대상으로 하는 先秦 시기의 전적들은 대부분 오랫동안 여러 사람의 손을 거쳐 현재 전해지고 있는 판본이 성립되었기 때문에 그 성립 시기를 확실하게 알기 어렵다는 난점이 있다. 특히 유가 경전에 속하는 전적들의 성립연대에 대해서는 오랫동안 학계에서 논란을 벌이고 있는 경우가 대부분이다. 따라서 그와 같은 전적들의 성립 연대를 확실하게 단정하기에는 한계가 있지만, 그와 같은 한계성을 인정하면서 필자의 관점에서 타당하다고 인정되는 선행연구 성과를 이용하여 본고에서 고찰대상으로 하는 문자를 의미하는 글자들이 대략 어느 시기부터 사용되기 시작하였는지 그 선후 관계를 밝혀보고자 한다. 이상과 같은 고찰 과정을 통하여 중국인들의 문자에 대한 관념과 문자가 그들에게 있어서 어떠한 위치를 차지하고 있는 것인지를 밝혀낼 수 있을 것으로 기대된다.

2 가장 먼저 문자의 의미로 사용된 글자에 대한 선행 연구

고대 중국의 문자 명칭에 대해서는 문자학 개론서 등에서 개괄적인 내용은 소개하고 있으나[1] 가장 먼저 문자라는 의미로 사용된 글자에 대하여 고찰하고 있는 국내외 연구 성과는 극히 한정되어 있다. 또한 그 연구 성과의 견해가 일치되지 않고 '書'라는 설[2], '書'와 '契'라는 설[3], '文'이라는 설[4], '名'이라는 설[5]로 나누어지고 있어서 아직 정설이 없는 실정이다. 문자왕국이라고 일컬어지는 중국에서 어떠한 글자가 가장 먼저 문자의 의미로 사용되었는지 그 순서를 밝혀보고, 문자 명칭의 그러한 역사적 변천이 의미하는 바가 무엇인지 밝혀보는 것은 충분히 연구해볼만한 필요성이 있다고 인정된다. 따라서 본고에서는 우선 이에 대한 선행연구를 소개한 다음 필자의 관점에 따라서 논지를 전개해가고자 한다.

林尹은 許愼의 『說文解字 · 敍』로부터 "창힐이 처음으로 書를 만들었다(倉頡之初作書)"와 "죽백에 나타낸 것을 書라고 한다(著之竹帛謂之書)"라는 부분을 인용하여, 중국에서 문자를 처음 만들었을 때 '書'라고 불렀다고 한다[6]. 이 설의 난점은 창힐이 전설상의 인물로서 문자를 만들고 그것을 '書'라고 불렀다는 증빙이 없다는 점이다. 즉 위의 인용문은 후한 때 사람인 허신의 말로서, 이것만으로는 '書'가 고대 중국의 가장 이른 문자 명칭이라고 단정할 수 없다.

沈舜乾은 중국 한자의 본래 명칭은 '書'와 '契'라고 하였다[7]. 그에 의하면 '文'과 '字'의 본의는 '한자(문자)'가 아니고, 한자라는 의미를 가질 때는 引伸義, 假借義이다. 반면 '書'와 '契'의 본의는 '한자'이므로 '書'와 '契'가 문자의 본래 칭호라는 것이다. 이 설의 난점은 우선 '書'와 '契'의 본의를 한자라고 할 수 있는지의 문제와, 다음은 한자의 의미로 사용된 용례를 들지 않고 단지 본의와 인신의라는 차이만으로 가장 먼저 사용되었다고 할 수 있는지의 문제이다.

즉 최근의 연구결과에 의하면 '書契'가 글자의 의미를 지니게 된 것은 漢代 이후라고 하며[8] 그 이전에 '契'가 단독으로 문자의 의미로 사용된 용례는 없다. 또한 갑골문 시대에 이미 허신의 육서 현상이 모두 나타나고 있는 상황에서[9] 본의와 인신의라는 차이는 그 선후 관계를 나타내주는 결정적인 요소가 되지 못한다. 즉 갑골문이라는 문자는 이미 존재하고 있더라도 그 시대에 문자를 칭하는 명칭은 아직 사용되지 않았을 가능성도 있다. 실제로 갑골문이나 금문에서 문자 일반

의 의미로 사용된 글자의 용례는 발견되고 있지 않다.[10]

諸橋轍次의 『大漢和辭典』에서는 가장 오래된 한자의 명칭으로 '名'을 들고 있으나 이에 대하여 별다른 설명은 하지 않고 있다[11].

山田 崇仁은 '文'이 중국에서 가장 먼저 문자의 의미로 사용되었다고 하며[12], 고대 전적들에서 용례를 들고 있다. 즉 문자라는 의미로 사용된 글자들의 용례가 나타나있는 전적들의 성립연대를 비교하는 방법으로써 그 글자가 사용된 시기를 측정하는 것이다. 이미 기술한 바와 같이 고대 전적들이 대체로 오랫동안 여러 사람의 손을 거쳐 현재 전해지고 있는 판본이 성립되었기 때문에 그 성립 시기를 단정하기 어렵다는 난점이 있기는 하지만 가장 확실한 방법이라고 할 수 있다. 다만 山田 崇仁의 작업은 역사적이고 실증적인 측면에서는 도움이 되는 바가 많지만 그러한 문자들이 나타내주고 있는 문자학적 특징과 그 함의에 대한 설명이 부족한 점을 지적할 수 있다. 따라서 본고에서는 문자의 의미로 사용된 글자들이 나타난 전적들의 성립연대를 고찰해보는 방법으로써 그 글자들이 사용된 시기를 추적해봄과 동시에 그러한 글자들이 나타내주고 있는 문자적 특징에 대해서도 고찰해보고자 한다.

3 '文'과 '字', 그리고 '文字'

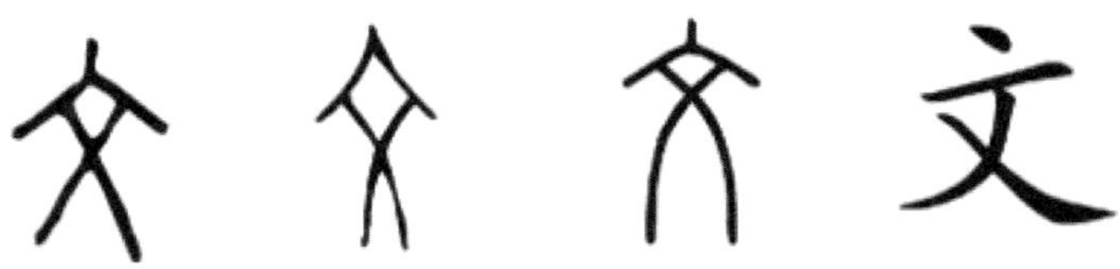

갑골문 금문 소전 해서체

'文'의 자원에 대해서는 크게 두 가지 설이 있다. 許愼의『說文解字』에서는 "교차된 획이다. 교차된 무늬를 본떴다….(錯畫也.象交文….)"라고 하였다. 다른 한편 朱芳圃의『殷周文字釋叢』[13]과 일본학자인 白川靜의『字統』[14]등에서는 정면으로 서있는 사람의 가슴에 문신을 가한 모양으로 풀이하는데, 현재 이 문신설이 거의 정설로 받아들여지고 있는 것 같다. 왜냐하면 허신의 '교차된 무늬'라는 설명만으로는 '文'의 윗부분을 설명할 수 없기 때문이다. 다만 이상과 같은 '교차된 획'과 '문신'설 모두 '무늬'라는 개념과 관련된다고 볼 수 있는데, 이 '무늬'라는 의미로부터 인문학과 관련된 수많은 개념들이 파생되어 중국 漢語大詞典出版社에서 발행한『漢語大詞典』의 '文'자 항목에는 약 30 종류의 의미가 설명되어 있다. 즉 '글자'라는 의미를 비롯하여 '문구', '문장', '글을 쓰다', '표현형식' 등의 개념을 가지게 되어 결국 '문헌', '문학' '문화' 등 인문학의 근간이 되는 개념들과 깊은 관련을 맺게 되었다. 문자라는 의미는 '文'의 본의는 아니지만 한자가 원래 사물의 모양을 본뜬 상형문자로부터 비롯되었고 현재에도 그러한 성격이 남아있는 문자이기 때문에 '文'이 글자의 의미를 지니게 된 것은 비교적 납득하기 쉽다. 즉 '文'이 글자의 의미를 지니게 된 것은 한자의 특성을 잘 나타내주고 있다고 할 수 있다.

고대 중국에 글자의 개념을 나타내는 단어로는 위에서 이미 기술한 바와 같이 '文' 이외에도 여러 종류가 있는데, 허신은 그 중 '字'와 관련하여 '文'을 다음과 같이 설명하고 있다.[15]

> 『說文解字 · 叙』卷29 : "倉頡之初作書, 蓋依類象形, 故謂之文; 其後形聲相益, 卽謂之字.[文者, 物象之本;]字者, 言孳乳而浸多也. 著於竹帛謂之書, 書者, 如也."(창힐이 문자를 만들기 시작하였을 때 대체로 사물의 유형에 의거하여 그 형상을 그려내었기 때문에 그것을 '文'이라고 불렀다. 나중에 形旁과 聲旁을 서로 보충하여 '字'를 만들었다. ['文'이라는 것은 사물 형상의 본래 면목이다.] '字'는 文과 文의 결합으로 하여 불어난 것으로 점점 많아지는 현상을 말한 것이다. 竹簡과 비단 위에 나타내는 것을 書라고 하니, 書는 '如[같게 하다]'이다.)

위의 인용문을 段玉裁의 『說文解字注』에 의하여 풀이하면, 창힐이 '사물의 유형에 의거하여 그 형상을 그려내었다(依類象形)'라고 한 것은 六書 중 象形과 指事를 가리키며, 본문에서 '其後形聲相益'이라고 한 것은, 창힐이 한자를 만든 이후에 形部와 聲部가 합하여 만들어진 形聲字와 形部와 形部가 합하여 만들어진 會意字를 의미한다고 하였다.[16] 단옥재는 계속하여 "분리하여 말하자면, 단독자는 文이라 하고, 합체자는 字라고 하며, 단독자와 합체자를 합하여 말하면 文字라고 부른다.(析言之, 獨體曰文, 合體曰字; 統言之, 則文字可互稱.)"라고 하였다. 즉 사물의 모양을 본떠 만든 단독자인 상형과 지사를 '文'이라고 하고, 형부와 성부가 서로 결합하여 이루어진 합체자인 회의와 형성을 '字'라고 한다는 것이다. 단옥재는 또 『說文解字』라는 책의 명칭에 대해서도 다음과 같은 설명을 하였다.[17]

> 旣曰說文, 又曰解字者, 古曰文, 今曰字. 言文字以晐古文, 籒文, 小篆三體. 言 '說' '解', 以全晐指事, 象形, 形聲, 會意, 轉注, 假借六書. 每字先說解其義, 次說解其形, 次說解其音. 說, 釋也. 解, 判也.(이미 '說文[글자를 설명한다]'이라고 하였는데 또 '解字[글자를 분석한다]'라고 한 것은 옛날에는 글자를 '文'이라고 하였으며, 지금은 '字'라고 하기 때문이다. '文字'를 말함으로써 古文, 籒文, 小篆의 삼체를 갖추게 되며, '說'과 '解'를 언급함으로써 지사, 상형, 형성, 회의, 전주, 가차의 육서를 갖추게 된다. 글자마다 먼저 그 의미를 풀이하고 분석한 다음 그 형을 풀이하고 분석하며, 다음으로 그 음을 풀이하고 분석한다. '說'은 '釋[풀이하다]'이다. '解'는 '判[분석하고 판단한다]'이다.)

위의 단옥재의 주석에 의하면 허신이 살았던 시대에는 글자를 '字'라고 하였고, 그 이전 시대에는 '文'이라고 하였음을 알 수 있다. 또한 풀이하고[說] 분석함으로써[解] 단순한 단독자와 상대적으로 복잡한 합체자, 즉 육서에 속하는 글자를 모두 다룬다는 것이다. 즉『說文解字』라는 책의 명칭은 '文'을 풀이하고 '字'를 분석하여 판단한다는 의미라고 할 수 있다.

그러면 '字'의 자형을 살펴서 '字'가 '글자'라는 의미를 지니게 된 경위를 고찰해보기로 한다.

금문 소전 해서체

『說文解字』에서는 '字'에 대하여, "乳也. 從子在宀下, 子亦聲. …('字'는 '乳[낳아서 기르다]'라는 뜻이다. '字'가 '宀'의 아래에 있다는 의미의 회의자이다. '字'는 또한 音을 나타낸다.…) "라고 한다. 이 부분에 대하여 단옥재는 전게서의 注에서 다음과 같이 말한다.

> 人及鳥生子曰乳, 獸曰犍, 引申之爲撫字, 亦引申之爲文字. 敘云, 字者, 言孳乳而浸多也.(사람과 새가 자식을 낳으면 '乳'라 하고, 짐승의 경우에는 '犍'이라고 한다. '字'는 의미를 확대하여 '撫[어루만지다]'의 의미로 사용되며, 역시 의미를 확대하여 '文[문자]'의 의미로 사용된다. 『說文解字』敘에서 말하기를 '字'는 文과 文의 결합으로 하여 불어난 것으로 점점 많아지는 현상을 말하는 것이라 하였다.)

즉 『說文解字』에 의하면, '字'는 집안에 어린아이가 들어 있는 모양으로 '낳다, 기르다'라는 의미를 지닌 '乳'와 같은 뜻을 지닌 것으로, 이로부터 의미가 확대되어 글자 중 합체자를 뜻하게 되었다는 것이다. 위에서 설명한 바와 같이 먼저 단독자가 생겨나고, 이를 기반으로 다시 합체자가 생겨난 것이 마치 어린아이를 낳아서 식구가 늘어나는 것과 같아서 '字'를 합체자의 의미로 사용하게 되었다는 것이다. '무늬'를 의미하는 '文'이 상형성을 지닌 한자를 의미하게 되었다는 것은 이해하기가 쉬운 편인데, '字'가 글자의 의미를 지니게 된 것은 『說文解字』의 자원 해설만으로는 상대적으로 납득이 잘 가지 않는 편이다. 이에 대하여 淸 吳善述은 『說文廣義校訂』에서 다음과 같이 말한다.

> 且古人稱文字但曰文, 不曰字. 名字之字, 非取義於文字也. 字從名生, 亦以相生爲義. 如名由字路, 可由者路也. 名耕字牛, 能耕者牛也. (옛날 사람들은 문자를 단지 文이라고 하였으며 字라고 하지 않았다. 사람의 본명과 다른 이름을 일컬을 때의 '字'는 文字라고 할 때의 의미를 취하지 않는다. 字는 본명을 따라 생겨나니, 역시 相生의 의미가 있다. 예를 들어 본명이 由이면 字는 路이니, 길[路]은 지나갈[由] 수 있기 때문이다. 본명이 耕이면 字는 牛이니, 소[牛]는 능히 경작할 수 있기 때문이다.)

위의 인용문에서는 '字'가 문자의 의미를 갖게 된 것을 설명하기 위하여, 그와 비슷한 예로 본명 외의 이름을 의미하는 '字'의 경우를 들고 있다. 즉 옛 사람들은 남자가 성인식을 하거나 여자가 약혼식을 할 때 새로운 이름을 붙이게 되는데 그러한 이름을 字라고 하였으며, 字는 의미상으로 본명과 어떤 관련성이 있다. 위의 인용문에서 예로 든 것은 본명이 '由[경유하다]'이면 字는 '路[길]'가 되거나, 본명이 '耕[밭을 갈다]'이면 字는 '牛[소]'가 된다는 것이다. 그래서 본명 외의 이름을 의미할 때의 字는 文字라고 할 때의 의미를 취하는 것이 아니고, 字의 원래 의미인 '낳아서 기르다'와 관련이 있다는 것이다. 즉 字는 본명의 의미를 따라 짓게 되어 결국 본명으로부터 생겨났다고 할 수 있으니, 단독자를 의미하는 文에서 합체자를 의미하는 字가 생겨난 것과 같다는 것이다. 吳善述의 이와 같은 설명도 결국은 '낳다, 기르다'라는 '字'의 원래 의미와 문자의 의미가 매끄럽게 연결되지 않기 때문에 가해진 것이라고 할 수 있다. 다만 '字'에 대한 이상과 같은 풀이는 漢代의 緯書인『孝經援神契』에도 나와 있는데, 시대의 선후관계로 보아 허신이 그것을 인용한 것으로 판단된다.[18] 본래 '낳다' '기르다'라는 의미를 지닌 '字'가 문자의 의미로 사용된 것이 오늘날의 시각으로 보면 다소 매끄럽지 못하다고 할수 있으나, 이와 같은 명칭 역시 표의자인 한자의 특징을 잘 드러내주고 있다. 한자는 그 표의성으로 하여 새로운 개념이 생겨날 때마다 그것을 표기하기 위해서는 새로운 문자를 만들어내지 않으면 안되었다. 즉 당시인들이 사용한 한자 하나 하나에는 당시인들의 세계에 대한 인식이 고스란히 담겨있다고 할 수 있다. 가령 표음 문자의 경우에는 문자를 이용하여 세계에 대한 인식을 표현할 수는 있겠지만 문자 자체 속에 세계가 담겨있다고 하기는 어려울 것이다.

『說文解字』에서는 이상과 같이 '文'은 사물의 모양을 본떠 만든 단독자로, '字'는 단독자로부터 파생된 합체자로 그 의미를 규정하였으나, 실제로는 이와 같이 구별되어 사용되지는 않았던 것 같다. 우선 허신 자신이『說文解字』에서 '文'과 '字'를 사용한 예를 보아도 위와 같이 구별하여 사용하지 않았으니, 다음과 같다[19].

> 『說文解字·叙』卷30: "此十四篇, 五百四十部, 九千三百五十三文, 重一千一百六十三, 解說凡十三萬三千四百四十一字."(이 14편은 540부수, 표제자 9353자, 重文 1163자, 해설에 사용된 글자는 모두 133441자로 되어 있다.)

즉 표제자인 9353글자에는 '文'을 사용하고, 표제자를 해설하는 133441 글자에는 '字'를 사용하였으나, 이는 허신 자신이 규정한 바와 같이 단독자와 합체자를 구분하여 사용한 것은 아니다. 이 부분에 대하여 청의 顧炎武는『日知錄』에서 "篆書는 文이라고 하고, 隸書는 字라고 하였다.(以篆書謂之文, 隸書謂之字.)"라고 설명하였는데[20], 篆書가 隸

書보다 먼저 생겨나기는 했지만 이로써 단독자와 합체자를 구분하였다고는 할 수 없으며, 허신 이후로도 '文'과 '字'를 구분하지 않고 통용하여 사용하였다.[21]

그러면 '文'과 '字'가 고대 중국에서 글자의 의미로 사용되기 시작한 시기에 대하여 고찰해보기로 한다. 이미 서문에서도 밝혔지만 어떠한 단어가 어느 시기부터 사용되기 시작했는지를 밝히는 것은 쉬운 일이 아니다. 우선 밝혀내고자 하는 시기의 모든 책을 살펴보아야 하는데, 오늘날 이 부분은 오히려 쉬운 일이라고 할 수 있다. 왜냐하면 옛날에는 책이 오늘날처럼 많지 않았고, 또 현재는 컴퓨터의 도움을 받을 수 있기 때문이다. 문제는 옛날 전적들의 성립연대를 밝히는 것이다. 이미 언급한 바와 같이 중국의 선진 시대의 전적들이 대부분 작자가 밝혀져 있지 않고, 오랜 동안 여러 사람의 손을 거쳐서 성립되었기 때문이다. 그럼에도 불구하고 중국의 옛 전적들의 성립 연대에 대해서는 오랜 동안 많은 학자들이 연구하여 그 연구 성과가 어느 정도 축적되어 있기 때문에 본고에서는 선행 연구 결과들을 이용하여 '文'과 '字'가 사용되기 시작한 연대를 가늠해보기로 한다.

'文'이 나타난 중국 고대 전적을 살펴보면 다음과 같다.

> 『論語 · 衛靈公』: "子曰, 吾猶及史之闕文也, 有馬者借人乘之, 今亡矣夫." (공자께서 말씀하셨다. 나도 아직 사관이 의심스러운 글자를 빼놓고 기록하지 않은 것과 말을 가진 사람이 남에게 빌려주어 타게 하는 것을 볼 수 있었는데, 지금은 그것도 없어졌구나.)

위의 인용문 가운데의 '文'자에 대한 후대 주석가들의 의견을 보면, 何晏의 『論語集解』에서는 包咸의 말을 인용하기를 "옛날의 좋은 사관들은 史書의 글자에 의심스러운 것이 있으면 빼어놓고 아는 사람을 기다렸다."라고 하였으며[22], 형병(邢昺)은 『논어주소(論語注疏)』에서 "文은 글자이다. 옛날의 좋은 사관들은 史書의 글자에 의심스러운 것이 있으면 빼어놓고 아는 사람을 기다렸지 감히 천착하지 않았다."라고[23] 하였다. 『論語』에 나오는 '文'은 '문질빈빈[文質彬彬: 겉모습과 내용이 적절히 잘 어울려 보기가 좋다]'이라고 할 때의 '겉모습'을 비롯하여, '꾸며서 덮는다', '문헌', '글자', '문화' 등의 의미를 지니고 있는데[24], 역대 주석가들의 의견에 의하면 위의 인용문의 '文'은 글자의 의미이다. 다음은 『左傳』을 인용해 보기로 한다.

> 『左傳』宣公 12년: "夫文, 止戈为武."(문자상으로 止와 戈가 합하여 武가 된다)
> 『左傳』宣公 15년: "故文, 反正爲乏."(그러므로 문자에서 正을 거꾸로 쓰면 乏이 된다.)
> 『左傳』昭公 1年: "於文皿蟲爲蠱."(문자에서, 皿과 蟲을 더하면 蠱가 된다.)

앞에서 인용한 박현주의 책에 의하면 『左傳』에서도 역시 '文'이 여러 가지 의미로 사용되고 있는데, 위의 인용문에서는 '글자'의 의미로 사용되고 있다고 인정된다. 중국 고대 전적 중에 '文'이 글자의 의미로 사용된 예는 물론 위의 인용문 외에도 더 찾아볼 수 있지만, 그 중에서도 『論語』와 『左傳』의 성립 연대가 가장 오래되었다고 할 수 있다. 『論語』의 성립연대에 대해서는 제설이 분분하나 대체로 孔子 이후 춘추 시대 말기부터 집필되기 시작하여 전국시대 말기에 최종 편집되었으며, 마지막 5편이 가장 늦다는 데에는 학자들의 의견이 모아지고 있다[25]. 그렇다면 위에서 인용한 「衛靈公」편은 늦어도 전국시대 말기 이전에 성립된 셈이다. 『左傳』의 성립시기는 대체로 전국시대 중기인 B.C. 4세기 중엽경으로 간주되고 있다[26]. 그러므로 '文'이 글자의 의미로 사용된 시기는 아무리 늦어도 B.C. 4세기 중엽 경까지 올라가는 셈이다.

다음은 '字'가 글자의 의미로 사용된 예를 살펴보기로 하자.

『商君書』定分篇: "有敢剟定法令, 損益一字以上, 罪死不赦."(감히 법령을 개정할 때 한 글자 이상을 증감하거나 하는 경우, 사형에 상당하며 용서하지 않는다.)

『史記』「秦始皇本紀(26년)」第六 : "車同軌. 書同文字."(수레는 바퀴 사이의 거리를 통일하고, 文字 쓰는 것을 통일한다.)

『史記』「秦始皇本紀(28년)」 第六 琅邪臺 石刻 碑文 : "器械一量, 同書文字."(도량형기를 통일하고, 글쓰기의 文字를 통일한다)

『商君書』定分篇의 성립 시기는 통일 秦 시대(B.C. 3세기 후반)와 그 이후의 전한 초기(『史記』이전)까지 내려가는 두 가지 설이 있다.[27] 다만 위의 인용문 중 『史記』「秦始皇本紀(26년)」와 『史記』「秦始皇本紀(28년)」의 내용이 모두 진시황제의 업적에 관한 것으로 유사한 내용이며, 그 중 「秦始皇本紀(28년)」는 진시황제가 자신의 업적을 기리기 위해서 세운 비문의 내용이라는 점에서 통일 진 시대의 언어를 반영하고 있다고 해도 좋을 것이다[28]. 즉 이로써 통일 진 시대에 이미 '文字'라는 말이 사용되고 있었다고 추측할 수 있는데, 그렇다면 당시에 이미 '字'도 문자의 의미로 사용되고 있었다고 보아도 무방할 것이다. 즉 이미 존재하고 있었던 문자라는 의미를 지닌 '文'과 '字'를 합하여, 병렬구조로 역시 같은 의미를 지닌 '文字'라는 말을 만들어 냈다고 할 수 있다. 중국어에서 이와 같이 한 글자 단어이었던 것이 두 글자가 되는 현상은 후대로 올수록 증가하였다. 이에 대하여 山田 崇仁은 「秦始皇本紀(28년)」의 琅邪臺 石刻 碑文에서 '文'을 사용하지 않고 '文字'를 사용한 것은 수사법상의 이유로, 여기에서 사용한 '文字' 속의 '字'에는 아무런 의미가 없다고 한다.[29] 그러나 설령 글자 수를 맞추기 위하여 '文' 대신 '文字'를 사용하였다고 할지라도 당시에 이미 '字'가 문자의 의미로 사용되었기 때문에 수많은 글자 중에 '字'를 선택하였을 것이다. 즉 결과적으로 위의 인용문들을 보면 통일 진 시대부터는 '字'와 '文字'가 글자의 의미로 사용되었다고 할 수 있다. 이 점에 대해서는 일찍이 顧

炎武도『日知錄』에서, "'字'를 문자의 의미로 사용한 것은『史記』秦始皇「琅邪臺石刻」의 '書의 文字를 통일 한다'라는 말이다." 라고 지적하였다.[30] 즉「琅邪臺石刻」비문에 사용된 '文字'라는 단어 안의 '字'를 역시 문자의 의미로 파악한 것이다.

4 '名'

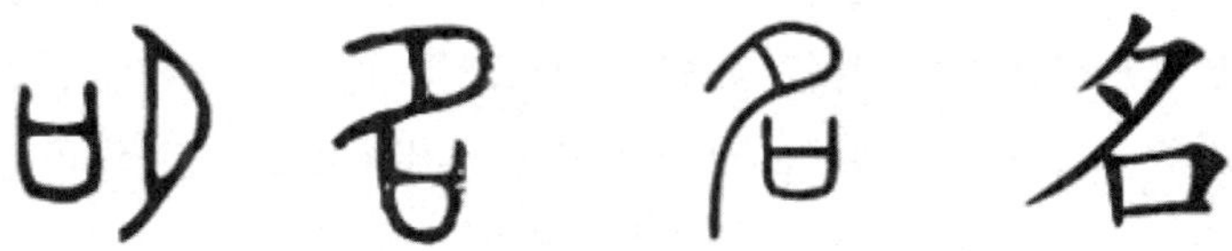

갑골문　금문　소전　해서체

名에 대하여『說文解字』에서는 다음과 같이 풀이하고 있다.

> 自命也. 從口, 從夕. 夕者, 冥也. 冥不相見, 故以口自命.(자기가 자기의 이름을 말하는 것이다. 口[입]의 의미와 夕[저녁]의 의미가 합하여진 회의자이다. 夕은 冥[어둡다]이다. 어두워서 서로 보이지 않으니 입으로 스스로의 이름을 말하는 것이다.)

名이 이름의 의미를 지니게 된 것은, 밤중에는 사람들이 서로의 모습을 볼 수 없기 때문에 스스로 자기의 이름을 불러서 본인이 누구라는 것을 밝힌다는 것이다. 현대인으로서는 납득하기 어려운 해설이다. 단옥재는 注에서 허신이『禮記 · 祭統』의 "세발 솥에는 銘[銘文]이 있다. 銘이라는 것은 자기 이름을 말하는 것이다.(夫鼎有銘, 銘者, 自名也。)"라는 구절을 바탕으로 위와 같은 풀이를 하였다고 한다. 즉 '銘'과 '名'은 의미가 통한다는 것이다. 하지만 문자학상으로 '名'이 먼저 존재한 다음에 솥을 나타내는 '金'을 합하여 '銘'이 되었을 터인즉, 名이 이름이라는 의미를 지니게 된 내원을 설명해주지는 못하고 있다. 현대학자인 張舜徽는『說文解字约注』에서 이부분에 대하여 다음과 같이 해설한다[31].

許君云自命者, 謂自呼其名也. 古者嚴男女之防,『禮記 · 內則』所云: '夜行以燭, 無燭則止.' 蓋所以閑內外者爲至密, 故禁冥行. 冥行則必自呼其名, 使人知之, 所以厚別遠嫌也. 此篆說解, 足補古代禮制之遺, 最爲可據.(허신이 '自命'이라고 한 것은 자기 이름을 스스로 말한다는 것이다. 옛날에는 남녀의 구별이 엄격하여『禮記 · 內則』에서 '밤에 길을 갈 때는 등불을 들며, 등불이 없으면 가지 않는다.'라고 하였다. 대체로 세심하게 내외를 구별하였기에 밤에 길을 가는 것을 금하였다. 어둠 속에서 길을 갈 때는 필히 자신의 이름을 말하여 사람들이 알도록 하였으니, 이는 남녀의 구별을 중요시하여 의심 받는 것을 피하였기 때문이다. 이 글자의 해설은 고대 예제가 빠뜨린 것을 보완해주고 있어, 매우 믿을 만하다.)

옛날에 정말로 그러한 풍습이 있었는지는 알 수 없으나, 문자를 해석하는데 있어서 당시의 문화적 배경을 바탕으로 해야한다는 점은 말할 수 있겠다. 白川靜은 名에 대하여, 夕은 제사상에 올리는 제사고기이며, 口는 기도문을 담은 그릇으로, 어린아이가 태어난 뒤 3개월이 지나 家廟에서 가족의 일원이 되는 가입 의례를 지내는 모습이라고 한다. 그 때 어린아이에게 이름을 지어주기 때문에 名이 '이름'이라는 의미를 지니게 되었다는 것이다. 白川靜에 의하면 같은 맥락으로 多는 고기가 많다는 의미이며, 祭는 제사고기를 가지고 제사를 지내는 모양이다. 모두 夕을 고기로 해석한 것이다. 역시 당시의 문화적 배경을 바탕으로 한 해석이다.[32] 필자로서는 어느 쪽이 옳다고 선뜻 판단하기는 어렵지만 분명한 것은 '名'이 이름이라는 본의를 지닌 위에 '문자'라는 의미로도 사용되었다는 것이다.

고대 중국에서 '名'이 문자의 의미로 사용된 용례는 많지 않지만, '名'이 문자라는 의미로 사용된 것은 이해하기 쉽다. 즉 사물의 이름[名]은 표음 문자의 경우 글자보다는 언어와 관련이 깊다고 할 수 있다. 즉 수많은 사물의 이름을 음성 언어를 통하여 나타내거나, 수가 많지 않은 문자의 조합을 통하여 문자 언어로 기록하여 표시한다. 이 경우 문자 하나 하나가 그대로 사물의 이름이 되지 못하고 조합을 거쳐야하며, 또 수가 많지 않은 문자로 사물의 이름을 표시하기 위해서는 문자를 중복해서 사용하지 않으면 안된다. 때문에 문자를 그대로 '名(이름)'이라고 부를 수는 없다. 그러나 한자는 표의성으로 하여, 글자 하나 하나가 의미를 지니고 있어서 사물의 '이름'을 나타낼 수 있다. 오히려 단음절어인 중국어의 경우 발음이 같은데 의미가 다른 동음이어가 많아서 음성 언어인 경우 변별력이 떨어지지만, 이러한 경우 한자로 써놓으면 명료하다. 만약 표음 문자라면 발음이 같은 단어를 문자로 써 놓아도 역시 변별력이 떨어지기는 마찬가지이다. 그래서 고대 중국에서는 문자 그 자체를 '名[이름]'이라고 불렀다고 생각된다. 다만 고대 중국에서도 '名'이 문자의 의미로 사용된 경우는 '文'에 비하여 상대적으로 적었던 것 같다. 또한 현대 중국어에서 '名'을 문자의 의미로 사용하지는 않는다.

그러면 고대 중국에서 '名'이 문자의 의미로 사용된 용례를 살펴보기로 하자.

『儀禮 · 聘禮記』 권24: "百名以上書於策, 不及百名書於方."(백 글자 이상은 이어진 죽간에 기록하고, 백 글자에 미치지 못하면 나무판에 기록한다.) 鄭玄注: "名, 書文也, 今謂之 字." ('名'은 書의 문자이다. 지금은 '字'라고 한다.)

『周禮 · 春官』外史: "掌達書名于四方."(書의 名을 四方에 전달하는 것을 관장한다.) 鄭注: "古曰名, 今曰字."(옛날에는 名이라 하였고, 지금

은 字라고 한다.)

『周禮 · 春官』大行人: "論書名."(書名을 論한다) 鄭注: "書名, 書之字也, 古曰名."(書名은 書의 글자이다. 옛날에는 名이라고 하였다.)

『管子 · 君臣上』: "書同名, 行同軌."(쓰는 데에 있어서는 문자를 통일하고, 길을 가는 데에 있어서는 수레바퀴 사이의 폭을 통일한다.)

『儀禮』는 三禮 중에서 그 성립연대가 상대적으로 빠른 편으로 인식되고 있다. 그러나 『儀禮』의 성립연대에 대해서도 周公(약 B.C. 1100년 전후 생존)이 작자라는 설부터 戰國시대(B.C.475~B.C.221, 또는 B.C.403~B.C.221) 말기에 성립되었다는 의견까지 제설이 분분하여 아직 정론이 정해지지 않은 형편이다. 여러 의견들 중에 대표적인 의견을 소개해 보자면, 『儀禮』는 공자가 예전부터 전해내려오던 예제를 선정 편집하여 제자들에게 교과서로 사용한 것인데, 공자 이후에도 그 후학들이 계속하여 증보하고 정리하여 오늘날 전해지는 17편으로 완성되었다는 것이다.[33] 좀 더 구체적으로 그 성립시기를 제시한 의견은, 『儀禮』는 춘추시대 이후로부터 전국시대 중기 이전 사이에 성립되었다는 것이다.[34] 또 沈文倬은 여러 가지로 고증한 결과 그 시기를 주나라 元王(B.C.475~B.C.469) · 定王(B.C.468~B.C.441)시기에서 烈王(B.C.375~B.C.369) · 顯王(B.C.368~B.C.321) 시기까지의 약 100년 사이로 단정하였다.[35] 이상의 여러 가지 설을 종합해보면 『儀禮』는 예로부터 전해오던 禮制를 공자가 정리 편집하여 교과서로 사용하였으며, 공자 이후에도 그 후학들에 의하여 계속하여 증보 정리되었고, 오늘날 전해지는 『儀禮』의 원형은 대략 B.C. 4세기 후반 경까지는 완성되었다는 것이다. 위에서 문자 의미로서의 '名'이 출현하는 『儀禮 · 聘禮記』는 원래의 經文에 대한 해설인 '記'에 속하므로 『儀禮』 중에서도 늦게 편집된 부분에 속한다. 따라서 그 대략적인 성립연대는 B.C. 4세기 중반에 성립되었다고 추정되는『좌전』과 비슷하거나 더 늦지 않을까 생각된다.

『周禮』의 성립 연대에 대해서도 제설이 분분하지만 대체로 전국 시대 말기라는 데에 의견이 모아지고 있는 것 같다.[36] 이와 같은 의견을 제시한 학자 중에서도 山田 崇仁은 특히『周禮』는 전국 시대 전반에 걸친 예제와 언어를 취하였지만 그 편찬 작업은 단기간에 행하여졌으며, 그 성립 시기는 B.C. 3세기 중반부터 진시황제가 통일하기 전까지 齊나라에서 성립되었다고 결론 지었다.[37]『管子』의 성립연대도 대체로 빨라야 B.C. 3세기 중반이후라고 추정된다.[38] 즉 문자의 의미로서의 '名'이 출현하는 가장 오래된 전적은『儀禮』라고 할 수 있으며, 이는 '文'이 출현한 가장 오래된 전적인『左傳』과 비슷하거나 조금 늦다고 할 수 있다. 다만 이와 같은 추정은 어디까지나 대략적인 것임에 지나지 않음을 밝혀둔다.

5 '書'

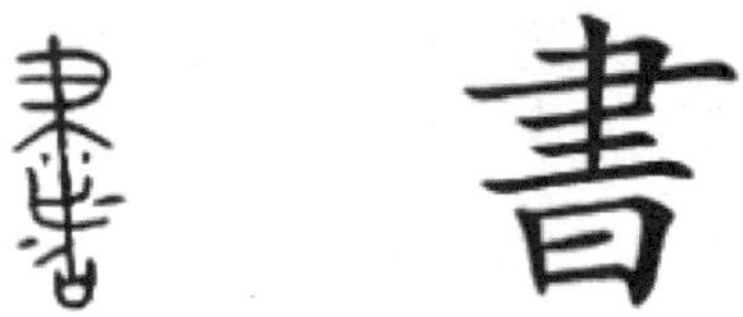

금문　　해서체

『說文解字』에서는 '書'에 대하여, "箸[나타내다]이다. 聿[붓]의 뜻이고, 者의 소리이다.…(箸也.從聿, 者聲.…)"라고 하여 形聲字로 풀이하고 있다. 또 앞에서 이미 인용한 바와 같이『說文解字 · 叙』卷29에서는 "竹簡과 비단 위에 나타내는 것을 書라고 하니, 書는 '如[같게 하다]'이다.(著於竹帛謂之書, 書者, 如也.)"라고 하였다. 단옥재는 앞의 인용문의 "書者, 如也."에 대하여, "여기에서 '如[같게 하다]이다'라고 하는 것은 글자마다 모두 사물의 모습과 같다는 것을 말한다.(此云如也, 謂每一字皆如其物

狀.)"라고 주를 달았다. 즉 허신과 단옥재의 설을 종합해보면 '書'는 '붓을 가지고 사물의 모양과 같은 글자를 죽간과 비단 위에 쓴다'는 의미를 지녔다고 할 수 있다. '書'를 '如[같게 하다]'로 풀이하는 점에 한자의 상형성이 잘 나타나 있다고 할 수 있으나, '書'에 붓을 의미하는 '聿'이 들어 있어서 '書'를 '쓰다'로 풀이하는 것은 알기 쉽다. 清代의 徐灝는 『说文解字注笺』에서, "'書'는 '聿'의 뜻을 따르니 '글씨를 쓰다'를 마땅히 본뜻으로 삼아야 할 것이다. 그래서 書冊의 통칭이 되었다.(書從聿當以作字爲本義因以爲簡冊之偁.)"라고 하였다.[39] 또한 '쓰다'에서 '문자'의 의미가 생겨나는 것도 알기 쉽다. 서구 언어에서도 '문자'를 의미하는 단어의 어원을 보면 '쓰다'라는 동사로부터 시작된 경우가 일반적인데, 그러한 의미에서는 지금까지 살펴본 文, 字, 名과 비교해볼 때 문자의 의미로 '書'를 사용하는 것이 가장 본의에 가깝다고 할 수 있다. 이와 같은 이유로 沈舜乾은 문자의 본래 명칭은 '文'이 아니고 '書'와 '契'라고 주장하고 있다.[40]

'書'는 예로부터, '쓰다'·'문자'·'책'·'書體' 등의 많은 의미로 사용되어 왔는데, 문자의 의미로 사용되기 시작한 것은 대체로 언제부터일까? 다음에 문자의 의미로 사용된 '書'가 나타난 옛 전적들의 용례를 들어본다.

『世本』作篇: "蒼頡作書."(창힐이 문자를 만들었다.)

『呂氏春秋』君守: "蒼頡作書,…" (창힐이 문자를 만들고, …)

『韓非子』五蠹: "古者, 蒼頡作書也…"(옛날에 창힐이 문자를 만들었다….)

『蒼頡篇』: "蒼詰作書,…"(창힐이 문자를 만들고,…)

『易 · 繫辭下』: "上古結繩而治, 後世聖人易之以書契."(상고시대에 결승으로써 백성들을 다스렸다. 후세에 성인이 이를 書契[문자]로 바꾸었다.)

위에서 인용한 전적들은 대체로 전국시대 말기에서 통일 진나라 때 성립되었다고 인정되는 책들로서 앞에서 '文'이나 '名'이 출현하였던 여러 전적들보다 늦게 성립되었다고 할 수 있다. 다만『易 · 繫辭下』의 성립 연대에 대해서는 학자들 사이에 제설이 분분한데, 본고에서는 필자가 판단하기에 합리적이라고 생각되는 전국시대 말기에서 통일 秦 이전까지 성립되었다는 설을 따랐다는 점을 밝혀둔다.[41] 또한『易 · 繫辭下』의 '書契' 해석에 대해서도 의견이 일치되지 않고 있는데 문자라는 의견[42], '書'와 '契'를 나누어서 '書'는 문자이고 '契'는 부절(符節)이라는 의견[43], '書契'는 옛날에 사용되었던 물건이라는 의견 등이 있다.[44] 위의 '書契'나 그 안의 '書'를 문자로 파악한다고 하여도『易 · 繫辭下』의 성립시기가 늦기 때문에 '書'의 사용 시기가 '文'이나 '名'보다 이르지 않은 점은 변함이 없다.

오늘날 우리의 관점에서 보면 '書'의 본의가 문자에 가깝다고 할 수 있는데, 위에서 살펴본 바와 같이 전적상에서 '문자'의 의미로 나타나는 경우는 '文'이나 '名'에 비하여 상대적으로 늦은 편이다. 물론 옛 전적들의 성립 연대가 학자들에 따라서 이설이 분분하여 조심스럽기는 하지만 적어도 '書'가 다른 글자들보다 더 일찍 더 많이 '문자'의 의미로 사용되었다고 말할 수 없다는 것은 분명하다고 생각한다. 또한 현대 중국어에서도 '書'는 문자의 의미로는 사용되지 않고 있다. 필자의 의견으로는 이는 한자의 특성에서 연유된다고 생각된다. 즉 '문자'의 의미가 '쓰다'로부터 파생되었다는 것은 한자의 상형성을 직접 나타내주고 있는 '文'에 비하여 한자의 본질적 특징을 드러내주고 있지 못한다고 생각된다. 문자를 '씌어진 것'이라고 칭한다면 그 씌어진 것이 어떠한 특징을 가지고 있는지는 알 수 없다. 표음 문자도 역시 '씌어진 것'이다. 이에 비하여 '文(무늬)'은 문자의 시각적 측면을 강조하는 명칭으로 한자와 같은 상형성을 지닌 문자에 적합한 명칭이라고 할 수 있다. 물론 그 숫자가 점점 늘어나는 것을 나타내주고 있는 '字'와 이름이라는 의미를 지닌 글자를 문자의 의미로 확대시킨 '名' 또한 이미 설명한 바와 같이 한자의 특징을 잘 드러내주고 있으며, 고대 중국인들이 문자에 대하여 어떠한 생각을 가지고 있었는지 잘 나타내주고 있다.

6 맺음말

이상으로 고대 중국에서 문자의 의미로 사용된 말 중 비교적 중요하다고 생각되는 '文', '字', '文字', '書', '名'의 어원과 대체로 어느 시기부터 문자라는 의미를 지니게 되었는지 그 역사적 연원을 고찰해보았다. 그 결과 '文'은 원래 문신의 의미를 지닌 말이었는데 의미가 확대되어 문자의 의미로 사용되게 되었으며, 이는 상형성이 강한 한자의 특징을 잘 나타내주고 있다. 문자의 의미로서의 '文'이 나타나는 가장 일찍 성립된 전적은 『논어』와 『좌전』이라고 할 수 있다. 『논어』와 『좌전』의 성립 연대에 대해서는 학자들 사이에서 의견이 분분한데 그 중에서도 성립연대가 학자에 따라서는 B.C. 3세기 말엽의 전국시대 말기까지 내려오는 『논어』에 비하여 『좌전』은 대체로 B.C. 4세기 중엽 무렵 성립되었다고 인정되는 것 같다. '字'는 원래 '낳다, 기르다'의 의미를 지닌 말로서, '字'가 문자라는 의미를 지니게 된 것은 새로운 단어가 생겨날 때마다 이에 따라 글자를 만들어야 하는 한자의 표의성을 잘 드러내주고 있다. '字'와 '文字'가 문자의 의미로 사용되기 시작한 것은 통일 秦나라 무렵부터로 인정되어 상대적으로 늦은 편이다.

본래 '이름'이라는 의미를 지니고 있는 '名'이 문자의 의미로 사용된 것에도 마찬가지로 한자의 표의성이 반영되어 있다. 즉 한자는 하나의 글자가 하나의 단어가 되기 때문에 매 글자가 하나의 사물을 대변해주고 다른 사물과 구별해주는 이름 역할을 할 수 있는 것이다. '名'이 문자의 의미로 사용된 전적 중 『儀禮 · 聘禮記』가 가장 오래되었다고 할 수 있는데, 『의례』의 성립 연대 역시 학자들 사이에서 의견이 분분하다. 다만 그 중에서도 필자가 보기에 비교적 근거가 있다고 보이는 것은 대체로 B.C.5세기 후반부터 B.C.4세기 후반까지라는 설인데, 「聘

禮記』는 '記'라는 성격상 『의례』 중에서도 나중에 성립되었을 것으로 판단된다. 결과적으로 '文'과 '名'이 문자의 의미로서 어느 쪽이 먼저 사용되었는지를 말하는 것은 매우 어려운 일이다. 다만 '文'은 그 성립 연대가 B.C. 4세기 중엽 무렵으로 인정되고 있는 『좌전』에서 사용되고 있으며, 성립 연대가 상당히 이른 시기까지 올라가는 『논어』에서도 용례가 발견되고 있어서 '文'이 중국에서 문자의 의미를 지닌 최초의 단어가 아닐까 추측해볼 수 있다. 또한 '文'에 비하여 '名'이 문자의 의미로 사용된 용례가 드물다는 것도 이와 같은 추측을 뒷받침해줄 수 있는 근거가 되어준다.

한편 '書'는 원래 '쓰다'라는 의미를 지닌 글자로서 오늘날 우리가 보는 관점으로는 그 본의가 문자와 가장 가깝다고 할 수 있다. '書'는 '쓰다'와 관련된 각종 의미로 오래전부터 사용되었으나, 문자라는 의미로 사용된 용례는 비교적 늦게 출현하여 대체로 B.C.3세기 후반에 해당하는 전국시대 말기이다. 또 '書'는 고대 중국에서 문자의 의미로 사용된 용례도 '文'에 비하여 상대적으로 드문 편이며, 오늘날 현대 중국어에서는 문자의 의미로 사용되지 않는다. 현대 중국어에서 문자의 의미로 사용되고 있는 것은 주로 '文字'와 '字'이다. 필자 생각으로는 이는 문자를 통하여 세계를 파악하고자 하는 중국인들의 문자에 대한 인식을 반영해주는 결과가 아닐까 생각된다. 즉 단지 '쓰여진 것'이라는 의미만으로는 중국인들이 생각하는 문자를 대변해주기에 충분하지 않았을 것으로 생각된다. 즉 중국인들은 무의식적으로 각종 사물의 모습을 본뜬 상형자를 기반으로 하는 한자의 자형을 통하여 세계를 인식하였을 것으로 생각된다. 그리고 그와 같은 문자관은 위에서 살펴본 바와 같이 문자의 명칭을 의미하는 글자에도 충분히 반영되어 있다고 생각된다. 사물의 명칭이야말로 그 사물에 대한 인식이 집약적으로 반영된 결과물이라고 할 수 있다.

주석

1 이규갑,『 漢字學教程 』, 서울, 차아나하우스, 2009.
林尹,『文字學概說』, 臺北, 正中書局, 1973
秦光豪,『文字學概論』, 서울, 도서출판민족문화, 2006.

2 林尹,『文字學概說』, 臺北, 正中書局, 1973

3 沈舜乾,「論"文字"的本稱是"書""契"」,『集美大學學報(哲學社會科學版)』, 第 9卷 第 2期, 2006年 6月.

4 山田 崇仁,「'書同文'考」,『史林』91권 4호, 史學硏究會, 2008년 7월.

5 諸橋轍次,『大漢和辭典』第 5卷, 東京, 大修館書店, 1984년, p.575.

6 林尹,『文字學概說』, 臺北, 正中書局, 1973, p.4.7 沈舜乾,「論"文字"的本稱是"書""契"」,『集美大學學報(哲學社會科學版)』, 第 9卷 第 2期, 2006年 6月.

8 林澐,「說'書契'」,『吉林師範大學學報(人文社會科學版)』, 2003年01期.

9 이규갑,『漢字學教程』, 서울, 차아나하우스, 2009, p.283.

10 山田 崇仁,「'書同文'考」,『史林』91권 4호, 史學硏究會, 2008년 7월.

11 諸橋轍次,『大漢和辭典』第 5卷, 東京, 大修館書店, 1984년, p.575.

12 山田 崇仁,「'書同文'考」,『史林』91권 4호, 史學硏究會, 2008년 7월.

13 許愼 著 · 湯可敬 撰,『說文解字今釋』, 長沙, 岳麓書社, 2004년에서 재인용.

14 白川靜,『字統』,東京, 平凡社 1984.

15 許愼 著 · 湯可敬 撰,『說文解字今釋』, 長沙, 岳麓書社, 2004년.

16 段玉裁,『說文解字注』15卷 上, 臺北, 漢京文化事業有限公司, 1983년, p.754
"依類象形謂指事象形二者也.…… 形聲相益謂形聲會意二者也.有形則必有聲, 聲與形相軵爲形聲, 形與形相軵爲會意.其後爲倉頡以後也. 倉頡有指事象形二者而已. 其後文與文相合而爲形聲爲會意, 爲之字."

17 段玉裁,『說文解字注』15卷下, 臺北, 漢京文化事業有限公司, 1983년, p.786.

18『太平御覽』권749에 한대의 緯書인『孝經援神契』의 佚文을 인용하여 다음과 같이 나와 있다.
"文字者揔而爲言包意以名事也.分而爲義則文者祖父, 字者子孫.得之自然備其文理象形之屬則爲之文, 因而滋蔓母子相生形聲會意之屬則謂之字. 字者言孳乳浸多也.題於竹帛謂之書.書者如也, 舒也, 紀也."

19 許愼 著 · 湯可敬 撰,『說文解字今釋』, 長沙, 岳麓書社, 2004년, p.2183.

20 顧炎武 著, 黃汝成 集釋,『日知錄集釋』, 上海古籍出版社, p.1201

21 고염무는 허신 이후 '文'과 '字'를 구분하지 않고 통용하여 사용하였다는 것을 말하기 위하여 위의 책 같은 페이지에서 다음과 같이 예를 들어 말하고 있다 "張揖『上博雅表』··"凡萬八千一百五十文. "唐玄度『九經字樣序』··" 凡七十六部, 四百廿一文. "則通謂之文."

22 何晏,『論語集解』: "古之良史, 於書字有疑則闕之, 以待知者。"

23 형병(邢昺),『논어주소(論語注疏)』: "文, 字也。古之良史, 於書字有疑則闕之, 以待能

者, 不敢穿鑿."

24 박현주,『'文'자에 담긴 고대 중국의 문화』, 한국학술정보, 2008년, pp.144~156.

25 김승혜,『유교의 뿌리를 찾아서』, 서울, 지식의 풍경, 2001년, p.36.

26 吉本 道雅,「左傳成書考」,『立命館東洋史學』권호 25, 2002년

27 山田 崇仁,「'文字'なる表記の誕生」,『中國古代史論叢』제5집, 立命館東洋史學會, 2008년 3월.

28 山田 崇仁의「'文字'なる表記の誕生」에 의하면 현재 남아있는「琅邪臺 石刻 碑文」및 그 탁본에는 이 부분이 탈락되고 없다.

29 山田 崇仁,「'文字'なる表記の誕生」,『中國古代史論叢』제5집, 立命館東洋史學會, 2008년 3월.

: 그 이유로 진시황제 이후 사마천 시대에 이르기까지 '文字'라는 말이 나타나지 않고 있는 것을 들고 있지만, 단지 수사법상의 이유만으로 '字'를 골랐다는 것은 납득하기 어렵다. 설령 수사법상의 이유로 한 글자 단어를 두 글자 단어로 만든다고 하여도 역시 의미상의 변화를 방지하기 위하여 운율을 고려함과 동시에 의미상으로도 같거나 비슷한 의미를 지닌 글자를 골랐다고 해야할 것이다.

30 顧炎武 著, 黃汝成 集釋,『日知錄集釋』, 上海古籍出版社, p.1201.

"以文爲字乃始於『史記』秦始皇「琅邪臺石刻」曰··'同書文字."

31 許愼 著·湯可敬 撰 ,『說文解字今釋』, 長沙, 岳麓書社, 2004년에서 재인용.

32 白川靜,『字統』,東京, 平凡社 1984.

33 王輝,「從考古與古文字學的角度看『儀禮』的成書年代」,『傳统文化與现代化』,1999년, 제 1기.

34 丁 鼎,「討論『儀禮』的作者與撰作時代」,『孔子硏究』, 2002 年, 第6 期

35 문지성,「『儀禮』의 형성과 전수 1」,『人文科學論文集』23, 大田大學校人文科學硏究所, 1997년에서 재인용. 문지성은 국내의『儀禮』연구자로 위의 논문에 이어 계속하여 속편을 발표하였다.

문지성,「『儀禮』의 형성과 전수 2」,『人文科學論文集』24, 大田大學校人文科學硏究所, 1997년.

36 邱燮友 외 공저·박종혁 역주,『중국학입문』, 서해문집, 1996년, p.83.

37 山田 崇仁,「『周禮』の 成書時期·地域について」,『中國古代史論叢』3,立命館東洋史學會, 2006년.

38 山田 崇仁,「『禮記』中庸篇の 成書時期 について-N-gramモデルを利用した分析-」,『中國古代史論叢』續集, 立命館東洋史學會 ,

39 丁福保编,『说文解字詁林正補合編』,臺北, 鼎文書局, 1977.

40 沈舜乾,「論'文字'的本稱是'書' '契'」,『集美大學學報(哲學社會科學版)』第9卷 第2期, 2006年 6月.

41 山田 崇仁,「'書同文'考」,『史林』91권 4호, 史學硏究會, 2008년 7월.

劉延剛, 潘昱洲, 劉昌明,「易傳的成書年代與作者新說」,『四川大學學報(哲學社會科學版)』, 2011年第1期, 總第172期.

42 전한 말 劉歆의 『七略』에서 '書契'가 문자로 해석되어, 후한의 『漢書』藝文志와 『說文解字』에 받아들여져 현재에 이르고 있다.

43 山田 崇仁, 「'書同文'考」, 『史林』91권 4호, 史學硏究會, 2008년 7월.

44 林澐, 「說'書契'」, 『吉林師範大學學報(人文社會科學版)』, 2003年01期.
林澐은 이 논문에서 '書契'는 세 가지의 의미로 해석되어야한다고 말한다. 즉 '書契'의 본래 의미는 두 개로 이루어진 한 쌍의 나무 또는 대나무로 된 물건으로 정면에는 각각 글자가 씌어져 있고, 두 개를 나란히 놓고 측면을 한꺼번에 새겨서 톱니 자국을 낸 다음 하나씩 나누어 가졌는데, 측면의 새김 자국은 정면에 씌어진 내용을 증빙해주는 역할을 하였다고 한다. 두 번째는 계약문서이고, 세 번째는 문자의 의미인데, 두 번째와 세 번째는 '書契'에 대한 漢대인의 해석으로 후세인에 의하여 받아들여졌다.

05

'문자'(文字)의 의미에 관한 연구
-*letter*와 *character*를 중심으로

.. 윤주옥

1 들어가는 말

Littera, écriture, schrift, 文字. 이 단어들의 공통점은 외국어인 이 단어들이 모두 우리말로 "문자"로 번역될 수 있다는 것이다. 그러면 '문자'를 뜻하는 영어 단어는 무엇일까? *Letter*인가? *Character*인가? *Script* 인가? 아니면, *Writing*인가? 이 질문은 문자에 관심이 있는 인문학자들이라면 한번쯤은 고민하고 대답해 보려고 시도한 사안일 것이다. 많은 이들이 공감하는 점은, 이 질문에 대한 답은 언뜻 보이는 것만큼 그렇게 간단하지가 않다는 것이다. 실제로, 우리말로는 모두 '문자'로 번역되지만, 영어 원문에서는 앞에서 언급한 몇 가지 영어 어휘들을 '적절하게' 사용하는 문자 관련 영어 논문과 학술서가 대부분이다. 이와 반대의 경우도 마찬가지이다. 즉, 우리말 '문자'를 영어로 옮길 때 어떤 어휘를 선택해야 할지 막막한 경우가 많다. 이글은 '문자'를 뜻하는 몇 가지 영어 어휘 중에서 가장 많은 혼란을 낳고 있는 *letter*와 *character*의 의미와 용례를 여러 사전을 통해서 비교 분석함으로써, '문자'를 의미하는 어휘로서 두 단어

에 대한 바른 이해와 바른 사용을 제안하고자 한다.

이 글은 6개의 사전을 주로 참고하였는데, 그 중에서 *Collins Cobuild English Dictionary*(*CED*)와 *Oxford English Dictionary*(*OED*)는 영어 사전이다. *CED*는 현재 영미권에서 출판되는 영어 사전 중에서 사용빈도에 해당하는 코퍼스(corpus)[1]를 사용하여 만들어진 대표적인 사전 중 하나이다. *OED*는 세계적으로 가장 권위 있는 영어 사전으로서, 영국의 옥스포드 대학에서 영어를 모국어, 또는 공식어로 사용하는 나라에서 모은 대략 600,000개 단어의 의미와 역사, 그리고 발음을 모아 출판한 20권에 달하는 방대한 분량의 사전이다.[2] *A Guide to the Oxford English Dictionary*(1993)를 쓴 도나 버그(Donna L. Berg)는 *OED*에서 각 표제어(headword)의 의미 배열 순서가 의미의 역사적 발달 순서에 따르며, 그 의미 발달 순서가 불분명한 경우에는 의미의 "논리적"(logical)인 순서를 고려하여 배열했다고 밝힌다.[3] 성격이 다른 이 두 영어 사전을 통하여 *letter*와 *character*의 사용 빈도와 의미의 발달을 함께 고찰해 보고자 한다.

나머지 4개의 사전은 우리나라 영어 학습자들이 사용하는 대표적인 영한사전들로서, 『능률·롱맨영한사전』(『능률』)[4]과 『엘리트영한사전』(『엘리트』)[5]이 단어의 사용빈도순, 즉 가장 많이 쓰이는 의미의 순서대로 뜻풀이를 배열했고, 『동아프라임영한사전』(『프라임』)은 "어원"[6], 『엣센스영한사전』(『엣센스』)은 "근본 뜻, 또는 자주 쓰이는 말뜻"[7]을 기본으로 단어의 의미를 배열하고 있음을 밝힌다. 일반적으로 영한사전을 통하여 해당 영어 어휘에 대한 노출과 기본 학습이 이루어진다는 점에서, 이들 영한사전들을 살펴보는 것은 *letter*와 *character*에 대한 연구의 적절한 출발점으로 보인다. 하지만, 이 글은 영한사전이 주는 혜택을 인정하면서 동시에, *letter*와 *character*에 대한 이 사전들의 다소 정확하지 않은 기술과 번역이 문자와 관련하여 두 영어 어휘를 이해하는 데 혼란을 준다는 점을 지적하고 이 문제에 대한 개선을 촉구하는 바이다.

2 *Letter*와 *Character*

1) *Letter*

1.1 영한사전과 *CED* 에서 *letter*의 의미와 용례

영어로 쓰인 문자와 관련된 도서나 논문을 읽을 때 가장 많이 접하게 되는 영어 단어 중 하나가 *letter*이며, 이중 많은 경우에 *letter*가 "문자", 혹은 "글자"로 번역 된다. 실제로 많은 사람들이 유사어로 사용하는 '문자'와 '글자'의 정확한 의미는 무엇이며, 두 단어의 관계는 어떻게 될까? 대표적인 우리말 사전인 국립국어원의 『표준국어대사전』에 따르면, '글자'는 "말을 적는 일정한 체계의 부호"이며, '문자'는 "인간의 의사소통을 위한 시각적인 기호 체계"로서 "한자 따위의 표의 문자와 로마자, 한글 따위의 표음체 문자"로 구분된다.[8] 이 설명에 의하면, '문자'는 말을 적는 '글자' 뿐만 아니라 인간의 의사소통과 관련된 많은 다른 시각적인 기호를 의미하며, 소리를 적는 표음 문자와 의미를 적는 표의 문자를 모두 아우르는 기호 체계이다. 따라서, '문자'가 소리인 말과 의미를 모두 포괄한다는 점에서 말을 나타내는 '글자'보다 상위 개념이라고 볼 수 있다. '문자'와 '글자'에 대한 이 설명은 *letter*와 *character*를 이해하는 데 중요하다.

먼저, *letter*는 '문자' 관련 영어 어휘 중에서 가장 자세한 설명을 요하는 단어이다. 아래의 <표1>이 제시하는 바와 같이, 『프라임』[9]과 『롱맨』에서 *letter*가 1. 편지, 서한, 2. 글자, 문자로 정의되고,『엣센스』에서는 1. 글자, 문자, 3. 편지, 서한으로 정의되며,『엘리트』에서 1. 편지, 서한, 3. 글자, 문자로 정의된다. 그리고 *CED*에서는 *letter*가 1. 편지, 2. 글자로 정의되고 있다.

〈표1: 영한사전과 *CED*에서 letter의 의미〉

사전명	의미1	의미2	의미3
『프라임』	편지, 서한	글자, 문자	
『롱맨』	편지	글자, 문자	
『엘리트』	편지, 서한	(종종~s) 공식문서, 증서,	글자, 문자
『엣센스』	글자, 문자	활자(의 자체), 서체	편지, 서한; 근황 보고, 통신
CED	If you write a letter to someone, you write a message on paper and send it to them, usually by post.(편지)	Letters are written symbols which represent one of the sounds in a language. (글자)	

서두에서 언급한 5개 사전의 사전 편찬 원리를 염두에 두고 <표1>에서 제시하는 *letter*에 대한 의미 풀이를 종합해 볼 때, 첫째, *letter*가 '글자,' '문자'에서 유래하여 현재는 '편지' 혹은 '서간'의 의미로 더 많이 쓰이고 있다는 점을 알 수 있다. 이 점은, '글자' 혹은 '문자'가 먼저 존재해야만 '편지'라는 커뮤니케이션 매체가 있을 수 있는 논리적 관계를 나타낸다. 영한사전이 설명하는 *letter*의 의미 중 '글자', '문자'와 관련하여 생각해 볼 수 있는 또 다른 점은, 이들 사전들이 '글자'와 '문자'에 대하여 명확한 구분을 하고 있지 않다는 점이다. 『롱맨』만이 "the letter 'A' 글자 'A'"와 "capital letters 대문자"와 같이, '글자'와 '문자'의 용례에 각각 해당하는 바른 예문을 제시하고 있다. 『프라임』과 『엣센스』는 '글자', '문자'에 대한 용례로, '문자'의 용례에 해당되는 "a capital [small] letter 대(소)문자"를 제시하며, 『엘리트』가 제시하는 "the letters of the alphabet"은 알파벳의 (낱)글자들을 의미한다는 점에서 엄밀하게 말하면 "알파벳 26문자"보다 "알파벳 26글자"

가 더 정확한 번역일 것이다. 결론적으로, 이런 영한사전의 용례들은 '글자'와 '문자'에 대한 좀 더 정확한 기술의 필요성을 제시한다.

1.2 *OED* 에서 *letter*의 의미와 용례

1.2.1 *letter*의 어원(etymology)과 alphabet과의 관계

*OED*에 따르면, 명사인 *letter*는 현대 불어 단어 *lettre*의 앵글로-노만 불어[10] 형태인 *lettir, leitre*, 앵글로-노만, 고대, 중세 불어 형태인 *letre, lettre, lectre* 에서 유래했으며, 이 불어 단어는 다시 라틴어 단어인 *littera* (또는 *litera, leitera*) 에서 유래한 것으로 볼 수 있다. 즉, *letter*의 어원은 라틴어 단어 *littera*이며, *OED*에서 제시하는 *littera*의 의미는 아래의 인용문에서 볼 수 있듯이 다양하다.

> 알파벳 글자, 발음되는 글자, 쓰기(쓰인) 문자, 글자, 글자를 쓰는 스타일, 필체, 짧은 글, 교육 자료, 쓰기 형태 혹은 자료, 문서의 내용, 법률의 자구(법정신과 반대되는 의미에서), 문서, 기록, 새김(명문), 편지(서한), 문학 작품, 작문, 학예물, 학문, 박학, 종교적 내용의 문학(후기 고전 라틴어의 경우), 성경(2세기 후반의 작가 터툴리안의 작품에서), 헌장, 증서 (letter of the alphabet, letter as pronounced, letter as written, character, style of lettering, script, short piece of writing ... elements of education, written form or matter, text of a document, letter of the law (as opposed to the spirit), document, record, inscription, epistle, literary works, writings, literary pursuits, scholarship, erudition, in post-classical Latin also sacred literature, scripture (late 2nd cent. in Tertullian), charter, deed)[11]

위의 인용문을 통하여 알 수 있는 사실은 우선, 라틴어 *littera*는 말과 글, 글자와 문자, 그리고 문자 활동과 관련된 결과물을 광범위하게 가리키는 어휘로 사용되었다는 점이다. 하지만, *littera*가 갖는 이런 의미의 다양성에도 불구하고, 이 단어의 첫 번째, 두 번째 의미로 "알파벳 글자"

(*letter* of alphabet)와 "발음되는 글자"(*letter* as pronounced)가 제시되고 있다는 점은 시사하는 바가 크다. *OED* 뿐만 아니라, '문자,' '글자'와 관련된 많은 영어 학술서나 논문에서 *letter*는 "*alphabet*"이라는 단어와 함께 쓰이는 경우가 자주 목격되는데, 도대체 왜 그럴까? 우선, *OED*의 설명에 따르면, *alphabet*은 라틴어 *alphabetum*에서 유래했으며, 이 라틴어 단어는 다시 그리스 문자의 첫 두 글자인 Alpha (Ἄλφα)와 Beta (Βῆτα)에서 기원했다. *OED*는 *alphabet*의 제 일 의미를 다음과 같이 정의한다.

> 그리스어를 쓸 때 사용하는 글자들의 묶음. 로마인들이 사용한 글자로 확대됨; 여기에 기인하여, 일반적으로 한 언어나 말하기에서 사용되는 간단한 소리를 나타내는 글자들의 어떤 묶음 (The set of letters used in writing the Greek language; extended to those used by the Romans; and thence to any set of characters representing the simple sounds used in a language or in speech generally)

또, "알파벳"이라는 용어와 관련하여 많이 인용되는 「알파벳」("The Alphabet")이라는 논문에서 조해나 드러커(Johanna Druker)는 "알파벳 문자의 기본 원리는 구어에서 하나의 글자로 하나의 소리를 나타내는 것이다" ("The basic principle of alphabetic writing is to represent a single sound of a spoken language by a single letter")[12]라고 설명한다. 드러커의 이 설명은 위에서 인용한 *alphabet*에 대한 *OED*의 정의와 골격 면에서 일치한다. 즉, 알파벳(the alphabet)은 주로 소리를 적기 위한 표음문자 체계를 가리키는 용어라는 것이다. *Alphabet*에 관한 이런 설명을 *littera*에 대한 *OED*의 설명과 연결시켜 보면 다음과 같은 결론에 이르게 된다. 소리에 기반을 둔 표음문자인 알파벳 문자의 (낱)글자를 가리키는 의미로 이미 오래전부터 *letter*(*littera*)가 쓰였고 현재도 계속 쓰이고 있다는 것이다. 이것은, "the *letter*(s) of the Korean/Roman) *alphabet*이라는 표현을 쓰지만, "the *characters* of the Korean(혹은 Roman) *alphabet*"이라는 표현을 쓰지 않는 이유를 설명해 준다. 즉, 한글이나 로마자와 같은 표음문자는 '알파벳'으로 표기하며, 그것의 (낱)글자는 *letter*로 표시하는 것이 상례이기 때문이고 이 전통은 여전히 유효하다. 나중에 *character* 부분에서 좀 더 자세하게 설명하겠지만, *character*는 한자와 같이 의미에 기초한 문자 체계인 표의문자의 글자, 문자를 가리킬 때 주로 사용된다.

*OED*에 따르면, 영어 단어 *letter*의 부모격인 고대, 중세 불어 *lettre*는 위에서 인용한 라틴어 단어 *littera*의 의미를 대부분 수용한 것으로 보인다.[13] 하지만, 고전 라틴어 *littera*에 없었던 인쇄술과 관련된 새로운 의미가--"개별 활자 덩이"(individual block of type)-- *lettre*에 첨가되었음을 알 수 있는데, 이것은 15세기 중엽(1440년경) 독일인 요하네스 구텐베르그(Johannes Guternberg)에 발명되고 보급된 인쇄술의 영향으로 볼 수 있다. 그리고, "알파벳의 글자"와 "발음되는 글자"와 같이 소리, 말을 나타내는 성질을 첫 번째 의미로 가졌던 라틴어 *littera*와는 달리, 불어 *lettre* 는 "쓰인 텍스트를 연구하여 획득한 지식, 배움(복수형으로), 학식" (knowledge or learning acquired by the study of written texts, erudition)등, 10세기에서 11세기경부터 글자에 바탕을 둔 문자 활동의 결과물 등의 의미로 쓰였고, 이보다 조금 뒤인 12세기 중반 경에서야 "알파벳의 기호"라는 의미로 쓰였다는 점은 흥미롭다.

1.2.2 영어 *letter*의 의미

*OED*에서 제시하는 영어 어휘 *letter*는 결론부터 말하자면 조부모인 라틴어 *littera* 와 부모인 불어 *lettre* 의 의미를 대부분 물려받은 것으로 보인다. *OED*는 아래와 같이 *letter*의 의미를 로마자 대문자를 사용하여 크게 두 개의 가지(branches)로 분류하고, 그 아래에 아라비아 숫자 1, 2, 3… 등을 써서 개별 의미로 분류하고, 다시 각각의 숫자 밑에 알파벳 소문자(a.b.c…등)를 써서 개념 정의(definition and definition note)를 하며, 마지막으로 예문을 들고 있다.[14] "알파벳 기호[상징], 그리고 관련된[파생된] 의미들"이라는 의미 가지(I)를 "종이, 양피지 등에 쓰여진 텍스트, 그리고 관련

된[파생된] 의미들"(II)이라는 의미 가지에 앞서 배열함으로써, 글자, 문자가 역사적, 논리적으로(logical[ly]) 선행하며, 그 결과로 문자 활동과 결과물이 나올 수 있었음을 보여 준다.

I. An alphabetic character, and related senses

1.

a. A character representing one or more of the elementary sounds used

in speech and language; any of the symbols of an alphabet used in written language

?c1225 (1200) Ancrene Riwle (Cleo. C.vi) (1972) 35 Þe fif letteres [c1230 Corpus Cambr. leattres] of vre lauedi nome.[The five letters ... of our lady's name.]

1598 R. Grenewey tr. Tacitus Annales xi. iv. 145 He added and published new letters and characters.

2. Printing

a. An individual block of type

1563 Edinb. City Rec. in Ann. Scott. Print. (1890) xv. 157 [He] desyrit thair lordschippes to deliuer him the saidis irnis and letteris.[He desired their lordships to deliver him the aforesaid irons and letters.]

b. In *sing.* Such blocks of type collectively. Also: a set of these; a

typeface, a font.

1576 in R. Dickson & J. P. Edmond Ann. Sc. Printing (1890) 283 That

nane··cause [the Bible] be imprentit in ony carecture or lettir translatioun or volume quhatsumevir.[That none/nothing causes the Bible [to] be printed in any character or letter translation or volume whatever]

II. A written text on paper, parchment, etc., and related senses

4.

a. A written communication addressed to a person, organization, or other body, esp. one sent by post or messenger; an epistle.

?c1225 (1200) Ancrene Riwle (Cleo. C.vi) (1972) 309 Ȝe ne schule sende lettres [c1230 Corpus Cambr. leattres]. Ne underfo lettres bute lealle [read leaue].[You should not send letters....Never receive letters without permission.]

b. In pl. An official or legal document or set of documents addressed to a person.

c1300 St. Thomas Becket (Laud) l. 1219 in C. Horstmann Early S.-Eng. Legendary (1887) 141 To þe kinge of Fraunce heo comen and lettres with heom bere fram þe king of engelond.[To the King of France he came and bore letters with him from the King of England.]

5.

a. In *pl.* Originally: the reading and study of written texts; knowledge or learning acquired through this; scholarship. Later: the academic or literary world; literary culture; literature.

a1250 (1200) Prov. Alfred (Galba) 77 Ne mai no riht cinȝben·· bute he be boc-lered··& he cunne lettres.[[He] might not be right king[cinȝ] but he is book-learned.. & he knows letters.]

6. In *sing.* (chiefly with the). The precise words, terms, or strict verbal interpretation of an utterance, statement, or document; the exact or literal meaning of something. Freq. in the letter of

the law (cf. also the black letter of the law at black letter n. Phrases). 1340 Ayenbite (1866) 99 Zuyche weneþ hit wel conne and onderstonde, þet neuerte ne couþe bote þe rynde wyþoute, þet is þe lettre, þet is guod.[Such [scholars] perhaps know[knew] it well and understand[understood], that [they] never make known except the outside shell, that is the letter, that is God.

I.1.a.의 "말이나 언어에서 사용되는 개별, 혹은 그 이상의 기본 발음을 나타내는 기호[상징]; 문어에서 사용되는 알파벳의 상징"이라는 *letter*의 의미는 앞서 살펴보았던 라틴어 *littera* 와 불어 *lettre*의 의미와 거의 일치한다. 즉, *letter*가 소리를 표현하는 글자를 나타낸다는 것이다.[15] I. 1.a의 첫 번째 예문은, 13세기 초반(1225경)에 쓰여진 것으로 추정되는 종교적 산문인 *Ancrene Riwle* [*Rule for Anchoresses*](『여자 은수자를 위한 규칙』) 에서 인용한 것으로, 여기서 *letter*는 사람의 이름에 쓰인 알파벳 다섯 글자를 의미한다. 두 번째 예문은 16세기 말에 쓰인 것으로, 이 인용문이 흥미로운 점은, *letter*와 *character*를 한 문장 안에 쓰면서 두 단어의 의미를 구분하고 있다는 점이다. 여기서, *letter*가 "글자"라면, *character*는 "기호," 혹은 "상징"으로 해석할 수 있다.

I. 2.는 인쇄(printing)와 관련되어 있다. "개별 활자 덩이"(I. 2. a.)와 "집합적인 의미에서 여러 활자 덩이들, 활자 덩이들의 묶음", 그리고 "활자모양/활자꼴"과 "[활자의] 스타일과 크기"(I. 2.b.)등의 의미로 제시된다. 15세기 중엽, 구텐베르그에 의해 발명된 금속 인쇄술은 유럽의 종교개혁과 르네상스 인본주의 발전에 결정적인 기여를 하게 된다. 인쇄술의 보급은 서양의 독서 문화를 중세의 상류층 중심의 값비싼 필사본(manuscript) 문화에서 상대적으로 저렴하고 대중적인 인쇄 문화로 혁명적으로 전환시켰다. 이로써 책이 더 이상 귀족이나 부유한 부르주아 계층의 전유물이 아닌 일반 대중들도 접할 수 있는 문화 매체가 된다. 이러한 중세와 근대 유

럽의 문화, 지성사적 맥락에서 불어 *lettre*와 영어 *letter*가 인쇄술과 관련된 용어로 쓰이기 시작한 역사적 사실을 이해할 필요가 있다. 15세기 말(1486)경부터 불어 단어 *lettre*가 "개별 활자 덩이"(individual block of type)라는 의미로 쓰이기 시작하였다.[16] 영어 단어 *letter*가 활자와 관련된 의미로 쓰인 최초의 문헌들은 이보다는 거의 80년 뒤인 1563년부터 발견되고 있다. I.2.a.와 I.2.b.의 예문은 16세기 중반 스코틀랜드에서 쓰인 *letter*의 용례를 보여준다. I.2.a의 예문에서 *letter*는 개별 활자 [덩이]를, I.2.b의 예문에서 *letter*는 단수 형태로 전체 활자들 [덩어리들]을 집합적으로 가리킨다.

*OED*가 제시하는 *letter*의 두 번째 의미 가지)인 "종이, 양피지 등에 쓰인 텍스트, 그리고 관련된[파생된] 의미들"에 해당되는 개별 의미는, "편지/서간"(4.a.), "공식 문서와 법률 문서"(4.b.), "지식, 학문, 문학"(5.a.), "정확한, 문자적/자구적인 의미"(6.) 등, 주로 글자에 기반을 둔 문자 활동의 결과물과 연관되어 있다. II.4.a의 예문은 *letter*가 "편지"로 쓰인 경우를 설명하고 있는데, 이 예문의 출처를 자세히 살펴보면, *letter*가 "글자"로 쓰인 경우 (I.1.a.)를 보여주는 예문의 출처인 Ancrene Riwle와 같다는 것을 알 수 있다. 즉, 같은 문헌에서 *letter*가 다른 의미로 쓰이는 예이다. 앞서 논의한 바와 같이, 사용 빈도를 따르는 사전들에서 *letter*는 "편지", "서간"의 의미로 가장 많이 사용되고 두 번째로는 "글자"로 사용되는데, *letter*에 관한 최초의 문헌인 *Ancrene Riwle*를 통해서는 이 책이 저술된 13세기 초반 중세 영국 사회에서 *letter*가 두 의미 중에서 어떤 의미로 더 자주 쓰였는지는 알 수 없다. II.4.b.는 14세기 초반에 *letter*가 복수형의 형태로 한 나라의 왕이 다른 나라의 왕에게 보내는 공식 문서를 의미하는 경우를 예시한다. II.5.a.는 개인이 글자를 배운 결과로 갖추게 되는 "문자" 혹은 "학문/학식"의 의미에서 *letter*의 경우를 보여준다. II.6.은 13세기 중세 불어로 쓰인 *Somme le Roi* 를 14세기 캔트 방언으로 번역한 *Ayenbite* [*of Inwyt*] 라는 [17] 종교 산문에서 *letter*가 "문자적/자구적 의미"로 쓰인 경우에 해당하는 예를 보여 준다.

두 번째 의미 가지에 속하는 4개의 예문들을 통하여 알 수 있는 점은, 13, 14세기 영국 중세 사회에서 문자, 학문 활동을 공식적으로, 대외적으로 할 수 있었던 이들은 주로 "왕"(4.b., 5.a.)이나 "학자"(6.)들로 불리는 상류층 남성들이었다는 점이다. 이 점은 서양 중세 시대의 문해력(literacy)과 독서 활동을 연구한 많은 학자들의 주장, 즉 중세의 식자층이 주로 상류층의 남성들이었고 여성들은 문자 교육과 활동에 있어서 많은 제약을 받았으며, 오직 소수의 상류층 여성들만이 어머니나 수녀원 교육을 통하여 문자를 습득할 수 있었다는 주장과 그 맥이 통한다. 좀 더 구체적으로, 중세 시대의 수녀는 대부분 상류층 집안의 딸들이었다는 것은 이미 잘 알려진 역사적 사실인데, II.4.a.의 예문은 그런 역사적 정황을 추측해 볼 수 있게 만든다. 즉, 13세기 초 수녀원 소속 은수자(anchoress)가 되기로 결심한 세 명의 자매들을 위한 지침서로 쓰여진 *Ancrene Riwle*에서 인용한 해당 예문(4.a.)은, 이 지침서의 여성 독자들이 문맹이었던 대부분의 여성들과는 달리 "편지"(*letter*)를 읽고 쓸 수 있도록 문자 교육을 받은 상류층 집안의 딸들이었다는 점을 암시적으로 드러내고 있다. 중세 시대 서양 여성들이 문자 교육과 활동에 많은 제약을 받았고 공식적인 문자 활동이 장려되지 않은 사회 문화적 상황에서 주로 '비공식적'인 문자 활동의 대표적인 예로 여겨지는 편지를 통하여 나름대로 문자를 향유한 이런 역사적 사실을 *Ancrene Riwle*에서 인용한 예문을 통해서도 추측해 볼 수 있다.

2 *Character*

2.1 영한사전과 *CED*의 의미와 용례

*Character*는 *letter*와 함께 '문자'로 가장 많이 번역되는 영어 단어이면서 동시에 가장 많은 혼란을 일으키는 단어이다. *Character*는 *letter*와 '문자'의 의미로 상호 교환하여 쓸 수 있는 어휘일까? 이 질문에 대답하기 위

해서 먼저 영한사전과 *CED*가 제시하는 *character*의 의미와 용례를 살펴보자.

〈표2:영한사전과 *CED*에서 *character*의 의미〉

사전명	의미1	의미2
『프라임』	6.기호(mark), 부호(symbol); 암호	7. 문자(letter); [집합적] (한 체계로서의) 문자, 알파벳;(인쇄체 필기체의) 자체
『롱맨』	9. 문자, 기호	
『엘리트』	11. 문자; 기호, 부호 [컴퓨터의] 기호	12. (집합적) [한 나라의] 문자(charactery); 서체 없음
『엣센스』	10. (물건의 성질을 나타내는) 부호(mark), 기호(symbol)	11. 문자(letter), 자체, 서체; [컴퓨터]문자, 캐릭터
CED	10. A character is a letter, number, or other symbol that is written or printed (캐릭터는 [손으로]쓰거나 인쇄하는 글자/문자, 숫자, 혹은 [그 밖의] 기호/상징이다.)	

<표2>에서 제일 마지막에 제시된 *CED*는 *character*를 '글자/문자', '숫자,' 그리고 '상징/기호'를 의미하는 개념으로 설명하는데, 이런 현상은 4개의 영한사전에서도 공통적으로 발견된다. 의미 배열의 순서 면에서 약간의 차이를 보이기는 하지만,『롱맨』,『엘리트』,『프라임』,『엣센스』의 영한사전의 *character*에 대한 의미 부분에서 '문자', '기호', '부호'가 공통적으로 발견되며, 각각의 사전에서 부수적으로 발견되는 의미로는 '자체', '서체', '캐릭터' 등이 있다. 이상의 5개의 사전이 제시하는 *character*의 의미를 종합해 보면, 앞에서 설명한 바와 같이 *letter*는 주로 알파벳 문자의 소

리를 나타내는 '글자' 혹은 '문자'의 의미로 사용된다. 반면에, *character*는 '글자', '문자', '표식', '부호' 등의 의미를 모두 아우름으로써 '글자'로서 *letter*의 상위 개념인 "기호"(sign 또는 sign의 개념으로써의 symbol)[18]의 의미로 쓰이고 있음을 알 수 있다. *Letter*의 상위 개념으로서 표음문자와 표의문자를 모두 아우르는 *character*의 개념을 상정하면, 『엣센스』가 '문자'로서 *letter*와 *character*를 같이 쓰거나[19], 『엘리트』와 같이, "an alphabetic *character*"(알파벳 문자)와 같이 써도 논리적으로 문제가 없어 보인다. 하지만, 흥미로운 사실은 *character*의 의미로 *letter*를 제안한 『엣센스』사전뿐만 아니라 나머지 3개의 영한사전에서 '문자'로서 *character*의 의미에 대한 예로 "a Chinese *character*(s)"(한자)를 공통적으로 제시하고 있다는 점이다. 잘 알려진 바와 같이, 한자는 의미(meaning)에 기초하여 만들어진 대표적인 표의문자이며[20], 위의 사전들이 제시하는 용례와 마찬가지로, 주로 한자는 "Chinese *characters*" 나 "the Chinese *script*"로 표기되고, "Chinese *letters*"로는 거의 표기되지 않는다.[21]

한자가 갖는 이런 언어적, 문자적 특성을 고려해 볼 때, 그리고 위의 사전들이 보여주는 용례를 살펴볼 때, *character*와 *letter*는 우리말로 둘 다 '문자'로 번역될 수 있지만 각각의 단어들이 가리키는 '문자'의 특성이 다를 수 있음을 짐작해 볼 수 있다. 즉, '문자'로서 *letter*가 로마자나 한글과 같이 소리에 기반을 둔 알파벳에 기초한 표음문자를 가리킨다면, *letter*보다 상위 개념으로써 글자를 포함한 문자뿐만 아니라 상징, 기호의 의미를 포함하는 *character*는 자연에 존재하는 대상을 시각적으로 상형한 것에서 출발했다고 여겨지는, 그 문자 속에 "의미"가 포함된 것으로 종종 여겨지는, '한자'와 같은 표의문자를 가리키는 것으로 쓰인 것이 아닌가라고 추론해 볼 수 있다.

실제로, 『문자 체계』의 저자 플로리안 쿨머스(Florian Coulmas)는 기원전 3100년 전에[22] 사용되기 시작한 것으로 추정되며, '한자'와 함께 종종 대표적인 표의문자로 언급되는 수메르의 설형문자(cuneiform)를 "cuneiform *signs*"로, 즉 문자이면서 동시에 상징적인 의미를 갖는 "기호"

로 표기한다. 이 설형문자는 쿨머스[23]와 뒤르샤이트[24]와 같은 문자 연구자들이 지적하듯이 발생 초기에 소, 나무, 해, 달 등 자연에 존재하는 사물들의 외형을 모방한 흔적을 많이 보여 준다. 쿨머스가 이 고대 수메르 문자를 가리키기 위해서 "*character*"대신에 "*sign*"를 쓴 것은, 이 문자가 초기 형성 원리가 한자와 유사하지만, 본격적인 '문자'라고 불리기에는 한자보다 추상화가 훨씬 덜 진행된 그림 같은(pictographic) 특징들을 많이 노출하고 있기 때문이 아닌가라고 생각해 볼 수 있다. 결론적으로, *character*는 '사물의 외형을 본뜬, 의미가 내재된 기호'라는 점에서 *sign*과 같은 의미를 가진다. 바로 이 점이 '문자'로서 *character*를 *letter*와 구분 짓게 만드는 한 가지 특징이 될 수 있을 것이다.

2.1 *Character*의 어원과 의미

2.1.1 *Character*의 어원

*OED*에 따르면 영어 *character*의 어원은 고대 그리스어 *χαρακτήρ*로 거슬러 올라간다. 이 그리스 단어가 라틴어 *character*가 되고, 고대, 중세 불어인 *caractere*가 되며, 마침내 중세 영어 *c(h)aracter(e)*가 되는 것으로 OED는 설명한다. 미국 터프스 (Tufts) 대학 도서관에서 온라인으로 제공하는 헨리 리델(Henry G. Liddell)과 로버트 스콧(Robert Scott)의 『그리스어-영어 렉시콘』(*A Greek-English Lexicon*)에 따르면, 그리스 단어 *χαρακτήρ*는 동사*χαράssω*의 행위자를 의미하는 명사형이며[25], *χαράssω*의 주요 의미는 다음과 같다.

I. 뾰족하게 만들다, 날카롭게 만들다, (칼 따위를) 벼리다, 갈다 (make pointed, sharpen, whet)

II. 골/자국을 새겨 넣다(cut into furrows), 표면을 날카로운 것으로 긁다 (scratch)

1. 세게 치다/부수다(smite),

2. 인장, 도장을 찍다(stamp), 날인하다 (seal),

3. (인두 등으로) 낙인하다(brand),

III. 장식, 그림 등을 새기다 (engrave), 파다/조각하다(carve)

명사형 *χαρακτήρ*는 위에서 열거된 동작을 행하는 사람을 지칭하다가 점차 시간이 지나면서 그런 행위를 하는 데 필요한 도구와 행위의 결과물--새긴 자국, 날인/각인, 동전이나 인장에 새긴 표식 등--의 의미를 포함하는 명사로 쓰이게 된다.[26] *Character*의 어원인 *χαρακτήρ*와 관련된 이 사실, 즉 무엇인가를 눌러서 새기고, 파고, 조각하는 것과 관련된 행위를 하는 데 필요한 도구와 그 행위의 결과물을 의미하며, 특히 그 결과물 중에 "모양/형상들"(figures), "글자들"(letters), "알파벳의 (낱)글자"(a single letter of the alphabet), 그리고 "마(주)술적 상징들"(magical symbols)이 포함된다는 사실은 대단히 흥미롭다. 이 사실[27]은 앞으로 '문자'로서 *character*의 의미를 논의하는 데 중요한 논점을 제공한다.

2.1.2 *Character*의 의미와 용례

*OED*가 제시하는 그리스 단어 *χαρακτήρ*의 기본 의미[28]는 위에서 살펴본 리델과 스콧의 <그리스-영어 렉시콘>이 제시하는 의미와 거의 일치한다. *OED*가 *χαρακτήρ*의 파생어인 *character*와 *caractere*에 대하여 별도의 의미 설명을 하지 않은 점은 이 두 파생어가 그리스 어원 *χαρακτήρ*의 의미들을 대부분 그대로 수용하였음을 간접적으로 말해준다. 이 점은 *OED*가 영어 *character*의 의미로 제시하는 것과 *χαρακτήρ*의 의미들이 거의 일치한다는 사실을 보아서도 알 수 있다. *OED*는 *character*의 의미 가지를 문자적 의미(I. literal senses)와 거기에서 파생된 비유적 의미(II. figurative senses)로 크게 나누는데, 문자와 직접적인 관련이 없는 의미 가지 I의 일부 개별 의미와 비유적 의미 가지 II의 전체에 해당하는 설명은 아래의 인용문에서 생략한다.

I. Literal Senses

1.

a. A distinctive mark impressed, engraved, or otherwise formed; a brand, stamp.

c1315 Shoreham 44 Caracter thet is prente y-cliped, Nys non of eliinge.[Character, that is imprinted/impressed eclipsed[obscured upon the body], is none of unction.] ([몸에] 지워지듯이 각인된 표식은 전혀 약이/위안이 되지 않는다.)

1382 Bible (Wycliffite, E.V.) Rev. xiii. 16 To haue a caracter··[in the ri3t hond or]in her forhedis [...the caracter or lettre.][29] [To have a character ...[in the right hand or]...in their foreheads [...the character or letter]. ([오른 손이나] 이마에 표식을 남기는 것 [... 표식이나 [글자로 된] 이름])

2. A distinctive significant mark of any kind; a graphic sign or symbol.

1597 T. Morley Plaine & Easie Introd. Musicke 3 A Cliefe is a charecter set on a rule at the beginning of a verse.

3.

a. A graphic symbol standing for a sound, syllable, or notion, used in writing or in printing; one of the simple elements of a written language; e.g. a letter of the alphabet.

1490 Caxton tr. Eneydos vi. 25 The Fenyces were the fyrst inuentours of caracteris dyfferencing that one fro that other, of whiche were fourmed lettres for to write. [The Phoenicians were the first inventors of characters differentiating the one from the other, of which were formed letters for to write.] (페니키아인들은 서로 구분되는 글자를 최초로 발명한 사람들인 데 [그들은] 이 글자들을 이용하여 쓰기를 했다.)

4. collect.

a. Writing, printing.

1609 Shakespeare Sonnets lix. sig. E, Since minde at first in carrecter was done. [Since mind/thought at first was done in character.]

b. The series of alphabetic signs, or elementary symbols, peculiar to any language; a set of letters.

1596 Spenser View State Ireland 29 The Saxons Character is the same with the Irish.[The Saxon character is the same with the Irish [character]].

c. The style of writing peculiar to any individual; handwriting.

a1616 Shakespeare Measure for Measure (1623) iv. ii. 193 Heere is the hand and Seale of the Duke: you know the Charracter I doubt not. [Here is the hand and seal of the Duke: you know his writing style, I am sure].

d. Kind or style of type or printed letter.

1641 J. Evelyn Mem. (1857) I. 29 Elzevir's printing house·· renowned for the politeness of the character and editions of what he has published through Europe.[Elzevir's printing house [was] renowned for the politeness of the style of type and editions that he had published through Europe.]

5. A cabbalistic or magical sign or emblem; the astrological symbol of a planet, etc.

a1593 Marlowe Tragicall Hist. Faustus (1604) sig. C2v, A booke where I might see al characters and planets of the heauens. [A book where I might see all mysterious signs and planets of the heavens.] (내가 천체의 온갖 신비로운 기호/상징들과 별자리들을 볼 수 있었던 책)

*Character*의 의미와 용례를 위에서 살펴본 *letter*와 비교해 보면, 두 어휘가 그 의미와 쓰임에 있어서 겹쳐지는 지점이 있음을 알 수 있다. 즉, *character*가 (알파벳) '글자'의 개념으로 쓰이는 경우(I. 3.a.), 소리에 기반을 둔 특정 알파벳 문자 체계를 나타내는 경우(I. 4.b.), 그리고 인쇄술에서 활자의 개념으로 쓰이는 경우(I. 4.d.)에 대한 설명들은 *letter*가 '글자'와 '문자'의 의미로 쓰일 때의 설명과 상당히 유사하다. 하지만, *character*에 대한 *OED*의 설명을 좀 더 자세하게 살펴보면, 이런 공통점과 더불어 '문자'로서 *character*를 *letter*와 구분 짓게 만드는 몇 가지 특징들을 발견하게 된다.

먼저, *character*의 첫 번째 의미인 "누르거나 새기거나, 혹은 다른 방식으로 형성된 표식/부호; 낙인, 도장"(I. 1.a.)의 용례로 제시된 두 예문은 공통적으로 *character*가 사람의 손이나 이마 등의 표면에 새겨질 수 있는 어떤 시각적인 표식이나 부호로 설명된다. 이런 의미가 두 번째 의미인 "모든 시각적인 부호나 기호"(2.)로 확대되었음을 짐작하는 것은 어렵지 않다. 1.a.와 관련하여 특별하게 주목할 만한 점은, "누르거나 새기거나, 혹은 다른 방식으로 형성된 표식/부호; 낙인, 도장"이라는 의미 속에 이미 그런 행위를 하기 위한 날카로운 (조각)칼이나 뜨겁게 달군 인두 혹은 도장과 같은 도구와, 그런 행위가 이루어질 재료의 질감과 표면의 상태에 대한 인식이 포함되어 있다는 점이다. 실제로, 1.a.의 첫 번째 예문과 두 번째 예문에서 *character*는 손이나 이마 등 신체의 부드러운 표면에 각인될 수 있는 어떤 것으로 설명된다. 이렇게 *character*의 의미 속에 이미 내포된 쓰기 재료와 도구에 인식은 *letter*에 대한 설명에서는 전혀 찾아볼 수 없는 점이다.

1.a.의 두 번째 예문은 *character*를 *letter*와 구분 지을 수 있는 또 다른 중요한 특징에 대하여 생각할 여지를 제공한다. 이 예문은 14세기말 라틴어에서 중세영어로 번역된 『위클리프 성경』의 「요한묵시록」 중 제13장의 16절, 17절에서 인용된 부분이다. 보통 이 구절은 세상 종말 때 악마의 표식을 오른손이나 이마에 받지 않으면, 즉 악마의 이름이나 그 이름을

뜻하는 숫자의 표식이 찍힌 사람이 아니면, 아무것도 사고 팔 수 없을 것이라는 요한 사도의 예언을 담은 부분으로 이해된다.[30] 이런 성경의 의미를 좀 더 살리기 위해서 『중세영어사전』(*Middle English Dictionary*)에 나온 예문을 참고하여 *OED*에서 생략된 부분을 네모 괄호 속에 첨가하였다. 보충된 부분 중에서 "the *character* or *lettre*"는 알파벳 글자들로 이루어진 이름의 의미로 해석되는 *letter*와, 이와는 대조되는 의미로서 상징성을 강하게 띤 부호, 즉 종교적이고 신비적인, 비기독교인들에게는 주술적일 수 있는 의미가 내재된 숫자/표식으로 *character*가 해석되고 있음을 제시한다. 이 점은 *character*의 다섯 번째 의미(5.)로 제시된 "신비적이거나 주술적인 기호/상징 또는 앰블럼; 천체의 점성학적 상징"이라는 의미와 그 맥이 통하는 것으로 보인다. 5.에 대한 용례로 인용된 예문은 16세기 말 영국의 극작가 그리스토퍼 말로우가 쓴 비극 『닥터 파우스투스』에서 발췌한 부분이다. 주술을 통하여 자신이 원하는 것을 얻으려는 파우스트의 욕망을 묘사하기 위하여 극작가 크리스토퍼는 밤하늘에 빛나는 달과 별들이 보여주는 특별한 모양과 자리 배치를 통하여 의미를 읽어내던 중세, 르네상스 시대 점성술 문화의 모티브를 빌려 쓰고 있다. 파우스트 박사의 주술 행위를 묘사하는 이 인용문에서 쓰인 *character*를 "신비롭고 주술적인 기호/상징들"로 해석하는 것은 적절하다. 실제로, 15세기 중반에 쓰인 것으로 추정되는 한 주술서에서 다음의 구절이 발견된다.

> Anone he dyght hys sacrifyse...hys cerkyl gan dyuyse With carectyrs and fygurys.[Soon he got ready his sacrifice...his circle began to divide with characters and figures](곧 그는 희생제물을 준비했다... 그가 그린 (마법의) 동그라미가 여러 기호들과 형상들로 나눠지기 시작했다.)[31]

위의 인용문에서 주로 사람이나 동물, 사물의 형체나 형상을 의미하는 *figures*와는 구분되는 (문자를 포함한) 기호나 상징들을 의미하는

*character*가 마법사의 주문에 따라 특정한 움직임을 보이는 것으로 묘사되고 있는 점은 주목할 만하다. *Character*가 이와 같이 종교적이고 주술적인 어떤 의미와 연결되어 쓰이는 현상은 이미 그리스 어원 *χαρακτήρ*에서부터 발견되며, 이 점을 *character*를 *letter*와 구분 짓는 또 다른 특징으로 볼 수 있다.

*Character*가 갖는 쓰기 도구와 재료에 대한 인식, 그리고 주술적이고 종교적인 의미를 고려해 볼 때 왜 영미권의 언어학자나 문자 연구자들이 주로 한자를 Chinese *letters*가 아닌 Chinese *characters* 표기하는가에 대한 의문이 어느 정도 풀린다. '한자'의 가장 오래된 자형으로 알려진 <갑골문>(甲骨文)(oracle-bone script)은 기원전 13세기에서 11세기에 발생한 것으로 추정되는데, 잘 알려진 바와 같이 원래 거북이의 등껍질이나 짐승의 뼈와 같은 딱딱한 표면에 송곳과 같이 날카로운 쓰기 도구를 사용하여 문자를 새겼다. 따라서, 초기 갑골문의 경우 그 형태가 "각지고 날카롭다"(angular and pointed).[32] 또한, 갑골문은 미래를 예측하기 위한 점(divination, oracle)을 치는 용도로 사용된 것으로 잘 알려져 있다.[33] 갑골문이 갖는 이 두 가지 특징, 즉 주술적 목적으로 뾰족한 도구를 사용하여 딱딱한 재료의 표면에 새긴 문자라는 점은 '문자'로서 *characters*의 주된 특징이다. 따라서, "Chinese *characters*"라는 영어 표현은 문자로서 한자의 이런 발생학적 특성을 잘 반영한 선택이라고 볼 수 있다. 하지만, 만약 한자를 "Chinese *letters*"라고 명명하게 되면, 한자가 문자 체계로서 갖는 고유한 발생적 특성들을 세세하게 고려하지 않은 알파벳 글자 중심적, 서구의 음성중심적 표현이라는 비판을 감수해야 할 것이다.

4 나가는 말

지금까지 '문자'를 뜻하는 영어 어휘 *letter*와 *character*의 의미와 용례를 4개의 영한사전과 2개의 영어 사전을 통하여 살펴보았다. 두 어휘는 알파벳 '글자', 소리에 기반을 둔 알파벳 문자 체계, 그리고 활자의 개념으로 쓰일 수 있다는 점에서 공통점이 있는 것으로 보인다. 하지만, *letter*가 주로 알파벳의 소리를 나타내는 '글자' 혹은 '문자'의 의미로 사용되는 반면에, *character*는 '글자', '문자', '표식', '부호' 등의 의미를 모두 아우름으로써 *letter*의 상위 개념인 "기호"의 의미로 쓰인다. 즉, *letter*가 로마자나 한글과 같이 소리에 기반을 둔 알파벳 표음문자를 가리킨다면, *letter*보다 상위 개념으로써 글자를 포함한 상징, 기호의 의미를 포함하는 *character*는 자연에 존재하는 대상을 시각적으로 상형하여 그 문자 속에 "의미"가 포함된 것으로 여겨지는 '한자'와 같은 표의문자를 가리키는 것이 타당한 것으로 보인다. 또한, *character*는 *letter*와는 달리, 쓰기 도구와 재료에 대한 인식과 주술적이고 종교적으로 쓰인 용례를 보여 준다. 지금까지의 설명을 종합해 보면, "*letters* of the Korean *alphabet*"이 "*characters* of the Korean *alphabet*" 보다, "Chinese *characters*"가 "Chinese *letters*" 보다 더 적절한 표현임을 알 수 있다. 결론적으로, *character*와 *letter*는 둘 다 '문자'로 번역되지만 그 어원과 세부적인 의미와 용례를 고려하여 구별해서 써야하는 어휘임을 알 수 있다.

주석

1 좀 더 구체적으로 *CED*는 "The Bank of English"(xii)라는 코퍼스를 사용하였다고 밝히고 있다.

2 *OED*는 1992년에 2판을 CD-ROM 버전으로 디지털화하여 그 서비스를 제공하고 있으며, 일 년에 정기적으로 네 번 새로운 어휘를 업데이트하고 있다. 이 글에서 인용하는 OED는 CD-ROM 버전임을 밝혀 둔다. *Oxford English Dictinary.* <http://www.riss.kr/foreign/Oed.do?gubun=1&loginFlag=1>.

3 Donna Lee Berg, *A Guide to the Oxford English Dictionary*, Oxford & New York, Oxford University Press, 1993, p. 28.

4 "3억 3천만 단어로 구성된 영국 및 미국 영어 코퍼스"(사전 사용법, iv).

5 "뜻풀이(definition)의 배열은 원칙적으로 사용 빈도순으로 하였다."(일러두기,7)

6 "어의의 전개는 어원을 바탕으로 의미의 발달과 분화를 ... 나타낸 것이며..."(일러두기, vi)

7 "...기본 표제어에서 근본 뜻, 또는 자주 쓰이는 말뜻을 굵은 ... 활자로 표시하였다." (일러두기, 4)

8 『표준국어대사전』, 국립국어원, <http://stdweb2.korean.go.kr/search/List_dic.jsp>.

9 『프라임』이, 각주 6에서 인용한 바와 같이, "어의의 전개는 어원을 바탕으로 의미의 발달과 분화를 ··· 나타낸 것이며···" (일러두기, vi) 라고 밝히고 있음에도 *letter*의 제일 의미로 "편지, 서한"을 제시한 점은 사전 편찬의 원리와 다소 맞지 않는 듯한 인상을 준다.

10 앵글로-노만 불어는 고대불어(Old French) 방언(dialect)의 일종으로서, 프랑스 본국에서 쓰이던 불어와 구별하여, 1066년 노르만정복(the Norman Conquest)이후 영국에 정착하던 노르만족과 그 후손들이 쓰던 불어를 가리키는 말이다.

11 특별하게 밝히지 않을 경우, 이 글에서 인용되는 *OED* 와 영어 원서는 저자의 번역임.

12 Johanna Drucker, "The Alphabet", *Communication in History: Technology, Culture, Society*, Ed. David Crowley and Paul Heyer, Boston, Pearson, 2003, 2007, p. 46.

13 "쓰인 텍스트를 연구하여 획득한 지식, 배움(복수형으로), 학식(10세기 고대 불어와 앵글로-노만 불어에서는 단수형도 이런 의미로 쓰임); 알파벳 기호 중 하나(1140년 경); 새김/명문, 텍스트(1160년 경); 말이나 문서의 정확한 어휘, 정확한 혹은 글자 그대로의 의미(1170년 경); 개인 혹은 단체에게 보낸 글, 편지/서한 (1170년 경에는 복수형으로 쓰임; 앵글로-노만, 고대, 중세 불어에서 자주 복수형으로 쓰임...);공식문서, 법률 문서(1234년;앵글로-노만, 고대, 중세 불어에서 자주 복수형으로 쓰임);쓰기, 글자쓰기(14세기초 혹은 그 이전);개별 활자 덩이(1486년); 문법, 수사학, 시 연구(복수형으로, 1538년)"((in plural) knowledge or learning acquired by the study of written texts, erudition (10th cent. in Old French; in Anglo-Norman also in singular...), any of the symbols of an alphabet (a1140), inscription, text (c1160), precise words of an utterance or document, exact or literal meaning of something

(c1170), written communication addressed to a person or group of people, epistle (c1170 in plural lettres; in Anglo-Norman, Old French, and Middle French frequently in plural...), official or legal document (1234; in Anglo-Norman, Old French, and Middle French frequently in plural), writing, lettering (beginning of the 14th cent. or earlier), individual block of type (1486), (in plural) study of grammar, rhetoric, and poetry (1538).

14 Berg, pp.28-38.

15 여기서, 주로 표의문자(logography)의 "문자"를 나타낼 때 쓰는 영어 단어 *character*의 의미와 구분하기 위하여, *character*를 "글자"가 아닌 "기호[상징]"로 번역했다. 이 선택은, "기호"(sign), 혹은 "상징"(symbol)이 영어 단어 *character*가 갖는 여러 의미 중 일부라는 점에서 적절하다고 볼 수 있다. 만약 character를 "글자"로 번역한다면, 여기서 "글자"는 표의문자적 의미에서의 글자가 아니라, 모든 문자 체계에서 쓰이는 보편적 의미에서의 글자를 가리키는 개념으로 이해되어야 할 것이다.

16 각주 13참조

17 *Ayenbite* [*of Inwyt*]의 현대 영어 번역은 *Remorse of Conscience* 이며, 우리말로는『양심의 가책』으로 번역할 수 있을 것이다. 14세기 중반 영국의 남동부 캔트식 (Kentish) 방언으로 쓰여진 이 문헌은 철자 등에서 런던 중심의 중세 영어와는 많은 차이를 보인다. 그 특징 중 하나는, 철자에 있어서 고대 영어인 앵글로-색슨 영어의 흔적을 아직까지 간직하고 있다는 점이다. 인용한 예문을 이해하는 데, Stratmann와 Bradley, *A Middle-English Dictionary*, J.R.Clark Hall, *A Concise Anglo-Saxon Dictionary*, 그리고 미국 미시간 대학교의 *Corpus of Middle English Prose and Verse* (<http://quod.lib.umich.edu/c/cme/Ayenbite/1:69?rgn=div1;view=fulltext>)의 *Ayenbite of Inwyt*의 원문을 참고 하였다. 예문이 발췌된 문맥을 어떻게 해석하는가에 따라서 현대영어와 한글 번역이 달라질 수 있음을 미리 밝혀둔다.

18 국립국어원의『표준국어대사전』은 기호를 "어떠한 뜻을 나타내기 위하여 쓰이는 부호, 문자, 표지 따위를 통틀어 이르는 말"로 정의하면서, 심벌(symbol)의 두 번째 의미가 기호임을 제시한다.

19 "문자 (*letter*)"

20 표의문자를 "단어"(word)를 기본 단위로 하는 로고그래피(logography)로 볼 것인지, 아니면 "사고/관념"(idea)을 나타내는 이데오그래피(ideograhpy)로 볼 것인지 이 주제를 다루는 학자들의 의견은 분분하다. 하지만, 소리에 기반을 둔 로마자나 한국어와는 달리 한자가 의미(meaning)를 기반으로 형성되었다는 점에는 큰 이견이 없어 보인다. 이 주제와 관련해서는 Florian Coulmas, *Writing Systems: An Introduction to Their Linguistic Analysis*, Cambridge, Cambridge University Press, 2003, pp. 40-41, pp. 50-60과 Druker, pp. 48-49를 참조하기 바란다.

21 예를 들자면, 쿨머스(Coulmas)는 *Writing Systems*에서 <한자>를 Chinese *characters*나 the Chinese *script*로 표기하며, 드러커(Druker)는 "The Alphabet"에서 문자로서의 <한자>를 가리킬 때 Chinese *characters*로 표기한다. 이런 현상은, 이 두 학자들에게 국한되는 것이 아니라, 대부분의 문자 관련 영어 논문, 저술에서 공통적으로 발견되는 점이다.

22 Drucker, p. 47.

23 Coulmas, pp. 41-45.

24 크리스타 뒤르샤이트,『문자언어학』, 김종수 역, 유로서적, 2007, pp. 170-71.

25 "χαράσσω", Henry George Liddell and Robert Scott, *A Greek-English Lexicon* <http://www.perseus.tufts.edu/hopper/text?doc=Perseus%3Atext%3A1999.04.0057%3Aentry%3Dxara%2Fssw>

26 χαρακτήρ, Henry George Liddell and Robert Scott, *A Greek-English Lexicon*, <http://www.perseus.tufts.edu/hopper/text?doc=Perseus%3Atext%3A1999.04.0057%3Aentry%3Dxarakth%2Fr>

27 χαρακτήρ, *A Greek-English Lexicon*,

28 "instrument for marking or graving, impress, stamp, distinctive mark."

29 *Middle English Dictionary*에서 "carectēr"(n.)에 대한 예문 중에서 인용, <http://quod.lib.umich.edu/cgi/m/mec/med-idx?type=byte&byte=23686451&egdisplay=compact&egs=23688472>.

30 "또 낮은 사람이나 높은 사람이나, 부자나 가난한 자나, 자유인이나 종이나 할 것 없이 모두 오른손이나 이마에 표[식]을 받게 하였습니다. 그리하여 짐승의 이름이나 그 이름을 뜻하는 숫자로 표가 찍힌 사람 말고는 아무것도 사거나 팔지 못하게 하였습니다." (「요한묵시록」, 13:16~17,『성경』, 한국 천주교 주교회의, 2005)

31 *Middle English Dictionary*에서 "carectēr"(n.)에 관한 예문 중에서 인용, <http://quod.lib.umich.edu/cgi/m/mec/med-idx?type=byte&byte=23686451&egdisplay=compact&egs=23688472>.

32 Coulmas, p.50

33 "은대(殷代)의 사람은 자주 점을 친 뒤 거북껍질이나 뼈에 언제 누가 어떤 것을 점쳤는가를 기록했으며, 때로는 거기다가 임금이 그 잔금을 보고 판단한 길흉의 예측 및 결과로 생긴 사건 등을 글자로 새겼다. 그 문장에 사용된 글자를 갑골문자라 한다."『한자의 역사』, 아츠지 데츠지, 김언종 역, 서울: 학민사, 1999, p.29.)

제 2 부

문자를 어떻게 바라볼 것인가

01

플라톤의 문자관

.. 이강서

1 들어가는 말

우리는 플라톤의 저작 여러 곳에서 문자에 대하여 비판적인 태도를 분명하게 보여주는 대목들을 만난다. 그 가운데서도 여러 학자들에 의해서 활발히 논의된 부분은 <파이드로스> 274a-278e와 <제7서한> 340b-345a에 등장하는 문자 비판과 관련된 대목이다. 이 밖에 <프로타고라스> 329a, 347e, <폴리티코스> 294a-301a, <법률> III권 701a 및 XII권 968d-e 그리고 진작 위작 여부가 아직도 논쟁 중에 있는 <제2서한> 314c에서도 문자에 대한 비판적 언급을 발견할 수 있다. 이 같은 플라톤의 문자 비판을 현대를 살아가는 우리가 이해하기란 그리 쉬운 일이 아니다. 그러기에 거스리(W.K.C. Guthrie)는 우리에게 다음과 같이 충고한다. "(플라톤이 문자에 대해서 비판적인 태도를 취한다는 사실을) 제대로 이해하기 위해서는, 우리는 무엇보다도 먼저 우리가 살고 있는 오늘날의 세계를 잠시 잊어야만 한다. 현대 세계에는 많은 공공 및 사설 도서관이 있고, 매년 수많은 책들이 쏟아져 나온다. 우리는 구두로 뜻을 전달하는 방식이 문자로 그렇게 하는 것에 비해서 아직도 우위에 있었던 시기로 되돌아가서 생각해야만 한다."[1]

문자 비판이 주목을 끄는 것은, 그것이 '철학이란 도대체 무엇하는 작업인가'라는 물음에 대한 답변, 즉 철학의 본질 규정과도 맞물려 있기 때문이다. 아닌 게 아니라 플라톤은 <파이드로스>편에서 문자를 비판하고는 곧 이어 '철학자는 문자를 어떻게 다루어야 하는가', '철학은 문자와 관련해서 다른 활동들과 어떻게 다른가'라는 물음을 제기하고 이 물음에 답한다.

<파이드로스>편과 <제7서한>에 등장하는 문자 비판을 어떻게 해석하느냐에 따라 플라톤 철학을 이해하는 데에 있어서 전혀 다른 입장들이 가능해진다. 결국 <파이드로스>편과 <제7서한>의 문자 비판에 대한 이해가 플라톤 철학을 바르게 해석하는 결정적인 열쇠를 쥐고 있는 것으로 보인다. 이미 오래 전에 예거(W. Jaeger)는 <파이드로스>편에 나타나는 문자 비판의 대목을 가리켜 "플라톤 철학이라는 건물에 들어가려면 누구든지 반드시 거쳐야하는 현관"[2]이라고 하였다. 슬레작(Th.A. Szlezák)은 "플라톤에 관한 새로운 저술치고 그 서문에서 <파이드로스>편의 문자 비판을 상세히 다루지 않은 책이 없다"[3]라고 지적하고 있다. 이와 비슷하게 최근에는 에를러(M. Erler)도 플라톤 연구의 동향에 대해서 다음과 같이 쓰고 있다. "플라톤의 대화편들에 대한 연구 논문을, 플라톤이 <파이드로스>편에서 씌어진 것들의 가치와 몰가치를 비판적으로 기술한 것, 그가 말과 글의 상관관계에 대해서 언급한 것을 해석하는 일로 시작하는 것이 이제는 분명히 하나의 의무처럼 되었다."[4] 아닌게 아니라 쉴라이어마허(F. Schleiermacher)가 그의 플라톤 해석을 문자 비판과 관련된 문제로부터 시작한 이래 최근의 많은 플라톤 연구서들이 <파이드로스>편에 나타나는 문자 비판에 대한 해석으로 시작하고 있음을 본다.[5]

플라톤의 문자 비판이 한층 학자들의 주목을 끌게 된 것은 튀빙엔(Tübingen) 학파의 플라톤 해석과 관련해서이다. 1959년 이래로 독일 튀빙엔 대학의 고전학자 샤데발트(W. Schadewaldt)의 두 제자인 크래머(H. J. Krämer)와 가이자(K. Gaiser)를 중심으로 줄기차게 제기된 '플라톤

연구에 있어서의 파라다임 변경'[6], 즉 문자화되어 우리에게 직접 전승된 대화편들 뿐만 아니라, 플라톤이 아카데미아에서 강의했으며 우리에게 간접적으로 전승된 '문자화되지 않은 이론'(ἄγραφα δόγματα)도 함께 고려되어야 한다는 주장을 둘러싼 60년대 이후의 폭발적 논쟁도 그 출발점은 플라톤의 문자 비판을 어떻게 이해할 것인가에 있다고 하겠다.[7] 플라톤의 문자 비판은 대단히 많은 문제들과 연관되어 있다.

2 문화사적 연관 속에서의 문자 비판

플라톤의 문자 비판을 이해하기 위해서는 먼저 플라톤이 살아 철학했던 시기의 문화사적 상황을 살펴볼 필요가 있다. 이미 40년대 초 이래로 하르더(R. Harder)는 희랍 문화에 있어서의 말과 글의 상관관계를 문제 삼는 일련의 논문들을 발표하였다.[8] 그의 선구적인 작업과 그에 뒤이은 활발한 연구의 성과들에 의하면, 말 중심 문화로부터 글 중심 문화에로의 이행이야말로 고대 희랍에 있어서의 문화적 지각 변동의 특징적 징표라고 할 것이다.[9]

널리 알려진대로 희랍인들은 그들의 문자 알파벳을 기원전 8 세기 중엽 페니키아인들에게서 받아들였다.[10] 이 사건은 엄청난 결과들을 동반하였다. 희랍 문화는 실로 문자라고 하는 이 새로운 전달 수단의 등장에 결정적으로 힘입었다고 할 것이다. 그러나 모든 것이 그렇듯이 문자 역시 부정적인 측면도 아울러 가져왔다. 어쨌거나 알파벳의 도입과 함께 종래의 말 중심의 문화는 이제 서서히 글 중심의 문화에로 이행한다. 이러한 과정은 많은 저항을 불러 일으켰다. 기원전 5세기말 4세기 초에 이르러서는 급기야 글 중심의 문화가 확고히 세워진 것으로 보인다. 이 대변동이 다름 아닌 플라톤이 살아 철학했던 시기에 그 절정에 다다른 것으로 볼 수 있다. 따라서 우리는 플라톤의 문자 비판을 이 같은 문화사적 맥락의 조명 아래에서만 제대로 이해할 수 있다. 플라톤이 문자 비판을 통해서 시사하는 것은 말 중심의 문화로부터 글 중심의 문화에로의 이행으로 인해 빚어진 위험을 지적하는 일이다.

이런 관점에 대하여 하벨록(E. A. Hevelock)과 구디(J. Goody) 같은 학자들은 전혀 다른 의견을 제시한다.[11] 하벨록에 의하면 플라톤이야말로 말 중심의 문화를 글 중심의 문화로 이행시킨 장본인이라는 것이다. 이런 견해에 따르면 플라톤은 고대 희랍에 있어서 글 중심의 문화의 대표자인 셈이다. 그러기에 하벨록은 <폴리테이아>에 등장하는 시인에 대한 비판을 말에 대한 비판으로 해석한다. 그러나 우리는 이러한 견해를 받아들일 수 없다. 왜냐하면 이미 코스타스(P. S. Costas)가 하벨록의 대표적 저서 Preface to Plato에 대한 서평에서 옳게 지적했듯이, 이러한 견해는 <파이드로스>편과 <제7서한> 그리고 그 밖의 여러 대화편에 명백히 나타나는 플라톤의 문자에 대한 비판적인 견지와 정면으로 배치되기 때문이다.[12] 하벨록 등이 주장하듯 글 중심의 문화에로의 이행이 다름 아닌 플라톤에 의해서 결정적으로 수행되었다고 보기보다는, 이미 플라톤 이전에 글 중심의 문화에로의 이행이 완성되었으며, 이러한 문화사적 대변화의 결과로 나타나는 글 중심 문화의 위험성에 대한 플라톤의 경고가 그의 문자 비판으로 표현되었다고 보는 것이 옳을 것이다.

문제되고 있는 말 중심의 문화와 글 중심의 문화의 상관관계에 대한 또 다른 견해를 우리는 렌츠(T. M. Lentz)에게서 찾아볼 수 있다. 그는 '말 문화와 글 문화의 공존'(symbiosis)을 '서양 문화 원류의 핵심'으로 이해한다. 그의 논변을 정리하면 다음과 같다.

1. 말과 글은 희랍 문화의 전 시기에 걸쳐서 처음부터 끝까지 한 치의 기움도 없이 팽팽한 긴장 관계를 유지했다. 그 어느 한 쪽이 다른 쪽에 비해서 어느 특정한 기간 동안 우세했다고는 볼 수 없다.
2. 말과 글이라는 두 가지의 의사 전달 수단 사이의 팽팽한 긴장 관계야말로 문화 발전의 긍정적인 요인이었다. 이 두 가지 수단

은 상호 작용하고 서로를 보완하였다.

3. 이러한 말을 통한 의사 전달과 글을 통한 의사 전달 사이의 상호 작용이야말로 서양 문화를 성립시킨 원동력이었다.[13]

말과 글의 긴장 관계와 상호 작용이 서양 문화의 토대를 구축했다는 렌츠의 주장은 의심의 여지 없이 옳은 것이다. 그러나 그의 논변은 결정적인 오류를 포함하고 있다. 희랍 문화사를 통틀어서 말과 글이라는 두 가지 의사 전달 수단 중 그 어느 한 쪽이 다른 쪽에 비해서 우세한 적이 없었다는 주장은 역사적 사실과 배치된다. 우리는 이제 곧 희랍에서 주로 말 중심으로 형성된 문화가 주로 글 중심으로 형성된 문화에로 명백히 이행했음을 보게 될 것이다. 물론 글 중심의 문화의 시기에도 말의 문화가 존재했다는 것은 자명하다. 다만 강조될 것은 말이 글에 비해 현저하게 그 중요성을 상실해 간다는 점이다. 앤더슨(O. Andersen)의 표현마따나 희랍에서의 말 중심의 문화에서 글 중심의 문화에로의 이행은 "씌어진 것이 말해진 것으로부터 왕위를 찬탈하는 과정"이라고 할 수 있다.[14]

희랍에서 말 중심의 문화로부터 글 중심의 문화에로의 이행은 어느 특정한 분야에 한정된 것이 아니라, 문학, 법, 역사 기술, 수사술 그리고 철학 등 전방위에 걸쳐서 일어났다.[15] 이제 분야별로 그 같은 이행이 어떻게 일어났고 어떤 결과를 초래했는지 알아본다.

먼저 문학의 경우를 보자. 잘 알려져 있다시피 희랍의 서사시적 전통은 말 중심의 문화의 일부분이었다. 호메로스(Homeros)의 서사시는 그것이 대중들 앞에서 공개적으로 읽혀짐으로써 발표되었다. 말하자면 호메로스의 서사시에게는 청중만이 있었던 셈이다. 청중과 대립되는 의미의 독서 대중이란 상당한 기간 동안 존재하지 않았다. 이 점은 초기의 모든 희랍 문학에 있어서 그러하였다. 케네디(G. Kennedy)가 지적하듯이 모든 문학 작품들은 초기에는 읽혀지기 위해서가 아니라 듣기 위해서 씌어졌다.[16] 희랍인들은 혼자 문학 작품을 읽을 때에도 소리내어 읽었던 것이다. 그랬던 것이 점차 변하여, 그야말로 독서 대중을 겨냥한 산문과 운문이 등장한다는 사실은 획기적인 사건이라고 하겠다. 상당한 기간 동안 '읽는다는 것'은 극히 제한된 사람들만의 특권이었다. 당시에는 책이라고 하는 것은, 일일이 손으로 베껴 써야 했기에, 엄청난 수고를 요구하는 것이었다. 현대의 많은 연구가들은 이러한 단순하면서도 많은 것을 의미하는 사실을 충분히 고려하지 않는 것 같다. 독서 대중이 청중보다 훨씬 두터워진 것은 비로소 글 중심의 문화가 확고해진 뒤의 일이다. 말 중심 문화의 주역인 청중이 글 중심의 문화가 지배적인 시기에는 그 자리를 독서 대중에게 내어 주게 된다. 플라톤은 철저하게 철학적 수련을 받은 소수의 사람들(οiὀλίγοι)과 철학적 작업과 무관한 다수의 사람들(οiπολλοί)을 확연히 구분하는데, 이 구분은 바로 청중과 독서 대중의 구분과 맞물려 있다.[17] 즉 플라톤은 엄격한 입문 과정을 거친 소수의 제자들에게는 아카데미아에서 구두로 강의하는 한편, 다수의 독서 대중을 위해서는 대화편을 썼던 것이다.

이제 철학의 분야에서는 말과 글이 어떤 관계 속에 있었는지 살펴보자. 최초의 철학자들은 확실히 시적인 서술 방식을 동원했던 것으로 보인다. 이들의 주장은 구두로 행해지고, 여러 사람들이 그 주장을 들었던 것이지, 글로 씌어져서 읽혔던 것이 아니다. 이 최초의 철학자들은 그들의 주장을 문자화했더라도 이것을 여러 사람들 앞에서 반복하여 낭독했던 것으로 보인다. 철학사를 통하여 강연하기 위한 글이 아니라 읽혀지기 위한 글을 본격적으로 써내기 시작한 사람들은 소피스테스들이다. 기원전 5세기 후반에 이르러서, 자연철학자들과 소피스테스들에 의해서 씌어진 산문들이 아테네 시민들의 관심의 대상이 되고, 급기야는 이들의 책을 팔고 사는 관행이 출현한다. 아테네의 아고라 광장에서 아낙사고라스의 책을 1 드라크마에 살 수 있었다는 것을 우리는 <소크라테스의 변론>을 통해서 알고 있다.[18] 그런가하면 <파이돈>에는 소크라테스가 아낙사고라스의 글을 베껴써서 가질 요량으로 빌리는 장면이 등장한다.[19] 또 크세노폰은 그의 저서 <소크라테스에 대한 회상>에서 소크라테스가 장서가인 에우티데모스와 대화하는 모습을 소개하고 있다.[20] 소피스테스들은 활발히 강연하는 한편 그들의 책을 널리 퍼뜨렸다. 대표적으로는 프로타고라스의 책들이 널리 퍼져서 대단한 영향력을 행사했다. 디오게네스 라에르티오스가 전하는 바에 의하면, 프로타고라스가 유죄 판결을 받자 그의 책들을 대대적으로 수거하여 광장에서 많은 시민들이 주시하는 가운데 불태워 없앴다고 한다.[21]

글 중심의 문화에로의 이행이 진행되면서, 글이 지니는 본질적인 위험과 한계를 희랍인들이 처음으로 의식하게 된 것은 법률 제정과 관련해서이다. 실로 오랫동안 희랍 사회에서는 문자화되지 않은 법만이 유효하였다. 그런데 희랍인들은 점차 문자화되지 않은 법과 문자화된 법을 구분하기 시작하였다. 법에 해당하는 희랍어 노모스(νομός)는 본디 관습 내지는 전통을 뜻한다. 희랍인들은 이러한 관습을 문자를 통하여 고정시키자마자 그러한 시도가 단지 부분적으로만 가능하다는 것을 깨닫게 되었다. 문자화된 규칙이란 관습에 의해서 요구되는 내용에 비하면 항상 모자라는 상태에 머무르게 된다. 오늘날에도 "법은 윤리의 최소한"이라고 말하지 않는가? <폴리티코스>에서도 이와 유사한 내용을 본다. 즉 "법이란 아무리 해도 가장 옳고 정의로운 것을 정확히 규정하지 못한다"는 것이다.[22] 결국 법은 역사 진전에 따라 필요불가결한 것이 되었지만, 문자화된 법은 끝내 완전치 못한 것으로 머물고 만다. <파이드로스>편에서도 이러한 문자화된 법의 문제를 잠깐이나마 언급하고 있다.[23] 문자화되지 않은 법을 더 높이 사는 생각은 기원전 5세기에는 매우 널리 퍼져 있었다. 희랍인들에게는 문자화되지 않은 법이 문자를 통해서 고정적으로 규정된 법보다도 더욱 중요하고 의미 있는 것으로 받아들여진 것이다.

역사 기술의 분야에서 글 중심의 문화에로의 전환을 주도적으로 시도한 이는 투키디데스(Thukydides)이다. 그는 서양 역사학의 아버지라고 불리우는 헤로도토스(Herodotos)의 저작을 달가와하지 않는다. 그는 헤로도토스의 저작을 한마디로 "귀청을 따갑게 하는 소리"에 불과하다고 혹평한다. 투키디데스는 자신의 저작을 예술적인 작품으로 다듬는 데 혼신의 노력을 경주했다. 나아가서 그는 자신의 글들을 한 순간 반짝하고 마는 게 아니라 후세가 영원히 소유하기에 걸맞는 작품이 되도록 시도한다고 단언하였다. 그가 이토록 헤로도토스와는 달리 의식적으로 독서 대중을 위한 저술 활동을 한 데에는 그의 숙명적 삶의 조건이 깊히 연관되어 있다. 투키디데스가 그의 저서의 핵심적인 부분을 써내려 갈 때, 그는 아테네에서 추방되어 있었다. 말하자면 그에게는 자신의 저서를 읽어 보일 아테네의 청중이 애당초 없었던 셈이다. 그는 낯선 땅에서 간간히 소수의 사람들에게 자신의 저서를 낭독하면서도 자나 깨나 조국 아테네에 자신의 저서를 알리고 싶었다. 이런 상황 아래에서 그가 할 수 있는 일이라고는 아테네의 잠재적 독서 대중을 겨냥하여 자신의 저서를 다듬고 또 다듬어 화려한 글의 잔치가 담긴 작품으로 만드는 것이었다.

그렇지만 말과 글의 관계에 관련해서 무엇보다도 첨예하게 문제되는 분야는 수사술이다. <파이드로스>편과 직접적으로 연관되는 수사술의 문제는 다음 장에서 다루겠다.

3 〈파이드로스〉편에서의 문자 비판

<파이드로스>편에서 플라톤은 당시 자신의 철학에 대한 가장 강력한 경쟁 상대였던 수사술을 문제 삼는다. 치열한 경쟁 관계에 있었던 이 세 사람, 곧 플라톤, 이소크라테스(Isokrates), 알키다마스(Alkidamas) 사이에 얼키고 설킨 비판과 반비판이 있었다는 것은 널리 알려진 사실이다.[24] 우리가 지금 다루고 있는 주제와 관련해서는 다음과 같은 점이 주목된다. 즉 플라톤이 <파이드로스>편에서 해 보이는 '문자화된 λόγος'에 대한 비판은, 알키다마스와 이소크라테스가 벌인

당시의 수사술 논쟁과 연관시켜 이해할 수 있다. 이 시기는 수사술사, 소피스테스 그리고 철학자가 각각 자기의 교육 프로그램을 들고 나와서 다른 이의 프로그램을 비판하고, 그럼으로써 스스로를 선명하게 규정하고, 자신의 교육 목표를 정당화하려고 시도했던 때이다. 많은 쟁점 중에서도 특히 치열했던 것은 다름 아닌 말과 글의 관계, 그 우열의 문제였다.

수사술이 희랍 사회에 일반화되면서 말과 글의 관계는 더욱 관심의 초점이 되었다. 오랫동안 수사술은 구두로 행해지는 연설에 관한 기술에 머물러 있었다. 그런데 몇몇 수사술사들은 문자화된 연설을 기술하기 시작하였다. 수사술이란 본래 구두로 행하는 연설에 관한 기술이 아닌가? 씌어진 연설이라는 것은 그 자체로 모순인 것이다. 몇 가지 극히 예외적인 경우에만 씌어진 연설이 그 의미를 지닐 수 있었다. 예를 들어서 하나의 연설이 후세에 기억 되도록 자료로서 문자화되는 경우라거나, 수사술을 가르치는 학교에서 교육 목적상 다루는 모범 연설 따위가 바로 그것이다. 무엇보다도 중요한 또 하나의 예외는 법정 연설(法庭演說)의 경우이다. 당시의 제도와 관행에 의하면 소송 관련자는 그 스스로 법정에 출두해야 했다고 한다. 그런데 만일 어떤 이가 전혀 재판 절차에 대해서 무지한 경우에는 그의 법정 연설을 수사술 전문가에게 위탁하여 작성케 했던 것이다. 이처럼 법정 연설을 대리로 작성하는 이 (λογογράφος)들은 대단한 재능을 보유해야만 했다. 이들은 법정에서 일어날 상황을 정확히 예측해야 했고, 심지어는 이 법정 연설을 실제로 낭독할 사람의 목소리와 성량까지도 감안해야 했다고 한다.

기원전 4 세기 아테네에서 가장 성공적이고 따라서 가장 유명한 수사술 교사는 이소크라테스였다.[25] 그는 글을 통한 수사술에 종사하였다. 이소크라테스가 수사술의 분야에서 종래의 관행과는 달리, 말보다는 글에 치중하게 된 것도 따지고 보면 역사 기술의 분야에서 투키디데스가 그랬던 것처럼, 그에게 지워진 부정적 조건에 기인하는 것으로 보인다. 이소크라테스에게는 대중 연설가로서는 치명적인 약점이 있었다. 그는 목소리도 웅장하지 못했고, 여러 사람 앞에 자신 있게 설 만한 강단(剛斷)도 없었다고 한다. 이런 점 때문에 그는 자신이 세운 수사술 학교의 울타리 밖에서는 대중 연사로 나서지 못한 것이다. 그로서는 그때 그때의 상황에 민첩하게 대응하고 청중들의 반응을 끌어내는 즉석 연설가들이 도저히 도달해내지 못할 고도로 예술적인 연설, 정확성을 목표로 하는 연설을 문자로 기술해 내는 데에 눈길을 돌리지 않을 수 없었다. 그래서 그는 자신의 연설을 시간 들여 (σχολή) 준비하였다. 그리고 그의 연설들은 많은 독서 대중을 위해서 출판되었다. 그는 하나의 연설을 문자화하여 완성하기까지 극도로 천천히 작업했고, 따라서 그렇게 공들여 완성된 연설은 그만이 구사할 수 있는 화려한 문체로 되어 있었다. 그것도 부족해서 그는 그의 제자들과 친구들의 조언을 들어가며 이 문자화된 연설을 끊임없이 고쳐나갔다고 한다. 이소크라테스 스스로 그가 얼마나 오랜 세월에 걸쳐 공들여 작업했는지를, 그리고 다른 이들의 조언을 받아 연설문들을 끊임없이 고쳐나갔음을 보고하고 있다.[26] 퀸틸리아누스(Quintilianus)가 전하는 바에 의하면 <Panegyrikos>란 연설문은 무려 10 년에 걸쳐서 완성되었다고 한다.[27] 정리해서 말하면 이소크라테스는 연설문의 정확성(ἀκρίβεια)을 유일의 목표로 삼았고, 즉흥 연설에는 도무지 관심이 없었다.

그 반면에 고르기아스의 제자인 알키다마스는 실생활과 직접적으로 관련된 수사술을 대표한다. 그가 글로 남긴 연설 <문자화된 연설을 쓰는 자들 혹은 소피스테스들에 관하여>(Περὶτών τοὺς γραπτοὺς λόγους γραφόντων ἢπερὶτών σοφιστών)에서 그는 다음과 같은 질문을 던진다. 수사술은 도대체 말의 기술인가 글의 기술인가? 알키다마스는 이 연설문 내내 두 개의 서로 대립되는 개념들을 동원한다. 문자로 씌어진 연설의 특징인 정확성(ἀκρίβεια)과 즉흥 연설의 특징인 때맞음, 시중(時中, καιρός, εὐκαιρία)이 그것이다. 알키다마스는 이 연설문에서 연설문을 쓰는 자들, 구체적으로는 법정 연설문을 쓰는 자들을 강도 높게 비판하는데, 이는 다름 아닌 이소크라테스류에 대한 비판이다. 렌츠가 지적하듯이 알키다마스는, 마치 플라톤이 <파이드로스>편과 <제7서한>에서 그랬던 것처럼, 역설적이게도 문자로 씌어진 저술로 저술 작업을 비판하고 있는 것이다.[28] 알키다마스에 의하면 법정 연설문을 작성하는 자들은 글 솜씨를 내세울 뿐, 자유로운 연설을 외면한다. 알키다마스에게 있어서 수사술의 최고 목표는 즉흥성(αὐτοσχεδιασμός)을 발휘하는 데에 있다. 수사술의 진면목은 쓰는(書) 데에 있는 것이 아니라 모름지기 그때그때의 상황에 즉흥적으로 대응하는 데에 있다. 그에 따르면 즉흥성이란 숙고하지 않고(εἰκῆ) 튀어 나오는 것이다. 다른 이들이 글로 표현한 것을 이리 저리 꿰어 맞추고 흉내내며, 그렇게 해서 씌어진 것을 다른 사람들의 조언을 받아 혹은 스스로 심사숙고해서 거듭 고쳐쓰는 일 따위는 아무나 다 할 수 있다는 것이다. 그 반면에 훌륭하게 연설하는 일이란 오로지 탁월한 재능을 가지고 있으며, 좋은 훈련을 받은 소수의 사람들만이 할 수 있다고 본다. 알키다마스의 앞서 언급한 저술과 플라톤의 <파이드로스>편 사이에는 매우 밀접한 연관이 있는 것으로 보인다. 이 두 저술 중 어느 것이 먼저 씌어졌으며, 어느 것이 앞서의 것의 영향을 받아서 나중에 씌어졌는지는 아직도 논쟁거리이다. 거스리(W.K.C. Guthrie)를 필두로 많은 학자들이 알키다마스의 저술이 <파이드로스>편보다 먼저 씌어졌다고 보는 데 반해서, 프리만(S. Frieman)처럼 오히려 알키다마스의 저술이 <파이드로스>편의 영향을 받아서 나중에 씌어졌다고 보는 쪽의 논의도 만만치 않다.[29] 이 두 저술은 여러 대목에서 심지어 동일한 표현을 보인다.[30] 게다가 이 대목들에는 플라톤이 문자 비판과 관련해서 동원하는 핵심 개념들이 포함되어 있다.

이제 플라톤, 이소크라테스 그리고 알키다마스 사이에 있었던 수사술을 둘러싼 논쟁을 염두에 두고 <파이드로스>편 274a–278e의 부분을 분석해 보자.

3.1. Theuth-Thamos-신화: 274a6-275d3

플라톤은 다음과 같은 물음을 제기한다. "쓴다고 하는 것은 어느 경우에 적절하며, 또 어느 경우에는 적절하지 않은가?" 플라톤은 이 쓰는 일에 있어서의 적절함(εὐπρέπεια)과 부적절함(ἀπρέπεια)의 문제를[31] 곧 이어 '신의 마음에 들도록 하는 일'(θεῷχαρίζεσθαι)과 연관 시킨다. 그에 따르면 수사술의 참된 목적은 인간의 마음에 들도록 하는 데에 있는 것이 아니라 신의 마음에 들도록 하는 데에 있다. '인간의 마음에 들도록 연설하는 것'을 이미 이소크라테스와 데모스테네스(Demosthenes)는 수사술의 약점으로 지적하였다. 플라톤은 여기에서 '인간의 마음에 들도록 연설하는 것'을 뒤집어서 '신의 마음에 들도록 말하고 행동하는 것'[32]이라는 개념을 내놓는다.

문자 비판은 문자의 발명과 관련된 신화로 시작된다. 소크라테스는 자신이 전해 들었던 신화를 소개한다. 그에 따르면 이집트의 신 테우트(Theuth)가 우선 숫자와 셈법을, 그리고는 기하학과 천문학을, 그 다음으로는 장기 놀이와 주사위 놀이를, 나아가서 글자(γράμματα)를 창안해냈다고 한다.[33] 소크라테스가 들었다는 신화를 좀 더 따라가 보자. 재주 많은 신 테우트는 자신의 발명품들을 의기양양해서 신들의 임금인 타모스(Thamos)에게 보이고는 모든 이집트 사람들이 이 발명품들을 사용하도록 해야겠다고 말한다.[34] 그 후에 전개되는 타모스와 테우트 사이의 대화는 이 발명품들 특히 문자의 효용[35]을 둘러싼 현저한 견해차를 선명하게 보여 준다. 문자를 발명한 테우트는 당연히 자신의 노작(勞作)인 문자에 대해 마치 부모가 자식에 대해서 갖게 마련인 한없는 신뢰를 감추지 못한다. 그러나 그에게는 자신의 발명품인 문자가 구체적으로 얼마나 이로운 지를 헤아릴 능력이 없다. 신들의 임금인 타모스는 테우트의 발명품인 문자에 대해 대단히 조심스러운 태도를 견지한다. 한껏 칭찬을 들을 줄 알았던 테우트로서는 이만저만 실망스러운 일이 아닐 수 없다. 테우트와 타모스의 문자의 효용에 대한 견해차는 다음과 같다. 테우트는 사람들이 문자를 익히면 보다 지혜롭고(σοφωτέρος) 더욱 기억을 잘하게(μνημονικωτέρος) 될 것으로 믿는다. 반면에 타모스는 문자가 그것을 배우는 사람들의 혼에 오히려 망각(λήθη)을 불러일으킨다고 본다. 그가 보기에는 사람들은 문자를 신뢰한 나머지 '안으로부터'(ἔνδοθεν) 생기는 기억을 훈련하기보다는 '바깥으로부터'(ἔξωθεν) 주어지는 기호에 의존해서 기억하려 한다는 것이다.[36] 그러기에 문자는 상기(想起)를 원활하게 하는 약(φάρμακον)[37]이 아니라 그저 기억을 붙들어 주는 버팀목에 불과하다. 문자가 사람들에게 전달하는 것은 참된 의미에서의 지혜가 아니라 겉으로만 지혜인 것으로 보이는 그럴싸함이다. 문자를 통해서는 어떻게 해서도 지혜는 나오지 않는다. 사람들은 문자를 통해서 많은 것을 들을 수 있게 되고[38], 그럼으로 해서 '아는 게 풍부하게'(πολυήκοοι) 되기는 하지만, 부수(附隨)되는 직접적인 가르침(διδαχή) 없이는 결코 '통찰력이 풍부하게'(πολυγνώμονες) 되지 못한다. 결국 문자는 사람들을 스스로를 실은 그렇지도 않으면서 지혜롭다고 여기게끔 만든다 (274c5-275b2).

<파이드로스>편의 문자 비판의 대목에서는 처음부터 끝까지 쌍을 이루는 개념들의 대비가 두드러지게 나타난다. 그런데 이와 같은 대비에 있어서 가치 서열이 개재해 있다는 점에 주목해야 한다. 문자 비판과 관련된 개념들의 대비를 한 곳에 모으면 다음과 같은 데, 앞에 적은 개념이 가치의 측면에서 우월하다:

μνήμη 혹은 ἀναμνήσις : ὑπομνήσις
σοφία : δοξόσοφια
ἀλήθεια : δόξα
ἔνδοθεν : ἔξωθεν
ἰδέα : εἴδωλον
σπουδή : παιδιά
πολυγνώμονες : πολυήκοοι
τιμιώτερα : φαύλα

버거(Ronna Burger)는 테우트-타모스 신화와 관련하여 다음과 같은 개념들의 대비를 제시한다:[39]

1. Theuth : Thamus
2. Naucratis : Thebes
3. Prometheus : Zeus
4. inventer, user : judge, censor
5. Greece : Egypt
6. the human : the divine
7. the modern : the ancient
8. alphabetic writing : hiroglyphic writing
9. a representation of living speech : a direct imitation of the objects
10. the dialectic exchange of logos : the monologic recital of mythos

이 과장된 대비는 테우트-타모스 신화에 대한 그릇된 해석을 낳게 한다. 1항에서 4항에 이르는 대비는 확실히 옳은 것이다. 그러나 5항 이하의 대비는 잘못된 억측에 불과하다. 테우트와 타모스를 분명하게 가르는 기준은 문자의 효능(ὠφελία)에 대한 상이한 판단에 있다. 테우트가 소피스테스들에 있어서 찾아볼 수 있는 문자에 대한 무제한적 낙관주의를 대변한다면, 타모스는 플라톤 자신이 문자에 대해서 갖는 견해를 표출하고 있다고 보아야 한다.

신화에서의 테우트와 타모스 사이의 대화에 이어서 이제 소크라테스와 파이드로스의 대화가 진행된다. 소크라테스는 앞서 소개된 신화가 담고 있는 의미를 다음과 같이 규정한다: 우리가 하나의 기술(τέχνη)을 글자로 전달할 수 있다거나 글자들로부터 '확실하고 지속적인'[40]것을 전해 받을 수 있다고 생각하는 것은 잘못이다. '씌어진 λόγος'가 할 수 있는 것이란 이미 알고 있는 사람으로 하여금 그 씌어진 것이 다루고 있는 것을 기억해 내게 하는 것뿐이다(275c5-d2).

문자가 갖는 유일한 기능으로서 이미 알고 있는 사람에 있어서의 기억의 버팀목(ὑπομνήματα)으로서의 구실만이 인정될 수 있을 따름이라는 점이 여러 차례 반복되어 나타나는데도 불구하고,[41] 플라톤의 문자 비판을 문제삼는 기왕의 많은 논문들에서는 이 점이 충분히 부각되어 있지 않은 것 같다. 문맥상 ὑπομνήσις는 확연히 μνήμη나 ἀναμνήσις보다 저급한 것이다. 게다가 ὑπομνήματα는 논리적으로 무언가 시간적으로 보아서 문자로 고정되기 전에 이미 있는 어떤 것을 전제한다. 플라톤 자신의 대화편들도 그것들이 문자로 씌어진 한 기억의 버팀목 구실을 한다고 할 것이다. 그렇다면 문자화된 대화편들에 앞서 이미 있었던 것은 무엇이겠는가? 그것은 플라톤이 아카데미아에서 구두로 행했던 가르침이라고 할 수 있겠다.

문자의 기능이 무언가를 이미 알고 있는 사람으로 하여금 그 문제되는 것을 기억나게 하는 데에 있다고 할 때, 이미 알고 있는 사람(ὁεἰδός)이란 다름아닌 지혜로운 사람이다. 겉으로만 지혜롭게 보이는(δοξόσοφος) 사람이 참된 의미로 지혜로운(σοφός) 사람과 다른 점은 '직접적인 가르침을 받지 못한'(ἄνευ διδαχῆς) 상태로 머물러 있다는 것이다. 테우트-타모스 신화가 말해 주는 바는, 문자는 기껏해야 이미 현존하는 통찰력을 다시금 발동시킨다고 보아 이차적이라면, 참된 통찰력 자체를 갖게 하는 일차적 역할은 직접적인 가르침에 있다는 것이다.

3.2. εἴδωλον으로서의 문자: 275d4-276a9

플라톤은 이제 '글쓰기'를 '그림 그리기'(ζωγραφία)에 견준다.[42] 문자는 그림이 갖는 것과 마찬가지의 약점을 지니고 있다. 어떤 동물의 그림을 생각해 보자. 그림은 어떻게 해도 동물을 살아 움직이는 것으로 표현할 수 없다. 기껏해야 살아있는 것처럼 보이게 할 수 있을 뿐이다. 그런가 하면 문자도 그림도 누군가 질문을 던질 때에 제대로 답변하지 못한다.[43] 만일 우리가 문자에게 그 문자가 표현하고자 하는 내용에 대해서 물음을 제기하면, 문자는 항상 동일한 대답을 줄 뿐이다. 하나의 연설이 일단 문자화되면 그것은 이리 저리 떠돌아 다니게 되는데, 이 연설을 이해하는 사람들에게 뿐만 아니라 전혀 그렇지 못한 사람들의 손에도 차별 없이 전해진다. 즉 문자화된 연설은 어떤 사람들을 상대로 해야 하고, 어떤 사람들을 상대로 해서는 안 되는지를 알지 못한다. 문자는 누군가 공격을 해오든가 헐뜯게 되면 그 글을 쓴 사람의 도움을 항상 필요로 한다. 서자(庶子)격인 '씌어진' λόγος는 적자(適子)인 '살아있고 혼을 가진'(ζώντα καὶἔμψυκον) λόγος의 모상(εἴδωλον)[44]에 불과하다. 종이 위에 씌어지는 문자와는 달리 배우는 사람의 혼에 새겨지는 저 살아있고 혼을 가진 λόγος는 누군가 공격을 해오면 스스로 방어할 수 있을 뿐더러, 어떤 사람들을 상대해야 하고 어떤 사람들을 상대하지 말아야 하는지를 잘 안다.

'그림 그리기'에 해당하는 희랍어 ζωγραφία는 그 단어의 본래적인 의미에서 보자면 '살아있는 것처럼 그려내기'를 뜻한다. 이 단어는 <메논>편에서의 살아 있어서 달아나 버리는 다이달로스의 조각품들을 연상케 한다.[45] ζωγραφία라는 단어가 가치의 측면에서 저급한 어떤 것을 함축한다는 것은 분명하다. 실제로 '그림 그리기'가 어떤 모상, 심지어는 모상의 모상을 만들어 내는 것을 뜻하는 것으로 쓰이는 경우를 흔히 본다.[46] 니일(J. Neel)은 ζωγραφία와 관련해서 다음과 같은 주장을 편다: "아마도 플라톤이 여기에서 비판의 대상으로 삼는 것은 오늘날 서양 문자의 기원인 희랍의 알파벳이 아니라 고대 이집트의 상형문자(象形文字)일 것이다. 플라톤의 공격 가운데 중요한 하나는 글쓰기가 그림 그리기에 닮아 있다는 점인데, 이 점은 상형문자에는 해당이 되어도 알파벳에는 적용되지 않는다. 아닌 게 아니라 플라톤이 전해주는 신화의 무대는 이집트이지 희랍이 아니다."[47] 이 같은 해석은 옳지 않다. <파이드로스>편의 논의에서 ζωγραφία가 도입되는 까닭은 그것이 글쓰기와 같은 특색을 지니기 때문이다. 글쓰기가 그렇듯이 그림 그리기도 어떤 것을 마치 살아 있는 것처럼 보이게 할 따름이지 살아 있는 것 자체를 내놓는 것이 아니다. 누군가 질문을 던질라치면 그림도 문자도 침묵하기만 한다. ζωγραφία를 고대 이집트의 상형문자와 관련시킴으로써 플라톤의 문자 비판의 뇌관을 제거하려는 시도는 무수히 많지만,[48] 그런 시도가 옳지 못하다는 것을 우리는 쉽게 알 수 있다.

배우는 사람의 '혼에 새겨진 λόγος'가 어떤 경우에도 '글로 씌어진 λόγος'(λόγος γεγραμμένος)일 수 없다는 사실은 벌써 다음과 같은 점들로부터 분명하다. 즉 혼에 새겨진 λόγος는 씌어진 λόγος에 대립 되는 것으로 나타나는 데, 이 때 이 대립이 원본과 모상의 대립에 견주어졌다. 또한 모든 씌어진 것들이 마치 그려진 도형처럼 생명이 없는 것들로 특징지워진 반면에, 혼에 새겨진 λόγος는 '살아있고 혼을 지닌' 것으로 지칭 된다. 결국 '혼에 새겨진 λόγος'와 '씌어진 λόγος'의 대비로 의도되는 것은 말해지는 연설과 씌어진 연설의 대비이지, 씌어진 연설의 두 종류, 이를테면 보다 생생한 연설과 덜 생생한 연설의 대비가 아니다. 이렇게 볼 때 플라톤의 문자 비판이 체계적으로 씌어진 교과서와 같은 글을 겨냥하는 것이지 대화편에는 해당되지 않는다는 흔히 제기되는 주장[49]은 설득력이 없다. 플라톤이 비판하고자 하는 것은 문자 (γραφὴ)[50] 자체이지 문자의 어떤 특정한 표현 방식이 아니다.

글로 씌어진 것은 실제로 행해지는 생생한 대화를 고정시킨 모상이다.[51] 플라톤이 씌어진 것을 가리켜 말해진 것의 모상이라고 부르는 데에는 가치 측면에서의 차이가 분명히 들어가 있다고 보아야 한다. 잘 알려져 있듯이 플라톤에 있어서의 모상은 예외 없이 원본에 비해 저급한 것이다.[52] 여기에서 문제되는 '혼에 씌어진 λόγος'와 '글로 씌어진 λόγος' 사이에는 어떠한 탁월한 예술적 재능으로도 결코 메꾸어질 수 없는 본질적인 간격이 엄연히 존재한다고 하겠다.

3.3 농부의 비유: 276b1-277a5

이제 플라톤은 하나의 비유를 든다. 이 비유에서 플라톤은 철학자가 지식을 전달하는 데에 있어서 견지해야할 태도를 건전한 이성을 지닌 농부가 취하는 태도에 견주어서 드러낸다.[53] 어느 농부가 잠시 있다가 마는 '아도니스 화단'[54]에 씨를 뿌린다고 하자. 사리를 분별할 줄 아는 농부라면 이 일을 '진지한 마음에서' 하지는 않을 것이다. 8일 뒤에 벌써 무성해진 식물들을 기어코 보려는 것이 아니라 그저 일주일 뒤의 축제를 기다리는 '가벼운 마음에서' 그렇게 하는 것이다. 오히려 이 농부가 '진지한 마음에서' 온갖 노력을 아끼지 않을 일은 씨 뿌리기에 적절한 땅을 미리 갈아 두고 8개월 뒤면 확실히 열매를 맺을 씨앗을 마련하는 일일 것이다. 정의롭고 아름다우며 훌륭한 것들에 대한 인식을 지닌 사람은 꼭 이 농부가 하듯이 한다. 그는 그가 전달할 지식을, 그 지식이 바로 농부에 있어서의 씨앗인데, 진리를 충분히 전달할 능력이 애당초 없는 글로 '물에 쓰듯'[55] 파종하는 일을 '진지한 마음에서' 하지는 않을 것이다. 글을 쓰는 것은 마치 농부가 '아도니스 화단'에 씨를 뿌리듯 '글자의 화단'에 파종하는 것이다. 철학자가 '아도니스 화단'처럼 잠시 있다가 곧 사라지고 마는 '글자의 화단'에 씨 뿌리는 것은 그 자신 및 같은 길을 걷는 사람들에게 나이 들수록 약해지는 기억을 지탱시켜 주기 위해서 '가벼운 마음으로' 하는 것이다. '글자의 화단'이 무성해지면 철학자로서는 기쁜 일이지만, 철학자의 '글자의 화단'은 철학자에게 있어서, 마치 농부의 '아도니스 화단'이 농부에게 있어서 그런 것처럼, 결코 본질적인 관심사가 되지 못한다(276b1-d8).

이 농부의 비유에서 핵심적인 역할을 하는 것은 σπουδή와 παιδιά의 대비이다.[56] σπουδή와 παιδιά, σπουδάζειν과 παίζειν이 플라톤에 있어서 전문 용어 (terminus technicus)로 쓰인다는 점에 대해서는 많은 학자들이 의견을 같이 한다.[57] <제6서한>에서는 σπουδή와 παιδιά를 남매 사이로 규정하고 있다.[58] 우리가 지금 다루고 있는 농부의 비유에서는 '혼에 쓰는 일' 일이란 '진지한 마음에서'하는 일인 반면에 '종이에 쓰는 일'은 '물에 쓰는' 것이나 진배 없어서 '가벼운 마음에서'하는 일이라고 한다.

특히 많은 학자들의 관심의 대상이 되었던 것은 플라톤에 있어서 παιδιά의 역할이 무엇인가 하는 점이었다.[59] 플라톤의 παιδιά가 무엇을 뜻하는지를 한 마디로 이야기하기란 쉽지 않다. 그러나 한가지 확실한 것은 플라톤이 '무의미한 유희'(φαύζη παιδιά)와 '의미 있는 유희'(παγκάλη παιδιά)를 구별한다는 사실이다. 여기에서 우리는 플라톤이 무의미한 유희에서 의미 있는 유희를 거쳐 진정한 의미에서의 진지함에 이르는 사다리를 염두에 두고 있다고 미루어 생각해 볼 수 있다. 이 점은 <법률>편에 '커다란 진지함'(μεγάλης σπουδή)[60]이라든가 '복된 진지함'(μακαρίου σπουδής)[61] 혹은 '가장 아름다운 유희'(καλλίστας παιδιὰς)[62]등의 층을 지우는 표현이 등장하는 것으로 보아 더욱 설득력 있어 보인다. 이런 점을 농부의 비유에 연관시켜 보면, 플라톤이 보기에는 철학자의 저술 작업은 일종의 '의미 있는 유희'로서 분명히 그 자체로서 가치를 지니기는 하지만 '진지함'에서 하는 일은 아니다. 플라톤 자신의 대화편들도 예외일 수 없다. 그러기에 클라인(J. Klein)이 플라톤의 대화편을 제대로 해석하기 위한 전제 조건으로 "대화편의 목적과 내용이 아무리 진지한 것이라 해도 그 진지함에는 유희가 삼투(滲透)되어 있음"을 잊어서는 안 된다고 한 것은 옳은 것이다.[63]

3.4 φαύλα-τιμιώτερα: 277a6-278e4

이 대목에서는 철학자에 대한 본질 규정이 다루어진다. 우리는 이 대목을 <파이드로스>편의 후반부에서의 전체 논의의 성과가 집약 정리된 것으로, 그리고 그와 동시에 플라톤이 글 쓰는 모든 이에게 던지는 메시지로 볼 수 있다. 플라톤의 논의를 따라가 보자.

하나의 연설문이 작성되거나 혹은 하나의 연설이 행해지기 전에 다음 세 가지 조건이 꼭 갖추어져 있어야만 한다 (277b5-277c6).

첫째로, 문제되는 사물이나 사실에 대한 철저한 앎이 있어야 한다: 말하거나 쓰고자 하는 바의 것의 참된 성질을 정확히 알고, 또 정의할 줄 알아야 한다. 이와 관련해서 무엇보다도 요구 되는 것은 문제되는 각각의 것을 '더 이상 나눌 수 없을 때까지 나눌' 줄 아는 능력이다.[64] 즉 하나의 연설문을 쓰거나, 연설을 행하려는 사람은 διαλεκτική에 능해야 한다.

둘째로, 사람들의 다양한 성격들에 대한 통찰을 갖고 있어야 한다: 혼의 본성을 잘 알아야 한다.

셋째로, 다양한 언어적 표현 방식들에 대한 통찰을 갖고 있어야 한다: 사람들의 혼은 제각기이다. 따라서 저마다의 혼에 그에 알맞는 방식의 연설이 어떤 것이겠는지를 찾아낼 수 있어야 한다. 즉 다채로운 혼에는 다채로운 연설을 단순한 혼에는 단순한 연설을 택할 줄 알아야 한다.[65]

만일 누군가, 그가 리시아스(Lysias)이든 다른 어떤 사람이든, 그렇게 하는 것에 '지속성과 확실함'[66]이 있다는 생각에서, 사적이든 공적인 일로 무언가 썼거나(書) 쓰려고 한다면, 그는 비난 받아 마땅하다. 왜냐하면 무엇이 정의로움과 관련되며 무엇이 정의롭지 못함인지, 무엇이 나쁨이고 무엇이 좋음인지 '전혀'[67] 구분할 줄 모르는 것이야말로, 비록 모든 이들이 칭송해 마지 않는다고 해도, 가장 욕 얻어먹을 짓이기 때문이다 (277d6-277e3).

플라톤에 따르면, 이런 경우에 올바르게 처신하는 사람이란 어떤 글을 쓰거나 그것을 남들 앞에서 읽는 일을 '진지한' 일로 여기지 않고 그저 '유희' 정도로 여기는 사람이다. 가장 훌륭한 글조차도 그것이 다루고 있는 내용을 이미 알고 있는 사람들로 하여금 영영 잊지 않도록 하려는 데에 그 기능이 있을 따름이다. 참으로 '진지하게' 대해야 할 것은 정의로움, 아름다움 그리고 좋음에 대하여 '혼에 써 넣은'[68] 것이다. 오로지 이처럼 혼에 씌어진 것들만이 적자(適子)라 불리울 수 있다 (277e5-278b2).

리시아스 같은 λογογράφος(법정 연설문을 대리로 작성하는 일을 직업으로 하는 자), 호메로스 같은 시인 혹은 솔론 같은 νομογράφος(법률을 편찬하는 자)가 하나의 글을 써냈다고 하자. 만일 이들이 자신들의 저술 작업의 대상인 것들이 실제로 어떠한 것들이지 잘 알 뿐만 아니라, 씌어진 것에 대해 '논박'[69]을 가하고, 말을 통해서 '그 씌어진 것들이 별 것 아니라는 것을 드러냄으로써',[70] 자신들의 저작을 도울 줄 안다면, 이들은 λογογράφος, 시인 혹은 νομογράφος로 불리우기보다는 그들이 '진지하게 문제 삼았던'[71] 것들에 따라서 불리워야 한다. 반면에 이들이 오랫동안 이리 저리 꿰맞추고 한데 붙였다 떼어냈다 해서 '편찬하거나 저술한 것보다도 더욱 가치 있는 것'[72]을 지니고 있지 않다면, 이들은 λογογράφος, 시인 혹은 νομογράφος로 불리워 마땅하다 (278b-278e4).

철학자의 글쓰기는 어떠해야 하는가? 우리는 플라톤의 지금까지의 논변을 통해서 다음과 같이 말할 수 있겠다. 누군가 무엇인가에 대해 글을 쓰면서도, 그러면서도 철학자(φιλόσοφος)라 불리워 합당하다고 자부하려면, 그는 두 가지 전제 조건을 충족시켜야 한다.

1) 철학자는 씌어진 것에 대해 논박을 가하고, 그 씌어진 것이 별것 아니라는 것을 드러냄으로써 자신의 저작을 도울 수 있어야 한다.
2) 철학자는 항상 자신에 의해 씌어진 것보다 더욱 가치있는 것을 내놓을 수 있어야 한다.

첫 번째 조건은 소극적인 것인데, 여기에서는 'βοηθείν τῷλόγῳ' 개념이 결정적 역할을 한다. 두 번째 조건은 적극적인 것으로서 'τιμιώτερα'라는 표현이 그 핵심을 이룬다. 여기에서 놓쳐서는 안 되는 것은 이 두 개념이 철학자를 무엇이라 규정할 것인가와 관련해서 도입되었다는 점이다. 이제 이 두 개념을 좀 더 자세히 살펴보자.

'βοηθείν τῷλόγῳ'라는 개념이 여기에서 대단히 중요하다는 것을 강조한 대표적인 학자로 슬레작(Th. A. Szlekzák)을 들 수 있다.[73] 그는 'βοηθείν τῷλόγῳ'를 플라톤의 대화편들이 공통적으로 지니는 구성(構成)상의 원리로 보고, 이 같은 관점에서 <폴리테이아>편에 이르는 17

편의 대화편들과 <법률> 제 10 권을 분석하였다. 그에 의하면 플라톤의 대화편들은 3 단계의 구조를 그 바탕으로 한다. 그 3 단계는 다음과 같다:

1. 최초의 불충분한 λόγος,
2. 이렇게 씌어진 λόγος에 대한 비판,
3. '보다 가치 있는 것'(τιμιώτερα)을 통한 이 씌어진 λόγος에 대한 '도움'(βοήθεια).

슬레작은 개개의 대화편에 있어서의 대화는 이 3 단계를 거치면서 고조되고 심화되는데, 이 같은 단계별 심화는 대화편들 상호간에도 그리고 더 나아가서 전체 대화편들과 아카데미아에서의 구두로 행했던 강의 사이에도 일관되게 적용된다고 주장한다. 그에 따르면 플라톤은 글을 통하든(대화편들) 말을 통하든(아카데미아에서의 강의) 대화 상대방에 맞추어서 그의 철학의 깊이를 달리 드러낸 셈이 된다. 즉 그는 <파이드로스>편에서의 표현을 그대로 빌어서 말하자면 "누구에게 말해야 하고 누구에게는 침묵해야 할지를" 충분히 고려하고 "다채로운 혼에는 다채롭게 단순한 혼에는 단순하게" 자신의 철학을 전달했다고 하겠다. 이렇게 보면 우리는 '도움'을 통해서 보다 궁극적이고 본질적인 것에로 점점 다가간다.

블라스토스(G. Vlastos)는 <파이드로스>편에서 요구하는 '도움'을 씌어진 것에 대한 오해를 불식하는 작업으로 이해한다.[74] "어떤 진술들을 돕는다는 것은 의심할 바 없이 그 진술들을 방어(블라스토스의 강조)하는 것, 즉 그 진술들을 어리석음이나 악의에 기인하는 오해로부터 구해내는 것, 트집 잡아 걸고넘어지는 것을 반박하는 것, 그 진술들이 얼마나 강력한 전제들로부터 이끌어져 나온 것인지 혹은 얼마나 함축적인지를 보여줌으로써 그 진술들을 강화하는 것을 의미한다."[75] 그러나 이 같은 해석은 플라톤이 '도움'의 과제로 제시한 내용에 배치된다.

플라톤에 따르면 '도움'의 과제란 씌어진 것들이 별것 아니라는 것을 드러내는 일이다. 블라스토스의 해석대로라면 '도움'은 씌어진 것들을 정당화하는 일을 그 과제로 한다.

하이취(E. Heitsch)는 '도움'을 어떤 하나의 글을 쓴 사람이 그 글을 그것이 지향하는 대상과 상황에 맞추어 추후적으로 설명을 가하는 일로 본다.[76] 그에 의하면 '도움'의 결과로 나오는 것은 결코 새로운 것이 아니다. '도움'이 가해지기 전과 비교하여 보다 고차적인 것은 더더욱 아니다. 이 견해도 블라스토스의 해석이 안고 있는 것과 동일한 난점에 봉착한다. 왜냐하면 <파이드로스>편에서의 '도움'은 어떤 씌어진 것의 근거를 대거나 그것을 정당화하는 일이 아니라, 그것이 별것 아니라는 것을 보여줌으로써 '더욱 가치 있는 것'을 향해 나아가는 발판을 마련하는 일이기 때문이다. 크래머(H. J. Krämer)는 하이취의 견해를 블라스토스에 의해서 제기된 해석의 재판(再版)으로 보고 이를 비판한다.[77]

하나의 쌍을 이루는 개념들인 φαύλα–τιμιώτερα는 방금 살펴본 βοήθεια 구조와 밀접한 연관 관계에 놓여 있다. 이 개념쌍은 가치 서열상의 차이를 분명하게 보여준다. φαύλα라는 표현은 τιμιώτερα와의 비교 아래에서 이해되어야 한다. 여기에서 φαύλα는 '대수롭지 않다'라거나 '별것 아니다'라는 정도를 의미한다고 하겠다. 플라톤이 말하는 철학자에 있어서의 '더욱 가치 있는 것'은 도대체 무엇인가? 이 물음과 관련해서 격렬한 논쟁이 벌어진 바 있다.[78] 플라톤에 의하면 φιλόσοφος라는 명칭은 씌어진 것을 '도울' 수 있고, 나아가서 그 씌어진 것보다 '더욱 가치 있는 것'(τιμιώτερα)을 내놓을 수 있는 자만이 누릴 수 있다. 플라톤은 여기에서 φιλόσοφος라는 명칭을 문자란 '도움'을 필연적으로 필요로 한다는 생각과 연결시킨다. 플라톤 자신이 남긴 글도 예외일 수 없다. 우리는 플라톤의 저작이 어떤 형태로든 간에 그 진술들에 임시성을 부여하고 있다고 볼 수 있다. 플라톤이 그의 저작 곳곳에서 결론적인 진술을 극구 아끼는 것도 글이란 '도움'을 필요로 하며 임시적인 것이라는 생각과 연관지어 생각해볼 수 있겠다. '더욱 가치 있는 것'(τιμιώτερα)은 오로지 철학자(φιλόσοφος)만이 할 수 있는 '도움'을 통하여 그 모습을 드러낸다.

4 〈제7서한〉에서의 문자 비판

4.1. 철학적 자질의 시험(πείρα): 340b1-341a8

시칠리아를 세 번째로 방문하게 된 까닭이 기술된 다음에 '철학적 자질의 시험'(πείρα)을 다루는 대목이 이어진다.[79] 편지가 전하는 바에 따르면 플라톤은 세 번째로 시칠리아에 도착하자 우선 디오니시오스가 '마치 화염에 휩싸인 듯 철학에 몰두하고 있다'[80]는 소문이 사실과 일치하는지를 확인하고자 한다. 그래서 플라톤은 디오니시오스를 상대로 철학적 자질을 시험한다.[81] 이 시험에서는 우선 철학의 전모가 도대체 무엇인지[82], 철학하는 데에 어떤 어려움들이 뒤따르는지가 숨김없이 들추어진다. 플라톤은 이런 시험이야말로 참주들과 같은 인물들에게 안성마춤인데, 특히 디오니시오스가 대표하는 저 παρακούσματα[83]에 사로잡힌 이들에게는 더욱 제격이라고 생각한다.

340d6에서 παρακούσματα는 δόξαι와 동일시된다. παράκουσμα라는 표현은 무엇인가를 직접 듣지 않았기에 생길 수밖에 없는 피상성과 저급함을 나타낸다. 플라톤이 341c2 에서 그에게서 직접 듣는 것과 다른 사람들에게서 간접적으로 듣는 것을 양자택일의 형태로 제시하고 있는 데에 주목해야 한다.[84]

철학적 자질을 시험한다는 것이 구체적으로 무엇인지에 대해서는 매우 짤막하게 기술되어 있다. 이 시험의 결과로 두 부류의 집단이 나뉜다. 즉, 철학적 자질의 시험은 누가 '참된 철학자'(ὄντως φιλόσοφος)[85]이며, 또 누가 그렇지 아니한가를 가려낸다. 참된 철학자의 자질을 갖추고 있으며 철학이 문제삼는 사태에 친근하며 또 그 사태를 다루기에 걸맞는 사람들은 훌륭한 길을 찾아냈다고 생각하고서 있는 힘을 다해 이 길을 걸어갈 것이다. 이런 사람들은 온 힘을 철학에 기울이고 목표에 도달하기까지 긴장을 늦추지 않고 삶마저도 바꾸는데, 철학적 삶이 아니고서는 살 가치가 없기 때문이다. 반면에, 참된 철학자가 아닌 경우에는, 한편으로는 배워야 할 것이 엄청나게 많고 그에 따라 대단한 노력을 기울여야 한다는 사실 앞에, 다른 한편으로는 매일매일의 삶의 방식을 바꾸어야 한다는 사실 앞에 질겁한다. 이 모든 것이 어떤 사람들에게는 매우 어렵게 여겨져서, 이런 사람들 가운데 어떤 이는 자기는 이 전부를 이미 충분히 배웠으므로 이제는 애써 더 들을 필요가 없다고 스스로에게 설득하기도 하는 것이다.

이렇게 볼 때, 플라톤이 의도하는 철학적 자질의 시험은 철학하는 온갖 어려움을 견딜 수 없는 나약한 사람들에게 적용되었을 경우 대단히 효과적이다. 이 시험을 받는 자가 철학에 종사하는 일이 요구하는 것들을 감당할 수 없다는 것이 드러나면, 그 자는 자기의 스승이 아니라 오로지 자기 자신을 탓해야 하기 때문이다. 우리는 이 대목을 플라톤의 아카데미아에서의 교육 활동과 연관시켜 읽어도 좋을 것이다. 더욱이 이 대목은 기원전 5세기에 소크라테스와 소피스테스들 사이에 인간 교육(paideia)을 둘러싸고 벌어진 논쟁, 기원전 4세기의 이소크라테스, 알키다마스 그리고 플라톤 사이의 경쟁적인 학원 경영을 연상시킨다고 하겠다.

'철학적 자질의 시험'에서 문제되는 것은 τòπράγμα이다. τòπράγμα를 무엇으로 이해해야 될지는 그리 분명하지 않다. 그러나 <제7서한>은 최소한 이 개념이 '철학' 뿐만 아니라 '삶의 방식'도 가리킨다고 말한다. 즉 τòπράγμα는 지적 측면에서 뿐만 아니라 윤리적 측면에서의 긴장을 요구한다. 이점은 플라톤 독자들에게 낯선 것이 아니다. 더 나아가 이점은 340d3에서 '철학'과 '일상적 삶의 방식'이 나란히 세워지고 있는 것을 통해서도 확인된다. 339e4/5에서 철학적 탐구의 목표로 '최선의 삶의 실현'(ἔρωτα τούβελτίστου βίου)이 제시되는 것도 마찬가지 맥락에서 이해된다.

플라톤이 디오니시오스에게 이 시험을 부과하게 된 발단은 무엇인가? 디오니시오스는 '최고의 것들'에 대한 책을 썼다고 한다. 플라톤은 어느 특정한 형태의 저술을 문제삼고 있는 것이 아니라, 디오니시오스가 '최고의 것들'에 대해 저술했다는 사실 자체를 비판한다. 따라서 플라톤의 비판적 태도는 어느 특정한 형태의 저술, 구체적으로 말해서 '체계적으로 씌어진 교과서와 같은 글'(systematische Lehrschrift)에 국한되고, 대화편들의 경우에는 해당되지 않는다는 주장은 논의의 핵심에서 벗어난 것이다.

340b에서 341a에 걸쳐 논의되는 이른바 '철학적 자질의 시험'(πεῖρα)과 관련해서 세 가지를 생각해 볼 수 있겠다.

첫째로, <제7서한>에서의 '철학적 자질의 시험'은 <파이드로스> 편의 문자 비판과 관련된 대목에서 반복적으로 요구되는 '상대방 눈높이에 대한 고려의 필요성'(Adressaten- bozogenheit, Partnerbezogenheit)이나 '상황에 대한 고려의 필요성'(Situationsrichtigkeit)과 직접적인 연관을 맺는다. <파이드로스> 275e에서 플라톤은 어떤 사람들은 상대해야 하고 어떤 사람들은 상대해서는 안 되는지, 어떤 사람들에게는 말해야 하고 어떤 사람들에게는 침묵해야 하는지를 구별해야 한다고 말한다. 아닌 게 아니라 우리는 플라톤의 대화편들에서 대화를 이끌어가는 자가 그때그때의 대화 상대방의 수준에 맞추고자 애쓰는 것을 확인할 수 있다. 여기 <제7서한>에서는 다시금 '참된 철학자'(ὄντως φιλόσοφος)와 '참되지 못한 철학자'(ὄντως μὴφιλόσοφοι)가 바로 '철학적 자질의 시험'을 통해서 구별된다. 따라서 우리는 '철학적 자질의 시험'을 지극히 플라톤적인 절차로 간주해도 좋을 것이다.

둘째로, '철학적 자질의 시험'이라는 모티브가 대화편들 뿐만 아니라 플라톤의 강연들, 예를 들어서 아리스토크세노스(Aristoxenos)가 보고하는 '좋음에 관하여'(Περὶτἀγαθοῦ)와 같은 경우에도 적용되고 있다는 것을 지적할 수 있다. 크래머는 아리스토크세노스의 보고에서의 대다수 청중이 보여주는 태도가 <제7서한>에서의 '철학적 자질의 시험'에서의 '참되지 못한 철학자'의 태도와 정확히 대응된다는 점에 주의를 환기시킨 바 있다.[86]

셋째로, '철학적 자질의 시험'은 철학의 본질 규정과 맞물려 있다. '철학적 자질의 시험'이 결국 드러내야 하는 것은 철학의 전모가 도대체 무엇인가 하는 것이다. 플라톤에 있어서 철학은 혼의 지향점을 '전적으로 돌려놓는 일'(περιαγωγή, Umkehr)이다. 'περιαγωγή'는 <국가>의 '동굴의 비유'를 해석하는 데에 있어서 열쇠가 되는 개념이다. '동굴의 비유'에서 플라톤은 우리는 밤과도 같은 낮에서 진짜 낮으로 향하는 '혼의 전환'(ψυχής περιαγωγὴ)을 통해서 실재를 향해 등정할 수 있고, 이것이야말로 '진정한 철학'(ἀληθής φιλοσοφία)이라고 말한다.[87] 여기 <제7서한>에서 플라톤은 '참된 철학자'(ὄντως φιλόσοφος)를 이야기한다. <국가>의 '진정한 철학'과 <제7서한>의 '참된 철학'은 모두 철학에 대한 본질 규정에서 나왔다. 더욱이 우리는 <제7서한>에서 읽을 수 있는 플라톤의 첫 번째 시칠리아 방문에 대한 보고로부터 디온(Dion)이 플라톤을 만나고서 바로 이러한 '혼의 전환'을 체험했다는 것을 알고 있다. 그는 훌륭함(ἀρετή)을 모든 쾌락과 감각보다 단연 중요하게 여김으로써 앞으로는 이탈리아 사람들이나 시칠리아 사람들과는 달리 살겠노라 결심한다.

4.2. 글쓰기의 한계: 341a8-341e7

디오니시오스는 플라톤이 적용한 '철학적 자질의 시험'에서 부적격 판정을 받는다. <제7서한>이 전하는 바에 의하면 이런 판정에는 두 가지 근거가 작용한다. 첫 번째로 들 수 있는 근거는 다음과 같다. 플라톤이 모든 것을 아직 상세히 말하지도 않았고 디오니시오스도 플라톤의 말을 귀담아 들으려하지 않았음에도 불구하고, 디오니시오스가 모든 것을, 더군다나 '가장 중요한 것'(τὰμέγιστα)을 이미 알고 있는 체했는데, 그것도 다른 사람들의 이야기를 간간히 얻어 듣고는 그렇게 했다는 것이다. 이보다 한층 더 중요한 것이 두 번째 근거인데, 디오니시오스는 당시에 들었던 것을 문자화하였는데, 그것도 남에게서 들은 것을 적었다고 하는 게 아니라 자기 자신의 철학을 책으로 쓴 것으로 행세했다는 것이다. 디오니시오스를 제외하고도 '최고의 것과 최초의 것'에 대해 문자화한 다른 사람들이 있었다고 한다. 어쨌거나 디오니시오스에 대한 플라톤의 부정적 평가에서 결정적인 점은 그가 얻어 들은 것에 대해 책을 썼다는 사실이다. 바로 이점이 뒤이어 전개되는 글쓰기 일반에 대한 플라톤의 신랄한 비판의 직접적 동기가 된다. 이렇게 해서 '철학적 자질의 시험'과 '문자 비판' 사이의 연관 관계가 성립한다.

<제7서한>의 문자 비판과 관련된 대목의 이러한 도입부를 전체 문맥에서 본다면, 다시 말해서 '철학적 자질의 시험'과 '문자 비판'을 올바르게 연관시켜 이해한다면, 우리는 두 가지를 끄집어낼 수 있다. 첫째로, 디오니시오스가 무엇인가를 저술하고 그것을 자신의 고유한 생각인 양 제시한 것은 플라톤의 문자 비판에 있어서 이차적인 역할을 수행할 뿐이다. 플라톤의 비판은 제 생각이 아닌데도 제 생각인 것처럼 행세했다는 데에 모아지는 것이 아니다. 둘째로, 플라톤의 문자 비판은 디오니시오스가 저술한 책의 형식이 아니라 그가 얻어 들은 것을 썼다는 사실에 향한다. 많은 해석들에 있어서 이 두 가지 점이 그리 충분하게 고려되지 않은 것으로 보인다. 어떤 해석가들은 디오니시오스가 '최고의 것과 최초의 것'에 대한 자신의 책을 자기의 생각인 양 행세했다는 사실만을 강조하려고 시도하는데, 이는 전체 문맥에서 볼 때 잘못이다. 그런가 하면 또 어떤 해석가들은 플라톤의 문자 비판을 어느 특정한 형식, 구체적으로 체계적인 교과서와 같은 형식에 국한되는 것으로 보아서, 플라톤 자신이 쓴 대화편들은 문자 비판에서 제외된다고 주장하나, 이 역시 옳지 못하다. 이런 해석가들의 시도를 무위로 돌릴 만큼 플라톤의 문자 비판이 가히 가공할 파괴력을 지닌 것임을 보이기 위해 <제7서한>의 해당 부분을 자세히 검토해 보자.

플라톤은 단호하게 말한다. “내가 진지하게 생각하고 있는 문제를 알고 있다고 주장하거나 이것에 대해 썼거나 앞으로 쓰려는 모든 자들은 이 문제에 대해 아무 것도 알지 못하는 자들이다. 이 점은 나에게서 들었든지 다른 사람들에게서 들었든지 그것도 아니면 스스로 알아냈노라고 자부하든 간에 항상 그렇다.”[88]

이 대목과 관련해서 두 가지 점에 주목해야 한다. 첫째로, 플라톤은 이미 쓴 자들 뿐만 아니라 장차 쓰려고 마음먹은 자들까지도 비판하는데, 이는 그의 문자 비판이 무제한적이요 단호하다는 것을 보여주는 것이다. 플라톤이 몇 줄 뒤에서 최고의 것들에 대한 그의 저술은 지금도 있지 않으며 앞으로도 있지 않을 것이라고 말하는 것도 동일한 맥락에서 이해된다. 둘째로, 플라톤은 여기에서 문자화의 세 가지 가능한 경우들을 구별하는데, 이 구별이 문자 비판을 이해하는 데에 있어서 매우 중요하다. 특히 놓쳐서는 안 될 것은 플라톤 자신이 말한 것을 직접 듣는 것과 누군가가 전하는 바를 듣는 것을 대립시키고 있다는 점이다. 따라서 직접 듣느냐 아니면 간접적으로 듣느냐 사이에는 가치상의 우열이 들어간다.

곧장 이어서 지금까지 허다하게 논의된 대목이 등장한다. “이런 것들에 대한 나의 저술은 지금도 있지 않으며 앞으로도 있지 않을 것이다(οὔκουν ἐμόν γε περὶαὐτών [scil. περὶὧν ἐγὼσπουδάζω: 341c1/2] ἔστιν σύγγραμμα οὐδὲμήποτε γένηται). 왜냐하면 이러한 것들은 다른 학과들과는 달라서 전달할 수 있는 성질의 것이 결코 아니라(ῥητὸν γὰρ οὐδαμώς ἐστιν ὡς ἄλλα μαθήματα), 문제 자체(τὸπράγμα αὐτὸ)에 대한 많은 공동 연구(πολλής συνουσίας)와 공동 생활(συζήν)을 통해서만, 마치 일어나는 불길에 점화되듯(ἐξαφθὲν) 별안간(ἐξαίφνης) 빛(φώς)이 생겨, 일단 혼에 불붙기만 하면 그 이후에는 스스로를 기르게 마련이다.”[89]

이 몇 줄 안 되는 짧은 대목에 매우 많은 것들이 담겨 있어서, 보다 정확한 해석을 위하여 두 부분으로 나눌 필요가 있다. 첫째 부분에서는 플라톤이 진지하게 생각하고 있는 문제에 대한 자신의 저술은 있지 않으며 앞으로도 그럴 것이라고 주장된다. 그리고는 그 근거가 짤막하게 제시된다. 즉 이러한 것들은 다른 학과들과는 달라서 전달할 수 있는 성질의 것이 결코 아니라는 것이다. 슐레작은 이 구절을 가리켜 "플라톤의 저술 전체에서 이보다 더 많은 놀라움과 당혹스러움을 불러일으키는 문장은 없다"고 말한다.[90] 그런데 이 구절에서 '다른 학과들'(ἄλλα μαθήματα)에 대립되는 것은 몇 줄 앞에서 이미 언급된 '내가 진지하게 생각하고 있는 문제들'(περὶὧν ἐγὼσπουδάζω)이다. 이 '플라톤이 생각하고 있는 진지한 문제들'을 <국가>에서의 '가장 중요한 배움'(μέγιστον μάθημα)과 연관시킬 충분한 근거가 있다. 게다가 '글쓰기의 한계'를 문제삼는 대목의 첫머리에서 '가장 중요한 것'(τὰμέγιστα)이 이야기되고 있다는 사실도 기억할 필요가 있다. 그런데 여기에서의 'ῥητὸν γὰρ οὐδαμῶς ἐστι'라는 표현을 '단적인 말할 수 없음'(Unsagbarkeit schlechthin)으로 보려는 해석을 흔히 만나게 된다. 그런 해석은 문자를 통한 가르침 뿐만 아니라 구두로 하는 가르침에도 동시에 적용되는 본질적인 한계를 내세운다. 예컨대 빌란트(W. Wieland)는 '명제화 가능성' (Propositionalität) 개념을 통해서 여기에서 '글'과 '말'의 대립이 문제인 것이 아니라고 주장한다.[91] 그러나 문맥상 'ῥητὸν γὰρ οὐδαμῶς ἐστι'라는 표현은 '단적인 말할 수 없음'이 아니라 '전달할 수 있는 성질의 것이 아님'을 뜻한다고 보아야 옳다. 앞서 제시된 번역은 이런 관점에서 나온 것이다. 콘포드(F.M. Cornford)도 이 표현을 이런 관점에 상응하는 방식으로 번역하고 있다. "그것은 다른 앎의 영역에 존재하는 표현 수단들을 전적으로 넘어선다."[92]

둘째 부분에서는 최고의 것들이 전달될 수 있다고 주장된다. 진리가 혼에 불붙기 위한 두 가지 전제 조건으로 '많은 공동 연구'(πολλὴσυνουσία)와 '공동 생활'(συζήν)이 제시된다. 이 '공동 연구'와 '공동 생활'은 다른 곳에서는 '공동 탐구'(συζήτησις)라고 불리우며, 이는 결국 다름 아닌 '함께 철학하기'(συμφιλοσοφείν)일 것이다. '공동 연구'와 '공동 생활'이라는 표현은 아카데미아에서의 스승과 제자 사이의 관계를 강하게 시사한다. 이점을 <법률> XII 968c6의 διδαχὴμετὰσυνουσίας πολλῆς라는 표현이 매우 잘 뒷받침한다. 이렇게 볼 때 첫째 조건으로 언급된 '많은 공동 연구'는 아카데미아에서의 강의와 연관되어 있는 것이 분명해 보인다. 그렇다면 '플라톤이 진지하게 생각하고 있는 것'을 '다른 학과들'로부터 구별지어 주는 것은 결국 전달 방식인 것이다. 그런데 이 '플라톤이 진지하게 생각하는 것들', 즉 '최고의 것들'에 대한 인식은 전적으로 불길이 일어나는 것과 같은 '점화'(illuminatio, Erleuchtung)의 형태로만 수행된다. 불꽃이 점화되려면 반드시 그 전에 고통스러운 변증술적 작업이 있어야만 한다. 이 선행 작업은 긴 세월을 요구하는 반면에 정작 점화는 '별안간, 갑자기, 순식간에'(ἐξαίφνης) 일어난다. '점화'로서의 인식은 'knowledge by acquaintance'로서 'knowledge that'으로부터, 'connaître'로서 'savoir'로부터, 'cognoscere'로서 'scire'로부터, 'kennen'으로서 'wissen'으로부터 아주 명백히 구별된다.

이어지는 <제7서한>의 한 대목을 마저 검토하자. "그럼에도 불구하고 이것들[필자 보충: 플라톤이 진지하게 생각하고 있는 것들, 최고의 것들]에 대해 쓰거나 말한다면, 내가 하는 것이 가장 좋을 것이다. 만일 제대로 씌어지지 않았다면, 그것은 나를 적잖이 괴롭힐 것이다. '많은 사람들을 위해'(πρὸς τοὺς πολλοὺς) 잘 쓸 수 있고 말할 수 있겠다는 생각을 지녔다면, 다수의 사람들을(τοίς ἀνθρώποισι) 크게 이롭게 하고 이 모든 이들에게 참된 본질(φύσις)을 밝혀주는 이 일보다도 더 훌륭한 일을 누가 자기의 생애에서 할 수 있겠는가? 그러나 이러한 시도를 다수의 사람들을 대상으로(ἀνθρώποις) 행한다는 것은, 조금만 암시해도(διὰσμικράς ἐνδείξεως) 스스로 진리를 발견해낼 수 있는 소수의 사람들을 위해서라면(τισιν ὀλίγοις) 모르지만, 결코 좋은 일이라고 볼 수 없다. 대다수의 사람들은 혹은 부당한 경멸감(καταφρόνησις οὐκ ὀρθή)을 갖게 되거나, 혹은 어떤 대단한 것을 배우기라도 한 듯 엄청나고 헛된 희망(ὑψηλὴκαὶχαύνη ἐλπίς)을 품게 되고 말기 때문이다."[93]

여기에서 플라톤은 철학하는 '소수의 사람들'과 철학하지 않는(혹은 철학할 수 없는) '다수의 사람들'을 대립시키고 있다. <제2서한>에서도 '다수의 사람들'이 '소수의 재능있는 사람'들과 대비된다. '다수의 사람들'(οἱπολλοί, 혹은 οἱἄλλοι ἄνθρωποι, πλήθος, 종종 그저 οἱἄνθρωποι)과 '소수의 사람들'(οἱὀλίγοι) 사이의 대비는 잘 알려져 있듯이 그리스 인들의 사유 세계에 있어 도처에서 발견된다.[94] <국가>에서는 '아름다움 자체'(αὐτὸτὸκαλόν)는 '많은 아름다운 것들'(τὰπολλὰκαλά)과는 달리 '다수의 사람들'(πλήθος)에 의해서 포착되지 않는다고 한다.[95] 이런 사정은 다른 모든 이데아들에 있어서도 마찬가지이다. 지금 우리가 읽고 있는 <제7서한>에서 보이는 'αὐτό τι ἕκαστον'과 'τὰπολλὰἕκαστα'의 대비는 바로 '아름다움 자체'(αὐτὸτὸκαλόν)와 '많은 아름다운 것들'(τὰπολλὰκαλά) 사이의 관계를 일반화시키는 것으로 이해된다. 이때 'αὐτὸτὸX'의 형식을 갖는 표현이 플라톤에 있어서는 이데아를 가리킨다는 점에 주목해야 한다. 따라서 위에서 언급한 <국가>의 구절이 말하는 바는 이데아들은 오로지 소수의 철학자들에게만 포착된다는 것이다. 철학은 다수의 사람들에게는 제대로 이해되지 않는다.[96] 그런데 플라톤은 우리가 문제 삼고 있는 <제7서한>에서 '다수의 비철학자들'과 '소수의 참된 철학자들'의 대비를 '글'과 '말'의 대비에 연결시키고 있다. 즉 그는 사상을 전달 받는 두 층을 구별한다. 한편에는 헤아리기 어려울 많은 수의 독서 대중이 있고, 다른 편에는 '공동 연구'(συνουσία)와 '공동 생활'(συζήν)을 통해 특징지어지는 청중이 있다. 사상이 전달되는 이 두 층에 있어서 진리에 대한 교감은 상이한 방식으로 이루어진다. 콘포드의 표현을 빌어 말하자면, 전자의 부류의 사람들에 있어서는 'knowing about a thing'이 문제이고, 후자의 부류의 사람들에 있어서는 'knowing a thing'이 문제이다. 이렇게 보면, '다수의 사람들'(οἱπολλοί)과 '소수의 사람들'(οἱὀλίγοι) 사이의 대비는 <제7서한>의 계속되는 내용에서의 '성질'(τὸποιόν τι, Wie)과 '본질'(τὸδὲτί, τὸὄν, Was)의 구별과 긴밀하게 연관된다.

4.3. 앎의 전달 가능성: 342a1-345a1

<제7서한>이 플라톤에 의해서 씌어졌느냐 아니면 위작(僞作)이냐를 둘러싼 논쟁은 이제부터 다룰 이른바 '인식론적 일탈'(erkenntnistheoretischer Exkurs)이라고 불리우는 부분과 매우 밀접하게 연관되어 있다. 많은 해석가들이 인식론의 색채가 강한 이 부분을 <제7서한>이 플라톤에 의해서 씌어진 것이 아니라는 것을 증명하는 강력한 근거로 보고 있다. 그런 해석가들이 보기에는 <제7서한>에 드러나는 인식 이론은 대화편들에 나타나는 것과 다르다는 것이다. 그런데 아예 처음부터 짚고 넘어가야만 하는 것은 문제되는 이 부분이 논의하는 것이 '인식의 단계'가 아니라 '인식의 전달 가능성'이라는 사실이다.

'앎의 전달 가능성'을 다루는 부분의 도입부에서 플라톤은 말한다. "그러나 이런 일들에 대하여 좀더 상세히 이야기하면, 내가 말하려는 바가 더욱 확실해질 것이다. 즉, 이러한 것들에 대해서 무언가 쓰려는 자를 배격하는 참된 이야기가 있다. 이 이야기를 전에도 자주(πολλάκις [···] καὶπρόσθεν) 했지만, 지금 다시 한 번 반복할 필요가 있어 보인다."[97]

이 구절에서 두 가지를 분명히 알 수 있다. 첫째로, '앎의 전달 가능성'을 다루는 부분의 과제는 지금까지 말해온 것들, 즉 '철학적 자질의 시험'과 '글쓰기의 한계'에 대한 논의를 더욱 확실하게 하는 데에 있다. 그렇기 때문에 인식론적 논의 부분을 '철학적 자질의 시험'과 '문자 비판'을 문제 삼는 부분으로부터 따로 떼어서 해석해서는 안 된다. <제7서한>의 인식 이론이 대화편들에 나타나는 이론과 맞지 않는다는 저 흔히 제기되는 주장은 텍스트에 뚜렷하게 나타나 있는 이 정황을 도외시하는 데에서 비롯된 것이다. 둘째로, 여기에서 개진되는 인식론적 논의가 플라톤에 의해서 이미 전에도 자주 말해졌다는 사실이 아주 명백히 밝혀져 있다. 즉 앞으로 우리가 만나는 인식의 이론은 결코 새로운 것이 아니라는 것이다.

다시 플라톤에게로 돌아가서 그의 말을 계속 들어보자. “개개의 사물에 대하여 우리가 그것들을 수단으로 삼음으로써(δι' ὧν) 인식을 얻도록 하는 것들로는 세 가지가 있으며, 넷째로 ‘인식’(ἐπιστήμη)이 있고, 다섯째로 인식되는 대상, 즉 ‘참된 실재’(ἀληθώς ὄν)가 있다. 그러니까 첫 번째의 것은 ‘이름’(ὄνομα)이요, 두 번째의 것은 ‘의미 규정 형식’(λόγος)이요, 세 번째의 것은 ‘모상’(模像, εἴδωλον)이고, 네 번째의 것은 ‘인식’(ἐπιστήμη)이다.”[98]

여기에서 제시되는 다섯 가지가, 많은 해석자들이 생각하는 것처럼, 정말이지 인식의 단계를 말하고 있는 것일까? 물론 인식되는 대상으로서의 ‘참된 실재’가 ‘인식’보다, 또 ‘인식’이 ‘모상’보다 가치의 서열에 있어서 우월하다는 것은 분명하다. 그러나 앎에 도달하기 위한 필수 불가결한 요소들로 제시된 세 가지, 즉 ‘이름–의미 규정 형식–모상’ 사이에서는 어떤 우열 관계도 찾아지지 않는다. 이점은 343a 이하에서는 ‘모상–이름–의미 규정 형식’의 순서로 열거된다는 사실을 통해서도 입증된다. 그러므로 여기에 나열된 다섯 가지가 ‘인식의 단계’를 말하는 것이 아니라 ‘인식의 요소’로서 제시되었다고 이해해야 옳을 것이다.

이제 이어지는 <제7서한>의 기술은 ‘원’(圓, κύκλος)의 예를 통해서 앞의 다섯 가지 요소를 더욱 분명하게 드러낸다. 원이라고 불리우는 것이 있을 때 원은 그 ‘이름’이다. 이것을 명사(ὀνόματα)와 동사(ῥήματα)를 써서 ‘모든 방향에서의 끝 점들이 중심에 대해 같은 거리에 있는 것’이라고 규정하면, 이것이 ‘의미 규정’이다. 셋째로 ‘모상’은 그리거나 지운다거나 혹은 선반으로 깎아서 만들었다가 없애버리는 것 따위이다. 그러나 ‘원 자체’(αὐτός ὁκύκλος)는 이런 것들과는 달라서 그런 일을 전혀 겪지 않는다. 넷째로 ‘인식’(ἐπιστήμη), ‘직관적 지식’(νοῦς), ‘참된 의견’(ἀληθὴς δόξα) 등이 있는데, 이들은 모두 소리나 물질적 대상이 아니라 주관의 혼 안에 있다는 점에서 한 부류로 취급해도 좋을 것이다. 바로 혼 안에 있다는 점으로부터 이들이 ‘원 자체’와 다르고 이미 언급한 '이름'이나 '의미 규정', '모상'과도 다르다는 것이 분명해진다. 이들 세 가지 가운데 그 친근성 및 닮음에 있어서 다섯번째의 것에 가장 가까운 것은 '직관적 지식'이고, 나머지 둘은 이보다 훨씬 멀리 떨어져 있다. 이는 직선이나 곡선, 색, 좋음이나 아름다움, 올바름, 인공적으로 만들어졌거나 자연적으로 생겨났거나 간에 모든 사물들, 불, 물 그리고 모든 이런 종류의 것들, 모든 생명체들, 행하고 겪는 모든 혼의 상태에 있어서도 마찬가지이다. 어느 경우에나 이 처음 넷을 어떻게든(ἀμώς γέ πως) 포착하지 못하는 한, 다섯번째의 것에 대한 완전한(τελέως) 인식(ἐπιστήμη)은 가질 수 없다.

여기에서 한 가지 의문이 생긴다. 어떻게 '인식'(ἐπιστήμη)이 한편으로는 네 번째의 것들에 속하면서도 다시금 다섯번째의 것에 대한 완전한 인식의 전제 조건이 될 수 있다는 말인가? Gerhard Müller는 이 점을 결정적인 모순으로 보아서 <제7서한>이 僞作이라는 주장의 근거로 삼는다.[99] 과연 모순일까? 342c4/5에서 '인식'(ἐπιστήμη), '직관적 지식'(νούς), '참된 의견'(ἀληθὴς δόξα)이 구별되어 열거되었다. 그런데 이 세 가지는 '이름', '의미 규정', '모상'의 경우와는 달리 한 부류로 제시되었다. 플라톤에 따르면 이 세 가지는 소리나 물질적 대상이 아니라 주관의 혼 안에 있다. 그런 다음에 말해지기를 이 세 가지 가운데 다섯번째의 것에 가장 가까운 것은 '직관적 지식'이라는 것이다. 그리고서는 다섯 번째의 것에 대한 완전한 인식이 이야기된다. 이런 논의 과정으로부터 우리는 '인식'에 상이한 두 층이 있다는 것을 알 수 있다. 불완전한 인식은 네 번째의 것들에 속한다. 완전한 인식은 네 요소들을 모두 거쳐서야만 비로소 얻어진다. 크롬비(I.M. Crombie)는 이 점을 정확하게 짚어서 네번째 것들에 속하는 인식을 '다소 떨어지는 의미에서의 인식'(knowledge in the inferior sense)으로, 완전한 인식을 '제대로 된 의미에서의 인식'(knowledge in the fullest sense)으로 보아 대립시키고 있다.[100]

로스(D. Ross)는 다섯 번째의 것을 이데아로 본다.[101] 이는 곧 그가 <제7서한>의 인식론적 부분을 대화편들에 나타나는 이데아 이론에 연결시킨다는 것을 뜻한다. 그는 이렇게 볼 수 있는 근거를 342d에 "플라톤의 저술 그 어디에서 찾아볼 수 있는 것과 비교해서 가장 포괄적인 이데아의 유형의 목록"[102]이 제시되었다는 데에 둔다. 문제되는 부분에서 다섯번째의 것은 네번째의 부류와도, 그보다 앞서 개진된 세 가지 요소들과도 뚜렷이 구별되었다. 이 다섯번째의 것이 원을 예로 들어서 설명하는 대목에서는 '원 자체'(αὐτός ὁκύκλος)로 불리운다. 그런데 잘 알려져 있듯이 이때의 'αὐτὸτὸX'의 형식으로 나타내지는 것은 이데아를 가리킨다.

다섯 번째의 것을 이데아로 본다고 할 때, 텍스트에 개진된 이데아들을 망라하면 다음과 같다.

1. 수학적 영역에서: 직선, 곡선
2. 윤리적 영역에서: 좋음, 올바름
3. 미적 영역에서: 아름다움
4. 인공적으로 만들어졌거나 자연적으로 생겨난 모든 사물들
5. 불, 물 그리고 모든 이런 종류의 것들
6. 모든 생명체들
7. 행하고 겪는 모든 혼의 상태
8. 색

여기에다 다음과 같은 이데아들, 곧 '존재'와 '비존재', '자기 동일성'과 '타자성', '하나'와 '여럿', '유사함'과 '유사하지 않음'을 덧붙이면 우리는 플라톤의 이데아들을 총망라하는 목록을 갖는 셈이라고 하겠다.

<제7서한>은 이제 인식의 네 가지 요소들이 갖는 결함을 언급한다. 인식의 과정에 대한 지금까지의 기술에서 정작 말하고자 하는 바는 도대체 무엇인가? <제7서한>의 이른바 '인식론적 일탈' 부분은 예컨대 <파이드로스>편 같은 데에서 개진되는 '문자 비판'과 어떤 연관관계에 놓이는가? 이런 물음에 대해 '게다가'(πρὸς γὰρ)라는 말로 시작

되는 부분이 대답을 준다. "게다가 이 네 가지는 언어적 표현의 취약성 때문에(διὰτὸτών λόγων ἀσθενές) 각각의 사물에 대해 그것의 본질(τὸὄν)이 무엇이냐 하는 것 못지않게 그것이 어떤 성질을 지니느냐(τὸποιόν τι)를 나타내려고 한다. 그러므로 지각 있는 사람이라면 누구나 자기의 이성으로 파악한 것을 이 무기력한 것에 의탁하려 들거나, 문자로 씌어진 경우가 바로 그러하듯이 심지어 요지부동으로(ἀμετακίνητον) 고착시키려 들지 않을 것이다."[103]

이 문자적 표현의 무기력함이 앞에서도 그랬듯이 다시금 '원'의 예를 통해서 보다 자세하게 규정된다. "손으로 그린 원이나 선반으로 깎아서 만든 원은 모두 다섯 번째의 것과 상반되는 것으로 가득차 있다. 그건 원이 도처에서 직선이 되기 때문이다. 그러나 우리가 규정한 '원 자체'(αὐτός ὁκύκλος)는 그 자체에 상반되는 성질을 조금도 갖고 있지 않다. 또 그려진 것의 '이름'(ὄνομα)은 지속적이지(βέβαιον) 않아서, 지금은 원이라고 불리는 것을 직선이라고 부르고, 지금은 직선이라고 불리는 것을 원이라고 부르는 것을 막을 아무 것도 없다. 이름을 바꾸거나 반대로 부른다고 해도 지속적이지 않다는 것에는 변함이 없다. '의미 규정'(λόγος)도 매 한 가지이다. 그것이 '명사'와 '동사'로 이루어져 있는 한, 거기에는 지속성이 유지되지 못한다. 이 네 가지의 각각이 확실하지 않다는(ἀσαφές) 것을 입증하는 무수히 많은 예가 있지만, 가장 중요한 것은 우리가 바로 앞에서 말한 다음과 같은 것이다. 즉 본질과 성질이라는 두 가지가 있으며, 우리의 혼이 성질(τὸποιόν τι)이 아니라 본질(τὸδὲτί)을 포착하려고 할 때, 이 네 가지의 각각은 말에 의해서건 행위에 의해서건 포착하려는 바가 아닌 것에 호소하는데, 그 감각적 지각에 근거해서 말해지거나 제시되는 것은 쉽사리 반박될 수 있으며, 거의 예외 없이 모든 사람들을 곤혹스러움(ἀπορία)과 불확실함(ἀσαφεία)에 휩싸이게 만든다."[104]

여기에서 '언어적 표현의 취약성'(τὸτών λόγων ἀσθενές)의 근거로 '지속성'과 '확실함'이 제시되고 있다. 이 '지속성'(βεβαιότης)과 '확실함'(σα φήνεια)은 <파이드로스>편의 문자 비판과 관련된 대목에서도 중요한 역할을 수행하는 개념쌍으로 제시되었다. 거기에서 '지속성'과'확실함'은 진리의 기준이요, 어떤 문자적 표현도 이 기준을 결코 충족시킬 수 없다고 주장되었다. 이제 <제7서한>에서도 '이름'이 또다시 지속적이지 않은 것으로 간주된다. 인식의 네 가지 요소는 모두 지속적이지 않다는 점에서 마찬가지이다. 이런 점이 곧장 이 네 가지가 본질이 아니라 성질에 관계한다는 사실로 귀결되고, 그 결과는 곤혹스러움과 불확실함이라는 것이다.

여기에서 문제되는 '지속성'과 '확실함'을 자세히 살펴보기로 하자. 우선 '지속성'이라는 개념은 <메논>편 96e–98a 부분을 연상시킨다. <메논>에서는 '인식'(ἐπιστήμη)과 '참된 의견'(ἀληθὴς δόξα)이 인상 깊게 구별되는데, '참된 의견'은 '다이달로스의 조상(彫像)'에 비유된다. 이 너무도 생생해서 마치 살아있는 것 같은 조각품은 무엇인가에 매어 있지 않으면 달아나버린다는 것이다. 따라서 이 조각품은 묶어 두지 않으면 쓸모 없다. '참된 의견'도 마찬가지이다. '참된 의견'을 지닌 자는 그 자신 가본 적이 없거나 거기가 도대체 어디인지를 알지 못하고서도 다른 사람들을 이를테면 라리싸(Larissa)로 인도할 수도 있다. 이와 비슷한 내용을 <테아이테토스>편에서도 읽을 수 있다. 210a–c에서 마찬가지로 '인식'과 '참된 의견'의 구별이 문제된다. 변호사가 무고하게 강도 혐의를 받고 있는 피의자의 무죄를 재판관에게 설득하는 상황을 생각해 보자. 재판관이 현장을 목격한 사람만 알 수 있는 유무죄 여부에 대해 변호사에 의해서 설득되어, 사실에 대한 '참된 의견'을 갖게 되어 판결을 내린 경우에, 그 판결이 옳았다면 재판관은 '인식' 없이도 옳은 판결을 내린 셈이 된다. 앞에서 라리싸로 가는 길을 직접 가보아서 알고 있는 자나 지금 현장을 목격해서 진상을 알고 있는 자는 말하자면 '직접지'(knowledge by acquaintance)를 갖고 있는 것이다. 올바른 행위의 척도라는 점에서만 본다면 '참된 의견'은 '인식'보다 덜 유용하지 않을 수도 있다. 그러나 '참된 의견'은 근거를 댐으로써(αἰτίας λ ογισμῷ) 확고하게 만들지 않으면 별 가치가 없다. '인식'이 '참된 의견'과 구별되는 것은 바로 이 '확고하게 만듦'(δεσμός)에 있다. 확고하게 만듦을 통해서야 비로소 '참된 의견'은 일회성과 유동성에서 벗어날 수 있다. 이런 '묶어 둠'과 '확고하게 만듦'에 의해서 얻어지는 것이 '지속성'이다.

이어서 '확실함'에 대해서도 알아보자. 우선 <국가>의 '선분의 비유'에서도 σαφήνεια와 ἀσάφεια가 중요한 역할을 수행하고 있음을 기억할 필요가 있다.[105] 거기에서 νοητόν의 영역과 ὁρατόν의 영역이 각각 σαφήνεια와 ἀσάφεια로 특징지어진다. 이 비유의 끝 부분에서 소크라테스는 이렇게 말한다. "또한 이것들을[필자 보충: νόησις, διάνοια, πίστις, εἰκασία], 그 대상들이 진리에 관여할 수 있는 만큼, 그만큼씩 확실함에 관여하는 것으로 생각하고서, 이에 비례하여 배열하게나."[106]

여러 차례 되풀이해서 강조되는 '본질'(τὸδὲτί, τὸὄν, essence, Was)과 '성질'(τὸποιόν τι, quality, Wie)의 구별은 거의 모든 대화편들에 일관되게 나타난다. 이 구별은 다시금 'οὐσία'와 'πάθος τι'의 구별에 상응한다.[107] 초기 대화편들에서 소크라테스의 대화 상대자들은 처음에는 예외 없이 해당되는 예들을 대는 방식으로 대답하는데, 이는 곧 'ποιόν'으로 대답하는 것이다. 그에 반해서 소크라테스는 'τὸδὲτί'에 대한 물음의 답변을 듣고자 한다. <라케스>편에서 소크라테스는 용기란 무엇인가라는 물음에 Laches가 전쟁에 있어서의 용기의 예들을 드는 것으로 대답을 대신하자 만족하지 못한다. 용기는 비단 전쟁과 관련해서만 있는 것이 아니라 바다를 항해하는 데에 있어서도, 병이나 가난을 이겨내는 데에 있어서도, 나라의 일을 처리하는 데에 있어서도 발견된다. 따라서 원래 제기되었던 물음은, 이 모든 경우들에 있어서 동일한 것, 그것이 무엇인가(τί ὄν ἐν πάσι τούτοις ταὐτόν ἐστιν)하는 것이다.[108] <대(大)힙피아스>에서도 마찬가지이다. 소크라테스는 이렇게 말한다. 두 개의 서로 다른 사물들이 아름답다고 할 때, 바로 이 두 사물들을 아름답게 만드는 것은 어떤 동일한 것(τι τὸαὐτό)이다. 이 공통된 것(τὸκοινὸ ν τούτο)이 두 사물들 모두에게 해당됨에 틀림없다. 그러므로 구하고자 하는 것은 시각이나 청각에 의해서 생겨나는 아름다움과 같은 아름다움의 'πάθος'가 아니라 바로 'οὐσία'이다.[109] <에우티프론>에서 소크라테스는 그가 에우티프론에게서 듣고자 했던 바는 여러 성스러운 것들 가운데 한두 가지가 아니라 모든 성스러운 것들이 도대체 그 때문에 성스럽게 되는 저 형상 자체(αὐτὸτὸεἶδος)였음을 상기시킨다.[110] 중기 대화편의 하나인 <메논>에서 소크라테스는 벌떼의 비유를 통해 메논의 논의 방식을 나무란다. 소크라테스가 관심을 갖는 것은 메논이 해보이듯 허다한 훌륭함을 드는 것이 아니라 바로 그것 때문에 많은 훌륭함이 훌륭함이 되는 바의 것, 곧 훌륭함의 οὐσία 혹은 훌륭함의 어떤 동일한 형상(τι εἶδος ταὐτὸν) 임을 분명히 한다[111]. 후기 대화편인 <테아이테토스>에서도 소크라테스의 대화 상대자가 취하는 논의 방식은 달라지지 않는다. 앎이 도대체 무엇이냐는 물음에 테아이테토스는 개별적 앎들을 열거한다. 그러자 소크라테스는 다시금 물음의 성격을 분명하게 밝힌다. 물어진 것은 어떤 앎들이 있는가라든가 얼마나 많은 종류의 앎들이 있는가 하는 것이 아니라는 것이다. 제기된 물음이 요구하는 것은 앎의 종류의 열거가 아니라 앎 자체의 포착이다.[112] <고르기아스>에서는 'ποιόν τι'와 'τί ἐστιν'의 대립이 명확하게 제시된다. 이 대화편의 서두에서 소크라테스는 고르기아스의 τέχνη가 무엇인지 묻는데, Polos는 모든 기술 가운데 가장 탁월한 기술이라고 대답한다. 이 지점에서 소크라테스는 자신은 'ποιόν τι'가 아니라 'τί ἐστιν'을 물었노라고 말한다.[113] 즉 'ποιόν τί ἐστιν'이라고 묻는 것과 'ὅτι ἔστιν'이라고 묻는 것이 구별되고 있는 것이다. 이 두 물음에 대한 대답은 전혀 달리 나온다. 'ὅτι ἔστιν'을 물을 경우에는 πάθος가 아니라 οὐσία를, 달리 표현하자면 '논리적 술어'(logical predicate)가 아니라 '논리적 주어'(logical subject)를 대야 한다.

영어권의 플라톤 연구가들 사이에서는 '논리적 술어'와 '논리적 주어'를 둘러싼 문제가 특히 격렬한 논쟁을 불러일으킨 주제였다. 형식

논리학의 영역에서 금세기에 이룩된 현저한 성과들을 배경으로 해서 이데아 이론의 본질과 의미에 다시금 관심이 모아졌다. 예를 들어서 크로스(R.C. Cross) 같은 이는 εἶδος가 λόγος와 동일시될 수 있다고 보아 ὅτι ἔστι라고 물을 경우에 답변으로 요구되는 것은 논리적 술어라고 주장한다.[114] 블럭(R.S. Bluck)은 이런 견해를 다음과 같은 논변으로 물리친다. "'X가 무엇이냐'는 물음은 통상 'αὐτὸτὸX가 무엇이냐'는 물음이 되고 만다. 이런 사실로부터 귀결되는 것은, 이 물음에 대한 어떤 대답에서도 'αὐτὸτὸX'와 동일한 저 'X의 εἶδος'는 논리적 주어라는 것, 더 정확히 말해서 논리적 주어로 제시된다는 것이다. 술어는 εἶδος를 기술하지만, 그 자신이 εἶδος는 아니니다."[115]

<제7서한>으로 되돌아 가자. "그 각각의 것들을 혹은 위로 혹은 아래로(ἄνω καὶκάτω) 계속해서 옮아가며 그것들 전체를 두루 섭렵해야만(ἡδιὰπάντων αὐτών διαγωγή) 어렵사리(μόγις) 인식(ἐπιστήμη)에 도달할 수 있는데, 그것도 그 대상이 그러하듯이 뛰어난 본성을 가진 사람에게만 가능하다. 이와는 반대로 열등한 본성을 지닌 경우에는 – 배움이나 이른바 도덕적 태도(ἤθη)의 측면에서 대부분의 사람들의 혼의 상태는 본래 그러하든지 아니면 타락해서 그러하든지 이러한데 – 링케우스(Lynkeus)라고 한들 이런 사람들을 눈뜨게 할 수 없다. 요컨대 그 혼이 문제되고 있는 대상과 친족이 아닌(μὴσυγγενήτούπράγματος) 자를, 그가 아무리 잘 배우고(εὐμάθεια) 기억력(μνήμη)이 뛰어나다고 해도 결코 목표에 도달케 할 수 없다. 왜냐하면 그런 일은 품성이 전혀 다른 사람에게는 애당초 불가능하기 때문이다. 따라서 이런 저런 다른 일들에 있어서는 잘 배우고 기억력도 강할지라도 올바름이나 아름다움과 같은 것들에 대해서 그 본성상 연관된다거나 친족적이지 않은 사람들도, 또한 친족적이기는 하지만 잘 배우지 못하고 기억력이 약한 사람들도 훌륭함과 악함의 진리를 깨칠 수 없기는 매한가지이다. 왜냐하면 우리는 존재 전체(ὅλη οὐσία)에 대한 거짓과 참됨을 동시에 배워야만 하고, 그것도, 내가 처음에 말한 바와 같이, 온갖 수고를 다하고(μετὰτριβ

ής πάσης) 오랜 세월에 걸쳐(χρόνου πολλού) 배워야 하기 때문이다. 그리고 이름들(ὀνόματα), 의미 규정 형식들(λόγοι), 영상들(ὄψεις), 감각적 지각들(αἰσθήσεις)을 서로 비벼대서(τριβόμενα πρὸς ἄλληλα) 이 모든 것들의 각각을 있는 힘을 다해(μόγις) 탐구하고, 시기심을 갖지 않고(φθόνων) 묻고 대답함으로써(ἐρωτήσεις καὶἀποκρίσεις) 선의에 찬 검토를 할 때(ἐν ε ὑμενέσιν ἐλέγχοις ἐλεγχόμενα), 그때에야 비로소 인간의 능력이 최대로 발휘되는 한, 이 각각의 것들에 대한 예지와 통찰(φρόνησις καὶνούς)이 빛을 발한다(ἐξέλαμψε).”

철학적 인식이 빛을 발하게 될 조건으로 제시된 것들은 다음과 같다.[116]

1. 훌륭한 도덕적 태도(ἤθη),
2. 잘 배우는 품성(εὐμάθεια),
3. 뛰어난 기억력(μνήμη),
4. 문제되는 대상과의 친족성(συγγένεια τούπράγματος),
5. 오랜 세월에 걸친 변증술적 탐구,
   - 서로 비벼댐(τριβή),
   - 논박에 의한 검토(ἔλεγχος).

플라톤은 이어지는 344c1-345a1에서 문자에 대한 비판을 계속한다. “이런 이유로(διὸδὴ) 모든 진지한 사람이라면 모두(πάς ἀνὴρ σπουδαί ος) 진지한 것들에 대해서(τών ὄντων σπουδαίων) 글을 써서 사람들을 시기심과 당혹감에(εἰς φθόνον καὶἀπορίαν) 빠트리게 하려들지 않을 것이다. 한마디로 말해서 우리가 누군가에 의해서 씌어진 저술(συγγράμματα)을 대할 때, 그것이 입법가의 법전이든 다른 어떤 것이든 간에, 이 저술은 그 저자의 가장 진지한 것(σπουδαιότατα)이 아니요, 만일 그가 참으로 진지한(σπουδαίος) 사람이라면, 그의 가장 진지한 것들은 그가 갖고 있는 가장 아름다운 장소에(ἐν χώρᾳτῇκαλλίστη) 숨겨져 있다는 것을 알아야 한다. 그러나 만일 그가 실제로 진지하게 추구했던 것(ἐσπουδασμένα)을 글로 썼다면, '그로 하여금 이성을 잃게 한 것은' 신들이 아니라 인간들이다."

이 부분은 다름 아닌 <파이드로스>편의 저 유명한 'σπουδή – παιδιά' 대목의 한결 고조된 반복이다. 더욱이 유심히 보아야 할 점은 플라톤이 여기에서 '진지한 것들에 대해서 글로 쓰는 것'을 '사람들을 시기심과 당혹감에 빠트리는 일'과 동일시한다는 것이다. 이런 동일시는 <파이드로스>편의 문자 비판뿐만 아니라 <제7서한>의 문자 비판에서도 일관되게 나타난다. 바로 이런 사실로부터, 문자가 사람들에게 미칠 것으로 예상되는 부정적 영향이 문자 비판의 한 계기를 이루고 있다고 보아도 좋을 것이다.

이와 연관해서 볼 때, 철학 이론을 문자화하는 데에 반대하는 플라톤의 논의를 '변증술과 관련된 논의'와 '비교(秘敎)와 관련된 논의'로 나누어서 설명하는 쿨만(W. Kullmann)의 작업이 설득력을 갖는다.[117] 쿨만은 논의의 이중적 성격이 플라톤에 있어서 일관된 것으로 본다.[118] '변증술과 관련된 논의'에서는 오랜 세월에 걸친 변증술적 작업이 강조된다. 변증술적 논의에 해당하는 특징적 표현은 인간은 아무리 해도 진리나 신에게 근접할 수밖에 없다는 것이다. 다른 한편 '비교와 관련된 논의'에 따르면, 진지함의 대상인 것들을 문자화하는 일은 부적절하거나 잘못이다. 여기에서 문제가 되는 것은 오해의 위험이다. 저술은 대단한 속도로 널리 퍼지기 때문에 엉뚱한 사람의 손에도 들어가서 엄청난 오해를 불러일으킬 수 있고, 경우에 따라서는 글쓴이에 대한 정당하지 못한 공격을 야기하기도 한다는 것이다. <파이드로스>와 <제7서한>에서 '변증술과 관련된 논의'와 '비교와 관련된 논의'가 밀접하게 연관되어 문자 비판의 두 계기를 이룬다는 쿨만의 지적은 문제의 핵심을 정확하게 포착했다고 하겠다. 우리가 최고의 것들을 글의 형태로는 전달할 수 없는 근거를 제시하는 일은 곧장 문자의 위험성을 지적하는 일로 연결된다. 더 구체적으로 말해서 'διὸδὴ'라는 표현으로

[119] 이중적인 연관이 형성되는데, 그 한 가지는 문자 비판에 있어서의 '변증술과 관련된 계기'와 '비교와 관련된 계기' 사이의 연관이요, 다른 한 가지는 '앎의 전달 가능성'을 다루는 부분과 '문자'를 문제삼는 부분 사이의 연관이다.

이제 <제7서한>의 흔히 '철학적 일탈'이라 불리는 부분 전체를 끝맺는 플라톤의 언급이 이어진다. "그러므로 이제까지의 빗나간 이야기(τῷμύθῳτε καìπλάνῳ)에 귀 기울여 온 사람이라면 분명히 알 것이다. 디오니시오스든 그보다 못한 사람이든 아니면 나은 사람이든 간에 그 누구라도, 만일 실재에 있어서의 최고의 것과 제1의 것(τι τών περìφύσεως ἄκρων καìπρώτων)에 관한 책을 썼다면,[120] 확신하건대 그 사람은 자신이 저술한 것에 대해 참된 가르침을 듣지도 배우지도 못한 자이다. 만일 참된 가르침을 듣거나 배웠더라면 그는 이런 것들에 대해 내가 그렇듯이 경외심을 가질 것이요(ἐσέβετο), 그렇게도 조화롭지 못하고 부적절한 형태로(ἀναρμοστίαν καìἀπρέπειαν) 세상에 알리려 들지 않았을 것이다. 그 사람이 기억하는 데에 도움이 될 목적으로 쓴 것도 아닐 것이다. 이런 것들에 대한 앎은 정말이지 그 무엇보다도 간명한 것이어서, 누구든지 일단 혼으로 포착하기만 하면 잊어버릴 우려가 전혀 없다. 디오니시오스가 실제로 썼다면, 자기 자신의 앎인 양 내놓았건 내 가르침을 받은 결과 그렇게 했던 간에 경박한 공명심(φιλοτιμίας αἰσχράς)의 소산인 것이다. 도무지 내 가르침을 받은 결과로 볼 수 없는 것이 그는 오직 내 강의에 참가함으로써 얻게 될 위신에만 마음을 두었기 때문이다."[121]

이른바 '철학적 일탈' 부분을 끝맺는 플라톤의 이러한 언급에 대해 네 가지 점을 생각해 볼 수 있다. 첫째로, 이 대목은 플라톤의 아카데미아에서의 강의 활동을 강하게 시사하고 있다. 아리스토크세노스가 전하는 바에 따르면, '좋음에 관하여'라는 제목의 강의에 참가했던 사람들은 그들이 제목으로부터 기대했던 바 인간적인 좋음, 예컨대 부나 건강 혹은 행복같은 것에 대해서 무엇인가 듣는 대신 수, 수학, 기하학, 천문학에 대해서 듣게 되자 크게 실망했다고 한다. 디오니시오스가 플라톤의 강의에 한 차례 참가했던 것은 앞서 살펴본 대목에 따르면 오로지 플라톤의 강의에 참가했다는 사실이 가져다 줄 위신 때문이었다. 사정이 이렇다 보니 디오니시오스가 참된 철학에 이르는 고단한 길을 택할 리가 없다는 것은 너무도 당연하다.

둘째로, '최고의 것과 제1의 것'(τι τών περìφύσεως ἄκρων καìπρώτων)이라는 표현은 '문자화되지 않은 이론'에서의 원리들과 연관된 것으로 보인다. 이런 정황을 분명히 하기 위해서는 <리시스>편을 살펴볼 필요가 있겠다. <리시스>에서는 φίλον의 본질이 문제이다. 개별적인 φίλον은 그것을 도대체 φίλον이게끔 하는 상위의 φίλον에 의해서 φίλον인 것인데, 바로 이 상위의 φίλον은 πρώτον φίλον 혹은 그저 τὸπρώτον이라고 불리며 ἀρχή라고 지칭된다.[122] 이렇게 볼 때, 가다머(H.-G. Gadamer)가 <제7서한>에서의 'τὰπρώτα'를 플라톤이 원리들을 가리킬 때 쓰는 표현으로 간주한 것은 옳다.[123] 크래머는 가다머와 의견을 같이해서, 'τὰπρώτα'라는 표현이 '문자화되지 않은 이론'에서의 원리들을 가리키고 있는 대목들을 모아 놓았다.[124]

셋째로, 여기에 등장하는 'ἐσέβετο'[125]라는 표현이 비교(秘教) 언어에 속한다는 점을 주목할 필요가 있다. 플라톤은 디오니시오스나 다른 사람들이 최고의 것들에 대해 경외심을 갖고 있지 않다는 사실에 유감을 표하고 있다. 그들이 최고의 것들에 대해 경외심을 지니고 있었던들 감히 이런 것들에 대해 쓰려고 시도하지 않았을 것이라는 것이다. 플라톤이 경외심이라는 비교 언어로 말하려는 바는 여러 대화편들에서 비교적 메타퍼로 뚜렷하게 제시된 두 가지 내용과 일치한다. 그 하나는, 마치 아테네 시민들이 엘레우시우스 종교를 경외심을 품고 대하듯이, '참된 철학'(ὀρθὴφιλοσοφία)의 대상들이 경외심을 요구한다는 것이요, 다른 하나는, 마치 고대인들에게는 비교의 진리를 입문하지 않은 사람들에게 발설하는 것이 잘못으로 간주되는 것처럼, 철학자는 참된 철학의 대상들을 철학의 세례를 받지 않은 사람들에게 쓸데없이 발설하지 않겠다고 마음먹어야 한다는 것이다.

끝으로, 플라톤은 앎의 전달 가능성을 문제 삼는 대목을 '빗나간 이야기'(πλάνος μύθος)라고 부르고 있다. 이점을 어떻게 이해해야 할까? 우선 '빗나갔다'(πλάνος)라는 표현은 이해하기 곤란해 보인다. 거스리는 'μύθῳτε καὶπλάνῳ'를 수사법상 Hendiadyoin(hendiadys)으로 본다. 두 가지 것을 말하는 양 'καὶ'(and)로 연결하고 있으나 사실은 한 가지를 표현한다는 것이다. 그는 <제7서한>의 이른바 '철학적 일탈' 부분을 플라톤이 주려는 메시지의 핵심으로 여긴다. 그래서 그는 'exploratory mythos'라는 번역을 제안한다.[126] 이제 μύθος라는 표현을 살펴보자. 이 개념을 이해하기 위해서는 우선 플라톤이 자신의 저술에서 개념들을 일관된 의미로 쓰고 있지 않다는 사실에 주목해야만 한다. 많은 중요 개념들이 상이한 연관들 안에서 그때마다 다른 뜻으로 쓰이고 있음을 놓쳐서는 안 된다. μύθος 개념만 해도 그렇다. 예컨대 <파이드로스>편에서의 Theuth/Thamos μύθος와는 다르게 여기에서는 아주 일반적인 '이야기' 정도를 뜻한다고 보아야 옳다. 안드레아이(W. Andreae)도 비슷한 견해를 개진한다. 그는 말하기를 이른바 '일탈' 부분은 "내적으로는 <제7서한> 전체의 주제와 매우 긴밀한 연관을 맺고 있으면서도 외적으로만 빗나간 이야기로 제시된 것이다"고 한다. 이런 시각에서 그는 "주제에 속하는 것으로 보이지만 사실은 주제와 무관한 목적에 종사하게 할 요량으로 삽입하는 경우와 꼭 반대되는 일이 여기서 벌어진 셈"이라고 한다.[127]

<제7서한>에서 '앎의 전달 가능성'을 문제 삼는 부분의 내용이 대화편들로부터 알려진 인식 이론과 합치될 수 없다는 많은 해석가들의 견해가 옳은가? 이 물음에 답하기 전에, 우리는 우선 다시 한 번 이 부분에서 문제되는 것이 '인식의 단계'가 아니라 '앎의 전달 가능성'이라는 사실을 상기해야 한다. 이런 사실을 염두에 두면, 플라톤 스스로 앎의 전달 가능성에 대한 설명을 '문자화의 문제'에 연결시킨다는 점을 주목하는 것이 매우 중요하다. 344c에서 플라톤은 'διὸδὴ'라

는 표현으로 시작하면서, 거기에 이르기까지 개진된 앎의 전달 가능성에 대한 논의로부터 하나의 귀결을 이끌어내고 있다. 이 귀결이 다름 아닌 최고의 것들을 문자화하는 일에 대한 종국적인 파탄 선언이다. 이렇게 해서 문자 비판이 철학의 전달에 대한 인식론적 설명과 떼려야 뗄 수 없이 연결된다. 따라서 만일 우리가 <제7서한>의 인식론적 부분을 문자 비판의 문제로부터 따로 떼어내서 마치 이 부분에서의 플라톤의 인식론이 문제인 것처럼 해석한다면, 이는 텍스트에 상응하지 않는다. 또 흔히 <제7서한>에 담겨 있는 인식론이 대화편들에 나타나는 인식론과 합치하는지를 묻는데, 이 물음도 근본적으로 방향이 잘못 설정된 것이다. <제7서한> 전체의 구조를 시야에 붙들어 두어야만, 그때에만 이 인식론 부분을 제대로 해석하고 평가할 수 있다.

5 맺는 말

<파이드로스> 274a-278e의 문자 비판과 관련된 논의는 <제7서한> 340b-345a에서 개진된 논의와 너무도 정합적이다. 한 쪽은 대화편이요, 다른 한 쪽은 편지라는 장르상의 현저한 차이에도 불구하고 공통적으로 문헌, 특히 철학적 문헌의 자족성(自足性, autarchy, Autarkie)이 명백히 부인된다. 크래머는 플라톤 해석에 있어서 "sola scriptura"의 원칙이 쉴라이어마하(F. Schleiermacher) 이래로 지나칠 정도로 강조되어 왔다는 점을 지적한다. 플라톤은 그 자신의 철학적 저작을 본질적으로 자족적이지 않은 것으로 생각했다. 그렇다면 우리는 플라톤 자신이 쓴 글, 즉 대화편들을 그가 견지한 문자에 대한 비판적 태도에 비추어 볼 때 무엇이라 이해해야 하는가? 바로 이 지점에서 튀빙엔 학파의 플라톤 해석을 둘러싼 논쟁이 벌어진다.

알파벳의 도입과 함께 고대 희랍에서는 말 중심의 문화로부터 글 중심의 문화에로의 이행이 긴 세월에 걸쳐서 일어난다. 글 중심의 문화가 확고히 자리 잡음으로써 말 중심의 문화는 뒷전에 처지게된다.

이러한 변화가 플라톤이 살아 철학했던 시기에 그 절정에 달한 것으로 보인다. 글 중심의 문화에로의 이행이 일단락된 상황에서, 글이 갖고 있는 한계와 위험성을 직시한 대표적인 인물이 플라톤인 것이다. 그는 많은 글을 썼다. 심지어 그는 쓰면서 죽었다고까지 전해진다.[128] 그런데 그의 글들은 다름아닌 글에 대한 저항인 것이다. 참으로 가치 있는 것에 대해 단 한 줄의 글이라도 적는다는 것이 가능한가의 물음에 플라톤은 힘주어 고개를 젓는다. 소크라테스는 그의 철학을 단 한 줄도 글로 남기지 않았다. 그에게 있어서 철학함이란 대화하는 것이 전부이다. 소크라테스의 철학 정신으로부터 결정적인 영향을 받았던 플라톤도 자신의 철학을 문자화한다는 점에 대해서 달가와하지 않은 것으로 보인다. 그럼에도 불구하고 굳이 문자화해야 했을 때에 플라톤이 택한 형식이 대화편이다. 플라톤은 그의 대화편들에서 구두로 행해지는 소크라테스적 대화를 될 수 있는 대로 생생하게 모방하려고 시도하는 것이다. 이런 관점과 관련하여 가다머는 다음과 같이 지적한다. "플라톤이 그의 전체 저작에서 그 자신의 이름을 걸고 말하는 것을 극구 피한 것은, 그가 진리를 구하는 혼들의 내적 대화야말로 중요하다고 보기 때문이다. 진리를 구하는 혼들의 내적 대화를 플라톤은 사유라고 부른다. 플라톤은 그 자신의 생각을 오로지 실제로 행해지는 대화를 본뜸으로서만 독자에게 전달하고자 한다."[129] 그가 남긴 대화편들은 살아 숨 쉬는 말을 글이라는 수단을 통해서 생명력을 유지하도록 하려는 안간힘의 소산인 것이다.

주석

1 W.K.C. Guthrie, *A History of Greek Philosophy*, vol. IV: *Plato, The Man and his Dialogues; earlier Period*, Cambridge 1975, p.58.

2 Werner Jaeger, *Paideia, Die Formung des griechischen Menschen*, III: *Das Zeitalter der großen Bildner und Bildungssysteme*, 2.Teil, Berlin 21955, S.255.

3 Thomas Alexander Szlezák, "Dialogform und Esoterik, Zur Deutung des platonischen Dialogs 'Phaidros'", in: Museum Helveticum 35 (1978), S.18.

4 Michael Erler, *Der Sinn der Aporien in den Dialogen Platons, Übungsstücke zur Anleitung im philosophischen Denken*, Berlin/New York, 1987, S.21.

5 몇 개의 예만 들면 다음과 같다.
Egidius Schmalzriedt, Platon, *Der Schriftsteller und die Wahrheit*, München 1969;
Dietrich Roloff, *Platonische Ironie, Das Beispiel: Theaitetos*, Heidelberg 1975;
Wolfgang Wieland, *Platon und die Formen des Wissens*, Göttingen 1982;
Th. A. Szlezák, *Platon und Schriftlichkeit der Philosophie, Interpretationen zu den frühen und mittleren Dialogen*, Berlin/New York 1985;
Michael Erler, *Der Sinn der Aporien in den Dialogen Platons*, Berlin/New York 1987;
Jasper Neel, *Plato, Derrida and Writing*, Carbondale/Edwardsville 1988.

6 "Paradigmenwechsel der Platonforschung". 이 표현은 H. J. Krämer가 그의 최근의 논문에서 썼다. "Zur aktuellen Diskussion um den Philosophiebegriff Platons", in: Perspektiven der Philosophie, Neues Jahrbuch 16 (1990), S.85-107, 인용구 S.91.

7 필자의 견문이 좁은 탓이겠으나 국내에서 튀빙엔 학파의 플라톤 해석을 문제삼는 저술을 보지 못했다. '문자화되지 않은 이론'에 대한 관심을 불러 일으키는 의미로 번거로운 감이 있으나 자세한 참고 문헌 목록을 제시한다.
① 튀빙엔 학파의 이론을 대표하는 저서로 다음의 셋을 들 수 있다.
H. J. Krämer, *Arete bei Platon und Aristoteles, Zum Wesen und zur Geschichte der platonischen Ontologie*, in: Abhandlungen der Heidelberger Akademie der Wissenschaften, philosophisch-historische Klasse, Jahrgang 1959, Nr.6 (Heidelberg 1959), Amsterdam 21967;
K. Gaiser, *Platons Ungeschriebene Lehre, Studien zur systematischen und geschichtlichen Begrüdung der Wissenschaften in der platonischen Schule*, 부록: Testimonia Platonica, Quellentexte zur Schule und mündlichen Lehre Platons, Stuttgart (1963) 21968;
Giovanni Reale, *Per una nuova interpretazione di platone, Rilettura della metafisica dei grandi dialoghi alla luce delle <Dottrine non scritte>*, Milano (1984) 71990.
② '문자화되지 않은 이론'을 둘러싼 논쟁과 관련된 대표적 논문들을 다음 두 권의 논문집에서 찾아볼 수 있다.
Hans-Georg Gadamer; Wolfgang Schadewaldt (Hrsg.), *Idee und Zahl, Studien*

zur platonischen Philosophie, in: Abhandlungen der Heidelberger Akademie der Wissenschaften, philosophisch-historische Klasse, Jahrgang 1968, Nr.2, Heidelberg 1968;

Jürgen Wippern (Hrsg.), *Das Problem der Ungeschriebenen Lehre Platons, Beiträge zum Verständnis der platonischen Prinzipienphilosophie*, Darmstadt 1972.

③ '문자화되지 않은 이론'에 대한 연구의 역사를 다음의 책이 아주 잘 보여준다.

Cornelia Johanna de Vogel, *Rethinking Plato and Platonism*, Leiden 1986, 그 가운데에서도 특히 chap.1: Plato, The Written and Unwritten Doctrines, Fifty Years of Plato Studies 1930-1980, pp.3-56.

④ 다음의 책은 1742년부터 1990년에 이르기까지 '문자화되지 않은 이론'을 문제삼는 - 받아들이든 거부하든 - 방대한 양의 문헌들을 일목요연하게 시대순으로 보여주는 목록을 싣고 있다.

H.J. Krämer, *Plato and Foundations of Metaphysics, A Work on the Theory of the Principles and Unwritten Doctrines of Plato with a Collection of the fundamental Documents*, 1982년의 이태리어 원본을 John R. Catan이 번역, Albany 1990.

8 Richard Harder, "Die Meisterung der Schrift durch die Griechen", in: Das neue Bild der Antike Bd.1, hrsg. von H. Berve, Leipzig 1942, S.91-108; auch in: Kleine Schriften, hrsg. von Walter Marg, München 1960, S.81-97;

같은 이, "Bemerkungen zur griechischen Schriftlichkeit", in: Antike 19 (1943), S.86-108; auch in: Kleine Schriften, S.57-80.

9 ① 고대 희랍에서의 말과 글의 관계에 대한 수많은 연구 문헌 중에서 다음의 것들이 특히 주목 받는다.

William Chase Greene, "The spoken and the written Word", in: Harvard Studies in Classical Philology 60 (1951), p.23 ff.;

Robert Muth, "Randbemerkungen zur griechischen Literaturgeschichte, Zur Bedeutung von Mündlichkeit und Schriftlichkeit der Wortkunst", in: Wiener Studien 79 (1966), S.246-260;

W. Wimmel, *Die Kultur holt uns ein, Die Bedeutung der Textualität für das geschichtliche Werden*, Würzburg 1981;

Walter J. Ong, *Orality and Literacy, The Technologizing of the Word*, London/New York 1982;

Aleida Assmann; Christoph Assmann; Jan Hardmeier (Hrsg.), *Schrift und Gedächtnis, Beiträge zur Archäologie der literarischen Kommunikation*, München 1983, 그 안에서 특히 Hans-Georg Gadamer, "Unterwegs zur Schrift", S.10-19;

Oivind Andersen, "Mündlichkeit und Schriftlichkeit im frühen Griechentum", in: Antike und Abendland 33 (1984), S.29-44;

Eric Alfred Havelock, *The Muse Learns to Write, Reflections on Orality and Literacy from Antiquity to the Present*, New Haven/London 1986;

Wolfgang Raible (Hrsg.), *Zwischen Festtag und Alltag, Zehn Beiträge zum Thema Mündlichkeit und Schriftlichkeit*, Tübingen 1988;
Egbert Pöhlmann, "Mündlichkeit und Schriftlichkeit gestern und heute", in: Würzburger Jahrbuch für die Altertumswissenschaft, Neue Folge 14 (1988), S.7-20;
Tony M.Lentz, *Orality and Literacy in Hellenic Greece*, Carbondale/Edwardsville 1989;
Rosalind Thomas, *Oral Tradition and Written Record in Classical Athens*, Cambridge 1989;
Wolfgang Kullmann; Michael Reichel (Hrsg.), *Der Übergang von der Mündlichkeit zur Literatur bei den Griechen*, Tübingen 1990.
② 말과 글의 상관관계에 대한 연구는 비단 고대 희랍에 대해서 뿐만 아니라 현대 사회에 대해서도 진행되고 있다. 고대 희랍의 경우 말의 위기가 문제라면, 현대 사회에서는 거꾸로 글의 위기가 문제라고 하겠다. 영상 매체의 급속한 발달로 인해서 사람들은 점차 책으로부터 멀어지고 있는 것이다. 현대 사회에서의 글의 위기에 대해서는 다음 논문들을 참조하라.
Odo Marquard, "Die Wiederkehr der Mündlichkeit und die Chance des Buches", in: Das altsprachliche Unterricht 25 (1985) Heft4, S.88-89;
Wolfgang Rösler, "Alte und Neue Mündlichkeit, Über kulturellen Wandel im antiken Griechenland und heute", in: Das altsprachliche Unterricht 25 (1985) Heft 4, S.4-26.

10 알파벳의 도입 시기와 관련해서는 대체로 L. H. Jeffery의 이론이 받아들여진다.
L. H. Jeffery, *The Local Scripts of Archaic Greece*, Oxford 1961.

11 Eric Alfred Havelock에 대해서는:
E. A. Havelock, *Preface to Plato, A History of Greek Mind* vol.1, Cambridge (1963) ^{3}1982;
같은 이, *The Literate Revolution in Greece and Its Cultural Consequences*, Princeton 1982;
같은 이, *The Muse Learns to Write*, New Haven/London 1986.
다음의 논문도 참조하라.
Jackson p. Hershbell, "Eric Havelocks Beiträge zum Problem von Mündlichkeit und Schriftlichkeit im antiken Griechenland", in: Philologus 135 (1991) Heft 1, S.31-37.
Jack Goody에 대해서는:
Jack Goody (ed.), *Literacy in traditional Societies*, Cambridge 1968.

12 Procope S. Costas, Classical Journal 60 (1964), pp.78-80.

13 T. M. Lentz, *Orality and Literacy in Hellenic Greece*, Carbondale/Edwardsville 1989, p.175.

14 O. Andersen, "Mündlichkeit und Schriftlichkeit im frühen Griechentum", in: Antike und Abendland 33 (1984), S.29-44, 인용구 S.44.

15 1985년 독일 Freiburg 대학에는 여러 분야의 학자들이 참여하는 "Übergänge und

Spannungsfelder zwischen Mündlichkeit und Schriftlichkeit"라는 이름의 특별 협동 연구 프로그램이 설치되었다.

16 George Kennedy, *The Art of Persuasion*, Princeton 1963, p.4.

17 플라톤의 소수의 철학자들과 다수의 비철학자들의 구분이 잘 나타나 있는 곳은 <제7서한> 341d2-342a1이다. 플라톤은 οiπολλοί 대신에 οiἄλλοι ἄνθρωποι 혹은 πλήθος라는 개념을 동원하기도 하고, 간혹 그저 οiἄνθρωποι라는 표현을 쓰기도 한다. 이 οiπολλοί와 οiὀλίγοι의 구분은 플라톤에게 있어서 뿐만 아니라 희랍 사상 전반에 걸쳐서 등장하는 중요한 개념틀이다. Hanns-Dieter Voigtländer는 초기 철학자들로부터 Aristoteles에 이르기까지 이 구분이 어떻게 적용되어 왔는지를 훌륭하게 보여 준다.

Hanns-Dieter Voigtländer, *Der Philosoph und die Vielen, Die Bedeutung des Gegensatzes der unphilosophischen Menge zu den Philosophen (und das Problem des Argumentum e consensu omnium) im philosophischen Denken der Griechen bis auf Aristoteles*, Wiesbaden 1980.

18 <소크라테스의 변론> 26d6, 26d10 f.

19 <파이돈> 97b8, 98b4.

20 Xenophon, *Memorabilia*, IV.2.

이 부분은 Gilbert Ryle의 *Plato's Progress*, Cambridge 1966, p.22에도 인용되고 있다.

21 Diogenes Laertios, 9,8,52.

22 <폴리티코스> 294a-b.

23 <파이드로스> 277d.

24 ① 세 사람의 관계에 대해서는:

Sylvia Friemann, "Überlegungen zu Alkidamas' Rede über die Sophisten", in: Wolfgang Kullmann; Michael Reichel (Hrsg.), *Der Übergang von der Mündlichkeit zur Literatur bei den Griechen*, Tübingen 1990, S.301-315;

Christoph Eucken, *Isokrates, Seine Positionen in der Auseinandersetzung mit den zeitgenössischen Philosophen*, Berlin/New York 1983;

F. Seck (Hrsg.), *Isokrates*, Darmstadt 1976;

H. Erbse, "Platons Urteil über Isokrates", in: Hermes 99 (1971), S.183 ff., 재수록, F. Seck (Hrsg.), *Isokrates*, S.329 ff.;

Klaus Ries, *Isokrates und Platon im Ringen um die Philosophia*, München 1959 (Diss.);

Gunnar Rudberg, "Isokrates und Platon", in: Symbolae Osloensis II (1924), S.1-24;

LaRue Van Hook, "Alcidamas versus Isocrates, The spoken versus the written word", in: The Classical Weekly vol.XII (1919) no.12, pp.89-94;

Karl Hubìk, "Alkidamas oder Isokrates", in: Wiener Studien 23 (1901), S.234 ff.;

Gustav Teichmüller, *Literarische Fehden im vierten Jahrhundert vor Chr.*, 2Bde.,

Breslau 1881/1884, Nachdruck: Hildesheim 1978.
② Isokrates와 플라톤의 저술 사이의 관계로는 다음과 같은 대비가 주목된다:
<소피스테스들에 반대하여> : <고르기아스>
<Helena> : <심포시온>, <파이드로스>
<Panegyrikos> : <메넥세노스>
<Busiris> : <폴리테이아>, <티마이오스>
<Areopagitikos> : <티마이오스>
<Euagoras> : <파이돈>
Alkidamas와 Isokrates의 저술 사이의 관계로는:
<문자화된 연설을 쓰는 자들 혹은 소피스테스들에 관하여> : <소피스테스들에 반대하여>
Alkidamas와 플라톤의 저술 사이의 관계로는:
<문자화된 연설을 쓰는 자들 혹은 소피스테스들에 관하여> : <파이드로스>.
③ 플라톤의 대화편들의 편년을 매기는 데에 있어서도 Isokrates 저술과의 상관관계가 중요한 잣대가 되기도 한다. 이 점에 대해서는:
Ferdinand Dümmler, *Chronologische Beiträge zu einigen platonischen Dialogen aus den Reden des Isokrates, Programm zur Rektoratsfeier der Universität Basel*, Basel 1890, 재수록, Ferdinand Dümmler, *Kleine Schriften* I, Leipzig 1901, S.79 ff.
④ <파이드로스>편이 Isokrates의 <Helena>에 대한 직접적인 반박이며, 플라톤은 <파이드로스>편에서 의도적으로 <Helena>에 등장하는 것과 동일한 표현을 동원한다는 견해를 다음 논문이 잘 보여준다:
R. L. Howland, "The Attack on Isocrates in the Phaedrus", in: Classical Quarterly 31 (1937), pp.551-559, 재수록, Keith V. Erickson (ed.), *True and Sophistic Rhetoric*, Amsterdam 1979, pp.265-279.
이런 견해에 대해서는 다음의 책도 아울러 참조 바람:
G. Ryle, *Plato's Progress*, Cambridge 1966, pp.268-272.

25 플라톤은 <파이드로스>편 끝 부분(279a f.)에서 이소크라테스를 칭송해마지 않는다. 이 같은 칭송을 어떻게 보아야 할지에 대해서는 전혀 다른 두 견해가 팽팽히 맞서고 있다.
플라톤의 이소크라테스에 대한 칭송을 마땅치 않음이나 조롱을 특유의 아이러니 기법으로 포장해 내놓은 것으로 보는 쪽:
Hans Raeder, *Platons philosophische Entwicklung*, Leipzig 1905, S.275 ff.;
G. J. de Vries, "Isokrates in the Phaedrus", in: Mnemosyne 24 (1971), p.387 ff.;
같은 이, *A Commentary on the Phaedrus of Plato*, Amsterdam 1969, p.15 ff.
<파이드로스>편에서의 칭송을 표현 된 그대로 이소크라테스에 대한 플라톤의 인정(認定)으로 보는 쪽:
F. Schleiermacher, *Platons Werke* I 1, Berlin 1804, S.73 f.;
Hartmut Erbse, "Platons Urteil über Isokrates", in: Hermes 99 (1971), S.183 ff., 재수록,

F. Seck (Hrsg.), *Isokrates*, Darmstadt 1976, S.329 ff.

26 <Panegyrikos> 14; <Philippos> 17 ff., 84; <Panathenaikos> 200 ff.

27 Quintilianus, 10,4,4.

28 T. M. Lentz, *Orality and Literacy in Hellenic Greece*, Carbondale/Edwardsville 1989, p.137.

29 W. K. C. Guthrie, *A History of Greek Philosophy*, vol.IV, p.59 註2;
S. Friemann, "Überlegungen zu Alkidamas' Rede über die Sophisten", in: *Der Übergang von der Mündlichkeit zur Literatur bei den Griechen*, S.301-315.

30 특히 자주 지적되는 몇 부분만 소개하면 다음과 같다:
플라톤 276a ζώντα καὶἔμψυχον : Alkidamas 28 ἔμψυχός ἐστι καὶζῆ
플라톤 276d-e παιδιᾶς χάριν : Alkidamas 34 ἐν παιδιᾷ
플라톤 275d ζωγραφία : Alkidamas 27 γεγραμμένα ζῷα
플라톤 276a ὁγεγραμμένος εἴδωλον : Alkidamas 27 εἴδωλα καὶμιμήματα λόγου.

31 <제7서한> 344d8에서 플라톤은 문자화하는 일을 ἀπρέπειαㄹ로 규정한다.

32 <파이드로스> 273e.

33 장기 놀이와 수학적 분과들은 <카르미데스> 174b, <고르기아스> 450d 및 <법률> VII권 820d에서도 나란히 언급되고 있다.
테우트 신에 의한 글자 발명은 <필레보스> 18b에도 나타난다.

34 테우트 신에 의한 문자 발명은 아마도 플라톤에 의해서 꾸며진 것으로 보인다. 이 점은 이런 내용의 신화를 다른 문헌에서는 찾아 볼 수 없다는 사실로 미루어 보아 거의 확실하다. 그렇지만 이 신화에 등장하는 테우트와 타모스는 실제로 이집트 설화 세계에서 찾아볼 수 있다. 이집트는 플라톤이 활동했던 시대에 지혜의 나라로 통했다. 아이스킬로스는 인간에게 집 짓는 법, 항해술, 채광법(採鑛法)을 위시해서 많은 다른 기술들을 가져다 준 프로메테우스가 문자도 발명한 것으로 그리고 있다. 나일강 삼각주에 위치하고 교역이 활발한 나우크라티스(Naukratis)를 관장하며 성조(聖鳥) 이비스(Ibis)를 거느리고 다닌다는 재주 많은 신 테우트는 프로메테우스와 헤르메스에 비견할 수 있겠다. 타모스는 본래 희랍인들이 이집트의 테베(Thebe)라고 불렀던 나일강 상류 지방의 전설적인 임금이자 신이다. 타모스를 숭배하는 신심은 플라톤의 시대에는 이집트 뿐만 아니라 지중해 연안에 널리 퍼져 있었던 것으로 보인다.

35 <파이드로스> 274d: ὠφελία

36 하르더(Richard Harder)는 18 세기 독일어권에서도 인간의 기억력과 창의적인 정신 능력이 문자라는 인위적인 보조 수단에 갇혀서 고사(枯死)하고 마는 데에 대한 경고가 적지않이 있었다는 것을 레싱(Lessing), 하이네(Heyne) 그리고 헤르더(Herder) 등의 예를 통해서 설득력 있게 보여 준다.
R. Harder, "Bemerkungen zur griechischen Schriftlichkeit", in: Antike 19 (1943), S.86-108, 재수록, *Kleine Schriften*, hrsg. von Walter Marg, München 1960, S.57-80.

37 φάρμακον은 한편으로 약(藥)이자 다른 한편 독(毒)이다. Jacques Derrida는 여기에

서의 φάρμακον도 양가적(兩價的)인 의미로 씌었다고 본다.

J. Derrida, "La pharmacie de Platon", in: Tel Quel 32 (1968), p.3-48; Tel Quel 33 (1968), pp.18-58.

38 문자를 통해서 '듣는다'는 것은 무슨 의미인가? 문맥상 '읽는다'고 해야 옳을 것이 아닌가? 이런 의문과 관련해서 우선 우리는 <파이드로스>편이 파이드로스가 리시아스의 연설을 소리내어 읽는 것으로 시작되었다는 것을 상기해야 한다. 여기에서는 명백히 문자화된 작품의 낭독을 듣는 것과 직접적인 대화의 대비가 문제이다.

39 R. Burger, *Plato's Phaedrus, A defense of a philosophic art of writing*, Alabama 1980, pp.1-7 그리고 pp.90-109.

40 <파이드로스> 275c6: σαφὲς καὶβέβαιον.

<파이드로스> 277d8-9에는 βεβαιότητα καὶσαφήνειαν의 표현이 보인다.

플라톤의 문자 비판의 두 중요한 전거인 <파이드로스> 274a-278e와 <제7서한> 340b-345a에는 여러 핵심적인 개념들이 공통적으로 쓰이고 있다. βεβαιότης-σαφήνεια의 개념쌍도 그 가운데 하나이다. 이 개념쌍은 <파이드로스>편에서 보다 <제7서한>에서 대단히 중요한 역할을 한다.

41 글로 씌어진 것을 가리켜 ὑπομνήματα라고 한 곳은 <파이드로스> 275a5, 276d3, 278a1.

<제7서한> 344d에도 보인다.

42 알키다마스도 λόγος ζῶν καὶἔμψυχος에 대비 되는 λόγος γεγραμμένος를 ζωγραφία에 견준다. <문자화된 연설을 쓰는 자들 혹은 소피스테스들에 관하여> 27 이하.

43 <프로타고라스> 329a에 이와 유사한 언급이 보인다. "서책(書冊)들과 의미 있는 대화를 나눈다는 것은 애당초 가능하지 않다. 그것들은 질문할 줄도 답변할 줄도 모른다. 그것들은 벙어리와 다를 바 없어서 대수롭지 않은 질문을 받고서도 기껏해야 쇠붙이인양 침묵을 지킬 따름이다."

44 같은 맥락에서 <폴리티코스> 300c에는 μιμήματα라는 표현이 쓰인다.

45 <메논> 97c 이하.

46 예를 들어서 <폴리테이아> X 595c-598d.

47 Jasper Neel, *Plato, Derrida and Writing*, Carbondale/Edwardsville 1988, p.4.

48 비교적 최근의 것으로는

R. Burger, *Plato's Phaedrus, A Defense of a Philosophic Art of Writing*, Alabama 1980;

C. Jan Swearingen, "The Rhetor as Eiron, Plato's Defense of Dialogues", in: Pre/Text 3 (1982), pp.289-336.

49 이런 주장의 근거는 <파이드로스> 277d7과 <제7서한> 341c5에 보이는 'σύγγραμμα', <파이드로스> 278c4와 <제7서한> 344c4에 보이는 'συγγράμματα'이다. 이 σύγγραμμα 개념을 무엇으로 이해해야 하는가가 플라톤의 문자 바판의 해석을 둘러싼 논쟁에서 핵심적인 역할을 한다. 우선 여기에서는 σύγγραμμα를 '체계적으로 씌어진 교과서와 같은 글 (systematische Lehrschrift)'로 볼 수 없다는 점만 밝히고자 한다.

σύγγραμμα 개념에 대해서는 Thomas Alexander Szlezák의 연구가 단연 뛰어나다고 하겠다.

Th. A. Szlezák, *Platon und die Schriftlichkeit der Philosophie, Interpretationen zu den frühen und mittleren Dialogen*, Berlin/New York 1985, 그 가운데서도 특히 부록 I: Die Bedeutung von σύγγραμμα.

50 <파이드로스> 275d4.

51 <파이드로스> 275d; 276a.

52 <폴리테이아> X 605c 참조.

53 지식을 전달하는 것, 달리 표현해서 가르치는 일을 농사 짓는 일로 비유하는 것이 플라톤의 시대에는 흔히 있었다는 것을 Michael Erler는 다음의 논문에서 잘 보여준다. 그는 이 논문 주(註) 29에서 이러한 비유의 예들을 열거한다.

M. Erler, "Natur und Wissensvermittlung, Anmerkung zum Bauernvergleich in Platons `Phaidros'", in: Rheinisches Museum 132 (1989), S.280-293.

소피스테스들도 가르침이나 교육을 농사짓는 일과 비교하였다. 여기에 대해서는 다음의 책을 참조하라:

Werner Jaeger, *Paideia, Die Formung des griechischen Menschen*, I, Berlin 21955, S.396.

54 아름다운 소년 아도니스를 놓고 사랑의 여신 아프로디테와 사후 세계를 관장하는 페르세포네 여신 사이에 다툼이 벌어졌다. 도저히 해결이 나지 않자 급기야 제우스 신이 개입하게 된다. 신들의 제왕인 제우스 신은 다음과 같은 솔로몬식 판결을 내렸다고 한다. 즉 아도니스 소년으로 하여금 한 해의 1/3은 자신만을 위하여 지내고, 다른 1/3은 지하에서 페르세포네 여신과 함께 지내며, 나머지 1/3은 지상에서 아프로디테 여신 곁에서 지내도록 했다. 이 신화는 매년 반복되는 자연의 조락(凋落)과 소생(蘇生)을 표현하고 있다. 이 신화와 관련해서 희랍의 여인들은 아도니스 축제 때마다 상치, 회향(茴香), 보리, 밀등 빠른 속도로 성장하는 식물들을 작은 통이나 화분에 파종해서는 지붕 위에 올려 놓았다고 한다. 마치 요즈음 아파트의 베란다에 걸어 놓는 간이 화단과 같은 이 '아도니스 화단'에서는 금새 떡잎이 돋아나고 짧은 기간 동안 축제 분위기를 살리는 훌륭한 장식 효과를 낸다. 그러나 거기에 심겨진 식물들은 뿌리를 내리거나 이삭을 맺기도 전에 작렬하는 태양아래 얼마 지나지 않아서 이내 시들고 만다. 사람들은 쓸모 없어진 '아도니스 화단'을 바다나 연못에 내던졌다고 한다.

'아도니스 화단'의 사회 경제적 기능, 종교 예식과 관련된 의미 그리고 문학적 상징의 측면에 대해서는 다음의 책을 참조 하라: Gerhard J. Baudy, *Adinisgärten, Studien zur antiken Samenssymbolik*, Frankfurt am Main 1986 (Beitrge zur klassischen Philologie 176).

55 <파이드로스> 276c7: ἐν ὕδατι γράφειν, 의미 없는 일을 하는 것을 가리키는 희랍인들의 속담.

이 표현은 276a5와 278a3에 보이는 ἐν ψυχῆγράφειν에 대비된다.

56 꼭 맞아 떨어지는 譯語를 찾기 어려워서 '진지한 마음'-'가벼운 마음'으로 옮겨 보았다. παιδιά가 홀로 문제일 때에는 '유희'라고도 옮겼다. 영어로는 seriousness - playfulness 혹은 earnest - play, 독일어로는 Ernst - Spiel.

57 플라톤의 대화편들에 있어서 σπουδή 혹은 παιδιά가 전문 용어로 쓰인 것으로 보이는 곳은 다음과 같다.
<파르메니데스> 137b2;
<법률> II 652a3-4, III 685a7, IV 712b2, VI769a1-2, VII 803c7, 803b4, 803b5, 803c2-3, 803b3-4;
<폴리티코스> 268d8, 268e5;
<티마이오스> 59d2, 69a3-4;
<쉼포시온> 216e4, 216e5.

58 <제6서한> 323d2.

59 I. Ooms, *Παιδιά bei Platon*, Bonn 1956 (Diss.);
Eugen Fink, *Spiel als Weltsymbol*, Stuttgart 1960;
Hermann Gundert, "Zum Spiel bei Platon", in: *Beispiele*, Festschrift für Eugen Fink, hrsg. von L. Landgrebe, Den Haag 1965, S.188-221;
같은 이, Wahrheit und Spiel bei den Griechen, in: Das Spiel, Wirklichkeit und Methode, Freiburger Dies Universitatis 13 (1966), S.13-34;
P. Plass, "Play and philosophical Detachment of Plato", in: Transactions of the American Philological Association 98 (1967), pp.343-364;
G. Ardley, "The Role of Play in the Philosophy of Plato", in: Philosophy (1967), pp.226-244;
G. J. de Vries, *Spel bij Plato*, Amsterdam 1969;
W. K. C. Guthrie, *A History of Greek Philosophy*, vol.IV: Plato, The Man and his Dialogues: Earlier Period, Cambridge 1975, 그 안에 pp.56-66: Philosophical Status: Play and earnest;
M. Marder, *Das Problem des Lachens und der Komödie bei Platon*, Tübingen 1973 (Diss.).

60 <법률> VII 803b4.

61 <법률> VII 803b3-4.

62 <법률> 803c7.

63 J. Klein, *Plato's Trilogy, Theaetetus, the Sophist, and the Statesman*, Chicago/London 1977, p.1.

64 <파이드로스>> 277b: κατ' εἴδη μέχρι τοῦ ἀτμήτου τέμνειν.
이 표현은 의심할 바 없이 διαλεκτική 개념을 가리킨다. 앞서 265d-e에서 διαλεκτική의 두 계기(契機)인 'συναγωγή'와 'διαίρεσις'는 다음과 같이 정의되었다.
'συναγωγή'란 "여러 군데로 분산되어 있는 것들을 하나의 이데아로(εἰς μίαν ἰδέαν) 모아서 이를 함께 봄으로써 논의의 대상을 한정시켜서(ὁρίζειν) 그 논의를 명확하게 하는 것이다."

'διαίρεσις'란 모음의 방법에 의해서 확정된 대상을 "형상들에 따라서 나누되 자연스런 마디에 따라 하는 것이다." 이 나눔은 "더 이상 나눌 수 없을 때까지" 진행시켜야 한다.

266b3-c1에서 소크라테스는 말하기를, 그 자신 συναγωγή와 διαίρεσις를 사랑하는 사람이라고 하며, 또 그는 바로 이 συναγωγή와 διαίρεσις를 잘 할 줄 아는 사람을 가리켜 διαλεκτική에 능하다고 부른다고 한다.

65 <파이드로스> 277c2-3: ποικίλημὲν ποικίλους ψυχῇ... ἁπλούς δὲἁπλῇ.

66 <파이드로스> 277d8-9: βεβαιότητα καὶσαφήνειαν.

67 <파이드로스> 277d: ὕπαρ τε καὶ ὄναρ.

W. H. Thompson, W. J. Verdenius 그리고 G. J. de Vries 같은 이들은 이 표현이 여기에서는 부사적 용법으로 씌었다고 본다. '혼이 어떤 상황에 놓여 있든 간에' 정도의 의미이겠다. 우리 말로는 '자나깨나'라고 번역하면 제격이겠으나, 전체 문맥이 부정(否定)인 점을 감안해서 '전혀 (아니다)'로 옮겼다. Reginald Hackforth는 그의 책 *Plato's Phaedrus*, Cambridge 1952, p.161 n.3에서 다른 견해를 개진한다. 그는 <폴리티코스>편 278e10과 <법률> 969b5를 가리키면서 <파이드로스>에서의 이 표현을 명사로 보아야 한다고 주장한다. 그에 따르면 이 표현은 앞서 등장한 λόγος ζῶν καὶἔμψυχος와 γεγραμμένος λόγος의 대비의 변형이라는 것이다.

68 <파이드로스> 278a3: ἐν ψυχῇγράφειν.

'혼에 쓰는 것'은 '종이에 쓰는 것'에 대비된다. '혼에 쓰기'는 276a5에도 보인다. 276c7에서는 '종이에 쓰는 것'을 '물에 쓰는 것'(ἐν ὕδατι γράφειν)으로 표현하는데, 여기에는 분명히 가치 평가가 들어 있다.

69 <파이드로스> 278c5/6: ἔλεγχος.

'논박'은 <제7서한> 344b5에 철학적 인식에 도달하기 위해서 요구되는 전제 조건들 중의 하나로 제시 된다.

70 <파이드로스> 278c6-7: τὰγεγραμμένα φαύλα ἀποδείξαι.

71 <파이드로스> 278d1: ἐφ' οἷς ἐσπούδακεν.

72 <파이드로스> 278d8-9: τιμιώτερα ὧν συνέθηκεν ἢἔγραψεν.

73 Th. A. Szlezák, *Platon und Schriftlichkeit der Philosophie, Interpretationen zu den frühen und mittleren Dialogen*, Berlin/New York 1985, 특히 제4장과 제5장.

74 Gregory Vlastos, "Review of Hans Joachim Krämer, Arete bei Platon und Aristoteles, Zum Wesen und zur Geschichte der platonischen Ontologie", in: Gnomon 41 (1963), pp.641-645.

이 서평은 "On Plato's Oral Doctrine"이라는 제목으로 다음의 책에 재수록되었다: Gregory Vlastos, *Platonic Studies*, Princeton 1973, pp.379-398.

75 Gregory Vlastos, *Platonic Studies*, Prnceton 1973, p.395.

76 Ernst Heitsch, "Platon über die rechte Art zu reden und zu schreiben", in: Akademie der Wissenschaften und der Literatur zu Mainz, Abhandlungen der geistes- und

sozialwissenschaftlichen Klasse, Jahrgang 1987 Nr.4.

77 H. J. Krämer, "Neue Literatur zum neuen Platonbild", in: Allgemeine Zeitschrift für Philosophie 14 (1989), S.59-81.

H. J. Krämer는 Th. A. Szlezák의 '도움'에 대한 견해를 "수직 구조의 해석", G. Vlastos 및 E. Heitsch의 견해를 "수평 구조의 해석"이라 이름 붙이고, 수평 구조의 해석이 옳지 않음을 보여 준다.

78 1). 논쟁의 제 1 라운드는 H. J. Krämer와 G. Vlastos 사이에서 벌어졌다.

H. J. Krämer, *Arete bei Platon und Aristoteles*, Heidelberg 1959;

G. Vlastos의 위 H. J. Krämer의 책에 대한 서평, in: Gnomon 41 (1963), pp.641-645; 재수록, *Platonic Studies*, Princeton 1973, pp.379-398.

2). 논쟁의 제 2 라운드는 H. J. Krämer, Th. A. Szlezák과 E. Heitsch 사이에서 벌어지고 많은 이들이 가세하였다.

Th. A. Szlezák, *Platon und die Schriftlichkeit der Philosophie*, Berlin/New York 1985;

E. Heitsch, *Platon über die rechte Art zu reden und zu schreiben*, Mainz 1987;

Th. A. Szlezák, 위 E. Heitsch의 논문에 대한 서평, in: Gnomon 60 (1988), S.390-398;

H. J. Krämer, "Neue Literatur zum neuen Platonbild", in: Allgemeine Zeitschrift für Philosophie 14 (1989), S.59-81;

E. Heitsch, "τιμιώτερα", in: Hermes 117 (1989), S.278-287;

Johann-Heinrich Königshausen, "Grundsätzliches der platonischen σκέψις von guter Rede und guter Schrift im Phaidros, Im Anschluß an Ernst Heitsch: Platon über die rechte Art zu reden und zu schreiben", in: Perspektiven der Philosophie, Neues Jahrbuch 14 (1988), S.109-127;

Wolfgang Kullmann, "Platons Schriftkritik", in: Hermes 119 (1991), S.1-21, 특히 S.17.

79 <제7서한>의 소위 '철학적 일탈' 부분의 구성에 대해서는 다음을 참조, Hermann Gundert, "Zum philosophischen Exkurses im 7. Brief", in: *Idee und Zahl*, S.85-105, 특히 S.86-87; Egidius Schmalzriedt, *Platon, Der Schriftsteller und die Wahrheit*, München 1969.

80 <제7서한> 340b2-3: ἐξημμένος ὑπὸφιλοσοφίας ὥσπερ πυρός.

불의 은유가 동일한 맥락에서 다시 등장한다는 데에 주목할 필요가 있다. 341c7-8: οἷον ἀπὸπυρὸς πηδήσ αντος ἐξαφθὲν φώς. 이 두 곳의 불의 은유는 본질적인 것은 오로지 직관에 의해서 포착된다는 것을 나타내려는 의도에서 채택된 것으로 보인다. 이런 점에서 불의 은유는 <파이드로스> 276a5와 278a3의 ἐν ψυχῆγράφειν과도 통한다고 하겠다.

81 필자는 이 '철학적 자질의 시험'을 340b에서 345c에 이르는 부분을 관통하는 실마리로 보는 H. Gundert와 견해를 같이한다. "Der ganze Abschnitt von 340b bis 345c hat es mit dieser Probe und ihrem Scheitern zu tun." "Zum philosophischen Exkurs im 7. Brief", S.87.

82 <제7서한> 340b8: ὅτι ἔστι πάν τὸπράγμα οἷόν.

83 <제7서한> 340b6.
338d3에도 같은 표현이 보이고, 341b3에는 παρακοαί, 339e4에는 παρακούονταλ는 표현이 쓰였다.

84 <제7서한> 341c2: εἴτ' ἐμούάκηκοότες εἴτ' ἄλλων.

85 <제7서한> 340c2.

86 H.J. Krämer, *Arete bei Platon und Aristoteles, Zum Wesen und zur Geschichte de platonischen Ontologie*, in: Abhandlung der Heidelberger Akademie der Wissenschaften, phil.-hist. Klasse, Jg.1959, (Heidelberg 1959) Amsterdam 21967, S.405 f.

87 <국가> 521c6-8: ψυχῆς περιαγωγὴἐκ νυκτερινῆς τινος ἡμέρας εἰς ἀληθινήν, τοῦὄ ντος οὖσαν ἐπάνοδον, ἣν δὴφιλοσοφίαν ἀληθῆφήσομεν εἶναι.

88 <제7서한> 341b7-341c4.

89 <제7서한> 341c4-341d2.

90 Thomas Alexander Szlezák, *Platon und Schriftlichkeit der Philosophie, Interpretationen zu den frühen und mittleren Dialogen*, Berlin/New York 1985, S.386.

91 Wolfgang Wieland, *Platon und die Formen des Wissens*, Göttingen 1982.
같은 이, "Platons Schriftkritik und die Grenzen der Mitteilbarkeit", in: *Romantik, Literatur und Philosophie*, hrsg. von Volker Bohn, Frankfurt am Main 1987, S.24-44.

92 F.M. Cornford, "Mathematics and Dialectic in the 'Republic' VI-VII", in: *Studies in Plato's Metaphysics*, ed. by E. Allen, London 1965, pp.61-95, 인용 p.94: "It is altogether beyond such means of expressions as exist in other departments of knowledge."

93 <제7서한> 341d2-342a1.

94 Hanns-Dieter Voigtländer, *Der Philosoph und die Vielen, Die Bedeutung des Gegensatzes der unphilosophischen Menge zu den Philosophen (und das Problem des Argumentum e consensu omnium) im philosophischen Denken der Griechen bis auf Aristoteles*, Wiesbaden 1980.

95 <국가> 493e2-494a2.

96 <국가> VI 494a4: φιλόσοφον [. . .] πλῆθος ἀδύνατον εἶναι.

97 <제7서한> 342a2-342a6.

98 <제7서한> 342a7-342b3.

99 G. Müller, "Die Philosophie im pseudoplatonischen 7. Brief", in: Archiv für Philosophie 3 (1949/50), S.251-276; 재수록 in: *Platonische Studien*, hrsg. von Andreas Graeser u. Dieter Maue, Heidelberg 1986, S.146-171.

100 I.M. Crombie, *An Examination of Plato's Doctrines*, vol. I: Plato on Knowledge and Reality, London 1963, p.123.
R.S. Bluck도 같은 생각을 표명한다. 그는 ὄνομα, λόγος, εἴδωλον과 함께 열거되

는 ἐπιστήμη를 "an inferior kind of apprehension"이라고 표현한다 *Plato's Meno*, Cambridge 1961, p.213.
아울러 참조: Sir D. Ross, *Plato's Theory of Ideas*, p.141.

101 Sir D. Ross, *Plato's Theory of Ideas*, pp.139-141.

102 Sir D. Ross, *Plato's Theory of Ideas*, p.141.
J.N. Findlay도 "이데아들을 포괄하는 목록"으로 본다. *Plato, The Written and Unwritten Doctrines*, London 1974, p.300

103 <제7서한> 342e2-343a4.

104 <제7서한> 343a5-343c5.

105 <국가> 509d9.

106 <국가> 511e2-4.

107 <에우티프론> 11a.

108 <라케스> 190e-191e.

109 <대 힙피아스> 299e-300b.

110 <에우티프론> 6d.

111 <메논> 71e-72d.

112 <테아이테토스> 146c-146d.

113 <고르기아스> 447c-449a. 462c 이하도 참조.

114 R.C. Cross, "Logos and Forms in Plato", in: Mind 63 (1954), pp.433-450; 재수록 in: *Studies in Plato's Metaphysics*, ed. by Reginald E. Allen, London 1965, pp.13-31.

115 R.S. Bluck, "Logos and Forms in Plato, A Reply to Professor Cross", in: Mind 65 (1956), pp.523-529; 재수록 in: *Studies in Plato's Metaphysics*, pp.33-41, 인용 p.35.

116 <제7서한> 343e1-344c1.

117 W. Kullmann, "Hintergründe und Motive der platonischen Schriftkritik", in: *Der Übergang von der Mündlichkeit zur Literatur bei den Griechen*, hrsg. von Wolfgang Kullmann und Michael Reichel, Tübingen 1990;
같은 이, "Platons Schriftkritik", in: Hermes 119(1991), S.1-21.

118 그는 이에 대한 전거로 <파이드로스>와 <제7서한> 외에도 <국가>와 <파르메니데스>를 든다.

119 <제7서한> 344c1.

120 이 구절은 앞의 341b의 기술과 일치한다. 거기에서도 디오니시오스 이외의 다른 사람들도 이런 것들에 대해 책을 썼다고 했다.

121 <제7서한> 344d3-345a1.

122 <리시스> 219c-d.

123 H.-G. Gadamer, "Platons ungeschriebene Dialektik", in: *Idee und Zahl*, S.13, S.28 그리고 같은 쪽의 註 21.

124 H.J. Krämer, "Die grundsätzlichen Fragen der indirekten Platonüberlieferung", in *Idee und Zahl*, S.119, S.120 그리고 같은 쪽의 註 49와 50.

125 <제7서한> 344d7.

126 W.K.C. Guthrie, *A History of Greek Philosophy* vol.V, p.411 n.3.

127 Wilhelm Andreae, "Die philosophischen Probleme in den Platonischen Briefen", in: Philologus 78 (1923), S.51.

128 Cicero, *de senect.* 5: *scribens est mortuns* (Ast 33-34).

129 Hans-Georg Gadamer, "Unterwegs zur Schrift", in: Aleida Assmann; Christoph Assmann; Jan Hardmeier (Hrsg.), *Schrift und Gedächtnis, Beiträge zur Archäologie der literarischen Kommunikation*, München1983, S.10-19, 인용 S.14.

02

중세 유럽의 문자관
- 세비야의 이시도루스의 『어원』을 중심으로 -

.. 이혜민

1 머리말

"어원은 어휘의 기원에 관한 것으로서, 말과 이름의 의미가 해석을 통해서 추론된다. 아리스토텔레스는 이를 '상징(*σύμβολον*)'이라 명명했으며, 키케로는 '주해(adnotatio)'라 불렀다. 왜냐하면, 예를 제시함으로써 사물의 이름과 말을 설명하기 때문이다."[1]

최근 국내외 학계에서 '문자'가 새롭게 조명을 받고 있다. 언어의 기호로서의 면모를 넘어서서, 문자의 시각적, 그래픽적인 차원에 대한 새로운 연구가 활발하게 진행되고 있으며, 문자의 역사적, 사회적, 문화적인 의미와 역할을 밝히려는 노력도 이루어지고 있다. 문자관에 대한 논의는 이러한 새로운 탐구의 한 부분을 이루고 있다. 오늘날 철학, 문화학, 언어학 등 여러 분야의 학자들이 플라톤의 문자관이나 루소의 문자관, 데리다의 문자관 등에 주목을 하고 있다. 반면에, 중세 유럽인들의 문자관은 고대로부터 근현대에 이르는 "음성중심주의"적 전통의 일부로 치부되어 구체적인 논의의 대상조차 되지 않는 상황이다. 따라서 중세사학자로서 중세 유럽의 문자관을 독립적인 주제로 살펴보는 것은 학문적으로 의미 있는 작업이라 생각된다. 이 글에서는 중세 서유럽의 가장 유명한 백과사전적 저서 중 하나인 『어원(語源, *Etymologiarum sive Originum liber*)』에 나타나는 문자관에 대해서 살펴보고자 한다.[2]

『어원』은 630년경에 세비야의 주교 이시도루스(Isidore of Seville, c. 560-636)가 그리스도교인들의 기초적인 교육을 위해서 당대의 학문, 자연현상, 일상생활 등과 관련된 지식을 집대성한 책으로, "사물의 이름과 말을 설명"함으로써 사물과 현상의 근본에 다가가고자 하는 의도 하에 집필되었다. 중세 초의 가장 유명한 저서 중 하나로 손꼽히는 이 책은 고대의 학문과 지식을 중세시대로 전달한 중개자 역할을 한 것으로 평가받고 있다. 따라서 『어원』에서 드러나는 이시도루스의 문자관을 살펴봄으로써 고대의 문자관이 중세에 계승된 방식과 중세의 문자관에 나타난 변화를 살펴볼 수 있다.

세비야의 이시도루스는 이베리아 반도 남동부의 카르타게나(Cartagena) 출신으로 서고트 왕국의 가톨릭 개종을 주도했던 친형 레안드루스(Leandrus)의 뒤를 이어 세비야의 주교직을 수행한 인물이다. 당시 서고트 왕국은 6세기 말 국왕 레카레도(Recaredo) 1세와 모든 서고트족이 가톨릭으로 개종함으로써 가톨릭 교도와 아리우스파 교도들 사이의 갈등을 종식시키고 가톨릭 교회를 중심으로 한 국가 통합을 이루었다.[3] 그 결과, 서고트 왕국은 정치적 안정을 바탕으로 "서고트 르네상스(la Renaissance wisigothique)"라고 불리기까지 하는 문화적 번영을 누리게 되었고, 세비야의 이시도루스의 『어원』은 이러한 시대적인 배경 속에서 저술되었다.

이시도루스의 문자관은 20권으로 구성된 『어원』 중 첫 권인 「문법학(De grammatica)」에서 등장한다.[4] 그 구성을 보면, 학문에 대한 개념 정의부터 시작해서, 문자의 개념과 어원, 문자의 기원(창제자), 문자의 기능, 그리스 알파벳, 라틴 알파벳의 자모 및 음가 등에 대한 논의가 전개되며, 이어 명사, 동사, 부사, 접속사, 전치사 등 각 품사 및 문법 요소들에 대한 설명과 음절과 음보, 액센트 부호, 구두점 달기에 대한 설명이 제시된다. 이어서 필경사들이 사용하는 여러 가지 그래픽적인 기호들(notae)에 대한 설명이 등장하는데, 이는 『어원』의 특징적인 부분 중 하나이다. 이시도루스의 문법론은 철자법 및 여러 가지 잘못된 언어 사용에 대한 경계를 서술한 후에, 마지막으로 산문, 운율, 우화(fabula), 역사에 관한 논의로 마무리 된다.[5] 이 마지막 부분은 문법 공부를 통해 도달하고자 하는 한 차원 높은 수준의 문학적인 자질 함양과 관련되어 있다. 여기에서 특히 주목할 점은 이시도루스가 문자에 대한 논의로부터 문법론을 시작하고 있다는 사실이다. 이러한 서술방식은 바로 그의 문자관을 드러낸다. 이시도루스는 학문의 기초는 문법이며, 이 문법의 토대를 이루는 가장 기초적인 것이 문자라고 보고 있는 것이다.

이 글은 다음과 같이 구성되어 있다. 우선 제2장에서는 문자의 기원과 유래에 대한 이시도루스의 논의를 통해서 고대에서 중세로 문자론이 계승되는 양상을 구체적으로 살펴보고 있다. 제3장은 이시도루스의 문자관이 고대의 문자관과 비교해서 어떤 점을 계승하고 있으며 또한 어떤 점에서 차이가 나는지를 논하고 있다. 제4장은 문자의 기능에 대한 이시도루스의 논의에 대해서 다루고 있다. 특히 기억을 보조하는 문자의 기능 및 시각적인 의사소통 수단으로서의 기능에 대한 논의를 통해서 고대 문화가 중세로 계승되는 방식을 살펴보는 동시에, 7세기경에 나타나기 시작한 문자관의 변화를 감지할 수 있다. 그것은 문자의 시각적 차원에 대한 의식화로 특징지을 수 있다.

2 문자의 어원과 유래

"문자는 마치 legitera처럼 발음된다. 왜냐하면, 그것은 글을 읽는 (legere) 독자들에게 길(iter)을 제공하거나 읽기 중에 반복(iterare)되기 때문이다."[6]

라틴어에서 우리말로 '문자'로 번역되는 단어로는 littera(복수로는 litterae)가 있다. 세비야의 이시도루스는 이 단어의 어원으로 legere와 iter 합성어 혹은 legere와 iterare의 합성어인 legitera라는 (가상의) 단어를 제시한다. 이에 따르면, 문자는 "글을 읽는 이에게 길을 보여 주는 것" 혹은 "읽는 중에 반복되는 것"으로서 풍부한 철학적, 추상적 함의를 갖는다. 이것은 고대 말의 모든 문법서에서 공통적으로 나타나는 고전적인 설명이다. 예를 들어, 4세기의 문법학자 빅토리누스(Marius Victorinus)는 문자가 글을 읽는 이에게 길을 보여주기 때문에 사람들이 littera를 legitera라 말하고, 반복됨(iteretur)에 따라 고양되기에(levat), 다시 말해 글로 씀에 따라 다시 즐겁게 하기에 levitera라 일컫는다고 했다.[7] 이중에서 littera의 어원을 legitera와 연결시키는 것이 고대 말과 중세 초의 문법서에서 고전적인 설명으로 자리 잡았으며, 이시도루스의 중개를 거쳐 중세시대에도 계속 계승되었다. 카롤루스 대제 시대의 대학자인 알퀴누스(Alcuinus)는 문자의 어원이 길을 보여주는 것, legitera에서 유래하였다는 문장을 반복하였다.[8] 13세기에 도미니쿠스회 수도사 보베의 뱅상(Vincent de Beauvais)이 편집한 백과사전적 저서인 『학문보감(*Speculum doctrinale*)』에서도 이시도루스의 『어원』을 그대로 인용하고 있다.[9]

오늘날의 학자들은 littera에 대한 이시도루스의 어원 설명을 받아들이지 않지만, 그렇다고 littera의 실제 어원에 대해서 확실하게 말하지도 못하는 상태이다. 과거의 언어학자들 중에는 "덧바르다" 혹은 "지우다"라는 의미를 가진 라틴어 동사 lino에서 littera라는 단어가 파생되었다고 주장한 이들이 있었다.[10] 이는 lino의 분사형인 litum에서 littera가 나온 것으로 보는 것인데, 이미 오래전부터 이러한 통념에 대해서 의문이 제기되어 왔으며[11], 오늘날에는 일반적으로 설득력이 없는 주장이라 여겨지고 있다. 그런데, littera가 lino에서 파생하였다는 주장은 사실상 오래된 어원 분석에서 연원하는 것이다. 6세기에 비잔티움 제국에서 활동한 문법학자 프리스키아누스(Priscianus, 491-518)는 littera(litera)의 어원을 legitera 외에 lino의 명사형인 litura와도 연결시켰다.[12] Litura는 지우는 행위 혹은 그 결과 생긴 지운 흔적을 의미하며, 서판(tabula)에 글을 쓰고 지우는 행위와 관련이 있다.[13] 이는 문자교육에서 서판이 널리 사용되었던 고대와 중세의 일반적인 글쓰기 관행에서 비롯된 것이다.[14] 또한, 옛 문헌을 보면 littera를 litera라고도 표기하는 경우가 있는데,[15] 이것은 바로 이 단어를 lino, litum에서 파생한 것으로 보았기 때문에 나타난 철자법이다.[16]

문자의 어원에 대한 이시도루스의 설명이 로마 제국 말기 문법학자들의 영향을 고스란히 받고 있다면, 문자의 기원에 대한 설명에서는 이교 문화와 그리스도교 문화의 묘한 융합이 나타난다. 로마의 문법학자들과 교부들은 모두 서구의 알파벳이 동방으로부터 유래한 것이라고 생각하였다. 하지만 전자는 그 기원을 칼데아 지방에서 찾은 반면에,[17] 후자의 경우에는 히브리 문자에 기원을 두고 있는 것으로 보았다. 이시도루스는 히에로니무스(Hieronymus, 347-420)의 의견을 따라 그리스 문자 및 로마 문자를 포함한 모든 문자가 히브리 문자로부터 기인하며, 히브리어는 모든 언어의 모어(母語)라고 말한다.

> "로마 문자와 그리스 문자는 히브리 문자에서 유래한 것으로 보인다. 왜냐하면, 히브리 문자의 첫 글자는 '알레프(aleph)'라고 불리기 때문이다. 이로부터 그리스인들에게서 비슷한 발음을 가진 '알파(alpha)'라는 글자가 만들어졌고, 라틴인들에게서는 '아(A)'가 생겨났다. 문자 창제자는 다른 언어[모델이 된 언어]의 비슷한 음가를 바탕으로 글자를 만들었다. 이로부터 우리는 히브리어가 모든 언어와 문자의 어머니라는 사실을 알 수 있다."[18]

페니키아 문자는 고대 히브리 문자와 그리스 문자 모두의 조상이기는 하지만,[19] 그리스 문자는 히브리 문자와는 사촌 정도의 관계일 뿐 직접적인 영향을 받은 것은 아니다. 하지만, 현대의 언어학적 지식과는 무관하게 히에로니무스나 이시도루스 같은 그리스도교 학자들은 종교적, 상징적인 관점에서 문자의 기원을 보았기에, 히브리어를 모든 언어와 문자의 기원이라는 (그들에게 있어서는) 당위론적인 주장을 펼쳤다. 이시도루스는 히브리인들은 22개 자모(字母)를 사용하는데, 그 이유는 구약성서가 22권으로 구성되어 있기 때문이라고 말한다. 이처럼 자모의 숫자에 있어서도 종교적, 상적인 의미가 부여되었다.[20]

한편, 문자의 창시자들에 대한 설명에서는 그리스도교적인 요소와 이교적인 요소가 혼재되어 있다. 동방 문자들에 대해서는 교부들의 전통에 따라 모세가 시나이 산에서 십계명을 받을 때 히브리 문자를 창제하였고, 아브라함은 시리아와 칼데아의 문자를 만들었으며, "이시스 왕후(Isis regina)"가 이집트 문자를 제정했다고 말한다.[21] 그리스 알파벳에 대해서는 로마의 시인 루카누스(Lucanus, 39-65)를 인용하면서, 페니키아인들이 그리스 알파벳을 만들었다고 진술한다.[22] 페니키아의 왕자 카드모스(Kadmos)가 페니키아로부터 17개 글자를 그리스에 들여왔으며, 이후 트로이 전쟁 시대에 팔라메데스(Palamedes)에 의해서 3개, 그리고 시인 시모니데스(Simonides)에 의해서 나머지 3개 글자가 추가되었다는 것이다.[23] 라틴 알파벳에 대해서는 이교적인 원조를 언급한다. 님프 카르멘타(Carmenta)가 로마 문자를 만들었다는 것이다.

> "님프 카르멘타는 처음으로 이탈리아에 로마 문자를 전했다. 그녀가 카르멘타라 불리는 이유는 앞으로 닥칠 일을 노래(carmen)로 부르기 때문이다. 그녀는 원래 니코스트라테라 불렸다."[24]

카르멘타는 로마 건국 이전 팔라티움 마을의 건설자이자 아이네아스(Aeneas)의 동맹자인 에우안드로스(Euandros)의 어머니로서, 아이네아스의 백성들이 위대해질 것이며 팔란티움이 명성을 날리게 될 것이라고 예언하였다.[25] 그런데, 베르길리우스의 『아이네이스』에는 카르멘타가 문자를 만들었다는 구절이 나오지 않으며, 이에 관한 언급은 후대의 주석서들에서 나타난다. 4세기 말의 문법학자 세르비우스(Servius)는 베르길리우스에 관한 주석서 및 도나투스(Donatus) 문법 주석서에서 로마 문자의 창제자가 카르멘타라고 서술하였다.[26] 라틴문자와 카르멘타를 연결시키는 이러한 설명은 문자 창제와 로마 건국을 연결시키고자 한 시도로 보인다.

이상에서 살펴본 바와 같이, littera의 어원 설명에서 이시도루스는 고대 말 문법학자들의 전통적인 해석을 받아들이고 있으며, littera의 어원을 legitera에서 찾음으로써 문자를 글을 읽는 이들에게 길을 보여주는 것으로 혹은 반복적인 읽기를 가능하게 함으로써 그 내용을 되새기게 하는 것으로 설명하고 있다. 이러한 설명은 '문자의 종교', 다시 말해서 경전에 기반한 종교인 그리스도교적인 사고의 틀에도 잘 부합되는 것이었기에, 수백 년 동안 계승되면서 중세시대의 전통적인 어원 설명으로서 자리 잡았을 것이다. 또한 문자의 창시자에 대해서는 이교의 신화에 바탕을 둔 설명과 그리스도교의 신앙에 근거한 설명이 혼재한다. 모세가 히브리 문자를 만들었고, 로마 건국의 '공신'의 어머니인 님프 카르멘타가 로마 문자를 만들었다는 주장이 그와 같은 사례이다. 이처럼 이시도루스의 『어원』에서 나타나는 문자의 어원과 기원에 대한 설명 및 그 수용, 전파 과정을 살펴봄으로써, 고대 문화의 전통이 그리스도교화 되어 중세로 계승되는 과정을 구체적으로 살펴볼 수 있다. 이시도루스의 문자론은 8세기에 알퀴누스에게 직접적인 영향을 미쳤을 뿐만 아니라, 13세기에도 『학문보감』에서 계속 인용되었다.[27] 뱅상 드 보베가 편집한 '백과사전'의 인기와 영향력이 최소한 17세기까지 지속되었음을 생각할 때, 『어원』이 중세 이래 서유럽 문화에 남긴 흔적의 깊이를 가늠해볼 수 있다.

3 세비야의 이시도루스의 문자관

"통속문자(litterae communes)를 가르치는 것은 문법과목의 기초이다."[28]

이시도루스는 문자를 '통속문자(litterae communes)'와 '교양문자(litterae liberales)'로 구분한다. 전자는 다수의 보통 사람들이 일상생활에서 읽고 쓰기를 하기 위해 배우는 기본적인 글자를 의미하는 반면, 후자는 책의 저자나 연사들이 사용하는 높은 수준의 문자구사력을 의미한다.[29] 그는 통속문자를 가르치는 것, 즉 기본적인 글자를 가르치는 것이 문법과목의 기초를 이룬다고 말한다. 이시도루스는 학문의 근본은 문법이며,[30] 문법의 기초는 문자라고 보았다. 문법과 문자의 밀접한 상관성은 '문법(grammtica)'이 그리스어에서 '문자'를 의미하는 단어인 γράμματα(grammata)에 연원을 두고 있다는 점에서도 잘 드러난다.[31] 이처럼 이시도루스는 문자를 문법의 가장 기본적인 요소로서 보고, 문자에 대한 논의를 제1권 「문법학」 의 가장 앞부분에 배치하였다.[32] 요컨대, 문자를 학문의 근본이자 토대로 인식하고 있는 것이다.

이시도루스는 문자를 문법습득을 위한 1차적인 기본요소로 인식하면서 기초적인 문자교육을 'litteratio(초급문법)'라 부른다. Litteratio는 기원전 1세기의 로마 학자 바로(Marcus Terentius Varro)가 사용한 용어인데, 이시도루스는 이를 단순히 기초 알파벳 습득 단계로만 보지 않고 학문(disciplina)의 지위로 격상시켰다.[33] 그는 변하지 않는 대상에 대한 지식을 disciplina로, 변화하는 대상에 대한 지식을 ars로 구분한다.[34] 이러한 개념정의는 카시오도루스(Cassiodorus, ca. 485–ca. 585)의 『교육방법론(*Institutiones divinarum et saecularium litterarum*)』에서 기인하는 것으로, disciplina가 진실(le vrai)을 다루는 것인 반면, ars는 개연성(le probable)을 다룬다고 보는 플라톤 철학의 전통을 따르고 있다. 그렇지만, 이미 이전부터

disciplina와 ars의 용법의 차이에는 모호한 점이 있었고, 이시도루스는 기본적인 의미 설명 외에는 더 이상 이러한 개념구분을 엄밀하게 적용하지 않고, "자유학예의 학문"이라는 포괄적인 표현을 사용하기도 한다.[35] 「문법학」 제1장에서 개진된 학문(disciplina)과 학예과목(ars)에 대한 개념 정의 및 제2장에서 제시된 일곱 가지 자유학예 학문에 대한 전반적인 설명은 문자(litterae)에 대한 본격적인 논의에 들어가기에 앞서 일종의 도입부 역할을 한다. 이어 제3장과 제4장에서 이시도루스의 문자관이 본격적으로 드러난다.

이시도루스의 문법론은 세르비우스나 세르기우스(Sergius) 등의 주석서들의 중개를 통해서 4세기 중엽의 문법학자이자 히에로니무스의 스승인 도나투스가 저술한『대문법서(*Ars major*)』로부터 영향을 받았다.[36] 도나투스 문법서는 고대 말과 중세 초에 라틴어 교육 입문서로 널리 사용되었고, 9세기 중엽까지 라틴어권 지역(혹은 로망스어권 지역)에서 문법교육 및 문법론에 절대적인 영향력을 행사하였다.[37] 도나투스의 '문법의 고전'으로서의 영향력은 5세기 이후 그의 저서에 대한 주석서들이 다수 저술되었다는 점에서 잘 드러난다. 하지만, 이시도루스는 도나투스 문법서의 구조를 차용하면서도, 단지 언어적, 기술적인 문법 설명에 그치는 것이 아니라 문자에 대한 철학적, 종교적인 논의를 전개해나가고 있다는 점에서 기존의 문법서나 문법주석서들과는 차이점을 보인다. 또한, 많은 문법서들에서 '문자론(De littera)' 챕터가 '음성론(De uoce)'에 바로 뒤이어서 등장하는 반면에, 이시도루스는 학예과목에 대한 전반적인 설명에 곧바로 뒤이어 문자에 대한 설명부터 본격적인 논의를 시작하고 있다. 다시 말해서, 문자에 대한 논의 앞에 음성에 대한 개념규정을 선행시키지 않고 문자를 독자적으로 다루고 있다는 점에서 기존의 문법서들과는 차별화된 모습을 보인다. 이러한 점은 이시도루스가 문자에 대해 특별한 중요성을 부여하고 있다는 사실을 시사하며, 더 나아가 문자와 소리의 관계에 대한 중요한 관점 변화를 보여주고 있다고 생각된다.

도나투스는 문자를 "조음(調音)되는 소리의 가장 작은 부분(pars

minima vocis articulatae)"이라 정의하고 있다.[38] 카시오도루스도 도나투스를 인용하면서 전통적인 문법교재에서 제시되는 이러한 기술적, 분석적인 정의를 반복하고 있다.[39] 고대 라틴어의 문자, litterae는 "시각적 속성과 청각적 속성을 동시에" 가지고 있는 것으로서 소리 그 자체 혹은 소리의 일부로서 인식되었다. 이러한 문자개념은 웅변술이나 수사학을 교육의 목표로 삼는 구술 중심적인 고대 문화의 성격과 직접적으로 관련이 있었다.[40] 반면에, 이시도루스가 제시하는 문자개념은 문법교재에서 나타나는 문자에 대한 기술적인 정의보다는 철학적인 차원의 것으로서, 아우구스티누스(354-430)로부터 직접적인 영향을 받았다. 아우구스티누스는 『삼위일체론(*De Trinitate*)』에서 문자에 대해 다음과 같이 진술하였다.

> "문자가 발명된 덕분에 우리는 부재자(不在者)들과도 대화를 할 수 있다. 그렇지만 문자는 소리의 기호이며, 이 소리들 자체는 우리가 생각하는 것을 담화에서 표현하는 기호이다."[41]

이 문장은 생각이란 어느 나라 말에도 속하지 않는 마음의 담화이며, 소리나 몸짓을 통해 상대에게 이를 전달한다고 말하는 부분에서 나오는 구절이다. 아우구스티누스는 목소리를 통해 내는 말은 "정신의 말(verbum mentis)" 혹은 "마음의 말(verbum cordis)"과 연관된다고 보았는데, 이는 스토아학파의 기호이론의 영향을 받은 것이다.[42] 또한, 이 문장의 뒷부분은 아리스토텔레스의 『명제론(*De Interpretatione*)』에 나오는 "...(우리의) 말소리(음성)에 담긴 것은 머리(마음) 속에서 겪은 것에 대한 상징물이며, 글은 다시 말소리에 담긴 것에 대한 상징물이다"[43]라는 문장을 라틴어로 (거칠게) 번역한 것이다. 문자를 "소리의 기호(signa uocum)"로 보고 있다는 점에서 아우구스티누스의 문자관은 아리스토텔레스의 언어철학 전통의 연장선상 위에 있다. 데리다 식으로 말하자면, 아리스토텔레스의 음성중심주의적 문자관을 계승하고 있는 것이다.[44] 아우구스티누스는 문자가 부재자의 "목소리"를 전사(轉寫)함으로써 그와 "함께 대화하는(conloqui)" 것을 가능하게 하는 역할을 한다고 보고 있다. 여기에서 주목할 점은 "소리" 혹은 "목소리를 통한 대화"를 문자에 선행하여 설정하며, 따라서 문자를 청각적인 의사소통의 보조물로서 인식한다는 것이다.

반면에, 이시도루스는 아우구스티누스의 문자관을 계승하면서도, 동시에 그와는 다른 차이점을 보인다. 바로 문자의 시각적인 의사소통 기능을 부각시키고 있다는 점에서 그러하다. 문자를 "눈을 통해 정신에 직접 신호를 보내는 시각화된 언어"로서 인식하고 있는 것이다.[45]

> "문자는 사물의 표지이자 말의 기호이다. 문자는 부재자의 말(dicta absentium)이 <u>목소리 없이도</u> 우리에게 말할 수 있을 정도로 큰 힘을 가지고 있다."[46]

자크 퐁텐은 이시도루스가 아우구스티누스의 문장을 지나친 생략법(ellipse)을 사용하여 인용하고 있다고 비판하였다.[47] 하지만, 맬컴 파크스(M. B. Parkes)가 적절하게 지적했듯이, 이는 단순한 자의적인 문구 축약이 아니라 문자에 대한 근본적인 태도 변화를 나타내고 있다.[48] 맬컴 파크스는 중세시대 구두법의 발전에 대한 연구에서 이시도루스의 문자론이 당대의 문자의 위상 변화를 보여준다는 점을 지적하였다. 라틴어가 성서의 언어로서 중세 사회에서 중요한 위치를 차지하였고, 그 결과 중세 초부터 글과 문자에 대한 새로운 태도가 등장하였다. 그것은 소리에서 독립된 문자의 입지 확보와 이에 대한 의식화를 말한다.[49]

물론 이시도루스가 서구인의 정신세계에 뿌리 깊게 박혀있는 '음성중심주의'를 벗어난 것은 아니다. 그 역시 기본적으로는 문자를 "말의 기호(signa verborum)"로 간주한다. 하지만, 동시에 문자를 그 자체로서 "사물의 기호(indices rerum)"로 보고 있다.[50] 이처럼 이시도루스는 문자를 부재자의 말을 존재하도록 만드는 것으로 규정하면서, 아우구스티누스와는 달리 음성의 발화, 즉 청각적인 방식의 의사소통과 전적으로 연결시킬 필요성을 느끼지 않았다. 아우구스티누스에게 있어서 문자는 소리를 구현하는 것으로서, 글을 읽는 행위는 문자를 통해서 부재자의 목소리를 '듣고' 대화하는 것을 의미한다. 반면에, 이시도루스는 문자가 음성을 거치지 않고서도(sine voce) 의사소통 혹은 글 읽기가 가능하다는 점을 부각시키고 있다. 이는 구술적인 의사소통에 대비되는 시각적, 문자적인 의사소통을 의미하는 것이다.

4 문자의 기능과 문자의 시각성

"문자는 사물을 기억하기 위한 용도로 발명되었다. 사물이 망각 속으로 사라지지 않도록 하기 위해서 문자에 붙들어 매놓는 것이다. 사물은 워낙 다양해서, 모든 것을 듣기로만 배우거나 기억에 간직할 수는 없다."[51]

『어원』은 문자의 주요 기능에 대한 논의도 담고 있다. 위에서 인용한 문장은 문자를 기억을 보조하는 시각적인 도구로 보는 관점을 보여주고 있다. 사물에 대해서 단지 듣기만 해서는 이를 모두 기억할 수 없기 때문에, 문자에 붙들어 맨다는 것이다.[52] 매리 캐루터스(Marry Carruthers)는 문자의 기능에 대해 논한 이 구절에 대해서 다음과 같은 함의를 지닌다고 해석하였다. 첫째, 이시도루스는 문자보다 기억을 더 상위에 놓고 있으며, 이는 플라톤의 『파이드로스』에서 나타나는 문자관의 전통을 따르고 있다. 둘째, 이시도루스는 쓰기란 기억을 위한 활동이며, 쓰기와 암기를 근본적으로 동일한 과정이라고 인식하였다는 것이다.[53] 그런데, 문자와 기억의 관계에 대한 이시도루스의 논의가 『파이드로스』 전통의 연장선상에 있다 하더라도, 이시도루스는 플라톤처럼 문자를 부정적으로 보지 않았다는 점에서 문자관에 근본적인 차이가 있다. 플라톤은 문자의 기능으로 유일하게 인정할 수 있는 것은, 내용을 이미 알고 있는 사람에게 기억의 버팀목(ὑpoμνήμata)으로서의 구실을 하는 것뿐이라고 역설하였다. 그는 또한 사람들이 문자에 의존하게 되면 자신의 힘으로 외워서 기억하려고 노력하지 않을 것이기 때문에, 그들의 영혼 속에 망각을 낳게 될 것이라고 비판하였다.[54] 반면에, 이시도루스는 기억 속에서 사라질 수 있는 것이 문자에 붙들어 매놓은(alligantur) 덕분에 보존될 수 있다는 긍정적인 측면을 부각시킨다.

이시도루스가 문자를 신성한 상징적인 의미를 담지하고 있는 것으로 인식하였다는 점에서도 플라톤과 차이점이 있다. 그는 신의 말씀을 진리의 신비로운 징표로 보았고, 문자를 비롯하여 모든 '그래픽 기호(signes graphiques)'를 성서에 기록된 신의 계시를 보여주는 물질적인 매개체로 인식하였다.[55] 이는 중세의 그리스도교적인 문자관이 고대 그리스의 문자관과는 근본적으로 다른 측면이다. 그리스도교는 히브리교 및 이슬람교와 더불어 경전을 신성시하는 '문자의 종교'이다. 중세 그리스도교에 있어서 성서의 권위는 절대적이었고, 중세의 신학자들과 성서 주해자들은 문자에 신성한 성격을 부여하였다. 문자가 지니는 신비함은 이시도루스가 그리스 문자에 대해 설명하는 부분에서 잘 드러난다. **Y**는 삶을, Θ는 고통과 죽음을 상징하며, **T**는 십자가를 의미한다. 그리스도는 그 자신이 시작인 동시에 끝이기 때문에, 다시 말해서 세상의 시작과 종말을 지배하기 때문에 알파(A)이고 오메가(Ω)인 것이다.[56]

기억의 보조물로서의 문자의 기능은 이시도루스가 문자를 일종의 'nota'로 인식하였다는 점에서도 나타난다. 'Nota'란 텍스트에 사용되는 그래픽적인 기호들을 총칭하는 개념으로서, 문자를 비롯해서 여러 부호들, 구두점, 음표, 속기 기호 등을 포괄한다.[57] 『어원』에서는 nota를 "문자처럼 사용되는 고유의 형상(figura propria in litterae modum posita)"이라고 정의하고 있다.[58] 이것은 기록술(ars notaria)과 관련이 있으며, 쓰기와 읽기 활동에서 기억을 돕는 보조적인 도구로서의 기능을 하였다. 매리 캐루터스에 따르면, nota는 일종의 '기억의 신호(mnemonic cue)'로서의 역할을 하며, 그 주된 기능은 정신에 표식을 남기고(mental marker) 기억을 상기시키는(reminder) 데 있었다. 또한, 스콜라 시대 이전까지 서구의 지적 전통에

서 문자는 기억을 더듬어가게 하는 기능을 지닌 "nota와 같은 것"으로 인식되었다.[59]

이시도루스가 언급한 여러 nota 중에서 특징적인 것으로는 "notae sententiarum(비평기호)"이 있다. 이는 일종의 텍스트 비평기호로서 필경사나 교정자가 텍스트에 덧붙이는 기호를 말한다. 이러한 기호들은 저자가 글을 쓰면서 넣는 문장부호가 아니라 완성된 텍스트를 읽으며 덧붙이는 기호라는 점에서 후대의 구두점과 근본적으로 다르다. 예를 들어, 고대부터 가장 흔히 사용되었던 비평기호인 아스테리스쿠스/asteriscus(※) 혹은 별표는 고대 그리스에서는 텍스트의 불완전한 구절을 표시하는데 사용되었고, 로마에서는 뒤바뀐 운문의 행을 표시하는데 쓰였다.[60] 반면에, 이시도루스는 아스테리스쿠스에 대해 "누락된 부분 옆에 기입하는(adponitur in his quae omissa sunt)" 것, 즉 누락을 표시하는 기호라는 더 일반적인 정의를 내리고 있다.[61] 이 기호는 아우구스티누스와 히에로니무스 등 그리스도교 저자들에 의해서 성서비평의 도구로 사용되었다. 이시도루스는 고대의 전통적인 비평기호 목록에 그리스도교의 성서 문화와 밀접한 관련을 가진 특수한 기호들을 추가하였는데, 렘니스쿠스/lemniscus(÷)나 디플레/diple(>) 등과 같은 것이 바로 그것이다. 렘니스쿠스는 성서주석학과 관련된 비평기호로서 성서의 원본과 번역본을 비교하는 데에 사용되었으며,[62] 디플레는 성서의 인용부분을 표시하기 위하여 사용되었다.[63] 요컨대, 텍스트에서 사용되는 문자와 비평기호 등의 nota는 기억을 돕는 기능을 하는 기호로 인식되었고, 이러한 기억 보조의 기능은 시각적인 측면과 밀접하게 연관되어 있었다.

문자의 시각적인 차원에 대한 인식은 물론 고대부터 존재하였다. 고대부터 사용된 비평기호는 어떤 '말'이나 '소리'와는 별개로 사용되는 시각적인 기호였다. 또한, 고대의 문법학자들은 문자의 속성으로 figura(형태), nomen(이름), potesta(음가)라는 세 가지 차원을 제시하였는데,[64] 이 중에서 figura는 문자의 시각성과 관련되어 있다. 하지만, 문자의 시각성에 대한 근본적인 인식 변화는 이시도루스의 시대인 7세기경부터 뚜렷하게 나타나기 시작하였다. 이는 로마 제국의 붕괴 이후 6세기 말부터 나타나기 시작한 고대 인문 교육의 쇠퇴에서 기인하는 현상이었다.[65] 웅변술의 훈련을 전제로 하는 수사학 교육의 쇠퇴로 소리를 반드시 문자에 선행시켜 생각하는 관행이 약화된 동시에, 문자 그 자체를 신의 뜻을 전하는 상징으로 생각하는 기독교 문화가 문자관의 변화를 견인하였던 것이다. 그것은 문자, 그리고 더 나아가 텍스트의 시각성 강화 및 이에 대한 의식화로 나타났다.

이시도루스는 문자가 지니는 힘이 음성적인 차원을 시각적인 차원으로 변화시키는 데에 있다고 보았다.[66] 이는 과거와는 차별화되는 새로운 문자관의 등장, 즉 소리의 전달이나 기억을 위한 보조적인 기능을 넘어선 문자 그 자체의 독자적인 시각성을 강조하는 새로운 문자관의 등장을 보여준다. 앞 장에서 인용한 "문자는 사물의 표지이자 말의 기호이다. 문자는 부재자의 말이 목소리 없이도 우리에게 말할 수 있을 정도로 큰 힘을 가지고 있다"라는 구절이 바로 이러한 관점을 대변하고 있다.

문자의 시각성을 강조하는 이시도루스의 이러한 태도는 묵독에 대한 그의 관점과도 일맥상통한다. 그는 『신학명제론』 제3권에서 자신의 독서론을 다음과 같이 설파하고 있다.

> "낭독보다는 침묵 속에서 독서를 할 때 [글이] 더 잘 이해된다. 독자가 목소리를 죽이고 혀가 조용히 움직일 때, 지력은 더 확장된다. 왜냐하면 글을 낭송하며 읽으면 몸은 지치고 목소리는 쉬어서 잠기기 때문이다."[67]

이시도루스는 낭송에 의한 독서는 글을 이해하는 것을 방해하고 몸을 피곤하게 한다고 생각했다. 따라서 목소리를 낮추고 "침묵 속에서(sub silentio)" 입과 혀를 빨리 놀리며 웅얼거리면서 읽는 독서를 권장하였다.[68] 문자를 눈으로 읽는 독서방식, 다시 말해 묵독은 고대인들에게도 알려져 있었다.[69] 그렇지만, 고대의 일반적인 독서란 독서공동체의 일원들이 함께 모여 연속쓰기(scriptio continua) 방식으로 필사된 텍스트를 낭독하는 것을 의미했다. 사실 낭독의 관행은 고대와 중세 시대에는 물론이거니와 18세기까지도 특히 농촌과 하층민들 사이에서 전통적, 지배적인 독서방식으로 계속 존재했다. 그렇지만, 중세 시대는 낭독관행의 존속에도 불구하고 눈으로 읽는 독서를 가능하게 하는 띄어쓰기와 같은 여러 외적인 장치들이 서서히 발전해나가면서 묵독이 점차 일반화되었던 중요한 역사적인 전환점으로 평가되고 있다.

문장 속에서 단어를 완전히 시각적인 단위로서 분리하여 읽는 띄어쓰기 관행이 널리 확산되면서 묵독 발전이 결정적으로 이루어지게 된 것은 12-13세기 스콜라 시대로 평가되지만,[70] 7세기경의 중세 초기 시대 역시 낭독을 통한 공동 독서에서 개인적인 묵독으로 점진적으로 나아가는 기나긴 역사적 과정에서 중요한 초기 기점을 이루고 있다.[71] 이 시기에 세비야의 이시도루스는 문자를 음성의 직접적인 발화와 분리될 수 있는 시각적인 전달매체로 인식하였고, 낭독보다는 묵독 혹은 "조용한 독서"를 선호함으로써 독서에 대한 새로운 태도를 보여주고 있다.[72] 묵독은 이후 중세의 텍스트에서 점진적으로 나타난 띄어쓰기와 구두점의 발달 및 레이아웃의 발달, 장식문자의 발달 등 텍스트의 시각화 과정을 통해서 강화되었다. 요컨대, 중세 문자문화의 특징 중 하나는 문자와 텍스트의 시각성 강화라는 측면에 있으며, 이러한 변화는 바로 중세 초부터 나타난 문자관의 변화에서 기인하는 것이라고 생각된다.

이시도루스 이후에도 문자가 지니는 시각적인 힘을 중시하는 태도는 시간이 흐름에 따라 점점 더 뚜렷하게 나타났다. 문자는 시각화, 형상화된 사물과 말로 인식되기 시작하였다. 『어원』의 일부 필사본에서 나타나는 가필(加筆)된 부분은 후대 필경사들의 이러한 인식을 드러내고 있다.

> "*Verba enim per oculos non per aures introducunt.* ([문자는] 귓전이 아니라 목전(目前)에 말을 제시한다.)"[73]

이 구절은 이시도루스가 문자는 사물의 기호로서 부재자의 말을 목소리 없이도 전할 수 있는 힘을 지닌다고 말한 문장 바로 다음에 덧붙여진 것으로, 8-9세기의 필사본부터 나타나기 시작했다. 맬컴 파크스는 이 문장을 문자에 대한 태도에 근본적인 변화가 나타났음을 보여주는 구절로 평가하였다.[74] 혹자는 이에 대해 가필된 부분이 예외적인 사례에 불과한 것이 아닌가 하는 의심을 품을 수도 있을 것이다. 하지만, 이 구절이 『어원』의 필사본에서 이시도루스의 문자론의 일부로 계속 전사되었다는 사실을 보여주는 간접적인 증거는 있다. 왜냐하면, 13세기에 저술된 보베의 뱅상의 『학문보감』을 보면, 문자론 부분에서 이시도루스를 인용하면서 다른 많은 구절들을 생략하고 있지만, 가필된 이 부분만은 중요한 문장으로 남기고 있기 때문이다.[75] 이는 중세의 집단의식 속에서 문자가 눈을 통해서 말을 제시하는 기능을 가진 매개체라는 관념(혹은 고정관념)이 확고하게 뿌리내리고 있었음을 의미하는 것이기도 하다.

5 맺음말

세비야의 이시도루스의 『어원』이 중세 문화에서 갖는 의미에 대해서 일반적으로 고대 문화와 중세 문화의 교량 역할을 하여, 고대의 문화(의 파편)를 중세에 전달했다는 평가가 내려지곤 한다. 하지만, 역사학자에게 있어서는 이러한 선언적인 명제만을 제시하는 것으로 그치는 것이 아니라 『어원』이 중세문화에서 지니는 의미와 역할을 구체적으로 살펴보는 것이 필요하다. 이 글에서는 이시도루스의 문자론을 통하여 이러한 점을 상세하게 살펴보면서, 동시에 그의 문자관이 갖는 새로운 역사적, 문화적 함의에 대해서도 살펴보았다.

『어원』에서 문자에 대한 논의는 제1권 「문법학」에서 다루어지고 있는데, 문자의 기원과 유래, 문자의 음가 등에 대한 설명이 전개된다. 이시도루스는 문자론을 전개해 나가면서 퀸틸리아누스, 바로, 아우구스티누스, 마르쿠스 빅토리누스, 도나투스 및 세르비우스, 세르기우스 등의 도나투스 주석서들, 카시오도루 등을 인용하고 있으며, 이를 통해서 이시도루스가 속하는 사상적 계보를 그려볼 수 있다. 고대 그리스의 플라톤과 아리스토텔레스 철학이 로마의 스토아학파로 계승되었고, 그 영향은 로마 제국 말기의 도나투스 등 문법학자들과 그 주석서들 및 아우구스티누스를 비롯한 교부철학의 전통으로 이어졌다. 이시도루스의 문자개념과 문자관에 직접적으로 영향을 미치고, 그에 의해 직접적으로 인용된 전거들은 바로 고대 말과 중세 초의 문법학자들과 아우구스티누스 등의 교부들의 저서들이었다. 또한, 이시도루스 자신은 알퀴누스를 비롯한 카롤링거 시대의 학자들에게 큰 영향을 주었으며, 더 멀리는 13세기의 지식 백과사전인 『학문보감』에서도 이시도루스가 '권위' 중 하나로서 예전만은 못하다 할지라도 여전히 영향력을 발휘하였다.

특히 이시도루스의 문자관에 있어서 주목해야 할 점은 당대의 학문과 지식을 종합하는 백과사전적 저서인 『어원』을 문자에 대한 논의로부터 시작하고 있다는 것이다. 이시도루스는 문법을 학문의 근본으로 보고 문자교육을 문법의 기초로 파악하면서 문자에 중요성을 부여하였다. 요컨대, 『어원』에서 문자론은 저서 전체의 초석을 놓는 도입부로서, 문자 자체는 학문의 근원에서 바탕을 이루는 토대로서 중시되고 있다. 문자를 격상시키는 이시도루스의 이러한 태도에 대해서 자크 퐁텐은 문맹자가 크게 늘어남으로써 문자가 지니는 권위와 신비한 힘이 증폭되었던 중세 초의 현실을 보여준다고 평가하기도 하였다.[76]

7세기 이후부터 중세 문화에서는 문자관의 근본적인 변화의 징조가 감지되기 시작하였다. 문자에 대해서 단순히 음성의 대체물 혹은 소리의 일부나 소리 그 자체로서만 보는 것이 아니라, 시각적인 전달의 매개체로서의 문자의 기능과 역할에 대한 인식이 전면적으로 대두되기 시작한 것이다. 다시 말해서, 전통적인 문자관도 여전히 뿌리 깊게 존재하는 동시에, 당대의 시대적, 문화적인 상황에 발맞추어 새로운 문자관이 나타나기 시작하였다. 문자 중심의 종교인 그리스도교가 지배하는 사회에서 문자가 지니는 위상이 크게 높아졌으며, 문자의 시각적 힘에 대해 점점 더 뚜렷하게 의식하게 되었던 것이다. 이시도루스의 『어원』은 이러한 변화를 의미심장하게 제시하고 있다. 7세기 이후 중세의 텍스트에서는 문자의 시각성을 강조하는 장식이나 시각적인 읽기를 용이하게 돕는 띄어쓰기나 구두점, 텍스트 레이아웃의 발전 및 이에 수반된 묵독의 발전 등이 점진적으로 이루어지기 시작했다. 이러한 변화는 근본적으로는 중세인들의 문자관의 변화로부터 기인하는 것이 아니었을까? 문자가 소리의 종속물로서가 아니라, 그 자체로서 시각적인 차원에서 독자적인 힘을 갖게 됨으로써, 문자와 텍스트의 외형에도 큰 변화가 나타나는데 기여했던 것이라 생각된다.

[부록 1] 도나투스, 세르기우스, 이시도루스의 문법론 구성 비교

Donatus, Ars Grammatica	Sergius, Explanationvm in artem Donati	Isidorus, Etymologiae sive Origines
De voce.	[Liber I]	De disciplina et arte.
	De partibvs orationis.	De septem liberalibus disciplinis.
De littera.		De litteris communibus.
De syllaba.		De litteris latinis.
De pedibvs.		De grammatica.
De tonis.		De partibus orationis.
De positvris.		
De nomine.	De nomine.	De nomine.
De pronomine.	De pronomine.	De pronomine.
De verbo.	De verbo.	De verbo.
De adverbio	De adverbio	De adverbio.
De participio.	De participio.	De participio.
De conivnctione.	De conivnctione.	De coniunctione.
De praepositione.	De praepositione.	De praepositione.
De interiectione.	De interiectione.	De interiectione.
		De litteris apud grammaticos.
	Explanation litterae.	De syllaba.
	Pedvm explanatio.	De pedibus.
	De accentibvs.	De accentibus.
	De positvris.	De figuris accentuum.
		De posituris.
		De notis sententiarum.
		De notis vulgaribus.
		De notis iuridicis.
		De notis militaribus.
		De notis litterarum.
		De notis digitorum.
		De orthographia.
		De analogia.
		De etymologia.
		De glossis.
		De differentiis.
		De notis sententiarum.
		De notis vulgaribus.
		De notis iuridicis.
		De notis militaribus.
		De notis litterarum.
		De notis digitorum.
		De orthographia.
		De analogia.
		De etymologia.
	[Liber II]	De glossis.
	De maioribvs partibvs orationis.	De differentiis.
De barbarismo.	De nomine.	De barbarismo.
De soloecismo.	Explanatio pronominis.	De soloecismis.
De ceteris vitiis	Explanatio verbi.	De vitiis.
De metaplasmo.	De adverbio.	De metaplasmis.
De schematibvs	De participio.	De schematibus.
De tropis.	De conivnctione.	De tropis.
	De praepositione.	De prosa.
	De interiectione.	De metris.
	De soloecismo.	De fabula.
		De historia.
		De primis auctoribus historiarum.
		De utilitate historiae.
		De generibus historiae.

* 이시도루스의 『어원』에서 새로 추가된 부분은 음영으로 표시함.

[부록 2]『어원』과『학문보감』비교

Isidorus Hispalensis, Etymologiae, 1. 3. 1~3 (ed. Lindsay, 1911)	Vincentius Bellovacensis, Speculum doctrinale, II, 4: "De Littera" (ed. Douai, 1624, col. 84B)
1 *De litteris communibus*. Primordia grammaticae artis litterae communes existunt, quas librarii et calculatores sequuntur. Quarum disciplina velut quaedam grammaticae artis infantia est; unde et eam Varro litterationem vocat. **Litterae autem sunt indices rerum, signa verborum, quibus tanta vis est, ut nobis dicta absentium sine voce loquantur.** ***<u>Verba enim per oculos non per aures introducunt</u>***. 2 Usus litterarum repertus propter memoriam rerum. Nam ne oblivione fugiant, litteris alligantur. In tanta enim rerum varietate nec disci audiendo poterant omnia, nec memoria contineri. 3 Litterae autem dictae **quasi legiterae, quod iter legentibus praestent, vel quod in legendo iterentur**.	Litera est *pars minima vocis composita*, id est elementarijs sonis distinctae. Composita namque vox distinguitur hic contra confusam. Et haec quidem descriptio, secundum vim et proprietatem partis integralis data est. ... (중략) ... Litera vero secundum etymologiam dicitur quasi legitera, eo quod praestet iter legenti, siue figuram attendas, siue pronunciationem. Aliter quoque dicitur litera a lituris, eo scrilicet quod antiqui prius scribebant in ceratis tabulis, et postea delebant, *item* dicuntur elementa per similitudinem quandam, quia sicut elementa coeuntia corpus perficiunt, ita literae coeuntes faciunt vocem literalem. *Isidorus ubi supra*., **Literae sunt indices rerum, signaque verborum. His tanta vis est, vt nobis absentium dicta sine voce loquantur. Earum enim** ***<u>verba per oculos, non per aures introducuntur</u>*****. Dicuntur autem quasi legiterae, vel quod iter legentibus praestent, vel quod in legendo iterentur**.

* 굵은 글씨와 밑줄은 필자가 덧붙임.

주석

1 Isidorus Hispalensis, *Etymologiarum sive Originum liber*, I, 29, 1 (이하 약자 *Etym.* 으로 표기) : "*Etymologia est origo vocabulorum, cum vis verbi vel nominis per interpretationem colligitur. Hanc Aristoteles σύμβολον, Cicero adnotationem nominavit, quia nomina et verba rerum nota facit exemplo posito.*"

2 중세시대부터 이 책의 제목은 *Etymologiae* 또는 *Origines*라 불려왔다. 국내에서는 주로 『어원학』으로 알려져 있으나, 이는 어휘의 기원을 설명함으로써 사물과 현상의 근원에 접근하고자 하는 이 책의 성격과 부합되지 않는 제목으로 적절한 번역이 아니다. 이 글에서는 『어원학』이나 『어원론』 보다는 현재 한자권 국가들에서 널리 사용되고 있는 『어원』이라는 제목으로 번역하였다. 『어원』의 출판본은 라틴어 원어 판본 외에, 영어와 스페인어 완역본이 있으며, 그 외에 일부만 편역한 판본들이 있다. 라틴어 판본으로는 오늘날에도 여전히 표준적인 근대 출판본으로 평가되는 린지(W. M. Lindsay)의 편집본을 참조할 수 있으며, 이 책의 온라인 판은 인터넷으로도 열람할 수 있다. *Isidori Hispalensis episcopi Etymologiarum sive originum libri XX*, ed. W. M. Lindsay (Oxford: Clarendon, 1911). http://penelope.uchicago.edu/thayer/e/roman/texts/isidore/home.html. 린지 편집본의 영역본은 *The "Etymologies" of Isidore of Seville,* engl. trans. by Stephen A. Barney et al. (Cambridge: Cambridge University Press, 2006)이 있다.

3 당시의 역사적 배경과 이시도루스의 가족 내력에 대해서는 Pierre Cazier, *Isidore de Séville et la naissance de l'Espagne catholique* (Paris: Beauchesne, 1994), en part. pp.13-74; Jacques Fontaine, *Isidore de Séville. Genèse et originalitéde la culture hispanique au temps des Wisigoths* (Turnhout: Brepols, 2000), pp.21-143을 참조할 것.

4 『어원』은 다음과 같이 구성되어 있다. ① De grammatica (문법학), ② De rhetorica et dialectica (수사학과 논리학), ③ De mathematica (수학), ④ De medicina (의학), ⑤ De ligibus et temporibus (법학과 시간), ⑥ De libris et officiis ecclesiasticis (교회의 서적과 전례), ⑦ De deo, angelis et sanctis (신, 천사, 성인), ⑧ De ecclesia et sectis (교회와 이단종파), ⑨ De linguis, gentibus, regnis, militia, civibus, affinitatibus (언어, 종족, 왕국, 군대, 시민, 가족관계), ⑩ De vocabulis (어휘), ⑪ De homine et portentis (인간론과 불길한 전조), ⑫ De animalibus (동물), ⑬ De mundo et partibus (우주), ⑭ De terra et partibus (지리), ⑮ De aedificiis et agris (건설과 토지), ⑯ De lapidibus et metalis (돌과 광물), ⑰ De rebus rusticis (농업), ⑱ De bello et ludis (전쟁과 유희), ⑲ De navibus aedificiis et vestibus (선박, 건축, 의복), ⑳ (식탁과 기구). (※ 제20장의 경우 초창기 필사본에는 챕터 제목이 붙어있지 않았음.)

5 『어원』의 제1권 「문법학」의 구성에 대해서는 [부록 1]을 참조할 것.

6 *Etym.*, I. 3. 3 : "*Litterae autem dictae quasi legiterae, quod iter legentibus praestent, vel quod in legendo iterentur.*"

7 Marius Victorinus, *Ars grammatica*, ed. I. Mariotti (1967), *CGL* 67,4-9 M: "*Littera*

est uox simplex una figura notabilis. litteram quidam quid putant dictam? quasi legiteram. quare? quod legenti iter praebeat. quidam quid dixerunt? leuiteram. quare? quia leuat ut iteretur, id est delectat iterum ut scribatur." ; Egidio Forcellini, *Totius latinitatis lexicon ... novo ordine digestum, amplissime auctum atque emendatum cura et studio Doct. Vincentii De-Vit*, tome III (Prati: typ. Aldinianis, 1865), p.781. Legitera와 levitera는 모두 존재하지 않는 단어이므로, 원래는 비유적, 수사적으로 사용된 합성어가 이후 어원 설명처럼 굳어진 것이 아닌지 조심스럽게 추정하게 된다. 이 글에서 인용된 고대 말 중세 초의 문법서들은 온라인판 문법서 사료집인 *Corpvs Grammaticorvm Latinorvm*을 주로 참조하였다(http://htl2.linguist.jussieu.fr:8080/CGL/index.jsp). 온라인판 *CGL*은 1855년에서 1880년 사이에 하인리히 카일(Heinrich Keil)에 의해 출판된 문법서 사료 편집본 *Grammatici Latini*를 바탕으로 일부 사료들을 새로운 출판본들로 보완하여 업데이트한 것이다.

8 Alcuinus, *Grammatica*, PL 101, col. 855A: "*... littera est qusai legitera, qui legentibus iter praebet.*"

9 Vincentius Bellovacensis, *Speculum Doctrinale*, II, 4, éd. de Douai, 1624, col. 84B: *"Dicuntur autem quasi legiterae, vel quod iter legentibus praestent, vel quod in legendo iterentur.*"

10 Cf. 발데(Alois Walde, 1869-1924)와 호프만(Johann Baptist Hoffmann, 1886-1954)은 littera 혹은 litera의 어원으로 lītes-ā혹은 leites-ā라는 단어를 재구성하면서, 이 단어가 linō를 어근으로 가지는 고어 형용사 "lei-to-"에서 파생한 것이라고 주장하였다. Alois Walde und Johann Baptist Hoffmann, *Lateinisches etymologisches Wörterbuch*. Band I (Heidelberg: Winter, 1930), p.814. 이에 대한 반박은 Michiel de Vaan, *Etymological Dictionary of Latin and the Other Italic Languages* (Leiden: Brill, 2008), p.346을 볼 것.

11 19세기 말에 미셸 브레알은 littera가 lino에서 파생되었다는 주장에 의문을 표하면서, 그리스어 알파벳 차용과 더불어 유입된 단어라고 주장하였다. Michel Bréal et Anatole Bailly, *Le Dictionnaire étymologique latin* (Paris: Hachette, 1885), pp.168-169. Littera가 에트루리아어의 중개를 통해 그리스어로부터 연원한 단어라는 주장도 있었지만, 명확한 근거는 제시되지 못하였다.

12 Priscianus, *Institutiones Grammaticae*, *GL*, 2,6,12-14 (밑줄은 필자가 덧붙임): "*dicitur autem litera uel quasi legitera, quod legendi iter praebeat, <u>uel a lituris</u>, ut quibusdam placet, quod plerumque in ceratis tabulis antiqui scribere solebant.*" ; Egidio Forcellini, *Totius latinitatis lexicon*, p.781 ; 장지연, 「서양 고대 후기 라틴어 문법서에서 나타나는 소리와 문자론 - Vox와 Littera를 중심으로」, 『인문논총』 66 (2011), 259-260쪽을 참조할 것. 고대 말과 중세 초기의 문법서 및 문법주석서에 나타나는 음성(vox)과 문자(litterae)에 대한 논의를 분석한 장지연의 논문은 이시도루스의 문법론을 이해하는데 있어 필수적인 고대의 문법서에 대한 지식을 제공하고 있다.

13 Vincentius Bellovacensis, *Speculum Doctrinale*, II, 4: "*Aliter quoque dicitur litera a lituris, eo scrilicet quod antiqui prius scribebant in ceratis tabulis, et postea delebant.*"

14 고대 그리스에서는 어린이들이 알파벳을 배울 때 밀랍을 입힌 서판에 첨필로 글을 쓰고 지우거나 나무 서판 그 자체 위에다 갈대펜에 잉크를 찍어 글을 쓰고 스폰지로 지우기도 했다. Henri-Irénée Marrou, *Histoire de l'éducation dans l'Antiquité.* 1. *Le monde grec* (Paris: Seuil, 1948), p.233.

15 예를 들어, 프리스키아누스 문법서의 근대출판본과 보베의 뱅상의 『학문보감』 17세기 출판본(일명 '두에 판본')에서 litera라는 철자가 사용되고 있다.

16 알프레드 에르누는 litera라는 철자가 생겨난 이유가 littera의 어원을 lino, litum과 잘못 연결시켰기 때문이라고 지적하였다. Alfred Ernout et Antoine Meillet, *Dictionnaire étymologique de la langue latine. Histoire des mots*, 4e éd. augmentée d'additions et de corrections nouvelles (Paris: Klancksieck, 1994), p.363.

17 기원전 1세기의 바로(Varro)부터 6세기 프리스키아누스에 이르기까지, 로마적인 전통에서는 (알파벳) 문자가 우르 근처 바빌로니아 지방의 칼데아(Chaldea) 사람들에 의해 발명되었다고 여겼다. Priscianus, *Institutiones Grammaticae*, *GL*, 2,8,2-3 ; Jacques Fontaine, *Isidore de Séville et la culture classique dans l'Espagne wisigothique*, 2e éd. revue et corrigée (Paris: Etude Augustiniennes, 1983), pp.58-59. 1959년에 처음 출간된 『서고트 에스파냐에서의 세비야의 이시도루스와 고전 문화』에서 자크 퐁텐은 이시도루스의 『어원』이 고대적인 전통과 밀접한 관계를 가지고 있다는 사실을 밝히는 한편, 그가 참조하고 인용한 각종 '권위들(auctoritates)'이 어떠한 것인지를 자세하게 규명하였다. 이시도루스가 계승한 고대 문화의 전통, 특히 이시도루스가 인용한 전거(sources)에 대해서는 이 책으로부터 절대적인 도움을 받았다.

18 *Etym.*, I. 3. 4 : "*Litterae Latinae et Graecae ab Hebraeis videntur exortae. Apud illos enim prius dictum est aleph, deinde ex simili enuntiatione apud Graecos tractum est alpha, inde apud Latinos A. Translator enim ex simili sono alterius linguae litteram condidit, ut nosse possimus linguam Hebraicam omnium linguarum et litterarum esse matrem.*" Cf. 오늘날 우리에게 잘 알려진 언어학적 지식에 따르면, 세계의 알파벳들은 한글을 제외하고는 공통의 기원을 가지고 있기는 하지만, 그 조상은 히브리 문자가 아니라 기원전 2000년경 청동기 시대에 근동지역에서 나타난 셈 조어(공통조어)의 옛 문자이다. 이 글자는 이미 20여개의 알파벳 기호를 사용하고 있었던 이집트 민중문자의 영향을 받았을 가능성이 있다고 추정된다. 자음으로 이루어진 이 초창기 "알파벳"으로부터 가나안 문자와 우가리트 문자가 파생되어 나왔고, 기원전 1000년경 이후부터 가나안 문자의 영향을 받아 페니키아 문자와 고대 히브리 문자를 비롯해서 필리시테인, 암몬, 모압. 에돔, 아르메니아의 알파벳이 만들어졌다. 또한, 남아랍 문자도 셈 조어 문자에서 파생되어 나온 글자이다. Anne-Marie Christin (dir.), *Histoire de l'écriture. De l'idéogramme au multimédia* (Paris: Flammarion, 2012[1ère

éd. 2001]), pp.211-218. 그렇지만, 현대의 지식에 비추어 부정확하고 비과학적이라는 이유로 이시도루스를 비롯한 중세인들을 폄하하기 보다는, 옛 사람들이 어떤 생각을 하고 어떤 가치평가를 내리고 있었는가를 살펴봄으로써 과거의 시대상을 이해하는 것이 역사학적으로는 의미 있는 작업이 될 것이다.

19 히브리인들은 처음에는 페니키아 문자를 빌어 자신들의 언어를 표현하다가, 기원전 950경에 페니키아 문자를 모방한 문자를 만들어냈다.

20 *Etym.*, I. 3. 4.: "*Sed Hebraei viginti duo elementa litterarum secundum Veteris Testamenti libros utuntur.*"

21 *Etym.*, I. 3. 5: "*Hebraeorum litteras a Lege coepisse per Moysen: Syrorum autem et Chaldaeorum per Abraham. Unde et cum Hebraeis et numero et sono concordant, solis characteribus discrepant. Aegyptiorum litteras Isis regina, Inachis filia, de Graecia veniens in Aegyptum, repperit et Aegyptiis tradidit.*" 이시스의 이집트 문자 제정론은 아우구스티누스의 『신국론(*De civitate Dei*)』에서 언급된 바 있다. 아우구스티누스 지음; 성염 역주, 『신국론』 (왜관: 분도출판사, 2004), XVIII. 3, 1942-1943쪽: "... 이오는 이나쿠스의 딸이었다고 전해오는데, 그 여자가 후대에 이집트에서 이시스라고 불리면서 대여신으로 숭배받았던 것이다. 다른 사람들이 기록한 바에 의하면, 그 여자는 에티오피아에서 여왕으로 이집트에 왔으며, 여왕으로서 널리 또 매우 정의롭게 통치를 했고, 여러 편리한 제도와 문자를 제정했다고 한다. ..."; XVIII, 37, 2044-2045쪽: "이시스가 그들에게 문자를 전해주기 전에 이집트에 도대체 무슨 지혜가 있었겠는가?"

22 *Etym.*, I. 3. 5: "*Graecarum litterarum usum primi Phoenices invenerunt; unde et Lucanus*···"

23 *Etym.*, I. 3. 6: "*Cadmus Agenoris filius Graecas litteras a Phoenice in Graeciam decem et septem primus attulit; A.B.Γ.Δ.E.Z.I.K.Λ.M.N.O.Π.P.C.T.Φ. His Palamedes Troiano bello tres adiecit H.X.Ω. Post quem Simonides Melicus tres alias adiecit Ψ.Ξ.Θ.*"

24 *Etym.*, I. 4. 1 : "*Latinas litteras Carmentis nympha prima Italis tradidit. Carmentis autem dicta, quia carminibus futura canebat. Ceterum proprie vocata est Nicostrate.*"

25 베르길리우스 지음; 천병희 옮김, 『아이네이스 (개정판)』 (고양: 숲, 2007), 338-341쪽. Cf. 카르멘타에 대해서는 피에르 그리말 지음; 최애리 외 번역, 『그리스 로마 신화 사전』 (서울: 열린책들, 2003), 437쪽을 참조할 것.

26 Seruius, *Commentarivs in artem Donati*, *GL* 4,421,2: "*Litteras Latinas constat Carmentem inuenisse, matrem Euandri.*"; Jacques Fonataine, *Isidore de Séville et la culture classique*, p.61. 자크 퐁텐은 이시도루스의 로마 문자 창제자에 대한 언급이 세르비우스의 도나투스 문법 주석서와 같은 계보에 속하는 문법서에서 발췌한 것으로 추정하였다.

27 [부록 2] 참조.

28 *Etym.*, I. 3. 1 : "*Primordia grammaticae artis litterae communes existunt.*"

29 *Etym.*, I. 4. 2: "*Litterae autem aut communes sunt aut liberales. Communes dictae, quia multi eas in commune utuntur, ut scribere et legere. Liberales, quia eas tantum illi noverunt, qui libros conscribunt recteque loquendi dictandique rationem noverunt.*" 고급 문자언어를 "litteras liberales"라고 부르는 데에는 '책'을 의미하는 단어인 liber와 형용사 liberalis 사이의 언어유희도 작용하는 듯하다. 이 문장에 이어 이시도루스는 문자가 모음과 자음으로 구성된다고 설명하면서, 문자의 분류 및 음가설명을 하고 있다.

30 *Etym.*, I. 5. 1: "… *origo et fundamentum liberalium litterarum.* (문법은 자유학예 학문의 시초이자 근본이다.)" 이 문장은 카시오도루스의 『교육방법론』에서 따온 것이다. Jacques Fontaine, *Isidore de Séville et la culture classique*, p.53.

31 *Etym.*, I. 5. 1 ; "*Grammatica autem a litteris nomen accepit. γράμματα enim Graeci litteras vocant.*" Cf. 엄밀하게 말해서 grammatica는 그리스어의 "grammatike tekhne(문자의 기술)"이라는 표현에서 연원한 어휘이다. 그리스어에서 '문자'를 의미하는 "*γράμμα*(gramma)"는 "γράφειν(graphein)"이라는 동사에서 파생되었는데, 이 단어는 '쓰다' 혹은 '그리다'라는 의미를 가지고 있다. 프랑스어의 '-graphie' 혹은 영어의 'graphy'라는 접미어는 모두 "γράφειν(graphein)"에 그 어원을 두고 있다. http://www.etymonline.com/.

32 Jacques Fontaine, *Isidore de Séville et la culture classique*, p.58.

33 *Etym.*, I. 3. 1 (* 밑줄은 필자가 덧붙임): "*<u>Quarum disciplina</u> velut quaedam grammaticae artis infantia est; unde et eam Varro litterationem vocat.*" (<u>문자를 가르치는 이러한 학문은</u> 말하자면 문법과목의 초급단계이며, 바로는 이러한 교과목을 litteratio라고 부른다.)" 이 문장은 아우구스티누스의 『질서론(*De ordine*)』에서 인용한 것이다. Augustinus, *De ordine*, *Corpus Christianorum, Series latina*, XXIX(Turnhout: Brepols, 1980), II. xii. 35. 'Litteratio'는 영어권에서는 'literacy' 또는 'letter-ing'으로 번역하기도 한다. 말 그대로 기본적인 문자습득을 의미한다. Cf. John Henderson, *The Medieval World of Isidore of Seville. Truth from Words* (Cambridge: Cambridge University Press, 2007), p.30.

34 *Etym.*, I. 1. 1과 I. 1. 3: "*Disciplina a discendo nomen accepit: unde et scientia dici potest. ... Inter artem et disciplinam Plato et Aristoteles hanc differentiam esse voluerunt, dicentes artem esse in his quae se et aliter habere possunt; disciplina vero est, quae de his agit quae aliter evenire non possunt. ...*"

35 *Etym.*, I. 2. 1: "*Disciplinae liberalium artium septem sunt.*"; Jacques Fontaine, *Isidore de Séville et la culture classique*, p.52.

36 도나투스의 『대문법서』와 세르기우스의 주석서, 그리고 이시도루스의 『어원』 제1장 「문법론」의 구성 비교는 이 글 말미의 [부록 1]을 참조할 것.

37 중세 초 게르만 왕국에서의 고대 라틴어 문법서의 수용 및 유포에 대해서는 Rosamond McKitterick, *The Carolingian and the Written Word* (Cambridge: Cambrige University Press, 1989), pp.13-20을 참조할 것. 로자먼드 맥키테릭은 9세기까지 카

롤링거 제국의 서부 지역에서 일상적으로 사용된 언어는 라틴어였으며, 따라서 라틴어를 모국어로 하는 이들을 위해 저술된 도나투스의 문법서가 널리 이용된 것이라고 주장하였다. 이러한 점은 완전히 다른 언어권에 속하는 아일랜드와 잉글랜드에서는 라틴어를 '외국어'로서 교육시키기 위해 저술된 문법서들(*Ars Tatuini*, *Ars Boniface*)이 따로 사용되었다는 점에 의해서도 뒷받침된다. 도나투스의 문법서가 의미론적(semantic) 측면에 주로 관심을 두고 있다면, 섬나라의 문법서들은 문법의 형태와 구조에 더 관심을 두고 있었다. 중세 초의 언어 문제에 대한 맥키테릭의 논의는 로저 라이트의 연구에 바탕을 두고 있다. 그는 800년 이전까지 카롤링거 제국의 서부 주민들이 사용하던 언어, 즉 언어학자들이 로망스어 공통조어(共通祖語, 'Proto'-Romance)로 간주하는 언어는 다름 아닌 통속 라틴어였다고 보았다. 메로빙거 시대에는 라틴어와 로망스어의 구분이 존재하지 않았으며, 카롤루스 대제 시대의 라틴어 개혁 정책으로 인해 문어 라틴어와 구어 라틴어(로망스어)가 의식적으로 명확하게 구분되기 시작했다는 것이다. Roger Wright, *Late Latin and Early Romance in Spain and Carolingian France* (Liverpool: Cairns, 1982); Id., "The Conceptual distinction between Latin and Romance: invention or evolution?", Roger Wright, ed., *Latin and Romance Languages in the Early Middle Ages* (Pennsylvania: The Pennsylvania University Press, 1991), pp.103-113. 한편, 카롤링 제국의 동부 지역에서는 라틴어와 게르만어의 이중 언어 구조가 존재했지만, 라틴어는 종교, 법률, 행정의 언어로 널리 사용되었고, 제국의 동부와 서부를 통합하는 요소로서의 역할을 담당하였다. 위에서 인용한 책과 더불어 Rosamond McKitterick, "Latin and Romance: an historian's perspective", Roger Wright, ed., *Latin and Romance Languages*, pp.130-145를 참조할 것.

38 Donatus, *Ars major*, ed. L. Holtz (1981), *CGL* 603,5 H.

39 Cassiodorus, *De artibus ac disciplinis liberalium litterarum*, c. i, in Migne, *PL*, LXX, c. 1152d: "*Littera est pars minima uocis articulatae.*"

40 장지연, 「서양 고대 후기 라틴어 문법서에서 나타나는 소리와 문자론」, 254-256, 261쪽.

41 Augustinus, *De Trinitate*, 15,10,19 : "*Inuentae sunt etiam litterae per quas possemus et cum absentibus conloqui, sed ista signa sunt uocum, cum ipsae uoces in sermone nostro earum quas cogitamus signa sint rerum.*" 영어번역본은 Augustine, *On the Trinity. Books 8-15*, ed. by Gareth B. Matthews, translated by Stephen McKenna (Cambridge: Cambridge University Press, 2002), pp.184-187을 참조할 것.

42 움베르토 에코 지음, 김성도 옮김, 『기호학과 언어철학』 (서울: 열린책들, 2009), 67쪽.

43 Aristoteles, *De Interpretatione* I, 16 a 4-5. 이 문장에서 간략하게 제시된 말과 생각에 대한 아리스토텔레스의 관점은 『국가』 제2권에서 제시된 플라톤의 언어관과도 일맥상통한다. "말 속에 들어 있는 것은 머리 속에서 겪은 것(마음의 상태)에 대한 일종의 모방물이자 나중에 생겨난 영상이다." 이 문장이 등장하는 문맥에서 저자가 말하고자 하는 바는 "언어집단마다 말과 글이 다르지만, 이를 통해 같은 사물에 대하여 같은 생각을 표현할 수 있다"는 점이다. 아리스토텔레스 저, 김진성 역

주, 『범주론·명제론』 (서울: 이제이북스, 2005), 119-120쪽의 번역과 주해(특히 각주 6번과 13번)를 참조할 것. 이와 더불어 영역판의 J. L. 악크릴의 주해도 함께 참조할 수 있다. Aristotle, *Categories and De interpretatione*, tr. by J. L. Ackrill (Oxford: Clarendon, 1963), pp.113-114.

44 데리다는 아리스토텔레스의 언어철학을 형이상학적 기호관과 음성중심주의의 대표적인 사례로 보았다. 음성은 정신(기의)에 가장 가까운 곳에 위치하면서, 본질적이고 직접적인 관계를 맺고 있는 반면, 문자는 목소리(기표)를 대리하는 것으로서 '기표의 기표' 혹은 '기호의 기호'에 불과하며, 언제나 기술적(technique), 파생적이고, 음성언어를 대리, 재현할 뿐이다. 자크 데리다 지음, 김성도 옮김, 『그라마톨로지』 (서울: 민음사, 2010), 37쪽 각주 23번, 49-51쪽, 111쪽.

45 Malcolm B. Parkes, "Lire, écrire, interpréter le texte. Pratique monastique dans le haut Moyen Age", Gulielmo Cavallo et Roger Chartier (dir.), *Histoire de la lecture dans le monde occidentale* (Paris: Seuil, 1997), p.112. 서구 독서의 역사의 새로운 연구경향을 시대별로 집대성한 이 책은 한국어로도 번역되었다. 로제 샤르티에, 굴리엘모 카발로 엮음; 이종삼 옮김, 『읽는다는 것의 역사』 (서울: 한국출판마케팅연구소, 2006). 이 글에서는 프랑스어 판본을 참고하였다.

46 *Etym.*, I. 3. 1 (밑줄은 필자가 덧붙임) : "*Litterae autem sunt indices rerum, signa verborum, quibus tanta vis est, ut nobis dicta absentium <u>sine voce</u> loquantur.*"

47 Jacques Fontaine, *Isidore de Séville et la culture classique*, p.48, note 3.

48 Malcolm B. Parkes, *Pause and Effect. An Introduction to the History of Punctuation in the West* (Aldershot: Scholar Press, 1992), p.122, note 14.

49 Malcolm B. Parkes, *Pause and Effect*, pp.20-21.

50 이 문장에서 signa와 indicium은 모두 '기호(sign)'로 번역할 수 있다. 두 단어 모두 가장 흔하게 쓰이는 의미로는 '기호' 혹은 '징표'라는 의미를 가지고 있다. 고전 라틴어에서부터 두 단어는 완전히 같은 의미를 지닌 동의어로 쓰였으며, 한 문장에서 같은 단어가 반복되지 않도록 변화를 주기 위해서 함께 사용되기도 했다. Stéphnane Dorothée, "Les rapports de synonymie entre lat. *signum*, *indicium* et *nota*", Ghislaine Viré(éd.), *Autour du lexique latin* (Bruxelles: Editions Latomus, 2008), pp.256-266.

51 *Etym.*, I. 3. 2 : "*Usus litterarum repertus propter memoriam rerum. Nam ne oblivione fugiant, litteris alligantur. In tanta enim rerum varietate nec disci audiendo poterant omnia, nec memoria contineri.*"

52 이시도루스는 『신학명제론(*Liber sententiarum*)』에서도 문자로 이루어진 텍스트의 독서가 기억을 보조한다고 말하고 있다. Isidorus Hispalensis, *Libri sententiae*, III, 14. 7; PL 83, col. 689 : "*Lectio memoriae auxilium eget; quod si fuerit naturaliter tardior, frequenti tamen meditatione acuitur ac legendi adsiduitate collegitur.* (읽기는 기억을 보조하는데 필요하다. 그것은 당연히 더 느릴지라도, 명상에 의해 반추함으로써 정련되고 끈기 있게 읽음으로써 [기억을] 하나로 모은다.)

53 Mary Carruthers, *The Book of Memory. A Study of Memory in Medieval Culture*, 2nd

ed. (Cambridge: Cambrige University Press, 2008), p.139.

54 이강서, 「플라톤의 문자관」, 연세대학교 인문학연구원 HK사업단 제10차 콜로키엄 발표문 (2011.09.23), 13쪽. 같은 저자의 다음과 같은 논문들도 함께 참고할 것. 이강서, 「플라톤의 『제7서한』에서의 문자비판」, 『서양고전학연구』 11호(1997), 193-226쪽; 이강서, 「플라톤의 언어관 - 『파이드로스』와 『제7서한』의 문자비판을 중심으로」, 『서양고전학연구』 13 (1999), 33-54쪽.

55 Jacques Fontaine, *Isidore de Séville et la culture classique*, pp.59-60.

56 *Etym.*, I. 3. 8-9.

57 라틴어에서 nota는 다양한 의미를 지닌다. 『라틴-한글사전』에 따르면 nota에는 다음과 같은 의미가 있다. ① 표, 자국, 흔적. ② 문자, 글자, 숫자. ③ 기호, 신호, 암호. ④ 문장부호, 구두점. ⑤ 약자, 약호, 속기 기호. ⑥ 음부(音符, 음표), 악보. ⑦ 도장, 인장. ⑧ 낙인. ⑨ (주조) 화폐의 인각(印刻). ⑩ 특징, 표징(標徵). ⑪ 징표(徵表). ⑫ (술독에 표시한) 연대표시, 상표. ⑬ 품질; 품종, 종류. ⑭ 붉은 표, 주의표. ⑮ 손짓, 눈짓. ⑯ 소견표, 감찰관의 기록. ⑰ 점수, 평점. ⑱ 주(註), 주해(註解). 가톨릭대학교 고전라틴어연구소 편찬, 『라틴-한글사전』 (서울: 가톨릭대학교출판부, 1995), 558쪽.

58 *Etym.*, I. 21. 2.

57 라틴어에서 nota는 다양한 의미를 지닌다. 『라틴-한글사전』에 따르면 nota에는 다음과 같은 의미가 있다. ① 표, 자국, 흔적. ② 문자, 글자, 숫자. ③ 기호, 신호, 암호. ④ 문장부호, 구두점. ⑤ 약자, 약호, 속기 기호. ⑥ 음부(音符, 음표), 악보. ⑦ 도장, 인장. ⑧ 낙인. ⑨ (주조) 화폐의 인각(印刻). ⑩ 특징, 표징(標徵). ⑪ 징표(徵表). ⑫ (술독에 표시한) 연대표시, 상표. ⑬ 품질; 품종, 종류. ⑭ 붉은 표, 주의표. ⑮ 손짓, 눈짓. ⑯ 소견표, 감찰관의 기록. ⑰ 점수, 평점. ⑱ 주(註), 주해(註解). 가톨릭대학교 고전라틴어연구소 편찬, 『라틴-한글사전』 (서울: 가톨릭대학교출판부, 1995), 558쪽.

58 *Etym.*, I. 21. 2.

59 Mary Carruthers, *The Book of Memory*, p.140 : "...a mnemonic cue does not represent anything necessarily. Its effectiveness resides entirely in its satisfactory performance as a mental marker, a reminder. Once it has successfully cued the matter it marks, its function is completed. ... This is a fundamental definitional distinction, that must always be taken into account in medieval discussions of the nature of *litterae*, especially those contexts, chiefly pre-scholastic, in which the writer claims that written letters are "like" the *notae* of recollective investigation."

60 Jacques Fontaine, *Isidore de Séville et la culture classique*, p.75.

61 *Etym.*, I. 21. 2: "※ *Asteriscus adponitur in his quae omissa sunt, ut inlucescant per eam notam, quae deesse videntur.*"

62 *Etym.*, I. 21. 5: "÷ *Lemniscus, id est, virgula inter geminos punctos iacens, opponitur in his locis, quae sacrae Scripturae interpretes eodem sensu, sed diversis sermonibus transtulerunt.* (렘니스쿠스는 다시 말하면 두 점 사이에 누워있는 막대기(가로획)을 말하는데, 성서의 번역자들이 같은 의미를 지녔으나 다른 말로 번역한 부분에 기입

한다.)"

63 *Etym.*, I. 21, 13: "> *Diple. Hanc scriptores nostri adponunt in libris ecclesiasticorum virorum ad separanda vel ad demonstranda testimonia sanctarum Scripturarum.*" (디플레, 이 기호는 성서의 증언[인용문]을 보여주기 위해서 우리 필경사들이 성직자들의 책에 써넣는 것이다.) ; Malcolm B. Parkes, *Pause and Effect*, p.22.

64 Donatus, *Ars major*, *CGL* 605,8-9 H.

65 Malcolm B. Parkes, *Pause and Effect*, p.20.

66 Katherine O'Brien O'Keeffee, *Visible Song: Transitional Listening in Old English Verse* (Cambridge: Cambridge university press, 1990), p.52.

67 Isidorus Hispalensis, *Libri sententiae*, III, 14. 9; PL 83, col. 689 : "*Acceptabilior est sensibus lectio tacita quam aperta; amplius enim intellectus instruitur quando uox legentis quiescit et sub silentio lingua movetur. Nam clare legendo et corpus lassatur et uocis acumen obtunditur.*"

68 위에서 인용한 구절에 대해서는 학자들에 따라서 해석의 차이가 나타난다. 맬콤 파크스는 이시도루스가 오늘날과 같은 의미의 묵독을 찬양한 것으로 보았다. Malcolm Parkes, "Lire, écrire, interpréter le texte", p.112. 반면에, 폴 생어는 이시도루스가 말하는 "침묵 속의 독서(lectio tacita)"가 오늘날과 같은 완전한 묵독을 의미하는 것은 아니라고 생각했다. 그는 이시도루스가 권장한 것은 현대적인 의미의 완전한 "시각적인 읽기(visual reading)"를 의미하는 것이 아니며, 단지 "조용한 읽기(quiet reading)"였고, 성 베네딕투스가 수도원에서 권장한 개인 독서와 유사한 것이라고 평가하였다. Paul Saenger, "Silent Reading: Its Impact on Late Medieval Script and Society", *Vitaor: Medieval and Renaissance Studies*, Vol. 13(1982), p.384. 폴 생어는 "시각적인 읽기"와 "조용한 읽기"의 대비를 "true silent reading(진정한 묵독)"과 "silent oral reading(조용한 낭독)"으로 구분하기도 하였다. Paul Saenger, *Space Between Words: The Origins of Silent Reading* (Stadford, CA: Stanford University Press, 1997), p.299 note 4. 베네딕투스 수도회 회칙은 Saint Benedict, *Regulae*, chap. 48 : "… *aut forte qui voluerit legere sibi sic legat, ut alium non inquietet.*"

69 최초의 묵독에 대한 직접적인 증거는 기원전 5세기의 그리스에서 찾을 수 있다. 버나드 녹스는 고대 그리스인들이 많은 작품을 여러 번 반복해서 읽어야 할 필요성을 느끼게 되면서 텍스트를 빠른 속도로 묵독을 하게 되었으며, 묵독이란 특별한 관행이 아니었다고 주장하였다. Bernard M. W. Knox, "Silent Reading in Antiquity", *Greek, Roman and Byzantine Studies*, IX/4 (1968), pp.432-435. 반면에, 고대에 묵독은 일반적인 독서관행은 아니었으며 "주변적인 현상"에 불과했다고 보는 학자도 있다. 글 읽는 소리를 내면화할 수 있는 이는 많은 양의 독서를 하는 전문가들뿐이었다는 것이다. Jesper Svenbrom, "La Grèce archaïque et classique. L'invention de la lecture silencieuse", Gulielmo Cavallo et Roger Chartier (dir.), *Histoire de la lecture*, p.77. 한편, 로마 제국 말기에 아우구스티누스는 묵독을 특별한 의미를 지니는 행위로 인식하였다. 『고백록(*De confessione*)』에서 묵독은 회개와 개종의 순간에 내면

적인 성찰과 반추를 함으로써 깨달음을 얻게 하는 행위로 그려지고 있다. 아우구스티누스 지음, 선한용 옮김, 『(완역)성 어거스틴의 고백록』 (서울: 대한기독교서회, 1997), VIII, 12, 263-264쪽.

70 Paul Saenger, *Space Between Words*.

71 Martin Lyons, *A History of Reading and Writing In the Western World* (Basingstoke: Palgrave Macmillan, 2010), p, 19.

72 물론 이시도루스가 낭독을 배제한 것은 아니었다. 그는 성직자 교육에 있어서는 낭독 능력의 중요성을 강조하였다. Malcolm Parkes, "Lire, écrire, interpréter le texte", p.112.

73 *Etym.*, I. 3. 1.

74 Malcolm B. Parkes, *Pause and Effect*, p.122, note 14.

75 Vincentius Bellovacensis, *Speculum Doctrinale*, II, 4. [부록 2] 참조.

76 Jacques Fontaine, *Isidore de Séville et la culture classique*, p.58.

03

문자의 시원과 본질에 대한 몇 가지 인식론적 성찰

.. 김성도

1 서론

이 글의 일차적 목적은 문자의 시원과 본질에 대한 인식론적 존재론적 성찰의 몇 가지 요소를 제시함으로써 궁극적으로 문자 인문학의 토대를 정초하기 위한 이론적 소묘를 제공하는 데 있다. 문자 인문학은 문자의 내적 속성, 즉 문자의 체계를 수립하는 작업을 기초로 삼아, 문자의 테크놀로지 차원에 초점을 두면서, 문자의 인지적, 사회 문화적, 정치적 의미와 그 사용 및 순환 공간에 대한 연구를 포함하고, 끝으로 문자가 체현되는 다양한 매체들의 상호 연관성, 즉 문자의 상호 매체성을 연구하는 방대한 연구 프로그램을 형성한다. 인문학에서 비교적 해묵은 주제라 할 수 있는 문자 연구는 1960년대를 기점으로 최근에 이르기까지 가히 문자적 전회라 할 정도로 세분화된 문자학의 전공자를 비롯하여, 언어학자, 고고학자, 인류학자, 기호학자, 철학자, 역사학자, 심리학자, 문학 이론가를 중심으로 문자의 존재론과 인식론에 대한 새로운 탐구를 시도하고 있다. 특히 리터러시에 대한 학제적 연구를 중심으로, 식자성과 구술성의 인지적 감각적 차이를 포함하여, 문자와 권력의 문제를 놓고 첨예한 논쟁을 주도한 바 있다. 아쉽게도 한국의 인문학계에서는 인문학의 기본 도구인 문자의 본질과 인식론적 토대에 대한 심도 있는 연구가 거의 부재한다고 해도 과언이 아니다.

그렇지만 서구학계에서 축적된 문자학 연구에서 우리는 몇 가지 뿌리 깊은 인식론적 전제 조건을 식별할 수 있다. 이를테면 문자의 본질과 기능에 대해서 사유하고, 문자에 대해서 글을 쓴 대부분의 서구의 학자들은 여전히 표음 문자를 근대 알파벳 스크립트의 하나로 지시하면서, 문자의 이상적 원형으로 사유하는 인식적 타성을 노출하고 있다. 즉, 문자는 독립적으로 탄생하거나 존재할 수 없으며, 근본적으로 음성을 기록하는 표기 수단에 머무른다는 생각이, 그들의 문자 이론의 기초를 받혀주는 일종의 인식론적 주춧돌로 기능한다는 점이다.

이 글의 목적은 바로 논자가 비교적 오랜 시간 동안 숙독해온 현대 문자 사상가들의 통찰에 의탁하여, 이 같은 상식적이며 공통적인 문자관의 정의와, 문자 체계를 이루는 통용적인 개념들에 대한 비판적 검토의 계기를 마련하는 데 있다. 이를테면 문자의 개념을 반드시 시각적인 차원으로 함몰시키기보다는 정보 기록의 다양한 감각 시스템들을 아우르는 광범위한 개념을 사유할 필요가 있다. 주지하다시피 이 같은 비판적 입장은 이미 데리다의 주저 「그라마톨로지」 에서 고도의 난해한 논증을 통해서 설파된, 문자의 시원과, 상식적 문자개념의 해체를 통하여 인문학 전 분야에 걸쳐 지대한 영향을 끼친 바 있다. 요컨대 서구 학문의 문자 개념을 제어해 온 근본적인 민족중심주의, 로고스중심주의, 음성중심주의라는 삼위일체를 지적하면서 데리다는 음성 언어를 표현하는 도구로서 문자의 기능과 역할을 협소화시킨 전통적 개념의 인식론적 타당성에 대해 근본적인 비판적 물음을 제기하려는 전략의 일환으로, 근대 유럽의 문자사상사를 쾌도난마하면서 문자 인문학 의 새로운 지평을 열어놓았다고 말할 수 있다. 이를테면 그는 "문자는 더 이상 외부로서의 언어와 관련된 것이 아니며", "에크리튀르(ecriture) 개념은 언어 개념을 넘어서고 동시에 포괄한다"는 기발한 발상전환을 피력하였다. 여기서 데리다가 말하는 에크리튀르 개념은 우리가 지금까지 생각해 온 감각적 문자는 물론, 그보다 더 원초적인 개념으로 이해될 필요가 있거니와, 어쨌든 문자는 언어를 아우르고 동시에 그것을 넘어선다는 것이다.[1] 데리다의 철학적 기획은 문자라는 주제를 서구의 형이상학, 정치학, 문학 등 보다 넓은 지평에서 다루고 있다는 점에서 본 지면에서 상세하게 다룰 수 없으며 단지, 르루와 구랑의 통찰에 기대어, 그래픽 커뮤니케이션의 언어적 비언어적 시스템을 모두 고려할 수 있는 문자 개념을 재축조하기 위한 인식론적 토대를 정초할 계획이다. 우리는 먼저 문자의 모태가 선사 시대의 유적지 도처에서 발견되고 있는 이미지들로부터 비롯했다는 사실에 주목하여 구석기 시대의 그래피즘에 주목할 것이다.

2 선사시대의 그래피즘

인간이 자신의 경험, 생각, 메시지를 시각적으로 흔적을 남기면서 기록하기 시작한 것은 대략 5만 년 전에서 아무리 늦게 잡아도 3만 5천 년 전으로 소급된다. 세계의 전 지역에서 발견된 7,500만점에 이르는 선사 시대의 이미지는 여전히 미지의 대상이나, 확실한 것은 그것은 최초의 인류가 남긴 휘황찬란한 시각 아카이브이며, 그것을 제작한 주인공은 현 인류의 직계인 호모사피엔스라는 의미심장한 사실이다. 여기서 강조할 사실은 상식적 예상과 달리, 최초의 그래피즘(graphisme)은 사물을 모사한 이미지가 아니라, 자연 현상의 가장 보편적인 양태인 리듬을 포착한 추상적 이미지라는 것이며, 그 다음에 가서야 재현의 성숙화가 이루어지고, 다시 구상적 이미지에서 회화 문자, 다시 추상적인 기호를 생성하는 수순으로 이어졌다는 점이다. 신석기 혁명 이후, 대략 기원전 5천 년 전부터 양식화된 그림에 의미를 부여하는 창조적 기지 발휘를 통해서 그림 문자(pictogram)를 발명하는 데 이른다. 그것은 오늘날 사용되는 공공표지판이나 픽토그람에 비유될 수 있다. 따라서 문자의 맹아기에서는 언어적 형식과 연계되지 않은 형상들의 집합, 소묘, 오브제의 실루엣이 나타났다는 점을 지적할 수 있을 것이다.

그러다 그림 문자는 서서히 다소 추상적인 생각이나 메시지, 오브제가 간단한 그림들에 의해서 지시되는 표의문자(ideogram)로 진화했으며 마침내 기원전 2천년 알파벳 문자, 즉 표음 문자가 발명되는 데 이르렀다. 표음 문자는 더 이상 그림이나 관념을 문자 자체의 형상을 통해서 전달하지 않고, 직선적으로 결합된 문자의 개별 철자들에 할당된 음성적 가치를 조합해서 개념을 지시하는 추상적 방식이다. 따라서 인류의 그래피즘의 전개는 추상과 구상 사이를 왕복하는 추운동이라 볼 수 있다. 즉, 최초의 선사 이미지는 사물의 윤곽을 사실적으로 소묘한 것이 아니라, 먼저 리듬을 표현하는 추상적 기호들을 생산했으며, 그 다음 단계에서 사실적 재현의 성숙된 단계로 접어들었으며, 그로부터 회화 문자, 표의문지를 생성했고, 다시 추상적인 표음화, 즉 알파벳 문자를 만들어내면서 다시 추상화로 이어진 것이다. 다시 강조하거니와 이때 구상적 형태들을 표현한 것이 아니라 최초의 그래피즘이 리듬을 표현했다는 것은 인간의 가장 심오한 본질을 계시한다고 말할 수 있다.

한 가지 더 흥미로운 사실은 기하학의 고고학이라는 관점에서 추상적이면서 기하학적인 형상들과 기호들이 대량으로 산포되어 있다는 점이다. 첫 단계에서는 동물을 상기시키는 사유의 일반적 형태이다, 그 다음 단계에 가서 점, 선, 표면, 볼륨 등의 기하학적 형상들이 상징들로서, 그리고 상징들의 추상화로서 사유의 영역에 진입한다. "기호와 의미의 이원적 지시성의 부재 속에서 형상-기호는 지시물을 알아볼 수 있는 형상과 달리, 의미된 것과 총체적으로 독립한 정신의 인공적 창조는 이런 식으로 형상들 그 자체의 연구를 준비하게 된다."[2] 결국 우리는 구석기 시대의 인간들이 재현과 표상의 표면을 발명한 최초의 주인공들로서, 이때 재현의 표면은 형상 일반의 요소들이라는 점을 주목해야 할 것이다.

3 음성 언어의 탄생과 그래픽 흔적의 시원

그 기원에 있어서 구상 미술은 직접적으로 언어와 연결되며 특히 문자와 매우 가까웠다. 다시 강조하거니와 구석기의 시대의 그래피즘은 현실의 복사본이 아니라 상징적 전이였다는 사실이다. 즉 구상미술은 언어와 분리될 수 없으며 발성과 그래픽 표현 사이에서 맺어진 쌍으로부터 진행되었다는 점을 유념해야 할 것이다. 구상미술의 중요한 부분은 바로 회화-표의문자라고 부르는 것에 의해서 설명될 수 있다. 그런데 심지어 오늘날에도 언어와 그래픽 표현의 관계는 종속관계가 아니라 등위 관계(coordination)로서 나타난다. 즉 이미지는 문자에 결여되어 있는 다차원적 표현력과 조형적 자유를 소유하고 그것을 만끽할 수 있다. 이미지는 신화의 창조에서 절정에 도달하는 언어적 과정을 시사할 수 있으나, 그 같은 과정에 결착되지 않으며, 그 문맥은 서술자와 더불어 사라진다. 이점은 바로 직선적 문자가 없는 그래픽 시스템들 속에서 목격되는 상징들의 풍요를 설명해준다. 바로 르루와 구랑은 이 같은 문자를 신화문자라 명명했는데, 이것은 구두 언어에 기초한 다차원적 구성체이다. 그런데 농업을 행한 민족들은 직선적 문자로서 파악된 그래픽 시스템을 발명하였다는 점에서 신화 문자의 세계를 벗어났다고 말할 수 있을 것이다. 신화 문자소는 하나의 이데오그램 즉, 표의소라고 볼 수 있다. 통용적인 문자사가들의 주장과 달리, 표의문자는 이 같은 형식 속에서 회화 문자를 선행한 것이며 구석기 미술은 표의적 이었다고 말할 수 있다. 구상적인 그래픽 재현의 창발과 더불어 인류의 역사에서 중요한 평행성이 설정되었는데, 바로 손은 시선과 더불어 자신의 언어를 갖고 얼굴은 청취와 결합된 자신의 고유한 언어를 갖게 된 것이다.[3]

인간의 본질을 구성하는 그래픽 흔적과 말 사이에는 건널 수 없는 존재론적 간극이 존재한다. 하나는 눈에 보이는 시각성의 세계이며, 다른 하나는 입에서 생성되어 귀로 흘러가는 청각성의 세계라는 점에서 생물학적 기제가 전혀 다른 것이다. 인간화(hominisation)의 과정 속에서, 음성 언어의 기원의 문제와, 손과 도구로 이미지를 생성한 그래픽 흔적의 시원과 관련된 연대기적 순서와, 양자의 존재론적 관련성 문제는 인문학을 비롯하여 문자 인간학에서 반드시 제기될 수밖에 없는 문제이나, 여전히 결정적인 논거를 제시할 수 있는 경험적 자료가 미미한 상태이다.[4] 더구나 언어의 선사시대에 대해서 고고학자, 신경생리학자, 인류학자, 음악학자, 언어학자가 공동으로 수행한 학제적 연구물들은 음성언어로 국한할 뿐 최초의 그래피즘과의 관계를 전혀 언급하고 있지 않다. 가장 간단하고, 최소한의 위험성을 갖고 있는 학문적 수순은 다른 동물들과 달리 인간 활동의 유일한 기준에 의존하는 것이며, 그것은 다름 아닌 문자의 조상으로서의 그래픽 흔적인 것이다.

그래피즘, 즉 시각적 이미지의 흔적과 음성 언어 사이에 존재하는 선행성의 문제제기는 누락될 수 없을 것이다. 그래픽이 말보다 앞서 존재했다는 첫 번째 가설은 구소련의 마르크스주의 계통의 언어학에 의해서 강력하게 지지된 것으로서, 증거가 허락하는 범위에서 세밀하게 제시된 바 있다.[5] 또 다른 맥락에서 데리다는 음성 언어와 문자 언어보다 앞서는 최초의 문자(에크리튀르)라는 개념의 철학적 토대를 제기한 바 있다.[6] 하지만 여기서 유념할 사실은 데리다는 그의 논증에서 결코 실증적 사실 차원의 연대기적 선행성을 진술하지 않았다는 점이다. 그는 오히려 몸짓과 말의 통일성, 그리고 신체와 언어의 통일성, 도구와 사고의 통일성을 긍정하고 있다. 선사학자 르루와 구랑과 데리다로부터 지대한 사상적 영감을 받은 논자는 이 같은 통일성을 지지한다. 즉, 그 같은 통일성은 개인의 역사 속에서나 재구성된 진화의 흐름에서 해명될 수 있다. 아주 간단한 예를 하나 들자면, 아이에게서 말과 그래픽 흔적은 거의 동시기적 발생을 보여준다. 옹알이를 하면서 말을 배우기 시작하는 유아에게 크레용을 주면 반드시 무엇인가를 그리려는 노력을 보여준다.

논자는 호모사피엔스의 본질을 성립하는 음성 언어와 그래픽 생성에 대한 단선적이면서 획일화된 진화론 대신 포괄적이며 보다 시원적인 시각을 지지한다. 그 같은 인간학적 시각에서 말과 시각적 흔적은 동물성과 인간성을 분리시키는 결정적인 존재론적 문턱을 의미한다. 르루와 구랑은 이렇게 말하고 있다. "만약 인간류(anthropiens)전체의 기술과 언어 속에서 신체기관 구조가 표현을 조건 지은 것이라면, 가장 최근에 존재한 유인류의 비유적 언어 속에서 반성과 성찰은 그래피즘을 결정짓는다."[7] 이 같은 진술의 의미를 파악하기 위해서는 다음 사실을 주지하고 있어야 할 것이다.

대략 기원전 15만 년 전부터 기원전 3만 5천년까지 인간화의 결정적 시기가 존재하는데, 그 시간대는 대략 부싯돌을 양면으로 갈고, 그래피즘이 널리 퍼진 기간과 중첩된다.

그 무렵 인간은 사실적 기술로부터 – 이것은 물체를 하나의 도구로 만들기 위해서 총체적으로 자율화하는 기술, 노동 형태의 객체화를 말한다 – 하나의 흔적, 생각을 담은, 의지적이며 반복적 형태를 지닌 그래피즘을 만들기 위해서 흔적을 자율화하는 기술 단계로 넘어갔다. 그래피즘의 또 다른 단계는 기원전 15,000년 전으로서, 흔적과 그래피즘에서 인간들과 동물들의 형상을 그리게 되는데, 문자라기보다는 정밀한 재현적 미술이라 할 수 있다.

(음성)언어가 기술의 진보와 더불어 이와 동일한 시간대에서 출현했다는 가설은 현재로서는 반박의 여지가 별로 없어 보인다. 다시 말하면 이것은 곧, 언어, 기술, 그래피즘의 공진화를 의미하며 이점을 옹호하는 학자들은 과거에는 소수 의견을 내놓는 무리에 속했으나 그 수가 점차적으로 늘어나고 있다.[8] 흥미로운 것은 만약 알타미라 또는 라스코 동굴 벽화의 주인공 인간이 표상할 수 있었던 것과, 그가 제작할 수 있었던 것을 비교한다면, 기술과 언어의 발전에서 인정받는 동

일한 진전이 그래피즘의 설명에서도 참작되어야 할 것이라는 점이다.

현대 민족학은 우리에게 기술적으로 낙후된 이른바 야만 사회 또는 원시 사회 속에서 언어와 그래피즘 차원에서 현대 사회와 견주어서 그 어떤 원시적인 것도 없다는 점을 일러주었으며 단지, 구조와 모델의 다양성과 차이만이 존재할 뿐이라는 점을 입증했다. 이점은 특히 레비-스트로스의 후계자인 인류학자 데스콜라가 기획한 작업에서 탁월하게 입증되었다.[9]

4 음성과 그래피즘의 존재론적 접점:신체성과 매체성

논자는 그래픽 활동과 언어활동에서 사용되는 상이한 매체들의 차이를 주목해야 할 필요성을 강조하고자 한다.[10] 주지하다시피 흔적(그래피즘)은 외적인 오브제를 사용한다. 돌, 암벽, 동굴의 벽과 천장, 나무, 뼈 등이 그것이다. 요컨대 지적 도구인 문자는 "무엇보다 물질적 모험"이며[11], 모든 문자에는 손을 비롯한 신체적 참여가 요구된다는 점에서 문자의 신체성은 자명해진다. 예컨대, 바르트가 일본의 서예를 관찰하면서, 붓과 먹, 그리고 화선지와 서예가의 몸 사이에서 발생하는 신체적 또는 관능적 접촉 내지는 감응을 지적한 것은 바로 이 같은 문자의 신체성 속에서 이해될 수 있을 것이다.[12]

반면, 말을 하기 위해서 허공 속에 그리고 청자의 귀 속에 음성의 정신적 흔적을 남기는 인간은 오직 자신의 신체 기관만을 사용한다. 우리는 여기서 손을 통해서 시각적 이미지의 생성을 작업하는 것과, 입과 구강이라는 호흡과 소화 기능을 겸비한 사치스러운 구비를 갖춘 신체 기관들 사이에 존재하는 연속성의 해결책을 모색할 필요가 있음을 절감한다. 동물들 역시 이 같은 생물학적 사치를 갖고 있다. 예컨대, 최소한 조류와 포유류는, 본래, 식량의 소화를 위해서 마련된 신체의 도관들 속에서 공기를 변조하면서 '소리지르기'와 초보적 상태의 노래를 할 수 있다. 그런데 흥미로운 사실은 인간은 주의와 학습을 통하여 새들을 혼동시킬 정도로, 새들과 거의 흡사한 소리를 모방할 수 있다는 점이다. 물론 조류들 가운데 일부는 인간을 모방할 수 있는 능력을 갖고 있음은 알려진 바와 같다.

하지만 동물과 달리 인간만이 음성 생산에 사용되는 기관들의 사용에 있어서 철저한 완벽화에 도달하였다. 입술, 치아, 혀, 연구개, 경구개, 후두와 허파 등은 유일무이한 상호 연대성과 구별성 속에서 음성적 발송을 위해서 총집결되고 있다. 특히, 성문(glotte)의 공간을 자유자재로 조절하면서 인간은 들숨과 날숨의 공기를 통과시키고, 목소리의 두 가지 레지스터를 제공할 수 있는 데, 이를테면 속삭이는 소리와 더불어 맑은 또는 정상적인 목소리를 모두 낼 수 있다. 두 경우 모두에 있어서, 근육의 외연은 수축을 동반하면서 조절된다. 날숨의 생기력과 성문 폐쇄의 생기력 또는 신속성을 조합하면서, 이 같은 소리의 집중성을 다채롭게 변화시킬 수 있는 것이다.

요컨대, 인간만이 상징적인 분절 언어를 구사하며, 이것은 또한 고차원적인 정신적 활동에 해당된다. 한편, 말과 그래픽의 흔적은 다양한 질료이며 근본적으로 이질적인 기능 작동에 해당된다. 물질성과 실체성 차원에서 그래피즘은 흔적을 남기는 생산 존재의 공간적 외부성에 속한다는 점에서 그것은 완전히 객체적이며, 또한 직립에 의해서 자유로워진 손을 사용한다. 즉, 그것은 손의 연장선상에서 신체 활동에서 나타난 도구를 사용하고 있는 것이다. 반면, 말은 목소리를 통해서 하나의 물리적 실체를 생산하나, 흔적도 없이 사라진다. 음성 역시, 객체적이라고 말할 수 있으나 주체로부터 결코 분리되지 않는 객체라 할 수 있다. 나의 목소리는 내 몸의 일부이기 때문이다.

공간과 시간은 그래피즘과 음성 언어의 차이를 분절하며, 핵심적 이원성으로서, 음성 언어의 절대적 증거는 언어의 단위들의 순차성(선조성)이며, 반면 그래피즘의 동시적 구성 배치는 이와 음성 언어의 선조성과 대비를 이룬다. 또한 직립은 발성 기관을 자유롭게 해주었으며, 언어 발화를 담당하는 부위가 각인되는 뇌의 좌두엽을 발전시켜

나갔다. 바로 이 같은 자유로부터 인간은 자신의 동료를 만나서 소리를 발성할 수 있었으며, 세계에 대해서 기호들의 물질적 저장소를 창조할 수 있었다.

하지만 다양한 질료들과 기능 작동들은 그것의 다양성 속에서 통일성의 원칙을 단번에 붕괴시키지는 않는다. 르루와 구랑에 따르면 음성 언어와 그래피즘은 세계에 대한 동일한 이해라는 점에서 근본적으로 동일한 현상인 것이다. 음성 (말)과 그래피즘 (흔적)에는 물질적 실체 차원에서 두 개의 전혀 다른 공간에 속하지만, 결국 표상이라는 동일한 활동에 참여하는 것이다. 지시하려는 현실을 언어로 전이하건, 시각적 흔적을 남기는 작업으로 전이하건 본질적으로 정신적 표상에 속한다. 언어는 그 같은 작업을 놀랍도록 효과적으로 수행하며 세계의 모든 요소, 모든 사건을 알리고, 물음을 던지는 데 사용된다. 더구나 언어는 픽션의 도구로서, 인간의 경험 세계를 초월할 수 있다는 놀라운 능력을 갖고 있다.

우리가 언어를 통해서 세계를 해석할 때, 우리는 곧 현실의 세계를 해석하는 것이며, 실제로 우리가 오브제에 대해서 명명한다는 것은, 곧 언어를 통해서 현실이 불연속성에 들어감을 말한다. 예컨대, 내가 '나무'라고 말한다면, 그것은 연속체 속에서 하나의 요소를 표상적으로 고립시키는 것이다. 인간은 언어가 없는 세계 속에서 생물학적으로 살아 갈 수 있으나, 자신의 고유한 개입을 통해서 세계를 말할 수 있을 때 비로소, 세계를 세계로서 포착할 수 있는 것이다. 선사학자들과 인류학자들은 고등 영장 동물의 직계 속에서 인간화(hominisation)의 지점을 포착하였는데, 그것은 바로 현실에 대해서 조작과 변형을 실현하는 행동으로서, 손의 직접적 행동이나, 물체를 도구로 변형시키는 손의 활동이다. 인간은 제작하는 동물(homo faber)이며 오브제의 실제적 형태는 다름 아니라 행동의 형태를 반영한다.

요컨대, 언어와 그래피즘에서 어느 것이 먼저인가를 결정짓는 것은 공허한 것이다. 두 개의 기호학이 인간의 표현 방식의 진화에서 상호 도움을 주었던 것이다. 즉, 인간(homo)는 바로 동일한 운동 속에서 호모 그라피쿠스(homo graphicus)와 호모 로쿠엔스(homo loquens)가 되었던 것이다. 이 시기의 흐름 동안, 언어적 실천과 그래픽 실천의 얼개 속에서 세 개의 포함 관계가 설정되었다. 먼저, 물질적 실천은 그래피즘과 음성 언어의 이중적 축에서, 현실에 대한 실천적 분석으로부터 표상의 능력들을 생성하기 시작하였다. 이 때, 우연적이거나 놀이적인 흔적은 그래픽, 유형, 이어서 약호가 되었으며, 즉발적인 목소리는 언어적 실천, 유형, 규칙화가 되었다. 그러다 사회적 실천에서 도래한 이중적 소통이 공고화되면서 개인들 사이에서의 소통이 원활하게 되었다. 하지만 두 개의 표상 능력에서 가장 추상적이며, 더 큰 팽창력을 갖고 있던 것은 언어였음은 의미하는 바가 크다.

5 현대 문자학의 형이상학적 전제 : 표음주의, 진화론, 그리고 보이지 않는 민족중심주의

1) 진화론적 문자학의 지배력과 그에 대한 비판

통상적으로 인문학에서 문자는 역사와 선사, 문명과 야만을 구분하는 기준으로 작동한다. 하지만 초기 문명에서 문자가 사유와 문화의 비약적 발전에 미친 영향력의 폭은 훨씬 제한적인 것이었음이 최근의 연구 결과를 통하여 속속 밝혀지고 있다. 이를테면 고대 멕시코의 마야 잉카 문명과 고대 그리스의 기하학 탄생 모두 문자와 식자성과 독립하여 발전하여 이룩한 성취들이다.

현대 문자학의 진화론적 틀을 마련한 것은 19세기의 인류학자 테일러(Taylor)로 알려져 있다. 그의 문자 진화 도식에 따르면 문자는 언어와 독립된 시각적 표시, 회화 문자, 단어 문자, 음절 문자, 표음 문자의 순서로 진화하였다. 이와 유사한 노선에서 현대 문자학의 설립자인 겔브(Gelb)는 일방향성의 원칙을 제시한 바 있다. 즉, 모든 문자는 연속적인 단계를 통하여 진화하며, 선행하는 단계를 거치지 않고, 곧바로 최종 단계로 갈 수 없다는 것이다.[13] 문자의 진화와 관련된 현재의 연구물에서 도달한 대체적인 견해의 일치는, 문자 진화의 최종적 단계인 알파벳 문자, 즉 표음 문자에 이르기 전에 문자의 역사는 오랜 시간을 두고 축적된 일련의 점진적 시도들로 이루어진 것이라는 점이다.[14]

그런데 인문학에서 빈번하게 시용되는 문자 이전(preliterate)이라는 표현 역시 진화론적 색채를 지닌다. 즉, 그 같은 표현은 인류가 숙명적으로 문자를 통해서 글을 쓰고자하는 의지가 있다는 목적론적 전제를 수반한다. 돌려 말해서 문자는 보편적인 문화적 목적이며, 모든 문화들은 진화 수준의 정도를 떠나서 문자로 향한 길을 따라서 진행된다는 믿음을 깔고 있는 것 하지만 이것은 보편적 진리로 받아들여질 수 없는 가설적 테제에 불과하다. 문자를 발명하지 않은 채, 고도의 문명을 구가한 잉카 문명이 단적인 예이다.

실제로 진화론적 테제에 반기를 드는 학자들이 있는데, 이들 가운데 한 명은 영국 언어학자 해리스(Roy Harris)이다. 그는 「문자의 기원」[15]에서, 앞서 문자 진화의 일반론으로 제시된 내용을 진화론적 환상이라 명명하고, 호된 비판의 날을 세운다. 그 같은 문자 진화론의 요체는 문자의 역사를 점증적인 발전으로 간주하면서 음성 언어의 재현과 표기를 향한 필연적인 과정으로 보는 데 있다는 것이다. 해리스는 문자는 음성 언어의 '그래픽적' 반향 또는 반영이 아니라, 자신의 고유한 자율성을 지니는 사고의 표상 체계라고 논증한다. 그의 설명에 따르면 설형 문자, 상형문자 등 모두 구술언어와 독립된 기호 체계들을 형성하고 있다는 것으로서, 마치 수학적 상징 부호들이라는 수학 문자가 특정 발음과 독립되는 경우와 매일반이라는 것이다. 요컨대, 그래픽 표기는 음성 언어의 단어 표상과 독립하여 의미를 전달할 수 있다. 그 같은 맥락에서 해리스는 문자 기호학의 필요성을 역설한다. "기호학적 관점에서 문자는 한계가 없는 표현 수단이며, 구술 커뮤니케이션 보다 훨씬 더 강력한 도구이다. 기호학이 문자 연구에 기여할 수 있는 것은 바로 이 같은 표현적 잠재력과 영향력의 심오한 이유들을 천착할 수 있다는 가능성이다."[16]

이 같은 문자 체계의 확대와 그것의 독립성에 대한 가장 철저하면서도 심오한 사상을 제시한 것은 프랑스의 철학자 데리다라고 할 수 있을 것이다.[17] 따라서 이 같은 문자의 기호학 또는 그라마톨로지의 사상에서 문자는 음성 언어의 단순한 운반체가 아니라, 주요 문화적 발명이 될 것이다. 이를테면 문자는 지적 테크놀로지가 될 것이며, 인간의 사고 표상 체계이며 동시에 인간의 인지 구조에 지대한 영향을 미칠 수 있는 강력한 매체이다.

하지만 근대 문자학의 태동에서 현대 언어학에 이르기까지 앞서 말한 진화론적 목적론은 문자 사상을 지배한 강력한 인식론적 틀(frame)로 작용하였다. 1899년 발행된 이삭 테일러(Issac: Taylor)의 저서에서, 블룸필드의 「언어」(1933), 그리고 문자학이라는 단어를 최초로 사용한 겔브의 저서 「문자연구」, 그리고 2008년 타계한 미국의 중국학자로서 서구가 품었던 한자의 판타지아를 날카롭게 비판한 데프랑시스의 「보이는 음성 언어」에 이르기까지, 이 같은 협소한 문자관은 지속되어왔다.

이들 문자 이론가들은 문자를 글로 쓰여진 언어로 보는 상식적 시각을 피력하고 있으며, 알파벳 스크립트에서 최고 절정에 도달하는 문자의 발달을 설명하기 위한 다양한 진화론적 모델들을 축조하고 있다. 여러 종족과 민족들이 스스로의 삶의 궤적을 합리화시키듯, 문자 전문가들은 근대 표음 문자 체계로 귀결될 수밖에 없는 문자의 역사를 합리화시키는 진화론적 모델을 구축했으며, 그것은 일종의 문자학의 철옹성이 되었다. 이 같은 줄 세우기식 문자사에서 상형 문자와 표의 문자는 후발 군에 속하며, 무문자 사회는 아예 그 같은 문자 발전 연쇄에서 제외된다.[18] 여기서 이 같은 기존의 문자에 대한 관점들을 검토해야 할 필요성이 제기되는 이유는 그 같은 관점들을 유도한 서구 유럽 문화와 사상의 무의식적이며 의식적이고, 무의도적이며 의도적인 억견과 편견을 지적하기 위한 것이며, 바로 데리다의 공적은 이 같은 시도를 착발시켰다는 데 있다.

2) 음성중심주의

언어와 문자의 관계에 대한 소쉬르의 시각과 이에 대한 데리다의 비판은 현대 언어학, 기호학, 언어철학에서 서구 문자철학의 형이상학적 전통에서 가장 핵심적인 사안인 음성중심주의의 문제를 비롯하여 문자의 개념적 구조에 대한 핵심적 비판이라 할 수 있다.

> "이론뿐만 아니라, 실천 차원에서 음성 언어와 문자 언어의 관계를 조절한 서구 전통에 따라서 소쉬르는 문자 언어에서 오직 협소하며 파생적인 기능만을 인정한다. 협소한 이유는, 문자가 하나의 언어에 도래할 수 있는 사건들의 한 가지 양태성에 불과하며, 언어의 본질은 제 사실들이 일러주는 것처럼, 문자와의 일체의 관례로부터 순수하게 남아 있을 수 있기 때문이다."[19]

그런데 왜, 문자가 언어의 자리를 찬탈하면서 우세를 점하게 되었는가라는 이유에 대해서 소쉬르의 역설이 제시된다. 그에 따르면, 음성 언어와 문자 언어의 자연적 가치가 문자에 의해서 도치된 이유는 단어들의 그래픽 이미지가 더 영속적이며 더 견고하기 때문이라는 것이다. 흥미로운 사실은, 논자가 이미 소쉬르 관련 유럽 학술지와 공동 연구서에서 논증한 바와 같이, 정작 소쉬르 자신은 그래픽 이미지에 의존하여 그의 언어이론을 만들어낼 수 있었다는 점이다.[20]

어쨌거나, 문자의 기능은 음성을 재생하는 데 있다고 주장하면서 음성 언어에 견주어서 이차적 지위를 부여한 소쉬르에 대해서 영국의 인류학자 구디 역시 소쉬르 언어학의 전제 조건을 교정할 필요가 있음을 역설하고 있다. 그 이유는 "문자는 분명하게 그리고 다양한 방식으로 언어 실천의 본질 자체를 변형시키기 때문이다." 즉, 문자를 단지 음성 언어 기록 기술로서만 볼 것이 아니라, 또한 문자 기호학을 단지 음성 언어 기호학의 물질적 복제로만 볼 것이 아니라, 문자 형태의 지적 테크놀로지의 차원을 파악해야하며, 그것이 사고와 기억에 암시하거나 부과시키는 심층적 논리를 파악해야한다는 것이다.[20]

이 같은 구디의 역설에도 불구하고 거의 모든 문자학 저자들은 문자 체계를 일반적인 의미에서 고찰하면서 문자를 시각적 표시를 통해서 기록되거나 표음적으로 지시된 언어로 정의하고 있는 것이 문자학사에서 목격된다. 문자학 전공자의 대부분은 언어학자들로서, 이미 소쉬르의 입장에서 공고화된 바 있듯이, 이들은 문자 언어를 음성 언어와 연계시키고 있으며, 모두 음성 언어의 재생과 표기를 온전하고 완결된 문자로 보는 편협성에서 한 치도 벗어나지 않는다. 이를테면 미국 언어학자 블룸필드는 글자가 언어를 표시하는 문자를 참된 문자(real writing)라 명명한 바 있으며, 현대 문자학의 정초를 다진 겔브 역시 '항구적인' 형태로 음성 언어를 기록할 수 있는 표기 수단을 지칭하기 위해서 '완전한 문자'(full writing)라는 표현을 제안한 바 있다. 구술문화 연구의 대가 옹 신부 역시 문자를 기록된 음성 언어로 간주하고 있으며, 문자사를 연구해 온 역사학자 클린치(Clanchy)도 대동소이한 태도를 견지한다.[22]

문자학의 시각에서 한자를 연구해 온 논쟁적 저자 데프랑시스 역시, 역설적이게도, 문자를 음성 언어와의 결착에서 바라보는 '언어의 덫'에서 벗어날 수 없었다. 그 결과, 그는 완전한 의사소통 시스템은 음성 언어에 기초를 두는 것이며, 음성 언어에 토대를 두지 않은, 그 어떤 완전한 시스템 역시 존재할 수 없다는 점에서, 부분적이며 제한적인 유사 문자(pseudo-writing)을 비음성언어 문자의 범주로 몰아내었다.[23]

여기서 우리는 마야 잉카 문명의 문자를 예로 들어서, 기존의 직선적 문자관의 문제점을 지적할 수 있을 것이다. 이들 문자 전문가들은 상형 문자를 연구하느냐, 아니면 회화적 텍스트를 분석하느냐에 따라서 판이하게 견해를 달리 한다. 언어에 기반을 둔 문자 텍스트를 작업하는 마야 문명 전공자들은 문자를 기록된 언어로 간주하는 앞서 견해를 공유한다. 예컨대, 인류학자 코에는 그의 저서 「마야 코드 해독하기」에서 문자는 가시화된 형태의 음성 언어라는 진술에서 시작하고 있다.[24] 따라서 이들의 문자 정의를 따르면 마야의 상형 문자 체계는 문자의 엄밀한 정의에 포함되나, 아즈텍과 믹스텍(Mxtec)등의 회화적 시스템은 배제된다. 다른 한편, 아즈텍과 믹스텍 전문가들은 이 같은 회화적 시스템 역시 문자로 간주할 것을 주장한다. 물론 이 같은 회화적 시스템의 일부분만이 언어를 기록하고 있다는 점에서 쉽게 풀리지 않는 모호성이 존재한다는 점에서 언어를 벗어난 문자를 정의하는 데는 결정적 어려움이 따른다.

하지만 마야 잉카 문자를 연구하는 데 있어서 서구학자들이 놓친 중요한 사안이 있는 데 그것은 문자와 신화적 세계관 사이에 존재하는 불가분의 관계이다. 즉 마야인들은 그들의 독특한 상형 문자를 자신들의 신화적 경험의 핵심부에 갖다놓음으로써 세계의 신비를 하나의 그릇된 투명성으로 환원시키는 위험성, 아울러 사고의 결빙과 고착화 속에서 야기될 수 있는 치명적 위험성을 알파벳 문자 속에서 내다보았다는 점이다. 마야인들에게서 "로고는 결코 뮈토스와 분리될 수 없으며, 그래픽 이성은 고대 그리스인들에게서 진행된 것과는 달리 신화적인 채로 남았다(...) 이미지라는 수수께끼 배후에는 명료한 답이 존재하는 것이 아니라, 모호한 기호가 존재한다."[25]

대부분의 인문학자들에게, 문자는 그래픽으로 기록된 언어이다. 이 같은 정의가 정초하고 있는 토대는, 음성 언어가 생각을 전달할 수 있는 가장 완전하면서도 가장 효과적인 수단으로 진화했다는 가설이며, 오직 결여됨이 없는 음성 언어만이 인간들로 하여금 일체의 사고를 표현할 수 있도록 해준다는 것이다. 같은 원리로, 정식 문자만이 음성 언어를 기록하기 때문에, 일체의 모든 사고를 전달하기 위해서 사용될 수 있는 유일한 시스템이라는 것이다. 따라서 가장 진보된 문자 체계는 가장 정확하고 명료하게 음성 언어를 전달할 수 있다.

이 같은 문자의 정의에 암묵적으로 전제된 것은 보다 초보적인 문자 체계로부터 발전된 보다 앞선 문자 체계를 보여주는 진화론적 모델이다. 물론, 이 같은 문자 발전의 최고절정은 표음 문자에서 실현된다. 이 같은 기본적인 진화론적 모델이 19세기 과학 실증주의에서 탄생했다는 것은 결코 우연의 일치가 아니다. 다윈의 진화론이 전 학문 분야에 걸쳐 파상적 자장을 형성할 무렵인, 1899년 테일러는 문자의 5단계 발전 모델을 제시하였다.

다소간의 차이는 있으나, 만약 가장 발전된 문자 시스템이 음성 언어를 가장 효율적이면서 가장 완결되게 복제한다면, 대부분의 회화 문자의 위치는 불을 보듯 뻔하다. 예컨대, 겔브는 마야 잉카의 문자를 고유한 의미에서의 문자 범주가 아닌 문자의 선사 시대에 위치시켰다. 이 점에서 데프랑시스의 견해는 냉정하다. 그는 회화 문자 시스템에 대해서 문자의 지위를 부여할 것을 거부했으며, 무문자라는 문자사의 고아라는 범주로 취급했다. 놀라운 것은 회화 문자 시스템에 대해서 참된 문자의 위상을 거부하는 논조가 대부분, 빈곤함과 난해함을 질타하는 경멸적인 톤으로 이루어진다는 점이다.

이 같은 진술에서 가장 우려되는 것은 그것들이 사유와 지식에 대한 해가 될 정도의 편협한 견해에 기초하고 있다는 사실이다. 서구 민족 중심주의와 로고스 중심주의로 무장한 채, 그들은 이른바 비서구의 토속 문화와 문명의 가치를 객관적으로 연구하려는 태도를 처음부터 포기하였다.

6 결론 : 문자에서 그래피즘으로 또는 문자학에서 그라마톨로지로

고무적인 상황은, 최근에 들어와서, 문자의 협소한 정의에서 벗어나, 표기법 시스템을 모두 아우를 수 있는 확대된 인식론적 시각이 개진되고 있다는 사실이다. 비표음문자권, 특히 남아메리카의 고유한 문자를 객관적으로 이해하기 위해서는 보다 광범위한 시야가 필요하다. 물론 앞서 지적한 현대 문자학의 가정에서 노출되는 오류를 지적하는 것은 어렵지 않다. 음성 언어가 인간들로 하여금 일체의 사유를 전달할 수 있도록 해주는 유일한 체계라는 개념은 인간 경험의 모든 범위를 고려하는 데 실패할 수밖에 없다. 물론 음성 언어는 수많은 것들을 전달하는 가장 효과적인 방식이지만, 여전히 음악, 수학, 이미지의 관념을 전달하기에는 빈틈과 부족함이 적지 않다. 뿐만 아니라, 단어를 통해서 소리를 소통하는 것은 거의 불가능하다. 따라서 사람들은 악보를 사용하고 있는 것이다. 춤 역시 적절하게 자연 언어로 묘사될 수 없다. 그래서 무보가 사용된다.[26]

수학과 과학의 표기 체계 역시 일상 언어가 과학적 사실과 관계의 문제를 완전하게 표현할 수 없다는 점에서 개발된 것이다. 수학과 현대 물리학은 규범적인 음성 언어를 벗어나 존재하는 자신들의 고유한 표기법 언어의 제어를 통해서 이해될 수 있다. 일상 언어로 우주의 물리적 세계에 대해서 진술하는 것이 점차적으로 불가능해지면서 수학과 물리학에서 대수학적 표기법과 다이어그램들은 대부분 표음 문자를 대체한다. 그래픽 시스템은 이들 분야의 주제를 보다 간결하고 완결적으로 표상하기 위한 것이다. 수학과 물리학에서는 그것의 그래픽 표현 없이는 실험적 사유가 불가능한 분야들이다. 실험들은 오직 사유와 시각적 각인의 경쟁적 활동들을 통해서 형성된다.

음악과 춤의 표기법 시스템은 특히 이들 분야에서 산문이 상대적으로 쓸모가 없기 때문이다. 서유럽에서 수립된 악보는 다른 시스템에 의해서 파악될 수 없는 악보, 피치, 트기, 속도, 리듬, 박자 등 음악적 특질들을 초점화한다. 각종 표, 도식, 태극 도설, 동양의 도표 등, 그 예는 헤아리기 힘들 정도이다.

그 같은 특수 언어가 성공하는 곳은 바로 일상 언어가 한 눈에 중요 관계를 시각적으로 파악할 수 없는 경우에 유효하다. 단어로는 간단한 미적분 방정식을 기술할 수 없다는 점은 중학생도 아는 사실이다. 그래픽으로 제시된 관계를 이해할 수 있는 이 같은 능력은 보다 회화적이며 다이어그램적인 기록 시스템으로 유도되었다. 특히, 구조와 조합의 문제에 의해서 지배되는 화학에서 그러하다. 이산적 단위들과 부분들을 파악하기 위해서 화학자들은 상이한 종류들의 그래픽스를 사용한다. 가장 기본적인 것은 분자 공식이다. 화학에서 구조는 언어로 기술되는 것보다 훨씬 효과적으로 묘사되기 때문에, 복잡한 구조적 다이어그램들과 심지어 3차원의 모델들은 단어와 문장 대신 정보를 수반하기 위해서 보다 효과적으로 기능한다. 이를테면 이중 나선형 구조로 이루어진 DNA 구조에서 그 점은 분명히 나타난다. 현대과학에서 사용되는 복잡한 표기 시스템을 언어로 기술하는 것은 지극히 까다롭거나 아예 불가능하다. 자연 과학 뿐만 아니라, 다이어그램 시스템은 자연 언어로 포착하기 어려운 복잡한 현상들을 기술하거나, 해석하거나, 소통하기 위한 선택이다. 이를테면 태극도설은 신유교의 우주 원리를 효과적으로 표현하고 있다. 눈에 보이지 않은 것을 가시화시키는 능력에 있어서 다이어그램은 탁월하다. 다이어그램의 일종인 지도는 공간 관계를 표현하는 데 있어서 탁월하다. 지도는 상대적이며 실제의 크기, 형태, 장소위치를 기술하는 능력에 있어서 타의 추종을 불허한다. 이를테면 책 한권의 분량으로도 한반도의 지리를 기술할 수 없다. 그래서 미국 그래픽 이론의 대가 터프트는 지도와 다이어그램을 일러서 '정보를 시각화하는' 방식이라 정의했다. 정보[27]를 표음 문자로 기록하는 대신 시각화함으로써 우리는 음성 언어가 반드시 늘 사고를 소통하기 위한 최상의 수단인 것은 아니라는 점을 인식해야 할 것이다. 데리다가 정확히 지적했듯이, 문자의 표음화가 전 세계의 문화, 과학을 점유하기 시작할 무렵, 더 이상 표음 문자에 만족할 수 없게 된 것은 우리 시대의 특이성이다. 이를테면 수학의 문자는 결코 절대적으로 표음적 생산과 연계된 적이 없으며, 표음적 생산을 실천한 문화들 속에서 수학은 단지 일개 봉토만은 아니었다. 수학을 넘어서 정보 재생의 실천적 방법들의 발굴은 메시지 가능성을 확대시켜서, 더 이상 언어의 문자적 번역이 아닌 지점으로까지 확대되었다.

그래픽 시스템은 의미를 창조하기 위해서 형상과 이차원의 공간을 사용한다. 그래픽 시스템의 메시지들은 청각적 언어적 채널을 통해서 처리되지 않으며, 오직 시각을 통해서 접근되기 때문에, 인식은 보다 직접적이며 음성 언어의 제약으로부터 자유롭다. 하나의 모양을 그것의 이름을 모른 채, 그 의미를 파악할 수 있다. 그래픽은 음성 언어의 제약을 받지 않기 때문에, 발화와 표음 문자에 귀속된 엄밀한 선조성에 의해서 제약받지 않는다. 그래픽 이미지는 단일한 순간에 완결된 실재를 계시하는 바람직한 성질을 갖고 있다. 그리고 모든 전체가 세부 사항으로 하여금 상이한 부분들의 복잡성을 계시할 수 있도록 해준다. 전체적이며 포괄적인 제시는 독자로 하여금 부분들이 어떻게 서로 연관되어 있는가를 말해주며, 세부 사항은 의미에서의 미묘한 차별화를 가능케 한다.

예술 심리학의 태두인 아른하임은 시지각은 인간의 인지에서 결정적이며, 개인들은 그들의 사유를 구조화하기 위해서 지각된 이미지들에 의존한다는 주장을 내놓은 바 있다. 그 핵심은, 곧 인간의 사유는 언어적으로보다는 시각적으로 작동하는 것이며, 그래픽 이미지는 사유와 지식 개발에 있어서 결정적이라는 것이다.

음성 언어를 통해서 가장 훌륭하게 소통될 수 있는 사후에 대해서도, 우리는 음절 문자와 알파벳 문자가 음성 언어를 기록한다는 기존 개념을 재검토할 필요가 있다. 그 같은 가정은 시각적 음성 언어로서의 문자를 규정하는 기존의 개념의 기저에 깔려 있으나, 문자 언어는 결코 음성 언어의 정확한 전사(transcription)에 있지 않다. 바로 그런 이유에서 데리다는 절대적 표음 문자는 결코 존재하지 않는다는 다소 급진적인 발언을 내놓았던 것이다.

하나의 층위에서 글쓰기와 말하기는 두 개의 상이한 담론들이다. 아랍어와 같이 일부 언어에서는 문자의 세계와 말의 세계는 완전하게 분리되어 있다. 한자 문명권에서도 이 같은 진술은 유효하다. 이를테면 자크 제르네와 같은 중국학자의 통찰에서 우리는 한자의 의례성과 정치성의 특수성을 엿볼 수 있다.

다른 수준에서 보면, 문자는 의식적으로 음성 언어를 복제하려는 시도를 할 때, 그것은 오직 대략적으로만 그 목적에 도달할 수 있다. 이미 겔브와 샘손과 같은 문자학 전문가들은 문자가 억양, 목소리, 등의 운율적 자질들을 지시하는 데 실패한다는 점에서 부분적 시스템이라는 점을 주목한 바 있다. 이미 일부 필드 조사를 실천한 인류학자의 진술에서 나타나는 것처럼, 녹취된 음성 언어를 듣는 것과, 필기도구로 받아적기 위해서 음성 언어를 듣는 것 사이에는 근본적 차이점들이 존재한다. 귀는 목소리의 모든 조형적 요소, 즉 소리의 높낮이와 성량, 어조, 소리와 침묵의 상호 작용을 청취할 수 있는 반면, 필기도구로 받아 적을 때는 이 같은 작업이 가능하지 않다. 이 같은 한계를 극복하기 위해서, 표음 문자에서는 다양한 구두법 장치들의 조합이 사용된다. 하지만 문자 언어가 음성 언어의 충만성을 전달하기에는 역부족이다.

상대적으로 최근에 들어와서, 시각적 음성 언어로서의 문자를 보는 협소한 견해는, 또한 그것에 따라서 알파벳 스크립트를 읽고 쓸 수 있는 능력으로서 식자성(literacy)을 보려는 제한된 견해는 점차적으로 비판을 받았다.

많은 마야 잉카 문명 연구자들은 오랫동안 이 같은 제한된 견해를 무시했다. 하지만 이 분야에서 보다 많은 학자들은 기존의 표준적인 정의와, 그 같은 정의에 숨겨진 민족중심주의에 대한 비판적 재평가를 요구한다.

커뮤니케이션의 시각적 형식들의 증식과 더불어, 어떤 학자는 이미 알파벳 스크립트가 자신의 마지막 세기를 향해 치닫고 있다는 말을 한 바 있다.[28]

하지만, 책의 종언을 예측하면서, 앙드레 르루와 구랑은 “여전히 읽기는 수 세기 동안 그 중요성을 유지할 것이지만, 직선적 문자로서의 글쓰기는 곧 신속하게 사라질 것이다.(...) 만약 과학적 추론이 문자의 소멸과 더불어 잃어버릴 것이 아무것도 없다면, 철학과 문학은 자신들의 형식들이 결정적으로 진화할 것임이 확실하다"라는 진단을 내린 바 있다.[29] 프랑스의 인류학자 단 스페르베르 역시, 인류 문명에서 금세기간에 인간이 문자를 쓰는 행위가 사라질 것이라는 진단을 한 바 있다.

여기서 우리는 다시 데리다의 선견지명을 체감한다. 요컨대, 「그라마톨로지」의 첫 단락부터 그는 자신의 탐구가 철학을 비롯한 순전히 학술적인 맥락보다 훨씬 더 광범위한 인간성과 문화의 본질 자체에 대한 물음 제기라는 점을 시사한다. 특히 그의 저서가 출판된 60년대 중반의 과학적 성취를 참조한다면, 문자의 시원과 본질에 대한 데리다의 철저한 사유와 문제 제기는 결코 고립된 몸짓이 아니며 현대 과학과 인문학 시상의 지평에서 총체적 차원에서 발생할 인식론적 혁명을 반영한다는 점을 누누이 강조하고 있다. 먼저, 구조주의적 패러다임 안에서 '언어'로부터 '문자'에로의 이동을 지적하고 있다. 예컨대, 구조 언어학으로부터 파생한 차이 모델의 적용에 기초하는 구조주의자들에게 '언어'라는 용어는 단지 구두 언어적 커뮤니케이션뿐만 아니라 일체의 복잡계 또는 언어외적인 체계에 적용된다. 모든 것은 언어이며 또는 언어처럼 구조화되었다. 그의 표현을 빌리면, 언제부턴가 도처에서 일정한 태도와 근본적으로 필연적인 동기에 따라 사람들은 행동, 운동, 사고, 반성, 의식, 무의식, 경험, 정서 등에 <언어>라는 말을 사용하다, 다시 이 모든 것에, 또 전혀 다른 것에 대해 <에크리튀르>라는 말을 사용하는 경험을 목격하고 있는 것이다. 여기서 은유의 모델이 언어에서 에크리튀르, 즉 문자로 이동한 초점의 이동은 단지 철학과 인문과학에 내재하는 전개로 국한되지 않는다. 데리다는 언어적 또는 보다 더 정확하게 말해서, 글쓰기 또는 문자 모델이 전후 과학, 특히 분자 생물학, 정보 이론, 인공두뇌학 등에서 이루어진 주요 진보에서 핵심적 성취라는 점을 누구보다도 더 먼저 간파했던 장본인이다.

그는 계속해서 이렇게 말한다 : '오늘날 생물학자는 유기체 세포 속에서 정보의 가장 기본적인 과정에 대해 에크리튀르와 프로-그람 (pro-gramme)을 언급한다. 끝으로 인공 지능 프로그램이 포괄하는 모든 영역은, 본질적 한계점이 있든 없든 간에, 에크리튀르의 영역이 될 것이다.'

따라서, 데리다가 「그라마톨로지」를 집필할 무렵에 이루어진 분자 생물학과 인공두뇌학의 업적을 상기하는 것은 핵심적이다. 예컨대, 분자 생물학에서 DNA의 구조에 대한 왓슨과 크릭의 유전자 염기 구조의 발견이 세상에 빛을 본지 10년 정도가 지났으며, RNA '메신저'에 대한 프랑스의 생물학자 야콥과 모노의 작업이 알려지기 시작할 무렵이었다. '스크립'의 한 형태로서의 유전자 코드의 개념 파악은, 조합, 전환, 구두법, '글자들'의 삭제 등을 포함하고 있었으며, 당시 언어적 전회의 회오리바람 속에 있던 언어학과 철학 전공자들에게 결정적으로 흥미로운 모델 또는 은유였다. 문자를 차연-차이의 역동적 과정으로서 파악한 데리다의 모델은 항시 변형되는 코드로서의 DNA의 관념에 가까우며, 또는 정보의 정태적 저장보다는, 인공두뇌학에서 말하는, 회로 주변에서 정보의 운동에 기초한 기억을 갖는 인공두뇌 회로 개념에 가깝다. 물론 여기서 조심할 것은, 문자 또는 기억의 다양한 형식들이 액면 그대로 DNA의 기본적 문자 또는 텍스트의 연속화와 변조로서 간주될 수 없다는 것이다. 데리다는 흔적 또는 '그라메'라는 일반적 개념 없이, 즉 생명이라는 심급에 선행하며 생명을 가능케 하는 차연의 개념 없이는 인간 진화의 상이한 단계들을 개념화할 수 없다는 것이다.

데리다가 참조한 생물학과 인공두뇌학은 둘 모두 '인간'과 '자연'과 관련된 물음들을 직접적으로 다루고 있다는 점에서 당시 인문학자들에게 큰 반향을 불러 일으켰다. 예컨대, 인공두뇌학에서 동물, 기계, 인간에 있어서의 정보 양도와 자동-이동 과정을 다루는 것은 동물과 인간 사이에서, 인간과 테크놀로지 사이에 존재하는 관계들을 생각할 수 있는 새로운 노선들을 제공한다. 특히 두 번째 물음, 즉 테크놀로지와 관련된 물음은 우리에게 문자에 대한 데리다 자신의 생각이 단지 과학 이론으로부터 뿐만 아니라, 그것과 불가분하게 전후시기에 발전한 새로운 정보와 커뮤니케이션 테크놀로지의 실천에 의해서 영감을 받았다는 점을 지시한다. 인식론적 차원에서, 문자의 본질에 대한 그라마톨로지의 탐구를 가능케 한 것은 이 같은 새로운 양가적인 테크놀로지의 존재와 보급이다.[30] 즉, 음성 언어와 문자 언어의 절대적 대립의 유효성에 대해서 의문이 제기되고, '문자'의 일반화된 테크놀로지와 더불어, 로고스 중심의 범주들인 기존의 음성 언어와 문자 언어의 이분법에 문제를 제기할 수 있었던 것이다. 따라서, 로고스 중심적 형이상학의 '종언'에 대한 데리다의 진단은 현대 테크놀로지 문화의 총체적인 문명사적 변동이라는 거시적 차원에서 파악되어야 할 것이다.

주석

1 Derrida, J., De la grammatologie, Paris,Minuit,1967 ; 김성도 역.「그라마톨로지」(개역본), 민음사, 2010.12.

2 Keller, ○., La figure et le monde : une archéologie de la géométrie, Paris, Vuibert, 2006, p.13.

3 Leroi-Gourhan, A., Le geste et la parole, tome 2, Paris, Albin Michel, 1964, p.206-256.

4 예컨대 언어의 탄생과 진화에 대한 최고의 학자들의 논문을 싣고 있는 다음 저서가 대표적인 예이다. 총 15편의 논문 가운데서 언어와 음악의 공진화를 언급하고 있는 논문이 한 편 있을 뿐 시각적 상징 혹은 그래피즘과 언어의 관계를 파악하려는 논문은 전무하다.

Botha, R. and Knight, C. (ed.), The Prehistory of Language, Oxford University Press, 2009.

5 다음 문헌 참조.

Istrine, V., "Langue et ecriture", Linguistique, recherches internationales à la lumière du marxisme 7, Paris, 1958, pp.35-60.

Février, J.G., Histoire de I'écriture, Payot, 1948, p.59 sp.

6 Derrida, J., De la grammatotogie, Paris, Minuit, 1967, p.17.

7 Leroi-Gourhan, A., Le geste et la parole, I, Technique et langage, Paris, Albin, 1964, p.262.

8 Rossi-Landi, F., // linguaggio comme lavoro e come mercato, Milan, Bompiani, 1968, Lafont, R., Le Travail et la langue, Paris, Flammarion, 1978, pp.96-98.

9 Descola, P., La fabrique des images, Paris, Somogy, 2010.

10 이점에 대해서는 다음 문헌 참조.

Lafont, R. (sous la direction), "la parole et la trace" , Anthropologie de l'ecriture, Centre Georges Pompidou, 1992, pp.11-44.

11 Breton-Gravereau, S. et Thibault, D. (sous la direction), L'aventure des écritures : Matières et formes, Paris, Bibliothèque nationale de France, 1998, p.12.

12 Barthes, R., L 'Empire des signes, Genéve, Skira, p.113.

13 Trigger, B.G., "Writing systems : a case study in cultural evolution", First writing, Cambridge University, p.39-68.

14 최근에 이루어진 문자 연구의 성과에 대한 종합적 평가에 대해서는 다음 논문 참조. Weinberg, A., "L'écriture: un tremplin pour la pensée". Sciences humaines n. 109,2000.

15 Harris, R., The Origin of Writing, Oxford, Oxford University Press, 1986.

16 Harris, R., La sémiologie de l'écriture, Paris, CNRS, 1993, p.10.

17 Derrida, J., De la grammatologie, Paris, Minuit, 1967.

18 Boone, E.H., "Introduction : Writing and Recording Knowledge", Alternative

Literacies in Mesoamerica &the Andes,(ed.) Elizabeth Hill Boone & Walter D. Mignolo, Durham and London, Duke University Press, 1994, pp.3-26.

19 Derrida, J., De la grammatologie, Paris, Minuit, p.42.

20 Kim, S.D., "Le paradigme visuel de la discursivité saussurienne", Le projet de Ferdinand de Saussure, (édité par)Jean-Paul Bronckart et ali., Genève, Librairie Droz, 2010.

21 Goody, J., La raison graphique, Paris, Minuit, 1979. p.143.

22 Clanchy, M.T., From Memory to Written Record: England, 1066-1307, Blackwell, Harvard University Press, 1979.

23 DeFrancis,J.,The visible speech, University of Hawaii,1989.

24 Coe, M., The Mayas, New York, Thames and Hudson, 1966, p.13.

25 Zali, A. et Berthier. A. (sous la direction), L 'aventure des écritures vol.1, Bibliothèque nationale de France, 1997, p,61.

26 Boone, E.H., "Introduction : Writing and Recording Knowledge", Alternative Literacies in Mesoamerica & the Andes,(ed.)Elizabeth Hill Boone & Walter D. Migndo, Durham and London, Duke University Press, 1994, pp.3-26.

27 Tufte, E., The Visual Display of Quantitative Information, Graphics Pr., 2001.

28 Clanchy, M.T., From Memory to Written Recorgd : England, 1066-1307, Blackwell, Harvard

University Press, 1979.

29 Leroi-Gourhan, A., Le geste et la parole 2,1965, pp.261-262.

30 이점에 대해서는 다음 저서 참조.

Johson, C., Derrida : The scene of writing, London, Phoenix, 1999.

04

문자학에 대한 매체철학적 고찰
데리다의 음성중심주의 비판과 키틀러의 매체분석을 중심으로

.. 박영욱

1 들어가는 말

프랑스의 매체 예술가 티에리 쿤첼(Thierry Kuntzel)의 작품 '소쉬르의 무덤'(Le Tombeau de Saussure, 1974)은 단순히 소쉬르라는 인물이 아닌 소쉬르 언어학의 무덤을 표현하고 있다. 그는 아주 두꺼운 하얀 대리석 판에 마치 묘비처럼 검정색 글씨로 소쉬르의 『일반언어학강의』(Cours de Linguistique Générale)에서 발췌한 다음의 한 구절을 새겨놓았다. "내가 글자를 펜으로 새겨서 쓰던 끌을 가지고 부조처럼 돋아지게 쓰던, 하얀색으로 쓰던 검은 색으로 쓰던 이 모든 방식들은 글자의 의미에 대해서는 전혀 중요하지 않다." 쿤첼의 작품은 소쉬르의 언어학을 집약적으로 나타내는 이 문장 자체가 모순된 것임을 증명한다. 왜냐하면 쿤첼이 이 구절을 대리석에 검정색 글씨로 새김으로서 이 글은 글 자체의 의미와 상관없이 마치 묘비처럼 보이기 때문이다. 그럼으로써 이 작품은 매체와 표현방식이 글의 의미와는 전혀 상관없다는 소쉬르의 언어학을 꼬집으며 사망선고를 내리고 있다. 기호의 의미는 매체로부터 결코 자유로울 수 없다는 것이다.

소쉬르 언어학에 대한 데리다의 비판도 이러한 맥락에서 볼 수 있다. 소쉬르가 기호의 자의성과 변별적 차이를 언어의 근본원칙으로 간주하면서도, 위의 인용문에서도 볼 수 있듯이 언어는 궁극적으로 어떤 불변의 확고한 의미를 지니는 것으로 주장하기 때문이다. 데리다가 보기에 이는 소쉬르의 언어학이 음성중심주의(phonocentrisme)를 청산하고 있지 못하다는 것을 증명한다. 소쉬르는 언어 기호가 기표와 기의의 자의적인 결합에 의해서 만들어진다고 봄에도 불구하고 일단 그렇게 만들어진 기표는 어떤 고정된 의미를 지닌 것으로 간주한다. 그 기표가 지니는 의미는 내면의 목소리(voix)처럼 확고하고 절대적인 것이다. 이렇게 해서 음성 이미지, 즉 기표는 그 자체로서는 직접적(비매개적, immédiate)인 것을 드러내는 매체가 된다. 여기서 데리다의 불만은 애초에 매개되지 않은 어떤 것, 목소리를 소쉬르가 전제하고 있다는 사실에 있다.

데리다의 경우에 처음부터 매개되지 않은 어떤 절대적인 것 혹은 직접적인 것은 존재하지 않는다. 모든 것은 매개된 것이며, 어떠한 것도 다른 것의 흔적을 지니지 않는 것이 없다. 따라서 직접적인 현전으로 존재하는 목소리 따위는 애초에 없으며, 그것은 서구의 합리주의 전통이 만들어낸 하나의 허구적 이데올로기에 불과하다. 이렇게 볼 때 음성중심주의에 대한 데리다의 비판은 이 세상에 존재하는 모든 것이 매체라는 주장으로 이어진다고 봐도 무방할 것이다. 나아가 매체론적인 관점에서 보자면 소쉬르의 기호학은 언어 혹은 로고스를 강조하는 책을 중심으로 한 인쇄매체의 이데올로기를 반영하는 것이기도 하다.[1]

그러나 데리다의 음성중심주의가 매체론적인 함의를 분명하게 지니고 있음에도 불구하고 데리다의 텍스트들에서는 매체와 관련된 직접적인 논의들이 거의 발견되지 않는다. 물론 인쇄매체나 알파벳 문자와의 관련성을 암시하는 내용들이 부분적으로 발견되고, 텔레비전을 다루기도 하지만 음성중심주의의 패러다임의 해체와 관련하여 매체의 기능이 구체적으로 언급되고 있는 내용은 발견되지 않는다.

따라서 이 글에서는 데리다의 음성중심주의 비판이 매체론적 함의를 갖는다는 사실을 간략하게 밝힌 후, 음성중심주의 붕괴와 관련된 매체론적 논의를 독일의 매체학자 프리드리히 키틀러(Friedrich Kittler)의 이론을 통해서 전개할 것이다. 물론 키틀러의 텍스트에서 데리다에 관한 언급이 아주 사소한 부분을 제외하고는 거의 발견되지 않는다. 하지만 1900년경의 대표적인 세 가지 기록매체인 축음기, 영화, 타자기에 관한 키틀러의 논의는 음성중심주의가 정점에 이른 인쇄매체의 글쓰기 양식이 어떻게 해체되는가를 잘 보여준다. 그러므로 데리다의 음성중심주의 비판을 키틀러와 관련짓는 시도는 데리다 철학의 잠재적인 매체론적 층위를 가시화할 뿐만 아니라 다소 난해한 키틀러의 매체론을 명확하게 이해하는데도 도움이 될 것이다.

2 데리다의 음성중심주의 비판과 매체론적 함의

음성중심주의에 대한 데리다의 비판은 소리(voix, 음성)와 문자의 구분에 바탕을 두고 있다. 그는 과거 서구의 사상가들이 모두 소리, 즉 구어에 특별한 의미를 부여하고 있음을 주장한다. 이러한 음성중심주의는 플라톤으로부터 소쉬르까지 이어지는데, 문자의 복권을 주장하는 그의 '문자학'(grammatologie)에서 소쉬르의 언어학에 대한 논의가 중요한 것은 너무나도 당연하다. 소쉬르의 언어학은 전통적인 음성중심주의에서 벗어나서 문자학의 기초를 마련한 듯 보이지만, 동시에 여전히 그로부터 벗어나고 있지 못하고 있다는 이중성을 보이기 때문이다.

데리다가 비판하는 음성중심주의에서 음성은 플라톤의 절대불변적인 이데아와 같은 것이며, 인간의 이기심을 완전히 제거할 경우 누구나 들을 수 있는 루소의 보편적인 '자연의 목소리'(la voix de la nature)이기도 하다.[2] 이러한 내면의 목소리는 의식에 현전하는(présenter) 것이지 결코 다른 무엇의 대리에 의해서 재현되는(être représenté) 것이 아니다. 다른 무엇인가의 보충대리(supplément)를 필요로 한다면 그것은 스스로 불완전함을 인정하는 셈일 것이기 때문이다.[3] 이러한 기준에서 볼 때 언어에서 말은 내면적인 것이지만 문자는 외부적인 것이고, 말은 현전하는 것이지만 문자는 현전하는 말을 대리하여 재현하는 것이다. 이것이 음성중심주의에 근간을 이루는 사상이다.

데리다가 보기에 소쉬르의 언어학은 비록 음성중심주의에 빠져 있음에도 불구하고 전통적인 언어학에서 문자학으로 이행할 수 있는 가능성을 마련하고 있다. 소쉬르는 "언어기호는 사물과 단어를 연결하는 것이 아니라 개념과 청각 이미지(une image acoustique)를 연결하는 것이다."[4]라고 말한다. 이는 언어기호가 현실의 지시대상(le référent)을 지시하는 것이 아니라 이러한 지시대상으로 이루어진 세계로부터 독립된 '근본적으로 자의적인 체계'(le systéme radicale arbitaire)라는 사실을 의미한다. 이렇게 소쉬르를 통해서 언어기호는 세계라는 어떤 초월적 대상으로부터 해방되어 자유로운 유희에 의해서 이루어질 수 있는 기초가 마련된다. 언어기호를 이루는 청각 이미지(기표)와 개념(기의)은 자연적 사물과는 상관없이 그저 '변별적 차이'(l'écart différentiel)에 의해서 만들어지는 것이기 때문이다.

소쉬르에 따르면 언어에는 오로지 차이만이 존재하며, "언어 체계는 일련의 개념들의 차이와 일련의 소리들의 차이가 결합된 것이다."[5] 이러한 차이의 원리가 소쉬르의 언어학을 세계라는 초월적 대상으로부터 벗어날 수 있게 하는 근간이다.[6] 말하자면 기표와 기의의 결합에는 어떠한 미리 결정된 법칙도 없으며 오로지 자의적으로 형성될 뿐이다. 왜냐하면 기표와 기의는 모두 '변별적 차이'에 의해서 만들어진 체계일 뿐이기 때문이다. 이러한 차이의 원리에 충실하게 따를 때 언어는 실체들(substances)의 체계가 아닌 '순수한 가치들의 체계'(un système de valeurs pures)[7]를 형성할 따름이다.

소쉬르가 언어를 가치의 체계로 본 것은 데리다의 입장에서는 소쉬르가 문자학으로 접근하고 있음 의미한다. 여기서 가치라는 용어는 맑스의 정치경제학을 따라서 상품이 지닌 자연적인 가치인 사용가치를 완전히 배제하고 다른 상품들과의 관계나 비교를 통해서만 드러나는 교환가치를 의미하고 있기 때문이다. 가치는 실체가 아닌 교환 혹은 차이의 체계일 뿐이다. 이러한 가치의 체계는 자연적 사물을 대리하며 고정된 실체에 의해서 구성되지 않는다. 그럼으로써 가치는 실물의 제한으로부터 벗어나 무한히 확장되어 인플레이션을 유발할 수 있다.

데리다가 보기에 가치의 인플레이션은 부정적인 의미뿐만 아니라 긍정적인 의미를 지닌다. 왜냐하면 기호의 가치에 인플레이션 현상이 발생하였다는 것은 기호 자체의 자연적 가치 혹은 실체가 평가절하되거나 아예 무시되어 버리는 사태를 뜻하기 때문이다. 이러한 인플레이션 현상은 기호의 실체로 군림하는 음성 혹은 초월적 기표의 소멸을 의미한다. 「백색신화」(La Mythologie blanche)에서 그는 초월적인 기표인 진리에 대한 언어적 표현이 은유로 확장되는 과정을 고리대금(ursure)에 의한 이자증식의 과정에 비유한다.

고리대금은 이중적인 의미를 지닌다. 고리대금은 원래 준 것보다 더 많은 것을 약속하는 이자(intérêt)를 낳을 수도 있지만, 무리한 이자의 증식은 원금의 잠식이나 탕진을 의미한다.[8] 가치의 인플레이션 현상이 발생하는 것이다. 이러한 인플레이션 과정이 서양철학의 담론과정에서 그대로 나타난다. 철학이란 전통적으로 초월적인 진리(내면의 목소리, 선험적 기의)에 대한 통찰을 의미하였는데, 이러한 초월적인 진리는 어떤 방식으로든 언어라는 기호로 드러나야만 했다. 그런데 철학적 언어는 이 초월적 기의를 직접 드러낼 수 없으므로 그것을 간접적으로 제시하는 '은유'(metaphor)의 방법을 채택해야만 했다. 이 과정에서 은유의 과잉이 나타나는데, 이는 초월적 기의(원금)를 대신하는 무수한 언어들(고리대금)이 범람하여 그것을 잠식해버리는 인플레이션 과정과도 흡사하다. 인플레이션의 전개는 결국 원금의 평가절하, 즉 초월적 기의의 평가절하인 것이다.

여기서 데리다는 소쉬르 언어학에서 '의미화'의 과정이 '교환체계'에 바탕을 둔다는 점에서 소쉬르의 언어학은 의미의 인플레이션을 통해서 의미의 실체가 평가절하 시키거나 아예 사실상 소멸시키는 것으로 본다. 이는 마치 자본주의 정치경제학에서 모든 상품가치의 근원이 되는 화폐가 금이라는 실체로부터 출발하였으나 교환이 일반화되면서 금이라는 화폐상품이 명목으로만 존재하게 되는 것과 같다.[9] 말하자면 절대적인 의미라고 믿었던 초월적인 기의가 너덜해지거나 무의미해진 것이다.

이런 점에서 소쉬르의 언어학이 문자학에 가까워지고 있는 것처럼 보이지만, 데리다가 보기에 소쉬르의 언어학은 여전히 음성중심주의의 전통에 속박되어 있다. 그 이유는 소쉬르의 언어학이 명시적으로 철저하게 음성기호에 바탕을 두고 있기 때문이다. 일반적으로 언어기호에서 기표는 그래픽 문자로 생각하기 쉽지만, 소쉬르의 경우에 기표는 청각 이미지, 즉 음성의 시각적 표현에 불과하다. 기표는 청각 이미지인 음성이다. 상식적으로 납득될 수 있는 주장이다. 어떠한 방식으로 언어를 표기하는가에 상관없이 인간의 언어는 인간이 생리적으로 발성할 수 있는 발음체계에 의존할 수밖에 없을 것이기 때문이다. 소쉬르의 말 대로 사람들이 분절하여 내는 음절들(syllabes)은 귀에 의해서 지각되는 청각적 인상들일 텐데, 이 소리들은 우리의 발성기관이 없이는 결코 존재하지 않을 것이다.[10] 문자 이전에 말이 생긴 이유도 이 때문일 것이며, 어쩌면 우리의 이러한 발성능력이 문자의 탄생을 가능하게 했을 지도 모를 일이다.

하지만 소쉬르의 음성중심주의는 단순히 생리적인 발음이나 음성을 1차적인 것으로 본다는 바탕을 두고 있지 않다. 그보다 더 중요한 사실은 그가 보기에 언어에서 음성은 단순히 생리학적인 차원의 산물이 아닌 지적이고 정신적인 차원에 속한다는 것이다. 소쉬르가 말하는 청각 이미지는 현실적인 발화(parole)에서 일어나는 생리적인 청각현상이 아니다. 청각 이미지는 물질적인 소리(le son matériel)이거나 순수하게 물리적인 사물이 아닌 그 소리의 '심적 흔적'(l'empreinte psychique)인 것이다.[11] 이는 청각 이미지가 경험적인 현상이 아닌 경험 이전의 보편적인 지적인 현상이라는 것을 의미한다.

예를 들면 다음과 같다. 우리가 '쌀'이라는 말을 발음한다면 그 발음은 분명히 물리적인 청각 이미지로 나타날 것이다. 그런데 아주 엄밀하게 말하자면 열 사람이 '쌀'을 발음할 경우 열 사람이 내는 청각 이미지는 모두 다를 것이다. 심지어 경상도 사람이라면 '살'이라고 발음할 지도 모른다. 이러한 차이에도 불구하고 우리는 다양한 '쌀'의 소리를 하나의 개념(기의)에 성공적으로 연결시키는데, 이것은 분명히 우리의 지적 사유 때문에 가능한 일이다. 그래서 소쉬르는 이러한 언어의 활동을 근본적으로 지적인 작용으로 보는 것이며, 이것이 가능한 이유는 청각 이미지인 소리가 물리학적인 현상이 아닌 정신적인 작용이라는 사실에 있다. 그러므로 그에게서 소리(son)는 단순한 소리가 아니라 '사유-소리'(pensée-son)인 것이다.[12]

데리다가 보기에 소쉬르의 언어학의 문제는 여기에 있다. 소쉬르의 청각 이미지는 단순히 경험적인 소리가 아닌 어떤 선험적인 지평을 전제하고 있다. 데리다 식으로 표현하자면, 소쉬르의 청각 이미지는 현상하는 경험적 소리가 아닌 그러한 소리가 나타나는 현상학적 지평인 것이다.[13] 한 마디로 말하자면 소쉬르의 청각 이미지는 현상학적 목소리처럼 어떤 절대적이고 보편적인 기의와 관련된 것이다. 이미 언급하였듯이 청각 이미지는 일회적이고 경험적인 이미지가 아닌 누구나 공통의 기의에 연결시켜서 사고할 수 있는 지적인 사유작용이기 때문이다. 이런 점에서 소쉬르가 말하는 기표와 기의의 자의적 결합은 결코 음성중심주의로부터 해방된 것이 아니다.

소쉬르의 경우에 음성은 어떤 초월적인 기의를 표현하는 특권적인 기호인 반면에, 문자는 그러한 기호를 대리하여 표현하는 '기호의 기호'(signe de signe)일 뿐이다.[14] 이 경우 음성은 언어에서 본질적인 내부를 이루는 반면에 문자는 외부로 추방되고 만다. 왜냐하면 초월적 기의의 현전인 음성에 비해 문자는 언어에 가변적이고 비본질적인 것들이 섞여서 혼란만을 초래하기 때문이다.[15] 이는 곧 언어기호가 갖는 분명한 의미를 와해시키거나 애매하게 만드는 것을 의미한다.

뢰슬러(Alexander Roesler)에 따르면 소쉬르에 대한 데리다의 공격은 음성과 문자의 위계질서를 통해서 소쉬르가 실질적으로 음성이라는 하나의 단일매체로 통합하고 있다는 사실에 있다.[16] 음성이 언어의 내적인 것이자 동시에 지적인 것이라는 음성중심주의적 태도는 감각적인 것이나 물질적인 것에 대한 폄하와 맞물리게 된다. 문자에 대한 폄하는 의미를 절대적인 것으로 객관화시키기 위해서 당연히 감각적인 것을 배제하는 전략으로 나타날 수밖에 없으며, 청각 이미지가 감각적이고 신체적인 이미지가 아닌 지적 이미지라는 소쉬르의 언어학은 이러한 전략의 연장선상에 있는 것이다.

이에 반해서 데리다의 문자(écriture)는 단순히 음성으로 환원되거나 고정된 의미를 지닌 '기호의 기호'가 아니다. 특히 데리다의 문자는 '기호의 기호'를 의미하는 글자(lettre)와는 구분될 필요가 있다.[17] 나아가 그것은 언어기호를 넘어서 영화, 안무, 스포츠, 정치, 조각 등 표기 일반(une inscription en général)으로 나타낼 수 있는 모든 것을 지칭하는 말로 확장된다.[18] 이러한 표기 일반으로서의 문자는 어떠한 보편적인 기의와도 연결되지 않는다. 가령 예술작품의 경우에 그 작품의 의미와는 무관하다고 여겨지는 액자틀(cadre)이나 장식(décoration)과 같은 작품 외적인 요소(파레르곤, parergon) 또한 하나의 문자로서 작품의 의미와 무관한 것이 아니다.[19] 어떻게 표구하느냐 혹은 어떤 장식을 하느냐에 따라 작품의 의미가 변하기 때문에 작품의 외부로 간주되었던 요소들 또한 의미와 무관한 것이 아니며 텍스트를 구성하는 문자로 기능한다.

소쉬르의 언어학에 대한 비판의 결과는 결국 음성중심주의에 대한 해체를 통하여 음성이나 문자는 모두 하나의 독립된 매체라는 것이다. 어떠한 방식으로 어떤 매체에 의해서 기록되는가로부터 문자의 의미가 결코 자유롭지 못한 것과 마찬가지로, 어떻게 발화되며 어떤 매체를 통하여 발화되는가로부터 음성의 의미 또한 자유롭지 않다. 말하자면 기호의 감각적 층위나 물질적 층위에 해당되는 매체의 차원을 음성이나 문자는 모두 피할 수가 없다. 모든 감각적 차원, 즉 매체와 무관한 초월적 기의가 존재한다는 믿음이 바로 음성중심주의의 기초라면, 매체가 의미의 층위에 개입하는 것은 곧 음성중심주의의 와해를 의미한다.

음성중심주의가 특정한 매체와 관련이 있다는 것은 데리다에게 극히 암시적인 방식으로 나타난다. 데리다에 따르면 서구의 음성중심주의는 서구의 알파벳 문자와 밀접한 관련이 있다.[20] 알파벳 문자는 철저하게 음운의 원리에 따른 언어로서 그 외의 모든 것을 배제하는 음성중심주의의 문자이기 때문이다. 그런 점에서 알파벳 문자는 마치 수학처럼 철저하게 인간의 지성작용에 의존하고 있으며, 상형문자와 여타의 표의문자와 달리 감각적인 층위들을 배제하고 있다. 따라서 알파벳 문자에 내재한 언어관은 언어를 보편적이고 객관적인 의미화의 수단으로 보는 것이며, 이런 맥락에서 알파벳 문자에 기반한 음성중심주의는 책이라는 인쇄매체와 밀접한 관련이 있다.

실제로 데리다는 서구 음성중심주의의 몰락을 책의 종말과 동일시하고 있다. 그가 보기에 책(livre)은 음성을 대리하여 재현하는 문자, 즉 글자(lettre)들로 이루어져있다. 글자는 소위 '기호의 기호'로서 어떤 변경불가능한 확고한 기의에 결합된 기호들이다. 이러한 폐쇄적인 체계로서 책의 종말이 곧 음성중심주의의 붕괴라는 점에서 이는 틀림없이 매체론적 함의를 지니는 것이다.[21] 하지만 데리다에게서 매체론적 접근은 여기서 중단된다. 그의 철학이 필연적으로 매체론적 함의를 지니면서도 매체론으로 확장되지 못하는 것이다.

매체와 관련된 데리다의 한계는 매체와 직접 관련된 유일한 저작인 『에코그라피 – 텔레비전에 관하여』에서도 분명하게 나타난다. 여기서 데리다는 원격기술(télétechnologie)로서의 텔레비전의 문제를 언급한다. 원격기술에 의한 원격영상으로서 텔레비전의 가장 큰 특징은 멀리 있는 장소에서 벌어지는 것을 마치 여기에서 벌어지는 것처럼 보이게 하는 것이다. 하지만 텔레비전은 현전하는 생생한 현재를 담고 있는 것처럼 보이지만 그러한 현전은 이미 부재와 더불어서 성립한다. "18세기나 19세기의 서기나 작가가 글을 쓸 때, 기입의 순간은 생생하게 보존되지 않았지만", 오늘날에는 텔레비전을 통해서 작가의 얼굴이나 목소리, 손과 같은 흔적이 생생하게 보존되는 것처럼 보인다.[22] 이점에서 보면 텔레비전은 영상의 바깥에서 일어나고 있는 생생한 현실을 기록하고 있는 것처럼 보인다.

여기서 데리다가 강조하는 것은 바로 이러한 텔레비전의 생생함(라이브)이 어떤 초월적인 현전이 아닌 인위적인 것에 의한 침입의 흔적을 담고 있다는 사실이다. 가령 텔레비전의 생중계에서 생생함은 자신과 가장 근접해있을 때 느끼는 직접성의 느낌일 텐데, 역설적이게도 이러한 생생함은 멀리 떨어져있는 실재공간에 대한 부정에서 비롯된다. 말하자면 현전의 생생함은 실재 공간의 부재라는 개입에 의해서 이루어지는 것이다. 다소 현란하고 수사적인 데리다의 표현을 빌자면 텔레비전 조명과 방송 앞에 선 순간 "자신을 전송하여 보여주게 될 기계장치들에 의해 포획되어 있음을 알기 때문에 이미 죽음이 거기에 있다"[23]는 것을 우리는 알고 있다. 이 말은 곧 내가 스튜디오에 현전하면서 동시에 나는 스튜디오가 아닌 전송되어서 내가 나오게 될 공간 속에 놓여지게 됨을 알고 있다는 뜻이다. 그럼으로써 나의 현존은 나의 부재(죽음)에 근거하는 것이다.

사실상 텔레비전에 대한 이러한 분석은 전혀 새로운 것이 아닌 데리다 철학 일반의 연장일 뿐이다. 현전 속에 부재의 침투는 이 책의 대담자인 스티글러의 지적처럼 이미 문자기록과 모든 문자기록의 형식에도 일반적으로 적용되는 것이다.[24] 따라서 데리다의 텔레비전에 대한 분석은 텔레비전이라는 특정한 매체에 대한 분석이라기보다는 매체 일반의 분석에 가깝다.[25] 즉 여기서 데리다가 특정한 매체인 텔레비전에 관해서 논의하고 있지만, 텔레비전이라는 특정 매체가 아닌 매체

일반의 논의에 머물고 있는 것이다. 앞서 보았듯이 데리다의 음성중심주의에 대한 비판은 매체론적 함의를 지니고 있음에 틀림없지만, 정작 데리다 자신은 그러한 비판을 매체의 논의와 관련짓고 있지는 못한 한계를 보여주는 것이다.

3 키틀러의 매체분석과 음성중심주의의 붕괴

음성중심주의와 그것의 붕괴가 특정한 매체의 변화와 맞물려 구체적으로 어떻게 진행되는가에 대한 논의는 데리다가 아닌 키틀러(Friedrich Kittler)의 매체분석에서 찾을 수 있다.[26] 키틀러는 1900년경에 등장한 축음기, 영화, 타자기라는 세 개의 새로운 매체가 기존의 '기록양식'(Aufschreibesysteme)을 급격하게 해체시킨다고 본다.[27] 이때 새로운 매체가 해체시키는 기존의 기록양식은 인쇄매체가 정점에 달한 1800년경의 기록양식인데, 이 기록양식은 데리다의 음성중심주의를 전형적으로 드러내는 형태로 볼 수 있다.

키틀러가 축음기, 영화, 타자기 등의 새로운 매체가 등장한 시기의 '기록양식 1900'과 비교하기 위하여 '기록양식 1800'으로 명명한 이 시기는 데리다가 극복하고자 하는 음성중심주의의 구조와 매우 흡사하다. 기록양식 1800은 언어가 자의적인 기호가 아닌 어떤 초월적인 기의를 담고 있다는 전제에서 성립하고 있기 때문이다. 언어는 인간만이 낼 수 있는 소리(음성)에 기초한 것인데, 언어의 바탕이 되는 음성은 다른 동물의 소리나 소음과 달리 지적이고 정신적인 산물인 것으로 간주되어야 한다는 것이다. 마치 소쉬르의 언어학에서 청각 이미지가 지적인 심상으로서 보편적인 개념과 결합될 수 있는 것처럼, 언어는 인간의 지성과 무관한 소음을 제거함으로서 혼탁하지 않은 보편적인 음성이 될 수 있다는 것이다.[28]

한 마디로 인간의 언어를 이루는 소리(음성)는 정신적인 어떤 것으로서 결코 소음이 아니다. 이는 곧 언어가 어떤 초월적인 기의를 담고 있다는 음성중심주의의 기본적인 원칙과 통한다. 키틀러가 보기에 기록양식 1800에서 언어가 담고 있는 초월적인 기의는 '어머니'(혹은 여성)이다. 그리고 괴테의 낭만주의 문학은 이 시기의 기록양식을 대변한다. 가령 괴테의 『파우스트』에서 주인공 파우스트는 자신의 영혼을 구원받기 위해서 모든 방면의 지식을 기웃거리지만 궁극적으로 그가 발견한 구원의 가능성은 어머니와도 같은 희생적 모성애를 지닌 여인 그레첸이다. 이 희곡이 괴테 자신의 지적인 방황과 구원의 갈구를 위한 몸짓으로 본다면, 괴테의 글 자체가 궁극적으로 발견한 구세주가 바로 그레첸이라고 할 수 있다. 따라서 "파우스트에게 로고스라는 초월적 기표(Transzendentalsignifikat)를 부여하는 정신은 다름 아닌 그레첸의 본성을 지닌 일상에서 흔하게 발견할 수 있는 '모성애 정신'(die mütterliche Geist)이다."[29]

이 논리는 낭만주의 시학 일반으로 확장된다. 왜냐하면 낭만주의 시가 여인, 자연, 신 등의 대상에 대한 절대적인 찬양을 담고 있기 때문이다. 가령 낭만적인 연애시의 경우 그 시의 대상이 되는 여인이 절대자로서 시를 쓰게 하는 원인이자 동시에 그 시자체가 궁극적으로 담고 있는 초월적인 기의, 즉 진리이다. 여성은 진리로서 남성으로 하여금 글을 쓰게 한다. 거꾸로 말하면 여성은 글에 숨겨진 초월적 기표인 것이다. 심지어 낭만주의 시에서 흔히 사용되는 탄식의 소리 또한 무의미한 것이 아닌 여성이라는 초월적인 기의를 담은 목소리인 것이다.

이러한 낭만주의의 구조는 기록양식 1800이 지닌 음성중심주의적 특성을 잘 드러낸다. 키틀러는 1800년경부터 서유럽에 핵가족제도가 급격히 정착되면서 어머니가 아이의 언어를 가르치는 교사의 역할을 담당하게 된다는 사실을 강조한다. 어머니는 아이의 언어학습을 담당하며 최초의 소리들을 발음하게 된다. 이때 아이에게 가르치는 최초의 소리는 당연히 아, 오 등과 같은 모음일 것이다. 어머니의 입(der Mund der Mutter)은 어린아이에게 정확한 발음을 가르치는 기계이지만, 어린아이에게 최초의 소리는 단순한 기계의 소리가 아닌 어머니의 숨결과 모성을 담고 있는 것이다. 따라서 어머니에게서 배우는 소리는 무의미한 소리가 아닌 파우스트의 그레첸과 같은 초월적인 기의이다. 파우스트에서의 '초월적 기의'는 이제 어머니의 목소리인 '초월적 음성'(die transzendentale Stimme)이 되는 것이다.[30] 그렇기 때문에 어린아이가 후에 책을 읽게 될 때 그는 철자를 보는 것이 아니라 행간에 있는 목소리를 듣는다.[31]

더 흥미로운 사실은 아, 오와 같은 최초의 모음이 과학을 가능하게 하는 근거가 된다는 것이다. 아, 오, 우 등의 모음은 단순히 하나의 기호가 아니라 언어체계 일반을 가능하게 하는 보편적이고도 절대적인 기본요소이다. 키틀러는 이를 '최소기의'(Minimalsignifikat)라고 부르는데, 이것은 어떤 모음이나 자음도 특권을 지니지 않은 기록양식 1900의 언어체계와 구별짓기 위한 용어이다.[32] 최소기의는 어떤 체계가 성립하기 위해서 근간이 되는 최소한의 근본적 요소를 의미한다. 이는 거꾸로 어떤 체계의 과학성을 성립하기 위한 절대적인 조건이다.

최소기의는 헤겔의 논리학이 과학을 정초하기 위해서 출발점으로 삼은 어떠한 규정도 지니지 않은 '규정되지 않은 직접적인 것'(ein unbestimmtes Unmittelbares)에 해당한다.[33] 이는 과학의 성립을 위한 절대적인 조건이다. 인간의 언어가 자의적이거나 우발적인 체계가 아닌 보편적인 체계이어야 한다면, 언어 체계는 내적 필연성을 이루어야 할 것이다. 이러한 내적 필연성을 위해서는 그 체계의 근간이 되는 절대적인 조건들이 필요할 것이다. 가령 언어체계는 아, 오, 우 등과 같은 몇 개의 절대적인 조건들과 그것들의 필연적인 결합에 의해서 형성되는 것이다.

그런데 문제는 아, 오, 우와 같은 최소기의의 필연성과 절대성은 어떻게 담보될 수 있는가이다. 키틀러에 따르면 이러한 보증을 위하여 낭만주의적 기제가 요구된다. 아, 오, 우 등의 최소기의는 어머니의 목소리를 가장 원초적으로 대변하는 절대적인 소리이기 때문이다. 따라서 모음 아와 동시에 엄마 자체와 관련된 ma나 Mama가 기록양식 1800의 최소기의의 역할을 하는 것은 너무나 당연하다.[34] 이 절대적이고도 원초적인 최소기의로부터 확장된 많은 어휘들을 통해서 언어의 체계가 형성되는 것이다.[35] 동시에 이와 더불어 언어학은 절대적인 과학의 지위를 획득한다.

이때 어머니(여성)는 언어의 보편적 지위를 가능하게 하는 원천이지만 역설적이게도 그러한 기능을 수행하기 위해서는 담론으로부터 제외되어야 한다. 초월적 기의로서 어머니는 발화 속에서 현전하지만 그 자신은 발화의 권한을 지니지 못한다. 이는 음성중심주의의 전형적인 구조를 반영한다. 진리는 오로지 초월적 기의로서 발화 속에서 발화자로 하여금 내면적 확신을 지니게 할 뿐 자신을 구체적으로 표현할 수는 없다. 이 경우 초월적 기의는 음성이 아닌 문자가 되어버릴 것이기 때문이다. 기록양식 1800에서 어머니의 역할이 바로 그러하다. 초월적 기의로서 이미 진리와 동의어가 되어 버린 어머니[36]는 글을 쓰거나 말을 할 수 없으며, 단지 남자로 하여금 말을 하게 만들 뿐이다.[37] 이는 기록양식 1800이 음성중심주의를 구현하고 있을 뿐만 아니라 남근중심주의와 맞물려 있음을 분명하게 보여준다.[38] 어머니로서의 여성은 오로지 글(Schrift)에 내재된 음성이 될 뿐 글이나 글의 저자가 될 수는 없다.[39] 어머니로서 여성의 역할이 제약됨으로서 여성은 언어의 절대성을 보장하는 초월적 기의로 기능하며, 이러한 기능은 동시에 알파벳 문자에 내재한 음성중심주의를 구현하는 효율적인 방식인 것이다.

그런데 1900년을 전후로 해서 본격적으로 등장한 세 가지의 기록매체, 즉 축음기, 영화, 타자기는 기록양식 1800을 급격하게 해체시킨다. 이러한 해체의 과정은 음성중심주의의 해체과정으로 볼 수 있다. 여기서는 축음기, 영화의 두 가지의 매체가 음성중심주의의 전형인 기록양식 1800을 어떻게 해체시키는지 살펴보자.

우선 축음기는 낭만주의 시기의 고귀한 음성을 단순한 소리로 해체한다. 기록양식 1800에서 음성은 어머니라는 초월적인 기의를 내포하고 있었으며, 다른 동물의 소리나 소음과는 절대적으로 구별되는 정신적인 어떤 것으로 간주되었다. 하지만 축음기는 음성에 대한 절대적인 특권을 허물어뜨린다. 이 세상에 존재하는 어떠한 소리도 단지 공기라는 매질을 통하여 발생하는 진동에 불과하기 때문이다. 주지하다시피 축음기는 소리의 진동을 원판을 통해 가느다란 바늘로 원판에 홈(groove)으로 새겨서 소리를 기록하는 매우 간단한 장치이다. 이 간단한 장치가 18세기 후반에야 발명된 것은 소리가 단지 물리적 진동에 불과하다는 사실을 깨닫지 못했기 때문이다. 축음기의 발명은 소리에 대한 새로운 인식과 맞물려있다.

축음기의 패러다임에서 보자면 음성은 다른 소리와 마찬가지로 어떠한 내면도 지니지 않은 그저 물리적인 진동(Frequenz)에 불과할 뿐이다.[40] 더군다나 축음기는 음(Ton)과 소음(Geräusch)을 구분하지도 않는다. 어떤 소리도 물리적 진동에 불과하기 때문이다. 키틀러가 보기에 축음기의 이러한 특성은 매우 의미심장한 것이다. 왜냐하면 기록양식 1800에서 인간의 소리(음성)는 지적인 현상으로서 여타의 소음과 구분되는 것이었기 때문이다. 이미 언급한 헤르더의 경우처럼 인간의 언어는 동물의 소리와 같은 소음의 요소를 제거한 순수한 내면의 소리여야 했다. 그리고 지적으로 단련된 우리의 귀는 비록 소음이 섞여있다 하더라도 그 소음을 걸러서 순수한 음성으로 들을 수 있는 정신적인 필터 작용을 할 수도 있다. 이러한 정신의 개입 때문에 소쉬르가 청각 이미지를 물리적 현상이 아닌 심적 흔적을 지닌 정신적 현상으로 볼 수 있었던 것이다.

하지만 축음기의 경우에 그러한 구별은 존재하지 않는다. 가령 축음기로 녹음을 할 경우 축음기는 자신이 듣고 싶은 소리만 녹음하지 않고 주변의 모든 소리와 뒤범벅시킨다.[41] 음과 소음의 구별은 원래부터 존재하지 않으며, 축음기의 관점에서 보자면 고상한 인간의 소리 또한 그저 진동현상에 불과하다. 이는 달리 말하자면 이 세상의 모든 소리는 애초에 모두 소음일 뿐이다. 따라서 인간의 음성은 내면의 소리이자 초월적 기의의 현전이라는 식의 특권은 모두 박탈되고 만다.

키틀러는 이 세상에 모든 소리가 원래부터 그저 무의미한 소음에 불과하다는 통찰을 축음기로부터 얻게 된 릴케의 예를 든다. 릴케는 축음기에 새겨진 홈(groove)과 인간 두개골에 새겨진 관상봉합선의 모양이 유사하게 생긴 것을 보고 관상봉합선에 축음기의 바늘을 올려 재생하면 어떤 소리가 날지에 대해서 궁금해 한다.[42] 릴케의 상상은 키틀러가 보기에 매우 중요한 의미를 지닌다. 축음기를 통해서 새겨지지 않은 -- 즉, 축음기로 녹음되지 않은 – 것까지도 소리로 재생이 될 수 있다는 사실 때문이다. 이는 소리 자체가 원래부터 무의미한 어떤 것임을 뜻한다.

릴케는 이렇게 만들어진 소리를 '원초적 소음'(Ur-Geräusch)라고 부르는데, 우리 논의의 맥락에서 보자면 이는 정확하게 데리다의 '원문자'(archi-écriture)에 상응한다. 원초적 소음은 발화되지 않은 소리로서 '이름 없는 소리 혹은 악보(기보) 없는 연주'[43]이다. 원초적 소음은 원래부터 무의미한 소리를 의미한다. 마찬가지로 데리다의 원문자 역시 음성중심주의에서 문자를 '기호의 기호'로 보는 것과 달리, 원초적으로 무의미하며 그 의미는 단지 다른 문자와의 유희를 통해서만 가변적으로 만들어질 수 있는 그러한 문자이다. 바로 이런 관점에서 축음기는 음성중심주의의 음성에서 그것에 내재한 초월적 기의나 의미를 박탈하여 무의미한 소리만 남기는 것이다. 축음기는 음성을 무의미(Unsinn)로 만든다.[44]

키틀러가 보기에 축음기가 이렇게 음성에서 의미를 제거함으로서 정신적 차원을 결여한 소음으로 전락시켰다면, 영화는 음성중심주의에서 언어가 지닌 특권적 지위를 빼앗음으로서 음성중심주의의 기반을 허물어뜨린다. 낭만주의 문학에서도 드러나듯이 소설이나 시에 쓰여진 언어는 단순한 기호가 아니다. 영화가 없던 시기에 문학은 영화를 대체하는 것이었기 때문에, 문학작품에 쓰인 글은 영화처럼 묘사되는 생생한 이미지까지 전달하는 것으로 간주되었다. 가령 샬롯테의 모습은 책에 있는 글을 제대로 읽으면 괴테가 묘사하고 있는 이미지 그대로 독자의 머릿속에 떠오르게 될 것이라는 것이다. 언어는 단순한 기호가 아닌 내면을 담은 정신적인 어떤 것이기 때문이다

키틀러는 음성중심주의의 언어가 드러내는 이러한 특권적 지위가 영화를 통해서 박탈당하는 과정을 '분신'(Doppelgänger)과 관련하여 분석한다. 그는 1800년 경 낭만주의 작가들에게서 경험되거나 서술되었던 분신과 1900년대 초반 무성영화에서 나타나는 분신은 그 특성이 완전히 다르며, 이 특성의 차이는 바로 매체의 차이를 드러낸다고 보았다. 가령 낭만주의 작가 샤미소(Adelbert von Chamisso)가 분신을 경험한 사건은 음성중심주의의 전형을 나타낸다. 샤미소는 어느 날 동료 작가들과 술을 마시고 귀가하여 자신의 방에 들어서려는 순간 방에는 불이 켜진 채 누군가가 자신의 책상에 앉아서 글을 쓰고 있는 모습을 발견한다. 그 사람은 다름 아닌 자신이었던 것이다. 비록 술에 취한 상태였지만, 샤미소가 분신을 목격한 것은 실제로 술을 먹고 있는 순간에도 여전히 열정적으로 진리와 아름다움을 추구하고자 하는 또 다른 자기 모습에 대한 갈망 때문이다. 굳이 프로이드 식으로 표현하자면 샤미소의 분신은 샤미소 자신의 자아가 만들어낸 하나의 이상(Ideal)인 것이다.[45]

이에 대한 더 분명한 사례는 모파상(Guy de Maupassant)의 경험에서 발견된다. 그는 어느 날 자신의 방안에서 글을 쓰다가 소리가 나서 뒤를 돌아다보니 또 다른 자신이 그곳에 서서 지켜보고 있는 것을 발견한다. 이 또 다른 자신은 그가 글을 쓰고 있는 동안 내내 그를 지켜보다가 글이 끝나면 금방 사라져버리곤 하였다. 모파상은 그런 경험이 있고 난 후부터 그에게 바칠 글을 쓰게 되었다고 고백한다.[46] 모파상의 경우 분신의 역할은 낭만주의 글쓰기 자체를 보여준다.[47] 분신은 모파상을 감시하는 또 다른 모파상이기도 하지만, 모파상 자신이 글을 쓰는 대상인 독자이기도 하다. 말하자면 분신은 작가로서 모파상이 추구하는 이상적인 자신이자 동시에 그것을 읽게 될 이상적인 독자

인 것이다. 이것은 정확히 '자신이 말하는 것을 듣는다'는 음성중심주의의 구조이기도 하다. 낭만주의자들의 이상적인 글쓰기는 완벽하고 이상적인 또 다른 자신(분신)이 되어서 글을 쓰는 것이다. 물론 이러한 글쓰기는 이상적인 독자를 전제한다. 이때 이상적인 독자 역시 자신의 분신과 다르지 않다. 이상적인 독자라면 괴테가 쓴 글을 정확하게 읽어서 괴테 머릿속에 있는 샬롯테의 모습을 똑같이 그려낼 수 있어야 할 것이다. 따라서 키틀러가 보기에 고전적인 낭만주의의 분신은 똑바로 읽기를 배우는 학교 책상에서 나타나는 것이다.[48]

이에 반해서 초기의 영화에서 나타나는 분신은 전혀 다른 구조를 나타낸다. 그가 보기에 낭만주의 문학에서 분신이 낭만주의 문학 자체를 설명하듯이, 영화에서의 분신은 영화의 매커니즘 자체를 보여준다.[49] 낭만주의에서의 분신처럼 영화에서의 분신 또한 타자화된 자신이다. 하지만 영화에서의 분신은 도덕적이거나 자아의 이상과는 거리가 멀다. 그것은 자신을 위협하며 끔찍한 모습을 지닌 괴물과 같은 분신이다.[50]

키틀러가 보기에 이 끔찍한 자신의 또 다른 모습은 자아의 밑바닥에 억눌려있는 자신의 또 다른 모습, 즉 라캉 식으로 표현하면 억압된 실재의 세계이다. 키틀러에 따르면 이는 프로이드의 '익숙한 낯선'(unheimlich)와 다르지 않다.[51] 주지하다시피 '언캐니'(uncanny)라는 영어 표현으로 더 잘 알려진 '익숙한 낯선'은 사람들에게서 가장 사적이고 은밀하지만 그것이 밖으로 드러났을 때 기괴하고도 낯선 것으로 둔갑하는 역설적인 현상을 나타낸다. 가령 어떤 아무도 없는 전혀 남의 눈초리를 의식할 필요가 없는 상황에서 인간은 가장 사적인 행동을 할 것이다. 평소에 억압하고 있었던 심한 욕을 하거나 변태스러운 행위를 할지도 모른다. 이 행위는 가장 사적인 행위임에 틀림없다. 하지만 이 은밀한 행위를 누군가 지켜보고 있다고 치자. 상상하기도 싫지만 그 광경은 엄청나게 기괴한 것으로 보일 것이다. 가장 사적이고 친밀한 것이 드러날 때 그것은 기괴하고 낯선 것이 된다. 이러한 낯설음과 기괴함은 사실은 가장 은밀하고 익숙한 것이다.

이러한 '익숙한 낯선' 것은 평소에 억압된 또 다른 우리 자신이며, 그것은 자아에 의해서 억압된 탈선적이고 흉측한 괴물이다. 바로 이것이 영화의 분신인 것이다. 그런데 키틀러에 따르면 바로 이렇게 익숙하면서도 낯선 분신이 영화 자체를 드러낸다. 분신이 영화 자체를 보여주고 있는 이유는 영화가 언어로 이루어진 낭만주의 문학과 달리 모호한 이미지들로 이루어져 있기 때문이다. 가장 사적인 것이란 의식에 의해서 억압받지 않은 무의식적 본능에 가까운 것일텐데, 바로 영화야말로 무의식이나 꿈처럼 상상의 논리에 의해서 지배된다.[52] 낭만주의 문학이 자아와 고귀한 이상을 표현하는 것과 매우 대조적이다. 낭만주의 문학이 상징체계인 언어를 절대화함으로서 이상적인 자아를 자신의 분신으로 추구했다면, 영화는 억압된 무의식이라는 자신의 분신을 드러낸다. 마치 원초적인 꿈의 세계처럼 영화의 이미지들은 무의미한 상상의 편린들일 뿐이다. 영화는 언어로부터 이미지의 영역을 찬탈함으로서 언어의 특권적 지위를 박탈한다. 영화에 기록된 것은 더 이상 언어와 같은 초월적 기의를 담은 지적인 음성이 아니다. 그것은 억압으로부터 풀려나 무의식의 세계에서 떠다니는 기표들과 같은 무의미한 기호들일 뿐이다. 영화는 축음기와 또 다른 방식으로 언어의 특권적 지위를 박탈하며 음성중심주의를 와해시킨다.

4 나가는 말

음성중심주의에 대한 데리다의 비판과 문자학의 구축의 논의는 분명히 매체론적인 함의를 지니고 있으며, 이러한 함의는 데리다 자신의 논의에서도 발견된다. 하지만 데리다 자신은 이 논의를 매체의 변화와 관련하여 설명하고 있지 않다. 이 글의 목표는 데리다의 논의에서 결여된 매체론을 키틀러의 매체분석을 통하여 보충하는 것이다. 이러한 시도는 얼핏 사변적이거나 현학적인 시도로 보일 수도 있다. 그러나 데리다의 음성중심주의나 키틀러의 매체분석과 같은 비교적 추상적이고 광범위한 틀 또한 구체적인 매체분석이나 현상을 이해하는데 무용한 것만은 아닐 것으로 기대한다.

주석

1 실제로 데리다는 로고스중심주의 혹은 음성중심주의를 '책'(le livre)이라는 다소 은유적이지만 매체를 암시하는 개념과 연결짓고 있다. 이는 그의 주저 중 하나인『그라마톨로지에 대하여』에서 첫 장의 제목인 '책의 종언과 글쓰기의 시작'(la fin du livre et le commencement de l'écriture)을 보더라도 쉽게 추측할 수 있다.

2 루소는 어떠한 법도 "그것이 법이 되기 위해서는 그 법에 복종할 존재의 이지가 의식적으로 복종할 수 있는 것이라야 하며, 또한 그것이 자연적이기 위해서는 자연의 목소리(인용자 강조)로부터 직접 나와야 한다"고 말한다. Jean Jacque Rousseau, *Discours sur l'origine et les Fondemens de l'inégalitéparmi des Hommes*, œvres complètes III, Gallimard, 1964, p.207. 그의 자연법사상에 바탕이 되는 '일반의지'(la volontégénérale)는 흔히 오해하듯 사회 구성원 전체의 집단의지가 아니다. 그것은 이기심을 배제한 공민으로서의 시민들이 모두 자신의 내면의 소리에 따를 때 가능한 것으로서 마치 플라톤의 이데아처럼 일종의 이념적 상태이다.

3 "자연적인 현전은 전혀 보충 대리되지 않는다.......그것은 충분하고 스스로 자족한다는 것이다." Jacques Derrida, *De la Grammatologie*, p.209.

4 Ferdinand de Saussure, *Cours de Linguistique générale*, publiépar Charles Bally et Albert Sechehaye, Payot, Paris, 1971, p.98.

5 같은 책, p.166.

6 심지어 자연적인 현상을 모방하는 의성어마저도 차이의 원리에 의해서 설명할 수 있다. 의성어는 언어의 유기적 요소가 아닐뿐더러 그 어휘의 숫자 역시 절대적으로 적으므로 무시할 수도 있다고 본다. 하지만 이러한 무시를 떠나서도 소쉬르는 의성어가 자연현상보다는 관습에 의존하는 것임을 지적한다. 같은책, p.102.

7 같은 책, p.155.

8 Jacques Derrida, "La Myhologie blanche - la métaphore dans le texte philosophique", *Marges de la Philosophie*, Les Édition de Minuit, 1972, p.249.

9 철학적 은유가 전제하는 실체로서의 진리와 금의 유비는 실제로 데리다에 의한 것이다. 이에 대해서는 같은 책, p.257 참조. 소쉬르의 의미화와 가치의 개념에 대한 언급에 대해서는 같은 책, pp.259-261을 참조할 것.

10 Ferdinad Saussure, 앞의 책, p.23

11 같은 책, p.98. 이 같은 사실을 보다 분명하게 보여주기 위해서, 이 책의 편집자이자 소쉬르의 동료교수였던 발리와 세쉬에는 다음과 같은 주석을 달고 있다. "청각적 이미지라는 용어는 아마도 매우 협소하게 보일지도 모른다....... 청각적 이미지는 어떤 발화의 실현과도 무관하게 이루어지는 잠재적 언어를 형성한다는 점에서 단어의 자연스러운 재현이다."

12 소쉬르 주석가인 RenéAmacker는 소쉬르에게 청각 이미지는 물리적인 것인지 정신적인 것인지 명확하게 결정되고 있지 않은 것으로 본다. 그에 따르면 이러한 부조리(l'absurde)가 오히려 소쉬르의 장점으로 인식될 수 있다. 가령 청각적 이미지는 물리

적인 차원에서 볼 때는 단순한 기표로 볼 수 있겠지만, 그것이 정신적인 차원에서 보자면 이미 개념적인 것으로서 기의와 크게 다르지 않을 것이다. 소쉬르의 이러한 부조리는 결국 기표와 기의가 분리될 수 없음을 보여주는 것이며, 기표와 기의의 통합이 생리적인 차원과 지적인 차원에서 동시에 이루어지고 있음을 나타내는 기제로 간주할 수 있을 것이다. RenéAmacker, *Linguistique saussurienne*, Librairie Droz, 1975, pp.69-71.

13 "청각 이미지는 그저 현상하는 소리(le son apparaissant)일 뿐인 그러한 소리가 현상하게 되는 구조이다." Jacques Derrida, *De la Grammatologie*, p.92.

14 이 책에서 '기호의 기호'라는 표현은 데리다가 아리스토텔레스, 루소, 헤겔의 음성중심주의에 적용하고 있지만, 현재의 맥락에서는 소쉬르의 언어학에 대해서도 매우 적합한 표현이다. 같은 책, p.45 참조할 것.

15 데리다도 언급하고 있지만, 소쉬르의 언어학에서 문자의 비본질성은 문자가 언어 자체와 관련 없는 변화를 포함하여 언어를 교란하는 것으로 간주되는 데서도 잘 드러난다. 가령 프랑스어의 숫자 20을 나타내는 vingt은 '뱅'으로 발음하는데, 이 단어가 언젠가 뱅크트라고 발음하게 될 날이 오게 된다면 그것은 언어의 본질과는 아무런 상관없는 문자적인 차원에서 외부적인 것의 침입으로 간주한다.

16 Alexander Roesler, "Jacques Derrida und die Medientheorie", in *Philosophie in der Medientheorie - Von adorno bis Žižek*, hrsg. von Alexander Roesler & Bernd Stiegler, Wilhelm Fink Verlag, 2008, p.73.

17 여기서 에크리튀르는 문자로 번역하되 매우 적합한 용어는 아님을 밝혀둔다. 중요한 사실은 데리다의 문자(에크리튀르)가 소쉬르 언어학 혹은 기존의 언어학에서 말하는 문자(lettre)와는 다르다는 점이다. 글자는 음성중심주의 전통에서 문자를 음성에 대한 대리적 재현으로 보는 '기호의 기호'라는 의미로 해석되어야 할 것이다. 데리다는 글자와 대비되는 문자의 의미를 지칭하기 위해서 '에크리튀르'라는 용어 외에도 '그람'(gramme)이라는 희랍어를 사용한다. 이 그람이라는 용어도 대개 에크리튀르와 마찬가지로 글자와 대비된다는 의미에서 그냥 문자로 번역되기도 한다. 따라서 이러한 맥락에서 그라마톨로지는 문자학으로 번역된다.

18 Jacques Derrida, *De la Grammatologie*, p.19.

19 데리다가 보기에 음성중심주의는 예술작품에서도 안(초월적인 기의)과 바깥(주변적인 것)을 나눈다. 하지만 이렇게 안과 바깥을 나누는 이러한 절단은 '피'(sang, 상)를 부른다. 이 피는 사실상 '없는'(sans, 상)과 동일하며, 이 '없는'이 칸트의 '목적 없는 합목적성'(la finalité*sans* le fin)에서 의미(sens, 상)를 발생시키는 '없는'과 동일하다. 즉, 예술작품의 고정된 의미(sens)는 없으며(sans), 그러한 고정된 본질을 찾기 위해서 안과 바깥을 나눌 때 폭력(피, sang)이 나타나는 발생하는 것이다. Jacques Derrida, *The Truth in the Painting*, tr. by Geoff Bennington and Ian McLeod, The University of Chicago Press, 1987, pp.88-91 참조.

20 따라서 알파벳 문자와 음성중심주의의 연관성에 대해서는 데리다의 여러 저작들 속에서 무수히 반복적으로 언급되는 사실 중의 하나다.

21 이 점과 관련하여 마크 포스터는 데리다의 음성중심주의에 대한 비판이 매체론적 함의를 분명히 지니고 있음을 강조한다. 더욱이 포스터는 음성중심주의의 비판이 책을 바탕으로 한 인쇄매체의 패러다임에 대한 비판임과 동시에 컴퓨터를 활용한 전자 글쓰기와 관련이 있는 것으로 주장한다. 하지만 정작 데리다의 해체론과 전자 글쓰기를 결합하려는 그의 시도는 그다지 성공적인 것으로 보이지 않는다. 마크 포스터,『뉴미디어의 철학』, 김성기 옮김, 4장, 데리다와 전자 글쓰기 부분을 참조할 것.

22 Jacques Derrida,『에코그라피 - 텔레비전에 관하여』, 김재희, 진태원 옮김, 민음사, 2002, p.85.

23 같은 책, p.86.

24 이 책에서 대담자인 스티글러는 "텔레비전은 현대적 원격기술의 장치에 속하지만, 원격기술은 분명 텔레비전 자체보다는 훨씬 더 복잡합니다. 선생님의 저서를 잘 읽어보면, 문자기록과 모든 문자기록의 형식은 이미 어떤 원격기술임을 알게 됩니다." 라고 언급하고 있다. 같은 책, p.83. 이 말은 곧 데리다에게서 현전과 부재의 얽힘이 텔레비전의 고유한 현상이 아닌 모든 매체에 통용되는 현상임을 암시하는 것이다.

25 Alexander Roesler, "Jacques Derrida und die Medientheorie", p.85. 전화와 관련한 데리다의 논의를 다룬 다른 글에서도 뢰슬러는 데리다의 매체론이 갖는 한계를 지적한다. 데리다의 핵심은 어떤 특권적이고 초월적인 기의도 존재하지 않으며 기의란 기표들의 차이에 의한 효과라는 것인데, 데리다의 전화에 관한 논의에서 기의는 공론으로 기표는 전화(매체)로 동일시된다. 그런데 이러한 동일시는 전화, 텔레비전, 인터넷, 심지어는 인쇄매체에도 적용이 되는 것이다. 따라서 데리다의 매체론은 매체에 대한 이론으로서는 극히 무력함을 드러낸다는 것이다. Alexander Roesler, Medienphilosophie des Telefons, in *Systematische Medien-philosophie*, hrsg. von Mike Sandbothe und Ludwig Nagl, Akademie verlag, 2005, p.297.

26 한 가지 염두에 두어야 할 사실은 키틀러는 자신의 매체분석을 데리다의 사상과 연관짓는 언급을 어느 곳에서도 명시적으로 하고 있지 않다는 점이다. 물론 극히 몇 군데에서 데리다의 언급은 발견되지만 그 언급 또한 부분적인 것에 불과하며, 경우에 따라서는 데리다의 용어를 사용하면서도 그 출처를 밝히지 않는 곳도 있다. 이는 키틀러가 방법론적으로 의존하는 푸코의 철학이나 라캉의 경우에도 마찬가지이다. 데리다의 음성중심주의와 그 해체과정을 키틀러의 매체분석과 직접적으로 관련짓는 것은 필자의 견해이지만 키틀러의 텍스트를 직접 꼼꼼히 읽어본다면 이러한 연결이 결코 자의적이지 않음을 알 수 있을 것이다.

27 '기록양식'(Aufschreibesysteme)이라는 용어는 키틀러의 매체론에서 매우 중요한 의미를 지닌다. 키틀러의 주저 중 하나인 *Aufshreibesysteme 1800·1900*의 제목이기도 한 이 용어를 이 책의 영어판 번역자인 웰베리(A. Wellbery)는 "한 문화가 적절한 데이터를 선택하고 저장하며 생산하도록 하는 기술 및 제도의 네트워크"로 설명하면서 영어로는 'Discourse Network'(담론 네트워크)으로 번역한다. 이 번역이 가지는 장점은 아마도 키틀러의 기록양식이 단지 정보를 기록하는 방식만을 의미하는 것이 아닌 그와 관련된 제반의 생활태도 및 사회제도를 포괄하는 푸코의 '담론'개념과

의 관련성을 잘 드러낸다는 것이다.(Geoffrey Winthrop-Young, *Friedrich Kittler zur Einführung*, Junius, 2005, pp.41-2) 하지만 이러한 해석이 지나친 의역이자 말 그대로 '기록방식'의 의미를 다소 희석시킨다는 측면에서 필자는 '기록양식'으로 번역함을 밝혀둔다.

28 키틀러는 당시 헤르더(J. G. von Herder)의 언어론에서 이러한 소음을 제거하려는 극단적인 입장을 발견한다. 가령 헤르더는 인간의 소리와 동물의 소리를 구분하여 표준말이 아닌 방언은 동물의 소리처럼 아무런 의미가 없는 소음이 섞인 것으로 간주하여 철저하게 배격하고자 한다. 헤르더의 경우 "규준(표준어)과 이탈(방언)의 이러한 이분법이 너무나도 막강하게 지배하여서 방언은 인간의 개념영역에서 벗어나서 동물의 영역으로 떨어지게 된다." Friedrich Kittler, *Aufshreibesysteme 1800 · 1900,* wilhelm Fink Verlag, 2003, p.49. 이는 곧 표준 독일어(Hochdeutsch)의 출현과 맞물려있다. 여기서 중요한 사실은 방언의 배척과 표준 독일어의 확립이 곧 당시의 기록양식과 무관하지 않으며 음성중심주의의 극단적인 한 양상으로 해석할 수 있다는 것이다.

29 Friedrich Kittler, *Aufshreibesysteme 1800·1900,*Wilhelm Fink Verlag, 2003. p.36.

30 같은 책, p.46.

31 같은 책, p.45.

32 같은 책, p.55. 이런 점에서 우리는 기록양식 1900이 음성중심주의가 해체된 양식임을 알 수 있다.

33 같은 책, p.59.

34 같은 책, p.62.

35 키틀러는 이러한 최소기의들의 결합에 의해서 체계가 형성되는 방식을 '증강'(Augmentation)이라고 부르면 이를 단순한 '수학적 조합'(mathematische Kombinatorik)과 구분한다. 증강은 소나타 형식처럼 최소기의인 모티브가 반복되면서도 의미론적으로 풍부해지는 필연적인 구조를 지닌다면, 수학적 조합은 푸가처럼 단지 최소기의들을 다른 방식으로 배열하여 반복하는 유희일 뿐이기 때문이다. 같은 책, p.58. 이런 점에서 보자면 소나타는 음성중심주의적인 전형적인 근대적 음악 양식인데 반해, 푸가는 전근대적인 양식일 것이다. 하지만 역설적이게도 푸가의 이러한 유희적인 측면 때문에 푸가형식은 음성중심주의를 거부하는 스티브 라이히나 필립 글라스의 포스트모던한 미니멀리즘 음악에서 부활하고 있을지도 모른다.

36 "어머니와 진리는 동의어가 된다." 같은 책, p.71.

37 같은 책, p.79.

38 이런 점에서 키틀러의 기록양식 1800에 관한 논의는 음성중심주의가 남근중심주의와 맞물려있음을 잘 보여주며, 페미니즘 이론에서 주목받게 만드는 요인이기도 하다.

39 "(기록양식 1800이 낳은) 성차는 여성에게 음성이 될 수 있는 권한을 주지만 음성을 가질 수 있는(Stimme zu haben, 즉 발화할 수 있는 - 인용자) 권한을 주지는 않는다." 같은 책, p.83.

40 이러한 논의를 전개하면서 키틀러는 매우 예외적으로 데리다를 언급한다. 그는 축음기가 음성중심주의를 해체한다는 것을 분명히 암시하는 언급을 한다. 그가 보기에 축음기는 데리다의 '자신이 말하는 것을 듣는다'는 피드백과정을 해체하는 것이다. Friedrich Kittler, *Grammophon Film Typewriter*, Brinkmann & Bose, Berlin, 1986, p.39. 여기서 '자신이 말하는 것을 듣는다'는 것은 인간의 발화가 어떤 내면적 명증성과 정신성을 담고 있는 현전의 표현이라는 음성중심주의의 근본적인 기제로서 데리다의 텍스트에서 자주 언급되는 표현이다.

41 물론 이후 녹음기술의 발전을 통해서 축음기는 원하는 소리만을 집중적으로 녹음할 수 있게 된다. 이는 전기 신호의 증폭을 통한 앰플리파이어의 등장과 신호 대 잡음비의 증가라는 기술발전에 의해서 가능해지는데 이 모든 사실 또한 키틀러는 언급하고 있다.

42 Friedrich Kittler, *Grammophon Film Typewriter*, pp.63-69 참조.

43 같은 책, p.71-2.

44 "(에디슨의 발명품인 축음기와 더불어 - 인용자 첨가) 무의미의 시대, 즉 우리의 시대가 시작될 수 있다." 같은 책, p.134.

45 키틀러에 따르면 이 분신은 결국 우리의 고유한 자아가 만들어 낸 환영이며, 낭만주의자들의 글쓰기에 대한 사명감을 드러내는 도덕적인 의미를 지니는 것이다. Friedrich Kittler, "Romantik - Psychoanalyse - Film : eine Doppelgängstergeschichte", in *Draculas Vermächtnis - Technische Schriften*, Reclam, 1993, pp.83-4 참조.

46 같은 책, p.85.

47 "분신은 (낭만주의) 시의 정신이다." 같은 책, p.82.

48 같은 책, p.87. 이 은유적인 표현은 결국 올바로 읽고 획일적으로 읽는 것을 강요하는 음성중심주의와 알파벳주의, 그리고 인쇄매체 문화에 대한 은유적인 표현으로 이해할 수 있을 것이다.

49 "영화의 분신(도플갱어)은 영화과정 자체를 영화화한다."(Filmdoppelgänger verfilmen Verfilmen selber.) Friedrich Kittler, *Grammophon Film Typewriter*, p.224.

50 키틀러가 도플갱어 영화의 붐이라고 부르는 1910년대의 도플갱어 영화들인 에베르스의 '프라하의 학생', 게하르트 하우프트만의 '유령', 비네의 '칼리가리 박사의 밀실', 린다우의 '타자', 베게너의 '골룸' 등에서 주인공의 분신은 모두 정상적인 주인공을 위협하는 끔찍한 괴물로 등장한다.

51 같은 책, p.230.

52 키틀러는 초기 영화이론가인 뮌스터버그나 벨라 발라즈의 영화론을 언급하면서 영화의 특성을 부각하는데, 주지하다시피 이들은 모두 영화의 매체적 특성을 무의식이나 꿈의 논리(수사나 은유)에서 찾는다. 같은 책, pp.240-1.

제 3 부

문자와 그림의 대립을 넘어서

01

문자의 의미론

.. 랄프 슈넬

1 들어가는 말

"가시적인 물질적 토대를 가진 자의적 기호 시스템"이라는 Barry Powell의 알파벳 문자에 대한 정의는 첫째로, 실상 모든 문자가 연루되어 있는 커뮤니케이션의 물질성을 지적하고 있다. 문자는 근본적으로 구어와 구분되며 그러한 이유로 "문자는 언어를 직접 모사한다고 말할 수 없다"는 Powell의 통찰은 두 번째 지점을 제공한다. 구어와 문자 둘 다 상징화의 체계이기는 하지만 말(Sprache)이 문자와는 달리 "인간에게 깊이 내재한 능력"인 반면, 문자는 인간의 상징적 커뮤니케이션에 사용되는 "테크닉"이며, 알파벳은 특정 방식으로 형성된 테크닉에 다름 아니다. 알파벳은 예를 들어 독일어 단어 "heiss-weiss", "Bein-Pein"에서처럼 의미차이를 드러내는 최소 음성적 단위, 음소로 구성된 물질적 그래픽 체계의 모습을 갖추고 있다. 이러한 특징은 어떤 모양의 글자를 가지고 있든 무관하게 모든 문자 체계에 다 공통적이다. 이보다 더 문자의 특질에 중요한 것은 문자의 구조와 그 기능 규칙의 체계이다. 알파벳 문자는 이러한 의미에서, 다시 말해 구어의 내적구조를 재현하는 것이 아니라 습득 가능한 테크닉이라는 의미에서,

독자적인 추상적 상징화의 물질적 체계인 것이다.

이러한 추상적 기호체계로부터 어떻게 의미론적 질을 도출할 수 있을 것인가가 이 글에서 답해 보려는 질문이다. 그를 위해 첫눈에는 아주 단순해 보이는 루드비히 비트겐슈타인의 생각에서 출발하겠다. <철학논고(Philosophische Untersuchungen)>에서 비트겐슈타인은 "'K' 다음에 어떤 철자가 올지는 알파벳을 K까지 말해보면서 알게 된다"고 쓴다. 이에 대해 비트겐슈타인이 던지는 질문 역시 지극히 단순해 보인다. "L은 어떻게 해서 그 철자 계열에 들어가게 된 것일까?"(137절). L은 전통과 관습에 의해 그 철자계열에 속해 있다는 대답은 단순하지만, 사실상 이 질문에 결부되어 있는 철학적 전제와 귀결은 아주 복잡하다. '전통'과 '관습'이란 언어가 그 속에서 기능하는 컨텍스트의 재현 형태들이다. 사회, 문화적 컨텍스트, 문법 - 비트겐슈타인이 이 개념에 부과하는 넓은 의미에서의 - 그리고 언어가 따르는 코드의 컨텍스트 등 나아가 모든 언어행위의 구체적이고 상황적인 컨텍스트도 포함되며, 개별 철자들은 그 속에서 한 문장의 복합적 요소로 등장한다. 예를 들어 언어, 비언어적 기호로 이루어진 대화의 컨텍스트, 대화 상대자들 사이의 교환을 가능하게 하는 컨텍스트 등도 여기에 해당된다.

다른 말로 하자면 "사용이 상호이해의 척도"(146절)라는 것이다. 이 문장을 통해 우리는 비트겐슈타인 언어철학의 한 중심 속에 진입한 셈이다. 20세기 철학사에서 비트겐슈타인 언어철학의 획기적인 영향력은 언어의 사용이라는 맥락에, 개별적으로 보자면 언어적 기호의 사용에 주목함으로써 언어에 대한 존재론적 본질 규정들 - 거기에는 자신의 초창기 저작인 <트락탁투스>도 포함되는데 -을 거부했다는 데에 있다. 개별 기호들과 마찬가지로 언어 역시 그 사용연관에 의해 살아간다. "모든 기호는 그 자체로는 죽어있다. 거기에 생명을 주는 것이 무엇인가?'라고 비트겐슈타인은 묻는다. 그에 대한 대답은 "기호들은 사용Gebrauch 속에서 살아있다"이다. 특유의 대화적 형태를 통해 비트겐슈타인은 다음과 같이 묻는다. "그렇다면 기호는 자신 속에 살아있는 숨결을 지니고 있는 것일까? 아

니면 사용이 그의 생명인 것일까?“ (432절)

“한 단어의 의미는 언어 속에서 그것의 사용이다”(43절)는 문장을 통해 비트겐슈타인의 언어철학은 20세기 철학적 사유를 전복시켰다. 이 문장을 열쇠로 삼는다면 우리는 문자의 의미론에로의 접근로를 얻게 된다. 그 길은 무엇보다 문학-예술적 근대의 아방가르드 대변자들에 의해 열렸다. 나는 이 접근로, 특히 그 특징과 방법을 독일 구체시의 초창기 대변자 중 한명인 Franz Mon의 텍스트와 단어형상 Wortbildern에 의거해 보여주고자 한다. 50년대 중반부터 구체시 저자들은 시적 리얼리즘의 시도들은 물론 전통적인 시의 형상성과 상징내용 모두를 극복하려는 가장 일관된 시도를 해왔다. 구체시는 더 이상 문학적 장르들 사이의 구분은 물론 전통적인 예술들 사이의 구분을 받아들이지 않는다. 그들은 언어-실제 Sprach-Wirklichkeit의 근원적 구조에로, 극단적인 경우에는 개별 단어, 개별 철자로까지 침투해 들어가려 시도한다. 그들의 의도는 언어재료에 대해 말하거나 그를 활용하는 것이 아니라, 그 언어재료들이 특정한 “컨스텔레이션” – 구체시의 핵심 단어 중 하나인 – 속에서 드러날 수 있도록 그들 사이의 관계를 제시하려는 것이다.

그림 1 Franz Mon: RATiO

1926년생인 Franz Mon(본명 Franz Loeffelholz)의 텍스트는 초창기부터 순응적인 사회 한 가운데에 있는 저항적 요소였다. 때문에 그의 작업들은 어렵고 이론적 설명을 요구한다. 하지만 사실 그의 작업들은 매우 일관적일 뿐이다. 가로채고 무화시키게 만드는 문명과 기술적 합리성에 Mon은 문학적 실험들로 맞섰는데, 그것은 언어라는 매체 속에서 비판을 행하면서 동시에 그 비판의 과정 속에서 혁신을 불러내는 것이다. 여기서 말하는 '비판'이란 정치-사회적 의미에서 이해되어서는 안 된다. 그것은 우리 지각능력에 대한 비판으로, 전승된 전통을 새롭게 하려는 시도로 이해되어야 한다. 아래에서 그 사례로 2008년에 발표된 철자 변용 씨리즈를 보여줄 것이다. Mon은 그를 너무도 적확하게 "단어형상 Wortbilder"이라고 불렀다. 첫 번째 사례는 "RATiO"라는 제목을 달고 있다.

이 단어 형상의 생성과 구조는 별 문제없이 유추해볼 수 있다. 철자들은 분명하게 알아 볼 수 있다. 그 철자들의 연결과 중첩은 전략적 목표를 좇고 있음이 분명하게 보인다. 이것은 현재 독일어에서도 아직 남아있는 라틴어 어원 'ratio(계산, 이성, 숙고)'의 의미론에 적합한 표현을 주려고 한다. 그에 따라 구조는 엄격하고, 명확하며, 논리적이며, 위계적이다. 한마디로 말해 합리적이다. 하지만 세 가지 점이 이 원리에서 벗어난다. 첫 번째는 Mon이 언제나 소문자로 쓰는 'i'를 제외하고는 모든 철자가 대문자라는 사실이다. 두 번째로 "T" 와 "i'가 서로 하나의 이데오그램을 형성하도록 결합되어 있다. 마지막으로 첫 번째 철자인 'R'이 마지막 철자 'O'로 둘러싸여 RATiO라는 단어의 처음과 끝이 서로 하나로 합쳐지고 있다. 이러한 벗어남을 진지하게 받아들인다면 RATiO라는 이 단어형상은 첫눈에 암시되는 의미론적 합리성과 어긋난다는 점을 알 수 있다. 우리는 이렇게 말할 수 있을 것이다. Ratio에 대한 우리의 표상과 개념에 통용되는 의미론적 통일성이 'RATiO'라는 단어를 이루는 철자들의 현상 형태와 질서에 의해 이데오그래피적으로 흔들리고 있다고.

그림 2 프락투어 체 E e

그림 3 Franz Mon: SELBST

두 번째 사례는 "SELBST"라는 제목을 달고 있다.

이 단어형상은 'RATiO'라는 단어형상과는 일종의 대척점을 이룬다. 철자들은 거의 해독하기 어려울 정도로 뒤엉켜있어, 이리저리 다양한 방향으로 뻗어나가는 듯한 복합체를 형성한다. L, T, E와 B가 서로 맞물려 있고, 중첩되며 겹쳐져있다. 게다가 서로 다른 타이포그래피가 사용되었다. 철자 'E'는 16 세기 초 생겨난 독일어 프락투어에서 나온 것이다. 이 단어 형상의 의미론에 대해 질문을 던져보면 우리는 여기서 풍부한 함의를 발견할 수 있다. 그리이스 신화와 철학에서 "자아 Selbst"라는 개념은 저 유명한 'gnothi seauton', 곧 "너 자신을 알라"는 델피 신전의 신탁으로 아폴론 신에게서 유래하며, 플라톤의 <변명(Apologie)>에 등장하는, 철학적 자기인식에 대한 소크라테스의 격언

'Oida ouk eidos(나는 내가 알지 못한다는 것을 안다)'의 형태이기도 하다. 이 두 경우에서 '자아(selbst)' 는 '나(ich)'와 마찬가지로 하나의 통일체로, 전제되어야 하는 실체로 이해되었고, 19세기의 심리학은 이를 그 스스로 완결적인 개인과 인성의 정체성으로 이해하였다. 하지만 지그문트 프로이트는 1917년 <정신분석학의 어려움>이라는 강연에서 바로 이 [자아의 개념] 속에 있는 인간의 심리적 실체를 검토해 본다면 무너져가는 인간의 자기규정의 시도가 숨겨져 있음을 분명하게 밝힌 바 있다. 프로이트는 "인류의 자기애, 이 보편적 나르시즘은 지금까지 과학적 탐구에 의해 세 번 모욕당했다"라고 말한다. 첫 번째는 지구가 더 이상 우주의 중심이 아니라는 통찰을 통해, 두 번째는 인간이 [동물]로부터 진화하였다는 인식을 통해, 세 번째는 자아(Ich)가 결코 자신 피부 속의 주인이 아니라는 관찰을 통해서이다. 다른 말로 하자면, 인간의 자기 지각과 결부되어 있는 강한-자아, 지속성과 일관성이라는 것은 근대 심리학이 도달한 인식에 들어맞지 않는다는 것이다. Franz Mons의 그림형상 "SELBST"는 스스로 분열되어 있으면서도 서로 연결되어 있는 전체로서의 인간 자아를 보여준다. 간단히 말해, 스스로 모순에 가득 찬 통일체로서, 인간 진화의 깊은 층으로까지 뻗어있는 - 프락투어로 쓰여진 철자 'E'가 상징하듯 - 원시적(archaisch) 뿌리를 보여주고 있는 것이다.

이쯤에서 첫 번째로 지금까지의 이야기를 정리해본다면 이렇게 말할 수 있을 것이다. Mon에게서 문자의 의미론은 환원과 탈 경계의 전범에 따라 기능한다. 그 둘 사이에서 새롭고도 예상치 못했던 시적 가능성이 매우 넓은 스펙트럼으로 펼쳐져 나간다. 환원이란 관습적 의미론의 전복, 구문의 해소, 문자의 원초적 구조에의 집중, 상징과 메타포의 유예, 운율과 운문의 포기이다. 탈경계란 단어의 의미를 철자문자를 통해서, 텍스트의 연관관계를 타이포그래프적 해소를 통해 시각화시킨다는 것을 의미한다.

"STiLLE"라는 제목을 달고 있는 다음의 단어형상에서는 또 다른 요소가 등장한다.

그림 4 Franz Mon: STiLLE

여기에서는 'Still(고요함)'이라는 구체적인 단어의 의미가 글자 그대로 그 명사의 '멈춤(Still-Stellung)'이 라는 단어 연결의 형태로 전이되어 있다. 열차 차량들이 서로 연결되어 있다는 의미에서의 단어의 연결이라고 말할 수 있을지도 모른다. 'STiLLE'가 'STiLLE'와 맞닿고 두 단어가 서로를 연결하고, 서로 떨어질 수 없이 결합되어 방식으로 멈추어져 있다 (still gestellt). 여기에서 이것은 특별한 방식으로, 다시 말해 일반적 알파벳 읽기 방향과는 반대로, 오른쪽에서 왼쪽 혹은 왼쪽에서 오른쪽으로 일어나고 있으며 게다가 철자방향 자체가 역전된 형태이다. 달리 말하자면 단어가 문자적 기호를 수단으로 자기 자신의 대상이 됨으로써 언어적 표면이 파괴되고 있는 것이다. 이 문자그림에서는 언어가 지닌 전달이라는 전통적 성격이 해소되고 그 성격이 변화하여 낯선 연관 속에서 새롭게 형성된다. 그와 더불어 변화하는 것은 언어가 지닌 전달의 성격만이 아니다. 언어와 더불어 시라는 매체 역시 변화한다. 여기에서는 '팔린드롬(Palindrom)'[1] 같은 텍스트적 이중 대응이 생겨난다. 이 겹친 단어는 오른쪽으로도 왼쪽으로도 읽을 수 있으며 그 중앙에 단어의 내용적 의미의 시각적 표현이 자리잡고 있다. 이것이 구체시의 형태들과 구분된다는 것은 오이겐 곰링어의 시 "Schweigen"의 사례에서도 알 수 있다.

schweigen	schweigen	schweigen	
schweigen	schweigen	schweigen	
schweigen			schweigen
schweigen	schweigen	schweigen	
schweigen	schweigen	schweigen	

그림 5 Eugen Gomringer: schweigen

여기에서도 'Stille(고요함)'의 의미를 둘러싼 시적 유희가 행해지고 있지만, 이 유희는 오늘날과는 다른 매체적 시대의 소산물이다. 이는 아날로그적 문자형태의 전통에 속한다. 그런 아날로그적 문자 형태의 예술적 포인트는 'schweigen(침묵)'이라는 핵심어를 생략함으로써 이루어진다. 여기에서도 침묵에 대해 말하는 것이 아니라, 단어들의 반복과 생략의 간결한 척도로 구성된 컨스텔레이션을 통해 침묵이 존재의 집적 상태로 제시되고 있다. 곰링어 역시 지칭된 사태와 그를 지칭하는 단어가 분리되어 따로 노는 대신 서로를 표현하는 가시적 구조를 만들어내려 했다. 곰링어와는 1살 차이인 프란츠 몬의 방법은 디지털 형상화의 가능성에 의해서 생겨난 것이다. 그는 자신의 단어형상물에 다양한 타이포그래피, 프락투어 외에, 벱보, 보도니, 푸투라, 길, 헬베티카, 노바레제, 옵티마, 록웰 트라얀, 우니버스 등 – 를 사용할 뿐 아니라, 다양한 시각 효과를 가능케 해주는 프로그램을 활용해 문자형상을 만든다. 그를 통해 디지털 방식으로 제작된 단어 이데오그램이 생겨난다. 그것은 높은 수준의 시적 유희능력을 갖추고 깊은 의미론적 구조들을 발산시킬 수 있다. 이는 다음 사례에서 잘 드러난다.

제목을 모르더라도 우리는 이것이 철자들로 만들어진 타이포그래피적 형상으로 특별한 구조적 전범, 곧 식물이나 꽃 혹은 꽃봉우리 형태를 하고 있다는 것을 알아볼 수 있다. 철자들을 해독하려는 사람은 – 위에서부터 – 작은 i 하나, 두 개의 P, 서로 맞물려 있는 두 개의 S, O, A, N, 그리고 또 하나의 S, U, 옆으로 누워있는 B와 E, 그리고 U, M, L 을 볼 수 있다. 자세히 들여다보면 이 단어형상의 아랫부분이 윗부분과 연결되어 있지 않음을 알 수 있다. 옆으로 누워있는 B도 U도 그 옆에 있는 다른 철자들 – S와 A – 과 미세하지만 분명하게 서로 떨어져 있다. 그래서 이 단어 형상의 아랫부분은 그 자체 독립적 단위로 읽을 수 있다. 이것은 B, E, U, M, L의 철자로 이루어진 아나그램으로 우리는 어렵지 않게 그로부터 BLUME (꽃)이라는 단어를 읽어낼 수 있다. 철자조합에 익숙한 사람이라면 위에 있는 철자들 – i, P, S, S, O, A, N, S – 에서도 PASSIONS(고난)를 해독해낼 수 있다. 이 두 부분으로부터 PASSiONSBLUME(고난의 꽃)라는 단어형상이 나오게 된다.

프란츠 몬은 이러한 단어형상들을 통해 20세기 문학–예술 아방가르드 전통의 연장선에 서 있다. 유럽, 특히 독일의 문학–예술 아방가르드가 처해 있던 역사적 컨텍스트는 '언어위기'와 '미적 반항'으로 특징지을 수 있다. 1900년경 언어 혹은 표현의 위기는 비인 모더니즘에서 가장 뚜렷하게 드러났다. 1901년과 1902년 3권으로 출간된 Fritz Mauthner의 <언어비판논고(Beiträge zu einer Kritik der Spache)>가 그 위기의식의 이론적 정점이었다면, 역시 1902년에 출간된 Hugo Hoffmannsthal의 에세이 <편지 Ein Brief>는 그 시

그림 6 Franz Mon: PASSiONSBLUME

학적 정점이었다.

그 위기의식은 언어라는 수단으로 실제를 다룰 수 있다는 생각과의 절연이었다. 20세기 초 문학적 아방가르드는 그러한 위기의식에 급진적인 예술 표현을 부여함으로써 가세하였다. 그들이 급진적이었던 이유는 언어라는 수단뿐 아니라 문자라는 전통적 의미론의 관습까지도 의문시하였기 때문이었다.

그 사례로 크리스티앙 모르겐슈테른이 1905년 <Galgenlieder (단두대 노래)>에 실어 발표했던 시 "Fisches Nachtgesang"(물고기의 밤노래)를 들 수 있겠다. 여기에서 실제와 언어와의 관계는 패러디적 상응관계로 표현되어있다. 그것은 언어 뿐 아니라 타이포그래피와 그 형태, 나아가 모르겐슈테른이 이 시에 부여했던 아이러니적 해석과도 관련되어 있다. 그는 이를 "가장 깊은 독일 시Das tiefste deutsche Gedicht" 라고 불렀다. 여기에서 '깊은'은 '바다가 깊다'와 '깊은 의미(Tief-sinnigkeit)'라는 이중적 의미로 이해된다.

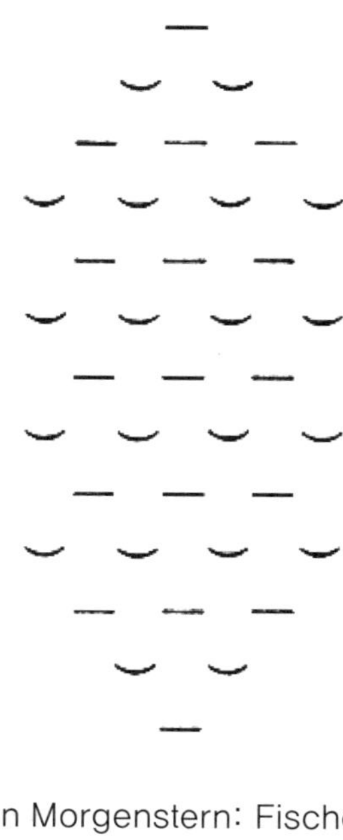

그림 7 Christian Morgenstern: Fisches Nachtgesang

또 다른 사례는 1916년 발표된 후고 발의 음성시 "카라반“으로, 이 시의 매력은 그 대상의 청각적 탈경계화 방식에 있다. 이 시의 최초 인쇄본은 시에 포착된 역동성의 자율적 성격을 강조하기 위해 매 행을 서로 다른 타이포그래피로 인쇄하였다. 이를 통해 독립적으로 존재하는 카라반의 운동이 타이포그래피적으로 시 전체에 걸쳐 흐르고 있다. 이것은 카라반(隊商)의 리듬을 청각적 음성으로 번역하려는 시도이다. 그를 위해 모음과 자음을 유희적으로 결합시키고 리듬화(Rhythmisierung)시킴으로써 독자적인 표현을 부여하려 하였다. 이것이 글자 그대로의 의미에서 음성, 모음과 자음의 리듬화가 관건인 음성시(Lautgedicht)이다. 여기서 리듬은 문법적 관습, 구문과 의미들을 변형시키며, 문자는 그 자체가 운동이 된다.

KARAWANE

jolifanto bambla ô falli bambla
grossiga m'pfa habla horem
égiga goramen
higo bloiko russula huju
hollaka hollala
anlogo bung
blago bung
blago bung
bosso fataka
ü üü ü
schampa wulla wussa ólobo
hej tatta gôrem
eschige zunbada
wulubu ssubudu uluw ssubudu
tumba ba- umf
kusagauma
ba - umf

그림 8 Hugo Ball: Karawane

그 외에도 이러한 사례는 많다. 다다에서 초현실주의, 소음주의 Bruitismus 에서 구체시, 메르츠 미술에서 개념예술에 이르기까지 현실주의적 방법의 한계와 세계에 대한 시적 묘사 가능성의 경계를 그 세계의 구조들을 시각 혹은 청각적으로, 이데오그램이나 픽토그램으로 전이시킴으로써 극복하려는 시도가 이루어졌다. 이러한 전통 속에서 늘 새로운 방식을 시도했던 예술가들의 계보는 한스 아르프, 만 레이에서 라울 하우스만과 쿠르트 슈비터스를 거쳐, 프란시스 피카비아와 마르셀 뒤샹, 요세프 코수스, 로렌스 바이너에 이른다. 프란츠 몬은 이 전통 속에서도 특별하다. 그의 최근 작업들을 앞에서 언급한 시각시 또는 음성시와 비교해보면 다음의 사실이 분명해진다. 그의 작업에서는 오늘날 최고의 기술적 기준, 다시 말해 문자의 디지털화를 수단으로 한 언어유희적이며 예술적인 표현이 등장한다는 것이다.

그림 9 Blüte Passionsblume - passiflora caerulea

"PASSiONSBLUME" 로 다시 돌아가 보자. 첫눈에 보기에 이것은 크리스티앙 모르겐슈테른과 후고 발에게서와 같이 일종의 모상-미학에 다름 아닌 것처럼 보인다. 말하자면 원상(Ur-Bild)이 유희적 방식으로 문자로 번역되어 변화된 것으로, 그러니까 '수난화'의 외적 모습이 철자문자 'PASSiONSBLUME'로 번역된 것으로. 하지만 자세히 들여다보면 우리는 이보다 훨씬 많은 것을, 이 단어형상이 위치하고 있고 또 그로부터 도출되어 나오는 컨텍스트를 보게 된다. 'Passionsblume'라는 단어는 'Passion'과 'Blume'라는 단어의 합성어이다. 프란츠 몬의 문자형상에서 강조한 의미론적 측면은 'Passion', 곧 '수난'이다. 기독교 문화는 'passiflora caerulea'라는 식물의 꽃봉오리에서 예수 그리스도의 수난을, 곧 가시 면류관, 상처, 손에 박힌 못과 채찍을 보았다. 그래서 이 식물은 지금까지도 'passiflora incarnata', 다시 말해 마치 그리스도처럼 '육화된 꽃'이라고 불렸다. 프란츠 몬은 철자들을 디지털 방식으로 연결할 때 이 고난이라는 차원에 집중해 마치 조각에서처럼 이를 강조함으로써 특별한 의미론을 표현하고 있다. 그의 "PASSiONSBLUME"는 우릴 경악하게 하면서도 아름다운 가시 면류관의 아우라를 지니고 있다고 말할 수 있을 것이다.

여기서 말한 아우라적 차원을 지각하기 위해 이 꽃의 실제 모양이나 기독교적 전승의 연관들을 반드시 알아야 하는 것은 아니지만, 그것들은 현존하며 몬은 그를 의식적으로 활용한다. 다시 말해 그는 결코 임의적 규칙에 따른 유희를 하는 것이 아니라 의미론을 해명하는데 기여하는 문화사, 정신사 컨텍스트를 끌어들이고 있다는 것이다.

"PASSiONSBLUME"의 경우에는 그에 대한 일종의 탐정 같은 추적이 필요하지만 다음 사례에서는 그렇지 않다. 이것은 다양한 의미론적 질을 서로 연결시키고 있는 단어형상 'TOT(죽음)'이다. 이것은 위에서 본 "STiLLE"에서처럼 두 번 등장하는 TOT이라는 단어의 멈춤 Still-Stellung이다. 위-아래-오른쪽-왼쪽에 위치한 철자T가 마치 관처럼 전체를 에워싸고 있고, 기독교의 핵심 상징이자 고난과 동시에 구원을 의미하는 십자가가 강조되어 있다. 그 십자가 두개를 철자 O가 둘러싸고 있는데, O는 Ω(오메가)로 그리이스 알파벳에서 24번째 마지막 철자이다. 그것은 끝을, 그와 더불어 죽음을 지시하고 있다.

루드비히 비트겐슈타인의 <철학논고>(445절)에는 "언어에서 기대와 충족이 서로 만난다"라고 쓰여 있다. 문자의 기술적 측면과 미학적 측면에 동시적으로 집중하고 있는 프란츠 몬의 단어형상은 언어가 갖는 이러한 성질의 효과로 이해할 수 있을 것이다. 그의 단어형상은 텍스트와 그림, 단어와 조각, 문학과 회화 사이의 경계를 지양시키는 디지털 시대 미학의 표현이다. 문자의 의미론에서 예술이 생성되고 그것은 마법[2]을 향해 나아간다.

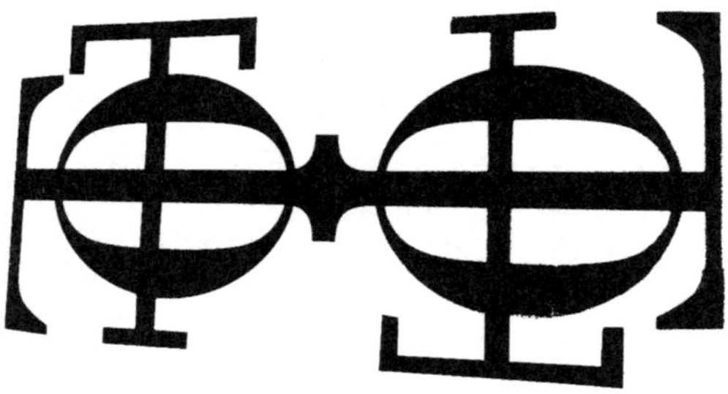

그림 10 Franz Mon: TOT

(번역 : 김남시)

주석

1 여러 방향으로 읽어도 동일한 단어나 문장.

2 "문자는 예술과 마찬가지로 마법이며 제대로 사용한다면 예견할 수 있는 결과를 일으킬 수 있다" Powell. 30.

02

문자 형상성
문자와 그림의 대립을 넘어서

.. 김남시

1 문자와 그림의 대립에 대한 문제제기

마그리트의 유명한 작품 <이것은 파이프가 아니다>에 대한 분석에서 미셸 푸코는 15세기 이후 20세기에 이르기까지 서양의 그림은 두 가지 주요 원리에 의해 지배되어 왔다고 말한다. “유사하다”는 것을 곧바로 “재현관계”와 동일시하는 유사의 원리가 그 첫번째라면, “형상적 재현”과 “언어적 지시”를 분리하는 것이 그 두번째 원리이다. 형상적 유사를 곧바로 재현관계와 동일시하는 첫째 원리는 “유사하다는 사실과 재현적 관계가 있다는 확인 사이의 등가성을 제시한다. 하나의 형상이 어떤 것(혹은 어떤 다른 형상)과 닮으면 그것으로 충분하게 회화의 게임 속으로 ‘당신이 보는 것은 바로 이것이다’라는 분명한, 진부한, 수천 번 되풀이된 그러나 거의 언제나 말이없는 언표가 끼어들어 온다.”[1] 이러한 유사원리에 따른 지각 방식은 이미지와 대상이 갖는 다양한 관계들을 “모상적 재현 ikonische Repräsentation”이라는 일의적 관계로만 환원시키고, 그를 통해 “제1의 참조물/최초의 근원”과 “재현된 것” 사이에 위계적 질서를 만들어냄으로써 이미지/그림이 갖는 존재론적 독자성을 부정하게 한다.[2] 푸코에 의하면 마그리트의 작품은 일차적으로 이 유사의 원리에 대한 문제제기이다. 작품에 쓰여진 "이것은 파이프가 아니다 ceci n'est pas une pipe"라는 언명은 "이것은 파이프가 아니라 사물로서의 파이프에 대해 다양한 방식으로 관계 맺는 파이프의 이미지이다"라고 말하면서, 그려진 파이프의 이미지를 곧바로 사물로서의 파이프에 대한 '재현'이라 확언하는 오래된 관습적 지각에 제동을 거는 것이다.

하지만 이에 못지않게 마그리트의 작품이 문제 삼는 것은 서양의 그림을 지배해왔던 또 다른 원리 곧, "조형적 재현(유사를 함축한다)과 언어적 지식(그것을 배제한다) 사이의 분리를 단언"[3]하는 원리이다. 시각적 재현을 통한 대상의 모방을 통해 대상과 관계하는 이미지와 대상에 붙여진 이름을 지시함으로써 대상과 관계하는 문자 또는 텍스트를 본질적으로 구분하는 이 원리는, 그림이 대상을 "보여주는" 것이라면 문자/텍스트는 그 대상을 "의미"한다고 여기고, 이미지는 '보는 대상'으로, 문자/텍스트는 '읽는 대상'으로 규정한다. 푸코의 분석에 따르면, 파이프의 이미지 뿐 아니라 그 아래 "Ceci n'est pas une pipe"라는 언명을 함께 담고 있는 마그리트의 작품은 이 뿌리 깊은 구분에 대한 도전이다. 왜냐하면 작품 속 이미지와 동일한 재료(물감)로, 그 이미지를 그린 동일한 붓으로 캔버스 표면 위에 남겨진 길고 짧은 선, 점, 곡선 등으로 이루어져 있는 "Ceci n'est pas une pipe"는, 그를 통해 생겨난 가시적 형태를 통해 보여지는 시각적 대상물이라는 점에서 우리가 통상 이미지라 부르는 것과 동일한 존재론적 위상을 갖기 때문이다. 이것은 읽혀지면서 동시에 보여지는, 아니 읽혀지기 위해서는 먼저 보여져야 하는 "문장이자 동시에 이미지"인 것이다. 이러한 점에서 푸코는 마그리트의 이 작품이 "서양 알파벳 문명의 가장 오래된 대립들, 그러니까 보여주기와 이름붙이기, 그리기와 말하기, 복제하기와 분절하기, 모방하기와 의미하기, 바라보기와 읽기라는 대립을 놀이로 지워버리려"[4] 한다고 평가한다.[5]

그런데, 그림과 문자, 그리기와 말하기, 보기와 읽기라는 이 오랜 대립[6]에 대한 문제제기는 사실 마그리트 이전, 20세기 초의 많은 작가나 예술가들에 의해 이루어졌다. 예술적 아방가르드, 그 중에서도 다다의 철자시[7], 말라르메나 기욤 아폴리네르의 칼리그람, 2차대전 후 독일에서 시작된 구체시 등의 시도들에서 문자는 '읽혀지는 대신 보여지는' 대상(라울 하우스만의 플랭카드 시)으로, 혹은 '보여지면서 동시에 읽혀지는' 대상(아폴레네르의 칼리그람, 구체시)으로 등장한다. 다른 한편 조르쥬 블라크 (Fruitdish and Glass, Still Life with a Pair of Banderillas, Summer, 1911년 등)나 피카소의 콜라쥬 작품들(Pigeon avec des petits pois, 1911년)에서 보듯, 회화가 전통적인 재현의 원리에서 벗어나기 시작하던 시기와 맞물려 이전까지 그림과 대립되는 것이라 여겨져 왔던 문자는 보는 대상으로서의 회화의 표면에도 출현하게 되었다. 이처럼 "그림을 문자로 보고, 문자를 그림으로 파악"하고, "그림을 '쓰고', 문자를 '그리는 것'은 20세기 예술의 핵심 원리"[8]의 하나로 추구되었고, 그 속에서 그림과 문자, 이미지와 텍스트는 전통적 대립 관계와는 다른 새로운 관점에서 고찰되기 시작하였다.

주목할 만한 사실은, 문학과 미술 등의 예술분야에서 제기된 이러한 시도가 인문학 내부에서 문자와 그림, 이미지와 텍스트 사이의 대립에 대한 이론적 반성 작업들로 이어지게 되었다는 것이다. 그것은 크게 두 가지 방향으로 이루어졌는데, 하나는 문자/텍스트를 언어적 의미의 2차적 재현이라고만 여기는 기존의 언어학적 문자개념을 비판적으로 고찰하면서 문자의 개념을 확장시키려는 흐름이며, 다른 하나는 이러한 언어학적 문자개념으로 인해 이전까지 간과되어 왔던 문자/텍스트의 가시성과 공간적 시각성에 주목하는 흐름이다. 1960년대 초 언어학자 이그네이스 겔브 I. Gelb의 *A Study of writing. A discussion of the general principles governing the use and evolution of writing* (1963)에 의해 기존의 협소한 언어학적 문자 개념이 일반적인 문자현상들조차 포괄하지 못한다는 사실이 지적된 이후, 프랑스의 선사 인류학자 르루와 구랑 André Leroi-Gourhan은 *Le Geste et la Parole* (1964/1965)을 통해 인류의 진화 과정과 선사시대 문명들을 분석하면서, 손의 언어로서의 문자가 발생론적으로도 음성언어에 앞서있을 뿐 아니라 그 출발에서부터 이미지적인 그래피즘에서 시작되었음을 밝혔다. 르루와 구랑의 책으로부터 결정적인 영향을 받은 자크 데리다 Jacques Derrida의 <그라마톨로지> 이후 확장된 문자에 대한 이해에 기반하여 영미 쪽에서는 로이 해리스 Roy Harris[9], 독일어권에서는 지빌레 크레머 Sybile Krämer[10] 등에 의해 기존 문자개념이 포착하지 못하던 언어적 의미만으로 환원되지 않는 다양한 문자적 현상과 측면들에 대한 연구가 이루어져왔으며, 지금도 계속 이루어지고 있다. 이 연구들은 공통적으로 그림과 문자에 대한 전통적 구분은 물론, '보는 것'과 '읽는 것', '재현하기'와 '의미하기'라는 오래된 구분을 넘어서는 패러다임의 전환을 요구한다.

이 글은 그림과의 대립 속에서는 간과되어 왔던, 문자/텍스트가 지니는 가시적, 공간적 시각성에 주목, 언어적 의미를 넘어서는 그 의미화의 가능성을 모색하는 이 최근의 논의들을 소개하고 그것이, 이 대립에 근거해 해석, 이해되어왔던 지금까지의 미술 및 문학 전반에 새로운 관점을 제시해줄 수 있음을 주장할 것이다.

2 언어학적 문자개념의 한계

<일반언어학 강의>에서 소쉬르는 언어와 문자의 관계에 대해 다름과 같이 이야기한다.

> "언어와 문자 체계는 두 개의 구별되는 기호체계이다. 후자의 유일한 존재 이유는 전자를 대리표기(representer)하는 데 있다. 언어학의 대상은 쓰인 낱말과 발음된 낱말의 결합이 아니다. 발음된 낱말 하나만이 언어학의 대상이다. 그러나 발음된 말의 영상에 불과한 쓰여진 말

은 이와 너무 밀접하게 섞여 있어 결국 주된 역할을 빼앗아버리고 만다. 사람들은 음성기호의 표기를 이 기호 자체만큼 또는 그 이상으로 중요시한다. 이것은 마치 어떤 사람을 알기 위해서는 실물을 보는 것보다 사진을 보는 것이 더 낫다고 생각하는 것과 같다."[11]

소쉬르에게서 문자의 유일한 존재 이유는 '언어를 표기'하는 것이다. 문자란 '발음된 말의 영상'에 불과하며 실물이 아닌 그 실물의 '사진'에 비유된다. 문자란 "단지 시각적인 표지에 의해 언어를 기록하는 방식 merely a way of recording language by means of visible marks"이라고 정의한 블룸필드[12]를 거쳐 주류 언어학의 근본 전제[13]로 받아들여진 이러한 문자 개념은 이후 언어학 뿐 아니라 문학 및 관련 인문학 분야에까지 광범위하게 영향을 끼쳐왔다.[14] 문자가 단지 언어를 기록하는 2차적 기호라고 정의된다면, 문자는 그것이 전달하는 언어적 내용 외에는 어떤 독자적 의미화에도 기여하지 않을 것이다. 이러한 생각으로부터 소쉬르는 다음과 같이 말한다.

"기호의 생산 수단은 전혀 문제가 되지 않는데, 이는 체계와 아무 상관이 없기 때문이다… 문자를 흰색으로 쓰건 검은색으로 쓰건, 음각으로 하건 양각으로 하건, 펜으로 쓰건 끌로 파건, 그 의미에는 아무 상관이 없다는 것이다."[15]

텍스트에 대한 연구가 이러한 문자 개념에 입각해 있는 한, 그 연구는 문자를 통해 전달되는 언어적 내용에만 주목할 뿐, 그 텍스트가 어떤 표면에, 어떤 필기도구로 쓰여져 있는지, 글을 쓸 때 표면 공간을 어떻게 활용하였는지, 문자의 크기나 배열, 나아가 색깔 등은 어떠한지는 고려 대상으로 삼지 않을 것이다. 하지만 정말 문자, 나아가 문자를 통해 쓰여진 것은, 음성주의적 문자개념이 전제하듯, 언어적 내용으로 모두 환원될 수 있을까? 쓰여진 것이, 언어적 내용과는 독립적으로, 갖는 의미화(Signification)의 차원은 존재하지 않는 것일까? 그렇지 않다. 문자로 쓰여진 것에는 언어적 내용만으로 환원되지 않는 고유한 문자적 의미차원이 존재하며 그것은 음성주의적 문자이해를 벗어나 문자를 시각적인 공간적 관계 속에서 바라볼 때 비로소 우리에게 드러난다.

예를 들어 보자. 문학 장르로서의 시가 지니는 장점이자 매력은 시의 언어가 지니는 음성적 리듬과 운율에만 있는 것이 아니다. 시가 사람들에 의해 낭송되며 전승되던 구술문화에서와는 달리 눈으로 읽히는 것을 전제로 쓰여지는 현대시는, 표면공간에 문자를 배치하는 방식을 통해 시적 효과를 불러낸다. 이는 단어나 텍스트, 개별 철자들의 시각적 형태를 적극적으로 활용한 구체시나 형상시[16]의 경우에만 해당되는 것이 아니다. 이미 일반 시에서도 활자와 단어, 행과 행의 구분 등과 같은 문자의 시각적 배열은 그 시의 시적인 의미와 뗄 수 없이 결합되어 있다. 다음은 기형도의 시 "오래된 서적"의 한 대목이다.

내가 살아온 것은 거의
기적적이었다
<u>오랫동안 나는 곰팡이 피어</u>
<u>나는 어둡고 축축한 세계에서</u>
아무도 들여다보지 않는 질서
속에서, 텅 빈 희망 속에서

여기서 시인은 "오랫동안 나는 곰팡이 피어/나는 어둡고 축축한 세계에서 아무도 들여다보지 않는 질서"라는 문장을 둘로 나누어 서로 다른 행에 배치하였다. 이 문장을 행갈이 없이 기록한 경우와 비교해 보면, 표면 공간의 다른 위치에 문장을 잘라 배치함으로써 생겨나는 시적 의미가 분명하게 드러난다.

"오랫동안 나는 곰팡이 피어나는 어둡고 축축한 세계에서 아무도 들여다보지 않는 질서 속에서, 텅 빈 희망 속에서".

한 줄로, 선형적으로 배치된 위 문장에서 "피어나는"은 "곰팡이"라는 주어의 술어만으로 제한된다. 시인은 "피어난다"를 행갈이를 통해 서로 분리시킴으로써, 그를 연속해서 배열했을 때에는 생겨나지 않는 시적 이중성이 생겨나게 하였다. 단지 행을 분리시킴으로써, 곧 표면공간에 문자를 다르게 배치함으로써 이 문장은 1) "오랫동안 곰팡이가 피어", 2) "나는 어둡고 축축한 세계에서", 3) "곰팡이 피어나는 어둡고 축축한 세계"라는 최소한 세 가지 의미를 함축한다. "나란히 앞뒤 행으로 미끄러지면서 한 단어의 품사를 둘 이상으로 변형시키고 있는"[17] 이 문자의 시적 효과는 문자를 표면 공간의 다른 위치에 끊어 배치함으로써 생겨나는 것이다. 문자의 존재 가치가 그것이 재현하는 언어적 내용에만 있다고 보는 음성주의적 문자 개념을 고수한다면, 언어적 내용과는 독립적으로, 문자를 표면 공간에 배치하는 시각적 질서에 의해 생겨나는 이러한 의미화를 설명하기는 힘들 것이다. 그것은 그 문장 자체의 언어적 의미만으로 환원되지 않는 고유한 문자적 효과이기 때문이다.

또 다른 사례를 들어보자. 다음은 김수영 시인이 1966년에 발표한 시 "눈" 이다.

눈
눈이 온 뒤에도 또 내린다
생각하고 난 뒤에도 또 내린다
응아 하고 운 뒤에도 또 내릴까
한꺼번에 생각하고 또 내린다
한줄 건너 두 줄 건너 또 내릴까
廢墟에 廢墟에 눈이 내릴까

오늘날 우리에게 익숙한 가로쓰기의 형태로 읽는다면 이 시는 내용적으로도, 시적 표현에 있어서도 그리 특별할 것 없는 평범한 작품에 속한다. 그런데 사실 이 시는 발표 당시 세로쓰기로 쓰여졌다. 김수영 시인의 육필 원고를 보면 시인은 세로로 쓰여진 이 시의 행 간격을 "2배"로 할 것을 특별히 지시하고 있다.

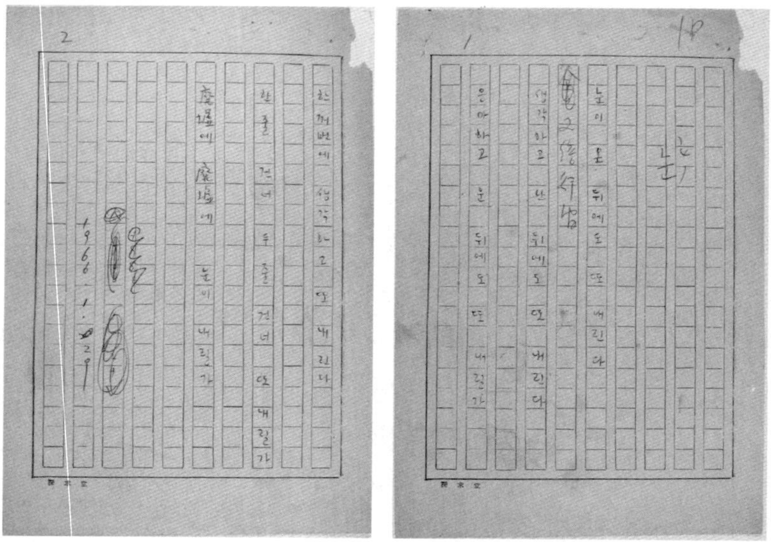

왜 그랬을까? 그것은 행 사이에 공백을 두고 세로로 쓰여졌을 때에야 비로소 시인이 의도했던 시적 효과가 생겨나기 때문이다. 이 시를 세로로 기록하게 되면 시인이 왜 이러한 공간적 배치를 요구했었는지 알 수 있게 된다.

여기에서 각 행들과 행 사이 공백은 일종의 수수께끼 그림(Verxierbild) 처럼 종이 표면 위에서 특정한 시각적 형상을 만들어낸다. 그것은 위에서 아래로 눈이 흘러내리는 시각적 이미지와 통한다. 이 시의 제목과 내용은, 문자를 특정한 방식으로 배치함으로써 생겨난 이러한 시각적 형상과 결합함으로써 비로소 전체적인 시의 의미로 피어나게 되는 것이다. 5행에서 "한 줄 건너 두 줄 건너 또 내릴까"에서는 '줄'과 '줄', 그리고 그 줄의 '건너'가 만들어내는 이러한 문자적 형상과 하늘에서 내리는 눈을 묘사하기 위해 시인이 선택한 언어가 서로 통일되어 있다. 말하자면, 이 시의 시적 의미는 시어의 언어적 내용만이 아니라 시의 문자들을 표면 공간에 특정한 방식으로 배치함으로써 생겨나는 시각적 형태를 함께 봄으로서만 비로소 온전하게 드러난다는 것이다. 그런데, 2003년 민음사에서 출간된 김수영 전집 1권에 이 시는 "현재의 맞춤법에 맞게" 가로 쓰기로 인쇄되었고 그를 통해 시인이 의도했던 이 시의 문자적 효과는 사라져버렸다. 소쉬르의 말처럼, 문자가 단지 언어의 재현이며, 문자의 유일한 존재 근거는 그 언어적 내용을 전달하는데 있다고 여긴다면 결국엔 동일한 내용의 문장을 세로로 쓰건, 가로로 쓰건 "그 의미에는 아무 상관이 없을" 것이다. 김수영 전집 편집자는 이러한 문자에 대한 생각을 공유하고 있었을지도 모른다.

3 쓰여진 형태와 문자 형상성

위 사례들은 언어학적 문자 개념이 전제하는 것과는 달리, 언어 내용과는 독립적인 문자의 의미 차원이 존재한다는 사실을 보여준다. 문자/텍스트는 가시적이라는, 말과는 다른 근본적인 특성에 근거해서 종이 표면 공간에 어떻게 배열되고 배치되는가 하는 다양한 시각적 질서를 통해, 언어적 내용으로 다 환원되지 않는 독자적인 의미 차원을 갖게 되는 것이다. 앞에서 언급한 로이 해리스 Roy Harris는 문자와 텍스트가 지니는 이러한 형상성과 시각적, 공간적 배열을 질서를 통해 생겨나는 "의미화 Signification'에 주목하는 대표적 이론가이다. 그는 이렇게 말한다.

"문자언어에 대한 전통이론에 따르면 문자기호는 그것이 재현하는 언어기호로부터 그 의미화 signification를 얻는다. 따라서 쓰여진 단어 "daffodil"은 말해진 영어에서 상응하는 단어의 의미에 정확하게 준하는 의미를 갖는 것으로 여겨진다. 이는 문자기호를 메타기호로 여기는 전통적인 (아리스토텔레스적) 이론에 부합하는 것이다. 이러한 입장은 '의미를 위해 읽는다 read for meaning', 다시 말해 읽기는 페이지에 펼쳐져 있는 표시들 marks로부터 구어적 의미를 뽑아내는 것이라고 믿도록 교육된 세대에게는 당연한 상식일 수도 있다. 하지만, 통합적 관점에서 보자면, 이러한 가정이 갖는 한 가지 문제점은 이것이 쓰여진 형태 written form [강조 필자] 자체가 쓰여진 기호의 의미화에 기여할 수 있는 가능성을 남겨두지 않는다는 것이다."[18]

해리스는, 쓰여진 "형태"가 쓰여진 것의 언어적 내용과는 독립적으로 특정한 의미화를 발생시키는 다양한 사례들을 언급하고 있는데, 사실상 이들은 이미 우리가 직접 생산하거나 접하면서 일상적으로 활용하고 있는 것들이다. 가장 쉽게 접할 수 있는 사례는 언어적 내용은 동일하지만 서로 다른 타이포그래피로 – 예를들어 Antiques와 ANTIQUES – 쓰여짐으로써 생겨나는 의미화[19]이다. 동일한 언어적 내용에 서로 다른 시각적 형태를 부여하는 타이포그래피는, 쓰여진 것의 언어적 내용과는 독립적으로 쓰여진 것에 특정한 의미 signification를 부여한다. 이는 문자가 언어적 내용 이전에 먼저 가시적으로 보아야 하는 시각적 대상이기에 생겨나는 것이다. 다양한 타이포그래피가 주는 연상과 의미화는 오늘날 수많은 온, 오프라인 상의 홍보 매체들에서 활발하게 활용되고 있다.

타이포그래피 만큼이나 일상적으로 활용되고 있지만 우리가 잘 의식하지 못하고 있는 다른 사례는 표면에 문자/텍스트가 쓰여지는 순서이다. 예를 들어 여러 명의 인명을 언급해야 하는 텍스트의 경우 그들을 어떤 순서로 배열할 것인가가 문제가 되는데, 이 경우 우리는 텍스트 자체에는 명시화되지 않는 사회적 규범이나 질서를 따른다. 회사나 기관 같은 조직의 경우에 조직 내의 서열과 직급에 따라 인명을 배열하는 경우가 그것이다. 여기에서 쓰여진 인명의 순서[20]는, 쓰여진 것의 언어적 내용과는 독립적으로 그 조직의 위계질서나 서열을 가시화시키는 쓰여진 '형태'인 것이다. 이처럼 쓰여진 '형태'를 통해 위계질서가 가시화되는 것을 의도적으로 거절할 경우 사용되는 '무순(無順)' 또는 '가나다 순'의 방법 또한 문자의 특정한 배열과 배치에 의해 드러나는 의미화가 존재한다는 것을 역설적으로 보여주는 사례다.

편지 봉투나 책 표지, 나아가 본문 등에 쓰여진 문자의 형태와 크기, 위치 등은 쓰여진 형태가 문자의 언어적 내용과는 독립적으로 중요한 의미화에 참여하고 있다는 사례들이다. 누군가에게 보내는 편지봉투에 주소를 기입할 때 우리는 수신자의 이름과, 그가 거주하는 국가, 도시, 주거지를 서로 다른 행에 크기를 달리해 기입함으로써 그들을 서로 구별할 수 있게 한다. 문자를 기입하는 그러한 시각적, 공간적 질서에 따라 우리는 우리에게 낯선 나라의 경우에도 도시와 국가, 주거지를 서로 구분하여 '읽을' 수 있게 되는 것이다. 나아가 책의 속표지에 쓰여진 많은 문자/텍스트들을 책의 제목과 부제, 저자 또는 역자의 이름, 출판년도와 출판사, 출판 장소 등으로 구분할 수 있게 해주는 것 역시 그것들이 쓰여진 위치나 순서, 크기 등의 공간적 질서이다. 이런 공간적 질서를 의도적으로 전복시키는 책 디자인들이 가능한 것도, 문자가, 지시 또는 재현하는 언어적 내용과는 독립적으로 그 시각적, 공간적 질서를 통해 발휘하는 의미의 차원을 가지고 있기 때문이다.

독일의 철학자 지빌레 크레머는 해리스가 "쓰여진 형태"라는 단어로 포괄하려는 이러한 독자적인 문자 현상들의 의미 차원을 "문자형상성 Schriftbildlichkeit"이라는 개념을 통해 설명한다. '문자형상성' 개념은 해리스의 "쓰여진 것의 형태"보다 더 포괄적인데, 그것은 여기에 문자/텍스트가 그 시각성에 근거해 만들어내는 독자적 의미차원 외에 그 인식적, 인지적 차원이 포함되어 있기 때문이다. 예를 들어 수학 기수법 Notation은, 추상적 개념을 가시화시키는 서로 다른 방식이 그 개념의 인지적 취급에 얼마나 큰 영향을 끼치는지 잘 보여준다. "19798"과 "16601"이라는 두 숫자를 합산하는 인지적 활동을 행한다고 가정해보자.

로마자 ("MMMMMMMMMMMMMMMMMMMDCCXCVIII" + "MMMMMMMMMMMMMMMMDCI") 표기나 한글 ("일만구천칠백구십팔" + "일만육천육백일") 표기, 나아가 아라비아 숫자 ("19798+16601") 표기는 실상 동일한 대상 – 추상적인 수 – 에 대한 서로 다른 표기에 다름 아니다. 다시 말해 여기 사용된 표기 체계가 대상을 재현 혹은 지시하는 목적만 갖는다고 한다면 이 표기들은 모두 동일한 수행하고 있는 것이다. 그런데, 합산을 할 때 이 표기들은 대상의 재현 기호로서 보다는 합산이라는 인지활동을 가능하게 하는 인지적 도구로 기능한다. 그러한 인지적 도구로서의 "작동성 Operationalität" 이라는 측면에서 볼 때 아라비아 숫자, 로마자, 한글이라는 다른 표기 체계는 커다란 차이를 갖는다. 나아가 아라비아 숫자로 표기했을 경우에도 그를 표면 공간에 가로로 배열하는 것("19798+16601")과 아래와 같이 세로로 배열하는 것

19798
16601

사이에도 큰 차이가 있다. 이 특정한 문자적 질서는 우리로 하여금 두 숫자의 관계(만, 천, 백, 십, 일의 자리수)를 좀 더 쉽고 빠르게 확인하게 하고 그를 통해 훨씬 쉽게 합산이라는 인지활동을 할 수 있게 하기 때문이다.[21] 이처럼 대상을 표기하고, 공간에 배열하는 방식, 곧 문자적 질서는 사유와 인식 활동의 중요한 수단이기도 하다. 아라비아 숫자와 세로식 배열은 그와는 다른 문자적 질서보다, 그를 수단으로 벌이는

인지활동에 훨씬 더 큰 도움을 준다. 다시 말해 문자는, 음성주의적 문자이해와는 달리 언어를 고정시킨 기호가 아니라, 표면 공간의 다층적 배열을 통해 사유와 인식을 도와주는 작동적 operative 도구이기도 하다는 것이다.

정도의 차이는 있겠지만 모든 문자는, 단지 말을 기록하는 수단이기만 한 것이 아니라 눈에 보이지 않는 추상적 아이디어와 개념을 서로 연결, 발전시킴으로써 새로운 인식에 도달하기 위한 인지적 도구로 기능한다. 화학 기호식은 눈에 보이지 않는 화학 원소들 사이의 관계를 표면 공간의 시각화된 관계를 통해 가시화할 수 있게 해줌으로써 새로운 원소 결합의 가능성을 발견하는데 필수불가결하다. 순간적으로 떠오른 아이디어나 생각을 기록하거나 그를 발전시키는데 활용하는 메모 혹은 스케치[22], 혹은 마인드 맵은 문자적 질서가 갖는 이러한 인지적 도구로서의 성격을 잘 보여주는 사례들이다. 이를 통해 눈에 보이지 않는 추상적 개념이나 아이디어를 시각화시키고, 이들을 표면 공간에서의 배열을 통해 다양하게 관련시켜 봄으로써 우리는 새로운 아이디어나 인식을 얻게 되기 때문이다. 이러한 쓰기의 테크닉에서 중요한 것은, 그것이 재현하거나 지시하는 완성된 내용이 아니라, 인지적 대상들을 사물처럼 다루는[23] 쓰기의 과정을 통해 얻어지는 인지활동 과정이다.

이러한 사정을 염두에 두고 예를 들어 학술논문과 같은 학문적 텍스트를 고찰해보면 그 텍스트의 구성 요소들 – 띄어쓰기, 대/소문자 구분, 쉼표, 따옴표, 제목과 본문, 각주의 구분 등등 – 이 하고 있는 기능역시 이러한 문자형상성이라는 관점에서 이해할 수 있게 된다. 한 텍스트에서 단어와 문장 사이에 존재하는 공백(띄어쓰기)이나 대/소문자 구분(유럽어의 경우)은 각 문자 단위들의 문법적, 의미론적 차이들을 시각화시키고 그들 사이의 관계를 보여주기 위해 사용되는 문자적 현상들이다. 따옴표, 문단 구분, 이탤릭체나 밑줄 등을 통한 강조, 각주 등 역시 말을 기록한 것이 아니라 "개념적 사태들, 문법적 범주화, 사유들 사이의 관계, 논증 구조들"을 2차원적 공간 배열을 통해 가시화시키고 있는 것이며, 그러한 점에서 이것은 "그 자체로는 우리의 감각에 드러나지 않는… 이론적 실재 Entität와 추상적 대상들을 시각화"[24] 시켜주는 문자적 산물인 것이다. 텍스트에 사용되고 있는 이러한 공간적 질서들은 우리가 텍스트를 읽고, 이해하는 데 필요 불가결한 요소들이지만, 음성언어에 상응하는 대응물을 갖지 않는 고유한 문자적 현상들인 것이다.

4 읽기와 보기

위에서 살펴본 다양한 사례들은 문자/텍스트가 단지 언어적 내용과는 독립적으로, 개별 철자들의 '형태', 표면 공간에 배열하는 순서와 크기, 텍스트의 시각적 구조 등을 통해 중요한 의미화에 기여하고 있다는 사실을 말해준다. 이렇게 본다면 이제 '읽는다'라는 행위의 의미는, 전통적인 방식과는 다르게 정의되어야 할 것이다. 하나의 텍스트를 '읽는다'라는 것은 단지 쓰여져 있는 문자들을 음성 언어로 번역하여, 이미 알고 있는 언어의 사전적 의미에 따라 이해하는 것이 아니라, 텍스트 표면 공간에 다양한 방식으로 배열, 배치됨으로써 생겨나는 문자적 질서를 함께 '바라보는' 것이다. 우리는 텍스트 공간 내 특정 위치에 배치되고 다른 문자보다 크기가 큰 문자는 다른 문자들과는 다른 위상을 지닌다는 것을, 본문과는 다른 위치에, 예를 들어 아래쪽에 그보다 작은 글씨로 쓰여진 문자들은 본문의 문자들과는 다른 방식으로 관계 맺고 있다는 것을, 나아가 이탤릭체 문장이나 단어는, 그렇지 않은 다른 문자들과는 다른 지위를 갖는다는 것을 함께 '보면서' 읽어야 한다. 쓰여진 텍스트를 지배하고 있는 이러한 문자적 질서와 원리들, 그것이 우리에게 전달해주는 정보나 의미들을 이해하지 못한다면, 우리는 쓰여진 것의 개별 언어적 내용들은 이해하더라도 그 텍스트가 담고 있는 사유구조를 이해하지 못할 것이다.

텍스트의 이해가 텍스트에서 활용되고 있는 문자/텍스트 고유의 시각적, 형상적 질서를 전제한다는 사실은, 무엇보다 다차원적 문자 질서를 지니는 텍스트의 경우 더욱 분명하게 드러난다. 예를 들어, 한자와 히라가나, 가타가나, 알파벳, 나아가 루비 같은 다양한 형태의 문자가 동시에 등장하는 일본어 텍스트를 이해하려면 개별 문자들을 음성 언어화하는 것 만으로는 부족하다. 그를 위해서는 텍스트의 문자적 질서 - 예를 들어 가타가나는 외래어나 외국인 인명을 지칭하는데 사용되는 문자로 음독의 지칭이라는 것, 한자 위에 작게 쓰여진 히라가나는 그에 대한 일본어식 음독이라는 사실 등 -를 읽어낼 수 있는 능력이 요구된다. 텍스트의 이해는 문자의 언어적 의미와 문자적 질서의 의미론 양자에 대한 이해를 전제한다는 이러한 사정은 예를들어, 방점(오코토점)이나 토(吐)등 본문 문자와는 다른 질서의 문자들이 삽입되어 있는 한문 텍스트나 한자를 다양한 방식 - 음독 또는 훈독 등 - 으로 읽어야 하는 구결 등의 경우에도 마찬가지로 적용될 것이다. 이렇게 본다면 문자는, 언어학적 문자개념이 가정하는 것과는 달리 언술적 언어를 선형적 linear 기호를 통해 고정시킨 것으로만 환원되지 않는다. 문자는 문자의 가시적 형태 또는 표면 공간을 다층적으로 활용하는 "공간배열 Raumkonstellationen"[25]을 통해 표면에 기입[26]되며, 바로 그를 통해 언어적 내용만으로 환원되지 않는 의미차원들을 갖게 되는 것이다. 이러한 이유로 텍스트를 이해하기 위해서는 쓰여진 문자를 언어적 내용으로 번역할 수 있는 능력보다 더 많은 것을, 텍스트 표면 공간에 구현되어 있는 문자의 공간적 질서를 이해할 수 있는 능력을 필요로 한다. 텍스트를 읽고 있는 우리들은 이미 이러한 문자적 질서에 대한 우리의 암묵적 지식을 수행적으로 활용하고 있는 셈이다. 이러한 점에서 보자면 텍스트를 '읽는다'는 것은 다차원적으로 활용된 문자적 질서의 메커니즘을 '바라보고' 그것을 함께 이해한다는 것이다.

5 결론

전통적으로 그림과 대립되는 것으로 여겨져 왔던 일반적인 문자나 텍스트조차도 그 쓰여진 형태 또는 '형상성'에 의거해 의미화 되며, 그렇기에 그를 읽는다는 것은 문자나 텍스트의 시각적 형태나 표면 공간 내에서의 위치와 배열, 그들이 만들어내는 구조를 본다는 것과 분리될 수 없다는 것을 보았다. 문자나 텍스트는 그것이 기입되는 표면 공간을 넓은 의미의 '그래픽 공간'으로 활용하며, 그 속에 문자/텍스트 기호들을 배열함으로써 의미를 발생시키는 것이다. 이러한 인식은 문자/텍스트의 의미는 그것의 언어적 지시 내용에 있으며, 그림/이미지의 의미는 그것이 재현 또는 모방하고 있는 대상에 있다는 전제하에 양자를 구분해 온 전통적인 인식에 새로운 관점 전환의 필요성을 제기한다. 그러한 관점 전환은 기존의 문학 및 미술 분야 내에서 개별 작품들을 대하는 데 있어서 뿐 아니라, 문학 및 미술 장르의 전통적인 구분에 대해서도 마찬가지로 적용될 수 있을 것이다.

주석

1 미셸 푸코,『이것은 파이프가 아니다』김현 역, 2005년 고려대학교 출판부, 54쪽

2 미셸 푸코, 위의 책, 73쪽. 푸코에 의하면 이러한 유사의 원리를 극대화시킴으로써 등장하는 것이, 트롱푀유 Trompe-l'œil'이다. 무언가를 닮은 것은, 바로 그것이다'라는 확언은 여기서 시각적 환영으로까지 이어진다. 당신의 보는 것은 벽의 표면에 있는 선과 색채의 모음이 아니다. 그것은 깊이, 하늘, 당신의 지붕에서 장막을 걷어버린 구름들이며, 당신이 그 주위를 돌 수 있는 진짜 원추이고, 실제 발판들이 길게 이어진 계단이라서 당신을 그쪽으로 유인하고 있으며…석조 난간이어서 거기에서는 당신과 똑같은 약장을 달고 똑같은 옷을 입은 궁인들과 부인들이 당신을 보려 몸을 기울이고 있고, 당신의 놀람과 당신의 미소에 미소로 대답하며, 당신이 가는 방향 쪽으로 당신에게는 무척 신비로운…신호를 보내고 있다." 미셸 푸코, 위의 책, 72쪽.

3 미셸 푸코, 위의 책, 54쪽

4 미셸 푸코, 위의 책, 35쪽.

5 뵘은 마그리뜨의 '이것은 파이프가 아니다"를 그림과 그에 대한 언어적 진술 사이의 긴장감이라는 맥락에서 해석한다. ' '이것은 파이프가 아니다'라는 문장은 그림이 보여주고 있는 것을 문제시한다….우리가 실지로 보는 것을, 언어적 진술은 결코 명명하지 않는다. 우리가 실지로 읽는 것을 눈은 확증하지 않는다." G.Boehm : Bildbeschreibung. Über die Grenzen von Bild und Sprache, in G. Boehm & H. Pfotenhauer (Hg.) : Beschreibungskunst-Kunstbeschreibung. Ekphrasis von der Antike bis zur Gegenwart, München1995, p.29.

6 "보여주는 것"으로서의 그림과 "의미하는 것"으로서의 문자라는 오래된 대립 관계는 언뜻 생각하는 것과는 달리 둘 사이의 단순한 매체적 차이에만 근거하고 있지 않다. 거기에는 서양 정신사를 관통해 온 근본적인 사유가 작용하고 있었다. 감각적, 가시적 형상과 눈에 보이지 않는 신의 말씀을 대립시켜온 우상파괴적 ikonoklastisch 사유가 그 신학적 근거를 이루었다면, 이는 문자를 말(목소리)의 2차적 기호라고 정의하고 발화된 음성에 비해 부차적인 것으로 여겨왔던 "음성중심주의"를 통해, 쟈크 데리다가 지적하듯, 서구 철학의 중요 개념들 속에 침윤되어 왔다. 공간적이고 동시적인 그림과 시간적이고 선형적인 문학을 서로 대립적인 장르로 정의한 레씽의 <라오쿤>이 부터 모방하기와 의미하기, 보기와 읽기, 그림과 문자를 대립시켜 온 서구의 정신사적 배경 속에 위치한다는 것은 새삼스럽게 지적할 필요도 없을 것이다.

7 이에 대해선 김남시,「그림이 되어버린 문자. 아방가르드 음성/철자시의 예술 실천적 의의」,『미학』62집, 2010년.

8 Monika Schmitz-Emans : Schrift und Abwesenheit. Historische Paradigmen zu einer Poetik der Entzifferung und des Schreibens. München 1995, S.471.

9 Roy Harris : Signs of writing, London 1995,

10 Sybile Krämer : "Schriftbildlichkeit oder : Über eine (fast) vergessene Dimension der

Schrift, in Sybile Krämer & Horst Bredekamp Hg. Bild-Schrift-Zahl. München 2003.

11 소쉬르,『일반언어학 강의』, 최승언 역, 34쪽 (번역 일부수정)

12 Christa Dürscheid, Einführunhg in die Schriftlinguistik. 3. Auflage. 2006 Göttingen, 16.에서 재인용.

13 문자란 쓰여진 말에 다름 아니라는 생각은 언어학 이론 내에선 소위 ,자소-음소의 상응이론' Graphem-Phonem-Korrespondenz라는 형태로 등장한다. 1951년 E. Pulgram에 의해 음소 Phonem와는 다른 문자소 Graphem의 개념이 도입된 이후에도, 언어학 이론은 알파벳 문자 시스템의 최소 단위인 자소가 곧 음소에 다름 아니며, 이러한 가정 위에서 자소를 알파벳 철자 혹은 철자 조합과 동일시 하였다. 예를들어 /a/라는 문자소는 곧바로 >a< 라는 음소와 동일하며, 이는 알파벳 철자 a 와 서로 상응한다는 것이다. 이러한 언어학적 입장으로부터 많은 언어학자들은 "자소-음소-의 상응"을, 알파벳 문자의 경우엔 "철자-음소의 상응"으로, 나아가 "철자-자소의 상응"으로 발전시켜 나갔다. 하지만 알파벳 문자 시스템에서도 자소가 음소와 1대1로 상응하지 않으며, 시각적으로 구분되는 자소가 음소와는 독립적인 역할을 수행한다는 것이 확인되면서 이 이론은 도전받게 된다. 이에 대해선 Dirk Wiebel, Das autonome Graphem als subversives Element der Graphemisch-Phonologischen Korrespondenzregularitaet, Eberhard-Karls-Universität Tübingen, Sonderforschungsbereich 441, Linguistische Datenstrukturen: Theoretische und empirische Grundlagen der Grammatikforschung, http://www.linguistics.de/wiebel_graphem.htm#6.

14 이러한 문자개념의 철학적 출발에 대해서는 김남시의 위의 글 참조

15 소쉬르, 위의 책, 166쪽

16 중세에 많이 제작된 '형상시'는 물론 말라르메의 '주사위 던지기'와 같은 실험적 시들에 대해서는 꽤 많은 연구들이 이루어져왔다. 예를들어, 도윤정, "말라르메의 페이지 공간. '주사위 던지기'를 중심으로", <호모 리테라투스, 문자와 사람> 160-191 쪽. 하지만 많은 연구들은 그를 언어적 내용만으로 환원되지 않는 쓰기표면 공간을 활용한 고유한 문자적 현상이라는 관점에서 접근하기 보다는, 뛰어난 작가들의 실험적 산물이라는 차원에서만 그 '작품'의 미학적, 문학적 혁신을 강조한다.

17 조재룡,『번역의 유령들』, 문학과 지성사 2011, 35쪽.

18 Roy Harris : Signs of writing, London 1995, 84쪽.

19 Roy Harris 위의 책, 84쪽 이하.

20 '순서' 뿐만 아니라 '크기' 또한 위계질서를 가시화시키는 방식으로 사용되어온 대표적인 쓰여진 '형태'이다. 한 평면에 특정 문자와 그보다 작은 문자가 함께 배치되어 있다면, 우리는 암묵적으로 그 사이에 특정한 위계적 관계를 전제하면서 읽게 된다. 국가나 조직의 위계질서가 강조되던 시기의 텍스트에서 자주 볼 수 있던 이러한 사례는 위계 대신에 평등한 동료적 관계가 강조되는 시기에는 완화된 형태로 변화한다. 수의 표기에 있어서 순서와 크기는 서로다른 수적 개념을 가시화시키는 데에 활용된다. 이것은 I. Gelb가 "위치의 원리 principle of position"라고 개념화하는 것이다.

"32"와 "32"는 모두 숫자 "3"과 "2" 로 이루어져 있지만 상호간의 공간적 위치의 차이를 통해 완전히 다른 의미를 갖는 문자 단위가 된다. I. J. Gelb, A Study of Writing, 19 쪽.

21 Sybile Krämer, Operationsraum Schrift. Über einen Perspektivenwechsel in der Betrachtung der Schrift, in Schrift. Kulturtechnik zwischen Augen, Hand Maschine, Hg. von Gernot Grube, Werner Kogge, Sybile Krämer, München 2005, S.23.

22 이에 대해서는 Notieren, Skizzieren, Schreiben und Zeichen als Verfahren des Entwurfs. Karin Krauthausen, Omar W. Nasim Hg. 참조.

23 Sybile Krämer, 위의 글 52 쪽.

24 Sybile Krämer, 위의 글 60 쪽.

25 Sybile Krämer, 위의 글, 23 쪽

26 이러한 점에서 문자의 언어적 내용만을 지칭하던 단어 "Text" 대신, 쓰기 표면 위에 기입된 공간적 관계들을 통해 드러나는 의미차원까지 포괄하는 "Textur"라는 개념이 새롭게 제안되었다. 이에 대해선 Sybile Krämer, 위의 글, 52쪽.

03

'문자형상성': 문자의 개념과 역할 새롭게 보기

.. 지빌레 크레머

1 문자와 그림의 대립에 대한 문제제기

1.1 표음주의적 문자개념

문자란 무엇인가? 이 질문에 대한 간단한 답변은, 문자란 기록된 말이라는 것이다. 말은 순간적이다. 목소리로 내는 소리는 단지 사라지면서 존재한다. 문자의 발명으로 말이 갖는 이런 순간성이 극복되었다. 청각언어(acoustic language)는 문자를 통하여 안정된 시각적 구조로 전환되며, 의사소통은 이제 시공간적 거리를 넘어 확장된다. 문자는 의사소통과 정보를 모니터 즉, 수정하고 비판하며, 배포하고 보관할 수 있게 한다.

문자 기록이 인류역사에 기여한 바는 20세기의 마지막 20~30십년에 걸쳐 이루어졌던 구술성(orality) 논쟁에서 잘 요약되고 있다. 그 때까지 문자에 대한 우리의 개념은 플라톤과 아리스토텔레스에 시작하여 현대 언어학의 창시자인 페르디낭 소쉬르까지 확장된 전통에 의해 지배를 받았다. 이 전통은, 문자를 일차적인 상징체계인 말(speech)과 대조되는 부차적인 상징체계로 폄하한 것이다. 즉, 쓰기는 말의 부가

물이자 보충물에 지나지 않는다는 것이다. 구술성과 문자성(literacy)에 대한 담론은 문자를 전통적으로 부과된 이런 이류성으로부터 자유롭게 했다. 즉, 말과 문자는 자신만의 고유한 의사소통의 잠재성을 가진, 상대적으로 독립적인 언어 양식으로 인식되는 것이다.

하지만, 문자가 가진 문화적 의미를 재활시키려는 이런 시도에도 불구하고 한 가지 가정은 구술성과 문자성의 논쟁에서 여전히 논의되지 않은 채로 남아있다. 즉, 문자가 언어의 한 형태라고 인식되기는 하지만 그래픽적인 것의 한 형태로는 인식되지 않는다는 점이다. 문자는 기록된 말이라고 여겨질 뿐이다. 잘 알려진 교과서적 문헌『문자와 그것의 쓰임(*Writing and its Use* 1994)』에서, 문자는 "말이 담기는 다수의 그래픽 기호"(the multitude of graphic signs in which spoken language is captured)로 정의된다. 나는 문자가 말을 재현한다는 이런 개념을 표음주의적 독단(*phonographic dogma*)이라고 부른다.

'문자형상성(Schriftbildlichkeit: notational iconicity)'이라는 용어의 사용은 표음주의적 독단을 비판하고 수정하기 위한 노력의 일환이다. 그렇다면 도대체 표음주의적 독단이 왜 문제가 될까? 문자가 시공간에 고정된 말이라고 주장하는 관점이 갖는 요청과 단점은 무엇인가? 나는 이 글에서 문자에 대한 표음주의가 내포하는 두 가지 문제점을 짚어보고자 한다.

알파벳 문자의 유럽중심적 실체화

(The Eurocentric Hypostasis of Alphabetic Writing)

고대 그리스에서 페니키아의 자음 문자가 모음 기호에 의하여 보완될 즈음에 알파벳 문자가 출현했다. 그리스 문자가 사실은 말소리 뿐만 아니라 수나 악보를 지칭했음에도 불구하고 알파벳은 말을 매끈하게 기록하려는 요구를 충족시키는 문자 체계로만 이해된다. 더욱이, 고대 그리스에서 알파벳의 발전과 확산은 과학, 예술, 그리고 정치적으로는 민주주의의 발생과 일치한다. 알파벳이 유럽 문화의 인큐베이터로서 한 활약에 매료된 에릭 A. 하벨록(Eric A. Havellock)이나 월터 옹(Walter Ong)과 같은 문자 연구자들은 알파벳 문자의 유럽중심적 절대주의(absolutism)를 주창한다. 이들의 견해에 따르면, 알파벳은 표음적 쓰기의 매체를 통하여 과학, 예술, 계몽, 그리고 민주주의로 이어지는 세속 사회(secular society)를 향한 '고속도로(express route)'를 대변한다. 이와 더불어, 비알파벳 표기 체계(non-alphabetic notational systems)가 이룬 의사소통과 인식의 성과들은 억압되고 과소평가를 받게 된다.

표음(Vocalization)에 중립적인 표기체계를 문자 개념에서 배제

(The Exclusion of Notations which are neutral to vocalization from the Concept of Writing)

그림 1 악보와 기호연산

만약 문자가 기록된 말이라면, 숫자, 논리 연산(logical calculus), 과학 공식, 프로그램 언어, 무용기보, 그리고 악보와 같은 표기 체계는 문자에 포함되지 않는다. 이런 표기 체계는 숫자, 춤 스텝, 혹은 음표 등과 같은 대상을 표시하지만 말은 표시하지 않는 순수한 그래픽 체계이다. 전통적인 문자 개념은 이와 같은 기호 체계 특히, 과학과 예술 분야에서 창의적이고 모험적인 힘을 확장시키는 기호체계를 배제한다.

표음주의적 독단의 중심에 있는 것이 '선형성의 원칙(Principle of Linearity)'이다. 이 원칙에 따르면, 말의 시간적인 연속은 문자의 공간적인 인접성으로 전환된다. 하지만, 표음주의적 문자개념과 무관한 표기 체계는 문자가 1차원적인 선뿐만 아니라 2차원적인 평면으로도 작동함을 보여준다. 문자 배열이 세로 축 뿐만 아니라 가로 축에서도 이루어진다는 것은 표음 문자를 비롯한 모든 문자 체계에서 발견되는 사실이다. 시간적 연속으로 조직되는 말에는 문자의 이런 특징이 없다. 따라서 우리는 문자를 구성하는 것은 선형성이 아니라 이차원성(two-dimensionality)이라고 결론지을 수 있다.

지난 20년 동안 표음주의적 독단을 극복하고자 하는 시도가 다양하게 이루어져왔다. 여기서 그에 대해 짧게 살펴보도록 하자. (i)자연과학 분야에서 이루어진 문자의 역할에 대한 분석이 시사하는 점은, 과학은 문자와 다이아그람 없이는 불가능하다는 점이다. 이것은 경험과학과 수학 모두에 적용된다. (ii) 문예 연구에서는 '쓰기 장면'(writing scene)과 문학의 그래픽적 차원에 대한 연구가 이루어졌다. 음악학에서는 '스케치에 관한 연구(research into sketching)'가 점점 더 그 중요성을 인정받고 있으며, 무용학에서는 기보법(choreography)이 관심을 받고 있다. (iii) 컴퓨터가 쓰기 기계 (writing machine)로 인식되면서 디지털화(digitalization)와 인터넷 의사소통이라는 문맥에서 문자의 역할에 대한 연구가 이루어져왔다. (iv) 고전 문학과 문헌학 연구자들은 문서(documents)를 시공간에 위치한 인위적 사물의 유형들로 인식함으로써 문서가 갖는 물질성(materiality)을 재구성해 왔다.

지금까지 이루어진 이런 시도와 노력은 표음주의의 독단을 극복할 수 있는 문자에 대한 보편적(general) 개념으로는 체계화되지 못한 것이 현실이다. 정확하게 이 지점이 문자형상성이라는 용어가 유용해지는 지점이다. 왜냐하면, 이 용어는 말 중심주의적 문자개념에서 말 독립적인(speech-independent) 문자개념으로 관점을 바꾸는데 필요한 보편적인 관점을 제공하기 때문이다. 또한, 이 용어는 표음중심적이고 유럽중심적인 문자 개념에 대한 근본적인 수정 의지를 함의한다. 다음은 기존의 문자 개념과 다른, 새로운 문자 개념에 대한 밑그림을 제공할 것이다.

2 문자형상성(Schriftbildlichkeit)

우선, 나는 오해의 소지가 있는 부분에 대하여 먼저 해명하고자 한다. 지난 수십년 동안 종종 "그래픽적 전회"(pictorial) 혹은 "도상적 전회"(iconic turn)가 "언어적 전회"(linguistic turn)를 대신하고 있다고들 말해왔다. 도상성(iconicity)이 특정 대상을 가시화시켜주는 자립적인 상징 능력을 가지고 있음이 인식되었다. 도상적인 것(the iconic)과 담론적인 것(the discursive)은 상징적인 것(the symbolic)의 인간학에 있어서 동등한 지위를 갖는 형태들로 고찰되고 있다. 나아가 시각화의 전략들은 과학 분야에서 없어서는 안 될 인지적이고 인식론적 작업으로 간주되고 있다.

따라서, 문자 연구에서 '문자형상성'을 말 중심적인 문자 개념을 이미지 중심적인 문자 개념으로 대체하는 '도상적 전환'을 지시하는 것으로 간주하는 것은 자명해 보인다. 하지만, 이것은 문자가 언어학의 영역에서 벗어나 이미지 연구라는 항구로 진입한다는 것을 의미하지는 않는다. 문자는 언어와 이미지의 종합(synthesis)이며, 담론적인 것과 도상적인 것의 특징들을 결합하는 하이브리드(hybrid)이다. 따라서, 문자는 언어에도 이미지에도 내재하지 않는 어떤 잠재성을 체현하고 있다. 그렇다면 이 잠재성이란 무엇인가?

먼저, 십진법 체계에서 쓰기를 이용한 계산의 예를 들어보자. 인도 수학자들은 십진법 체계와 쓰기를 이용한 규칙을 발명했다. 아랍인들은 쓰기를 이용한 이 계산 방식을 유럽에 전파했는데, 고대부터 사용되어오던 로마식과 새롭게 소개된 인도-아랍식 간의 오랜 갈등 끝에, 15세기 이후부터 후자가 일상적인 계산 방식으로 자리를 잡게 된다.

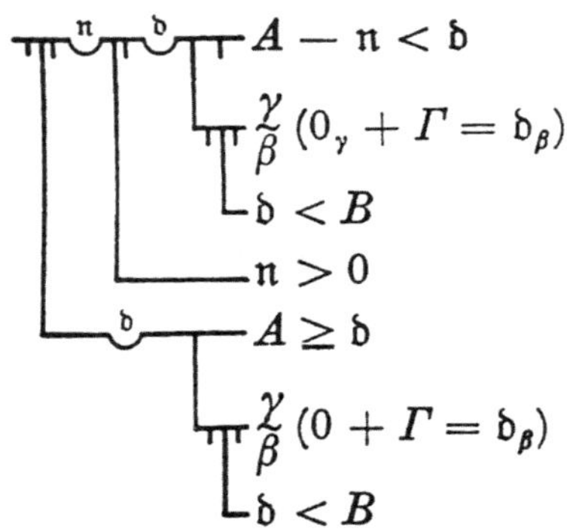

그림 2 수학적 연산 1

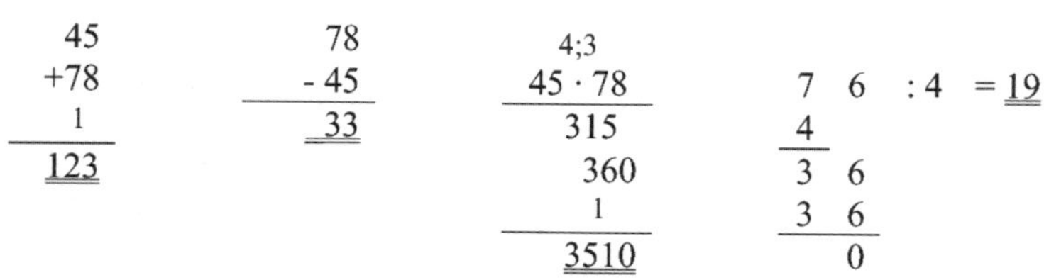

그림 3 수학적 연산 2

간단한 덧셈과 곱셈법을 익힌 다음, 십진법으로 3456과 345라는 숫자를 쓰면, 우리는 가로로 배열된 이 숫자 열을 재배열함으로써 쉽게 계산을 할 수 있다. 십진법은 연산 기호들(operation symbols)과 함께 숫자 문자(number script)인 동시에 계산 도구(calculation tool)인 것이다. 매체(medium)이면서 동시에 도구인 이런 유형의 문자를 '연산적 문자(operative notation)'라고 부를 수 있다. 연산적 문자는 복잡한 수학적 연산을 종이 위에서 숫자들을 배열하고 바꾸는 일련의 기호 조작 과정을 통해 수행할 수 있게 한다. 연산적 문자는 표음 문자가 아니라 '묵음 문자(mute script)'이다. 그것은 음성언어를 지칭하지 않으며, 서로 다른 언어마다 다른 소리로 표현될 수 있기 때문이다. 알파벳 문자, 음절문자(syllographical), 혹은 단어 문자(logographical)와 비교해 볼 때, 이런 표기법은 전혀 새로운 문자의 유형이다. 물론, 연산적 표기법은 정도의 차이는 있지만, 많은 다른 문자 유형들도 보여주는 특징들을 드러낸다. 그래서, 나는 연산적 표기법의 예를 통하여, 정도의 차이는 나지만, 모든 문자에 내재한 것으로 보이는 일곱 가지 특징들을 논의해 보고자 한다.

위치성(*Positionality*)

한 기호의 의미는 다른 여러 기호들의 배열 내에서 그것이 차지하는 위치에 의하여 결정된다. 1000; 100; 10; 1이라는 수식에서 1과 0이 어디에 위치하는가가 차이를 만든다. 이 기호들을 다른 자리에 위치시키면 전체 수식의 값은 달라진다. 기호들은 특정한 순서로 배열되며, 그렇게 정확하게 위치시키는 것은 기호들을 읽고 이해하는 것뿐만 아니라 계산을 하는데도 필수적이다. 수는 눈에 보이지 않는, 관념적인(theoretical) 대상이다. 그런데, 십진법은 수를 종이 표면 위에 공간적으로 위치시킴으로써 그것을 시각화한다. 즉, 숫자표기 속에서 수가 체현되는 것이다. 이런 방식으로 수는 '자리'를 부여받으며, 배열되고 또 재배열되기도 한다.

차별성(*Differentiality*)

개별 숫자의 형태는 다른 숫자들과의 관계나 대조에서 차별적인 특징으로 기능한다. 숫자 1은 숫자 0이나 2로 오해되어서는 안 된다. 표기는 분별적이다. 즉, 기호 하나의 정체성은 목록에 있는 다른 기호들과의 차이에 의하여 생겨난다. 이런 차별화는 읽는 눈과 쓰는 손의 상호 작용을 통하여 일어나는 감각적인 행위의 결과이다. 감각적 인식(*aisthesis*), 즉 눈의 구분하는 작업은, 연산적 문자를 사용하는데 있어서 필수적이다.

방향성(*Directionality/Orientation*)

숫자들을 위치 짓는 것은 쓰기 표면이 자신의 질서에 따른 방향을 갖기 때문에 가능하다. 모든 표기 체계는 배열 방향이 있어서, 이것이 쓰기나 읽기가 오른쪽에서 왼쪽, 왼쪽에서 오른쪽 , 위에서 아래, 또는 아래에서 위로 나아가는지를 결정한다. 글을 해독한다는 것은 그것이 어떤 방향으로 향해있는지를 안다는 것이다. 이런 방향성은 근본적으로는 행위자의 몸에서 기원한다고 볼 수 있는데, 그는 공간을 상/하, 좌/우, 전방/후방과 같은 기본적인 매트릭스로 나누기 때문이다. 이러한 방향정향의 매트릭스가 종이 위에 전이되었다. 페이지를 90도 각도로 돌려서 방향을 바꾸게 되면 해독은 불가능해진다.

이차원성(*Twodimensionality*)

우리는 가로 열(lines)뿐만 아니라 세로 행(columns)으로도 쓴다. 말에서 시간이 일차원적으로 흐르는 것과는 대조적으로 문자의 공간은 항상 이차원적이다. 연산적 문자는 이런 이차원성을 도구로 이용한다. 스도쿠(Sudoku)나 유럽의 악보처럼, 문자를 이용한 계산은 위 아래로 배열해 쓰지 않고서는 불가능하다. 쓰기 표면의 이차원성은 문자를 사용하기 위해서는 꼭 필요한 전제 조건이다. 어떤 것이 쓰기의 표면의 되기 위해서는 체제가 갖추어져야(formatted) 하며, 어떤 것이 문자가 되기 위해서는 방향성이 있어야 한다.

작동성*(Operativity)*

십진법은 연산 기호들(operation symbols)과 함께 상징기계(symbolic machine)를 구성한다. 그를 통해 모든 수학 연산은 기호 조작에 의해 이루어질 수 있다. 이것은 다음 두 가지 점에서 중요하다. (i) 쓰기의 재현 공간은, 문자를 실험적으로 다룰 수 있게 하는, 사유행위가(thought-activity)가 이루어지는, 일종의 종이 시험실(paper-laboratory)과 같다. 문자의 공간은 사고, 직관, 그리고 그래픽 조작을 통합한다. (ii) 처음에는 종이 위의 상징 기계로 창조된 것이 실제적인 물리적 기계로 실현될 수 있게 된다. 기호 연산은 숫자의 위치를 톱니 바퀴 (gear wheel) 위의 설정들로 나타내는 것을 가능케 했다. 그 결과 2진 알파벳(binary alphabet)은 디지털화와 컴퓨터화를 위한 미디어 테크닉(medio-technical)의 기초가 된다.

구성*(Constitution)*

연산적 문자는 매체로부터 독립적으로 존재하는 어떤 것을 [문자로] 옮기는 것이 아니다. 오히려 문자는 그를 통해 재현되는 것을 구성하고 예시한다(prefigures). 영(zero)은 문자의 구성적 힘을 드러내는 전형적인(paradigmatic) 예다. 숫자가 없음을 나타내는 자리값(placeholder)으로 고안된 숫자 '영'은 그것을 가지고 계산을 할 수 있기 때문에 그 자체로 온전한 수가 되었다. 이와 같은 방식으로, 인도-아라비아 수 체계는 수에 대한 개념을 바꾸어 놓았다. 수는 이제 더 이상 사물을 세는 것이 아닌, 쓰여진 기호들(written signs)을 조작하는 데 뿌리를 두게 되었다. 그리하여 수는 연산적 문자체계의 지시 대상(reference object)으로 정의될 수 있게 된다.

지시성*(Referentiality)*과 해석으로부터의 독립성*(Independence from Interpretation)*

표기 체계는 자신 밖에 있는 뭔가를 지시한다. 산술에서의 연산적 문자는 수를 지시한다. 하지만 이와 동시에 언어에서는 우리에게 친밀한 구조(syntax)와 의미(semantics) 사이의 관계는 느슨해진다. 이미 우리는 영에서 이 현상을 목격했다. 영이라는 기호가 무엇을 의미하는가와는 별개로, 영의 수이론적인(number-theoretical) 의미가 생겨나기 오래 전부터, 영이라는 수는 계산에 사용될 수 있었다. 우리는 개별적으로 쓰여진 숫자가 무엇을 나타내는 가를 설명할 수 없더라도 형식적 문자들(formal notations)을 가지고 연산을 할 수 있다. 더하기와 곱셈표가 쓰여진 형태로 주어지면, 이 연산이 갖는 수학적 특징을 알지 못한다 하더라도, 우리는 단지 장식적(ornamental)이고 그래픽적인 절차를 통하여 수학 문제를 해결할 수 있다. 다르게 말하자면, 연산과 해석은 서로 분리될 수 있다는 것이다.

3 텍스트의 이데오그라피성

근대 수학의 연산적 문자는 인간 지성을 위한 새로운 잠재성을 열어 준다. 쓰기를 통한 계산이라는 문화적 기술은 산술을 일상의 기술로 전환시켜주었고, 유럽에서 근대적인 무역 자본주의의 발흥은 이런 문자를 통한 계산법이 갖는 단순함과 경제성과 불가분의 관계를 맺고 있다.

하지만, 혹자는 '연산적 문자'는 문자의 여러 다른 유형으로 일반화될 수 없는 특수한 경우를 대변한다고 말할 수도 있을 것이다. 이 질문에 답하기 위하여 나는 알파벳으로 돌아가서, 이 표음적 문자가 얼마나 강하게 여태까지 수 표기법의 예를 설명하는데 사용한 특징들에 의하여 성격 지어지는가를 살펴보고자 한다. 여기서의 핵심 현상은 이데오그래피(ideography)이다. '이데오그래피'란 청각의 수준에서 아무런 상응물도 갖지 않는 문자의 시각적 특징들을 지시한다.

의미론적 차이로서 공간적 배열
(Spatial arrangement as semantic differentiation)

초창기의 띄어쓰기 없는 텍스트(scriptura continua)를 제외하면 텍스트는 철자들을 중단 없이 연속적으로 줄 세우지 않는다. 오히려 텍스트는 단어 사이의 공간, 구두 부호, 단락, 제목, 수, 목차나 색인 등을 사용하여 구조화된다. 말의 연속에서는 이에 상응하는 구조를 찾아볼 수가 없다. 유럽식 텍스트 문화가 이룬 본질적인 이데오그래피적 성취 중 하나는 각주(footnote)이다. 한 페이지나 장의 끝의 독립된 공간에 위치한 각주는 주요 담론과 분명하게 구분되는 부차적인 담론과 참고 문헌, 비평, 여담, 혹은 반대의 의견으로 채워진 독립적인 공간을 열어준다. 이를 통해 하나의 텍스트는 작가의 '주된 목소리(main voice'" 와 '부차적인 목소리(secondary voice)', 텍스트와 파라텍스트(paratext) 사이에 위계를 만들어 내는 두 개의 다른 영역(zones)으로 이루어진 표면이 된다. 내용상의 차이가 공간 배열 형태에 있어서의 차이로 드러난다. 이는 모든 이데오그래피적 현상에 적용된다.

문자를 통한 언어 구성
(The constitution of language by writing)

언어학은 음소(phonemes)들이 말의 기본적인 요소라고 가정한다. 하지만 우리는 개별적인 음소로 말하지 않으며, 또한 청각적으로 서로 분리된 단어나 문장으로도 말하지 않는다. 말을 기록한 실험들은 숨을 고르기 위한 멈춤을 보여주지만 이것은 문자로 쓰여진 텍스트가 보이는 여백이나 끊어짐과는 다르다. 말의 연속된 흐름에는 문자 상에서 글자, 단어 및 문장의 개별적인 분배에 상응하는 것은 존재하지 않는다. 이 밖에도 구두점과 대문자 표시, 괄호, 생략부호, 대시 등을 포함한 많은 문자 기호들은, 수학 문자들과도 유사하게, 의미론적으로는 중요하지만 발음되지는 않는다.

구두점은 청각적으로는 실현되지 않으면서도 말의 문법적 구조를 시각화 한다. 중요한 언어적, 인지적 구별들은 오로지 문자-이미지(text-image)에서만 가시화된다. 이런 가시화(visibility)는 대상 언어(object language)와 메타언어 사이의 구별에도 적용된다. "'쓰다'는 동사이다" 혹은 "'1+2=3'은 수식이다"와 같은 진술은 그 문자이미지 속에 언어의 위계 레벨이 드러나기 때문에 가능하다.

알파벳 문자는 단순하게 말을 기록하는 것이 아니라, 언어의 문법적인 구조를 제시해 보여준다. 말 자체가 아니라 언어의 형태(*form*)가 문자-이미지 속에서 가시화되는 것이다. 알파벳 문자는 언어를 분석하고 맵핑한다. 그것은 언어를 안정되고 상이한 단위들로 형성된 관찰 가능한 체계(system)로 구성한다. 말해진 것은 문자로 투사될 때에 비로소 개념화된다. 자소(grapheme)는 음소의 모델이 된다. 오직 문자-이미지의 매개를 통해서만 언어는 운율(prosody), 모방(mimicry), 제스처 및 상황 지시사(situative deixis)로부터 풀려난 독립적인 객체(solitary object)가 된다.

4 음성중립적 문자 개념

요약하자면, 우리가 알파벳 표기를 표음 문자로 관찰할 때조차, 즉 우리가 알파벳 표기와 말이 갖는 밀접한 상호 작용을 관찰할 때조차, 이 표기체계가 시각적, 공간적 배열을 통하여 소리에서는 찾아볼 수 없는 차원들을 구현하다는 것이 명백해진다. 방법론적으로 이 사실이 의미하는 것은, 문자의 재현적이고 탐색적인 잠재성은 음성중립적인 관점(*vocalization-neutral perspective*)에 의해서만 비로소 자신을 드러낸다는 것이다. 문자는 언어적인 것과 도상적인 것의 종합을 체현하는데, 언어나 이미지에서는 그와 유사한 형태와 기능을 발견할 수 없다. 우리는 음성중립적인 문자의 개념을 지각적 현존(aisthetic presence), 지시(reference), 그리고 연산성(operativity)의 세 가지 측면으로 이루어진 세 축으로 기술할 수 있을 것이다.

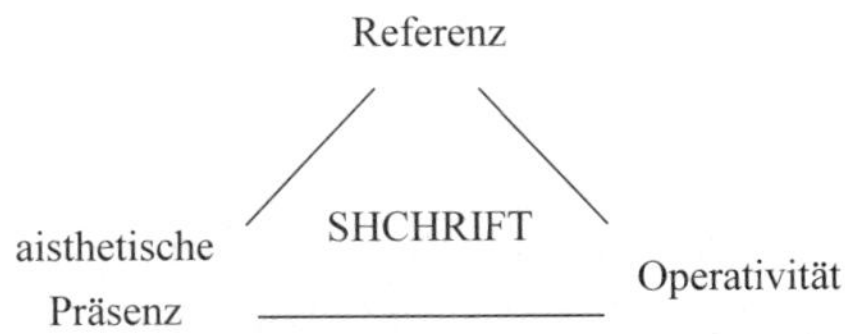

그림 4 도식(schema): 문자 삼각지

'지각적 현존'(Aisthetic presence)은 표면 위의 개별적이고 반복적인 기호의 그래픽적인 배열을 감각적으로 지각할 수 있는 능력과 관련되어있다. 여기서 결정적인 것은 단순하게 시각적인 것이 아니라 맹인들을 위한 촉각적 문자체계도 있듯이 지각적 현존의 공간성(spatiality)이다. '지시 Reference'는 쓰여진 기호는 항상 자신 밖의 뭔가를 지시한다는 사실을 의미한다. 어떤 것이 쓰여져 있다면 그것은 해석이 가능해야 한다. 이것이 표기법을 의미 없는 토큰이나 단순한 장식물과 구분 짓는 특징이다. '연산성(Operativity)'은 문자들이 언제나 다르게 질서지워질 수 있는 배열이라는 사실을 의미한다. 이것이 문자를 관습적 이미지로부터 구분하고, 문자가 의사소통에만 기여하는 것이 아니라 인지, 창의성 및 탐구의 도구가 되게 해 준다. 따라서, 나는 다음과 같은 개념을 제안한다. 즉, 눈으로 볼 수 있는 표식은 지각적 현존, 지시, 연산성이라는 세 가지 요소를 갖추었을 때만 문자로 고려 되어야한다는 것이다. 이 세 가지 요소는 표기의 유형과 쓰임이 다를 때마다 다른 비율로 드러날 것이다.

5 음성중립적 문자개념의 가능성

결론으로 우리가 문자와 관련하여 음성중립적인 개념을 취하고 표음주의적 개념을 폐기할 때 얻게 되는 것이 무엇일지 정리하고자 한다.

인지의 재평가*(Revaluation of Cognition)*

표음주의적 문자 개념은 기본적으로 문자를 일차적으로 의사소통 매체[a medium]로 간주한다. 하지만 연산적 측면에 대한 고려는 문자가 중요한 인지적 기능들도 갖고 있음을 보게 한다. 이런 인지적 기능들이 표면의 이차원성 안에서 지각되는 시각적 기호들을 통해 작동하는 문자의 공간적 잠재성과 관련되어 있는 한, 문자의 부분들은 점, 선, 그리고 면의 상호작용으로부터 생겨나는 재현 형태(representation forms)의 일부가 된다. 우리는 이런 재현형태를 '다이아그램적'(diagrammatic)이라고 부르는데, 여기에는 문자를 비롯하여, 표(tables), 그래프(graphs), 도표(diagrams) 및 지도가 포함된다. 이러한 다이아그램적 인공물들은(artefacts) 의미를 표현하고 형태를 갖추기 위해서 상/하, 좌/우, 그리고 중심/주변과 같은 지형학적 관계를 이용한다. 이렇게 이해하면, 문자의 인지적 의미는 우리의 정신을 '확장된 정신'(extended mind)으로 파악하게 해 준다. 우리는 두뇌만으로 사고하지 않는다. 대신에, 사고는 눈, 손, 지성이 시각적인 기호들과 상호 작용할 때 발생한다.

표면성의 발명*(The Invention of Planarity)*

이차원적인 표면은 없다. 쓰는 행위를 함으로써 우리가 실제의 표면에서 이상적인 표면을 만들어 내는 것이다. 그러면 이전에는 부피를 지닌 물체의 외적 표피(external skin)였던 것이 이제는 깊이가 없는 표면으로 취급된다. 이 표면이 담고 있는 모든 것은 눈에 드러난다. '그 뒤'나 '그 아래'의 숨겨진 공간은 없다. 쓰여지거나 그림이 그려진 표면을 대할 때 우리는 복잡한 일상생활에서는 경험할 수 없는 '날고 있는 새의 관점'을 갖게 된다. 우리가 소유한 과학적, 예술적 창의성의 많은 부분은 쓰여지고 그려진 이 표면의 사용에 의존한다. 이것은 또한 몸에 문신을 새겨 넣거나 공공의 공간에 그래피티(graffiti)를 그리는 등과 같은 다소 특이한 문자 현상도 포함한다. 바퀴의 발명이 몸의 운동성과 창조성을 위해 했던 역할을, 쓰기 표면의 발명이 정신의 운동성과 창조성을 위해 한다고 할 수 있다.

공간화의 문화적 기술*(Cultural technique of Spatialization)*

일반적으로 공간과 시간은 우리의 경험을 대등하게 구조짓는 두 가지 유형의 질서로 이해된다. 하지만 인간에게 공간과 시간은 대등하지 않은(asymmetrical) 의미를 갖는다. 우리는 되돌릴 수 없는 시간에 종속된 유한한 존재이지만, 공간화하는 기술은 우리가 피할 수 없는 시간의 흐름을 어느 정도까지 피할 수 있게 한다. 쓰기 표면 위에서는 구조와 사고가 붙잡히고 형태를 얻을 뿐만 아니라 수정되고 바뀌기도 한다. 우리는 발화된 문장은 뒤에서부터 말할 수 없지만, 'Mary'라는 이름을 구성하는 글자는 방향을 바꾸어 'Army'로 쓸 수 있다. 시간축(temporal axis)을 바꾸는 것은 실제 삶에서는 불가능하지만, 문자는 바로 이런 유형의 시간 뒤집기를 가능케 한다. 표면 위에 배열된 것은 무엇이든 별다른 노력 없이 재배열될 수 있기 때문이다.

문자기계로서 컴퓨터*(The Computer as a Writing Machine)*

우리가 컴퓨터 프로그래밍 언어를 문자로 인식하는 순간, 그리고 디지털화에서 2진 코드(binary code)의 역할을 인식하는 순간 컴퓨터는 문자 기계가 된다. 컴퓨터와 인터넷은 우선적으로 의사소통과 시각화의 기계이지만, 컴퓨터화의 중심에는 그 분화된 구조가 컴퓨터의 전기 자극을 일으키게 하는 문자가 놓여있다. 덧붙여, 디지털 문화에서 문자는 새로운 특징들을 얻는다. 문자는 역동적이 되고, 일종의 자가 추진(autopoeisis)을 하게 된다. 컴퓨터 시대에 이르기까지 문자가 공간화의 문화적 기술이었다면, 이제 그것은 시간화의 도구로까지 진화하고 있다. 컴퓨터 기술을 통하여 문자 구조 내에서 시간을 구현하는 것이 가능해졌다. 컴퓨터를 통해 (i) 실험들이 시뮬레이션으로 수행될 수 있게 되었고, (ii) 시뮬레이션을 통하여 이론들을 실험해 볼 수 있게 되었다는 사실이 그 증거이다.

문자 물질성의 복권*(Rehabilitation of the materiality of notation)*

모든 문자에는 '결(texture)'과 '텍스트성(textuality)'의 이중성이 내재한다. 표기의 물질성, 지각 가능성과 취급 가능성(manageability)과 관련된 모든 것이 결에 속한다면, 텍스트성은 문자의 의미 차원과 해석가능성과 관계한다. 보는 것(what)과 해석하는 방식(how) 사이의 이런 차이는 기호와 관련된 모든 형태들에서 우리에게 친숙하다. 하지만, 서구의 논의에 깊이 침투해 있는 기호학적 관점 내에서 물질은 비물질적인 것의 보잘 것 없는 도구(vehicle)로만 간주된다. 거기에서 문자는 감각적인 것(the sensorial)에서 감각(sense)으로, 가시적인 형태에서 비가시적인 내용으로 나아가는 운동의 원형적인(prototypical) 형태로 간주된다. 이런 전통에 익숙한 혹자는 문자의 물질성은 문자의 '뒤' 혹은 '안'에 놓여있는 비물질적 내용에 접근하기 위해서 우리가 벗어버려야 할 외피 정도로 볼 수 있다고 말할 수도 있을 것이다.

하지만 '문자형상성(Schriftbildlichkeit)'이라는 개념의 지평에서 보면 이와는 다른 관점이 가능해진다. 물질성과 내용의 긴장 내에서 양쪽은 동등한 위치를 갖는다. 다음에 오는 놀이 그림(a flip-flop-figure)의 경우가 보여 주듯이, 실제로 어떤 형태가 보이는가의 문제는 둘 사이의 위계나 의존성 관계의 표현이 아니다.

그림 5 놀이(flip-flip) 그림

문자의 감각적 특징과 의미 사이의 관계는 어느 하나가 다른 하나에 대해 갖는 우위성(primacy)에 묶여있지 않다. 즉, 문자는 동등하게, 또 같은 정도로, 감각적 효과와 의미의 효과를 일으킨다.

문자에서의 언어성과 도상성의 관계를 철자 놀이 그림의 모델에 따라 이해할 수 있을까? 이 말은, 비록 구체적인 쓰기 관행에서는 어느 하나에 더 초점이 맞추어질 수는 있지만, 하이브리드적인 문자에서 언어적 차원과 도상적 차원은 우월성과 종속의 관계에 있지 않다는 것을 의미한다. 담론성(Discursivity)과 도상성 혹은 '말하기'와 '보여주기'는, 쓰기에서 동등한 지위를 갖는다. 그리고 이 둘 사이에는 생산적인 상호작용의 가능성이 내재되어 있다. 물론, 실제 쓰기의 관행에서 그 중 한 측면이 우세해지는 경우가 없다는 것은 아니다. 하지만 그 둘 사이의 연관성에 대한 인식은, 우리가 철자 놀이 그림 모델을 따를 때 일어나는 담론적이고 도상적인 것의 관계를 논의하는 데 이점을 준다. 하지만, 이것은 문자 개념이 형상적(figurative)으로 이해되고 그 결과 필연적으로 문자형상성으로 이해될 때에만 가능할 것이다.

(번역 : 윤주옥)